职业院校汽车类系列教材

U1017061

汽车机械识图

● 叶建学　王来华　刘敏芳　主　编
● 逄吉玲　卢立倩　李志善　副主编
● 孙建俊　主　审

哈爾濱工業大學出版社
HARBIN INSTITUTE OF TECHNOLOGY PRESS

内容简介

本教材吸取基础课和专业课教材编写优点，采用“模块+任务”编写模式，克服了一些制图教材中知识点过于学科化的问题，也避免了完全照搬专业课教材导致的知识点零散、内容不系统的问题。本教材内容分为8个模块，分别为平面图形绘制、简单形体三视图绘制、轴测图绘制、复杂形体三视图识读与绘制、机械零件的表达、标准件与常用件的识读、汽车类机械零件图的识读、汽车装配图的识读与拆画等，涵盖了汽车机械识图中的所有知识点。并配合《汽车机械识图习题册》，设置任务工单，学生在工单上完成汽车常见典型零件的绘制任务，实现教学做一体。对于教材中的绝大部分图形，制作了三维实体图并生成二维码，读者扫码可复现立体并能手指操控，有效解决了汽车制图学习实物想象难的问题。

本书既可作为高职高专院校汽车及相关专业的通用教材，又可作为自学者或工程技术人员的参考书。

图书在版编目(CIP)数据

汽车机械识图/叶建学，王来华，刘敏芳主编.
哈尔滨：哈尔滨工业大学出版社，2025.5.—ISBN
978-7-5767-1992-5

Ⅰ.U462.1

中国国家版本馆CIP数据核字第2025851NT2号

策划编辑　许雅莹
责任编辑　谢晓彤
封面设计　刘　乐
出版发行　哈尔滨工业大学出版社
社　　址　哈尔滨市南岗区复华四道街10号　邮编150006
传　　真　0451-86414749
网　　址　http://hitpress.hit.edu.cn
印　　刷　哈尔滨市石桥印务有限公司
开　　本　787 mm×1 092 mm　1/16　印张19.5　字数463千字
版　　次　2025年5月第1版　2025年5月第1次印刷
书　　号　ISBN 978-7-5767-1992-5
定　　价　58.00元

前　言

随着我国汽车工业的迅速发展，汽车的新技术和新工艺更新加快，对汽车“新质”人才的需求与日俱增。汽车机械识图课程作为高职汽车类专业一门重要的专业基础课，对于进一步学习汽车专业知识，提高学生空间想象能力，培养学生严谨细致的学习态度和辩证思维能力具有重要作用。教材作为教学的蓝本和基础，极大影响着授课质量。但当前很多高职汽车制图教材还存在一些问题，诸如：重知识传授，思政融入少；课程体例学科化，课堂教学“满堂灌”；内容抽象，学生学习过程中图形想不出、听不懂等。为了解决存在的问题，我们编写了这本《汽车机械识图》教材。

本教材重视思政教育，全面贯彻落实党的二十大报告提出的“人才是第一资源”的相关要求，坚守立德树人的根本任务，以培养德智体美劳全面发展的社会主义建设者和接班人为目标，深入且精心挖掘每个知识内容蕴含的哲学思想，着力培养学生的辩证思维。结合党的二十大精神，将团结奋斗、自信自立、守正创新等精神融入课程内容，注重培养学生的爱国主义、集体主义精神，切实提升学生的综合素质。此外，在任务实施过程中，严格落实各项标准，以此培养学生严谨细致的学习态度和精益求精的工匠精神。

作为一门专业基础课，汽车机械识图课程兼具基础课和专业课特征。教材将知识内容模块化，形成了较具特色的“模块+任务”编写模式。既克服了以往很多教材中制图知识点过于学科化的问题，同时也避免了完全按照专业课教材编写导致的知识点零散、内容不系统的问题。本教材内容分为 8 个模块，分别为平面图形绘制、简单形体三视图绘制、轴测图绘制、复杂形体三视图识读与绘制、机械零件的表达、标准件与常用件的识读、汽车类机械零件图的识读、汽车装配图的识读与拆画等，涵盖了汽车机械识图中的所有知识点。每个模块设置若干个工作任务，教材与习题册配套建设，在配套的《汽车机械识图习题册》上复现教材项目任务，设置任务工单，学生在工单上完成绘图任务，实现教学做一体。

想象不出实物是学生制图学习中的最大难题，教材充分借助数字仿真技术，对于教材中出现的绝大部分图形，通过 UG 绘制了三维实体图，并生成二维码。学生通过扫码即可复现立体图形，并可利用手指进行操作，使物体真实形象地浮现于学生面前，大大降低了学生想象的难度，有利于提高学生学习积极性。

教材重视课程数字化资源建设。编者编写了与授课任务一致的课件、教案、工单，对每个知识点和任务实施过程都结合 UG 软件制作微课讲解视频，并生成二维码，方便开展混合式教学。利用超星等平台，配套建设了在线开放课，相关的课程资源已经上传平台，实现课程、教材、资源建设同步。课程名称：《汽车机械制图》，网址：https://www.xueyinonline.com/detail/249638014，选择最新的期数在线交流、学习。教材中课件、教案及相关教学资源可在网站下载。欢迎同行切磋交流，提出宝贵建议。

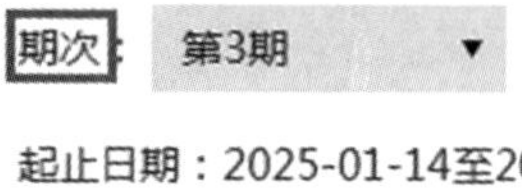

为了便于学生自主性学习，本教材配套《汽车机械识图习题册》，并已经编写了答案，绘制全部图样的 AR 立体图并生成二维码。本书既可作为高职高专院校汽车及相关专业的通用教材，又可作为自学者或工程技术人员的参考书。

本教材与济南高仕机械制造有限公司合作，编者均为汽车机械制图课程教学的一线教师，拥有丰富的教学和改革经验，本教材是这些改革和实践经验的总结。全书由山东劳动职业技术学院叶建学、王来华、刘敏芳任主编，逄吉玲、卢立倩、李志善任副主编，杨林、班燕、李飞、代世勋、史蕾蕾、王进军、曹爱红等参与编写。其中，刘敏芳、逄吉玲、杨林编写模块 1 和模块 2，王来华、李飞、史蕾蕾、曹爱红编写模块 3 和模块 4，叶建学、班燕、代世勋编写模块 5 和模块 6，李志善、卢立倩、王进军编写模块 7 和模块 8，由叶建学负责统稿，全书由孙建俊教授主审。

教材编写过程中，参考了大量文献资料、网络资源，同时得到了润华汽车集团、比亚迪集团相关技术人员的大力支持，参考了企业相关图纸资料；上海新迪软件公司提供了部分技术支持。在此一并表示感谢。

由于汽车识图课程教材编写首次尝试任务驱动模式，加之编者水平有限，时间比较仓促，书中难免存在不当之处，恳请广大读者批评指正，以便再版时修订。

编　者

2025 年 2 月

目　录

模块5 机械零件的表达

模块6 标准件与常用件的识读

模块7 汽车类机械零件图的识读

模块8 汽车装配图的识读与拆画

模块 1

平面图形绘制

机体轮廓的结构形状图形都是由直线、圆弧和其他曲线组成的平面图形。掌握平面图形的画图和看图方法是机械制图的一项基本技能。本模块将重点介绍机械制图关于图幅、图线、比例、字体、尺寸标注等国家标准的有关规定，绘图工具的使用方法和平面图形绘制方法，为后续三视图等知识的学习奠定基础。

学习目标

1. 知识目标

(1)熟悉机械制图关于图幅、图线、比例、字体、尺寸标注等国家标准的相关规定；

(2)掌握常见绘图工具使用方法；

(3)熟悉相关几何图形的绘制方法。

2. 能力目标

(1)能正确描述和使用图幅、图线、比例、字体、尺寸标注等国家标准；

(2)能正确使用绘图工具进行平面图绘制；

(3)能完成基本几何图形的绘制。

3. 素养目标

(1)养成严格遵守国家标准的习惯；

(2)培养认真细致、严谨的学习态度。

任务一　绘制简单平面图形

任务描述

绘制如图 1.1 所示的正六边形、五边形。

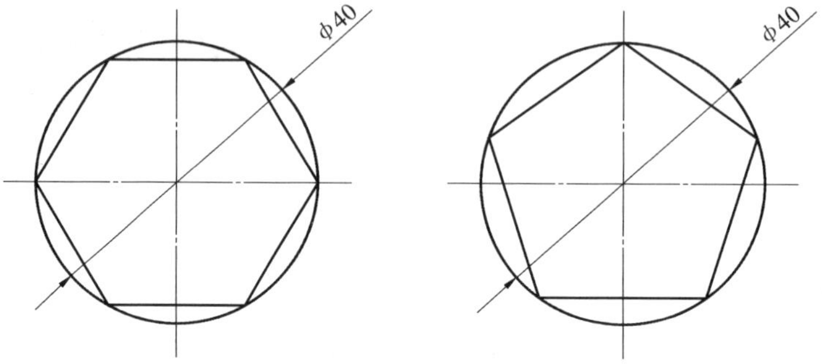

图 1.1　正多边形

相关知识

1. 常用绘图工具的使用

在绘图过程中，正确、熟练地使用各种绘图工具，才能保证图面的质量，提高绘图的准确度和绘图速度。

微课
常用绘图
工具的使用

(1)图板、丁字尺和三角板。

①图板。

图板用于固定图纸及绘图，其板面要求光滑平整，左、右侧导边必须平直。

②丁字尺。

丁字尺用于画水平直线。绘画时，应使尺头内侧边紧靠图板左侧的导边，上下移动，从而沿尺身的工作边自左向右画出水平线(图 1.2)。

注意：不能用丁字尺直接画垂直线。

③三角板。

一副三角板分等腰直角三角板(含两个 45°锐角)和 30°、60°直角三角板两块，可配合丁字尺画出垂直线及 15°倍角的斜线，活用两块三角板配合可画出任意方向的平行线和垂直线(图 1.3)。

(2)绘图铅笔。

绘图铅笔的笔芯有 2B、B、HB、H、2H 等多种标号。B 前面的数字越大则笔芯越软，H 前面的数字越大则笔芯越硬，HB 的笔芯软硬适中。建议按表 1.1 选用各种绘图铅笔及

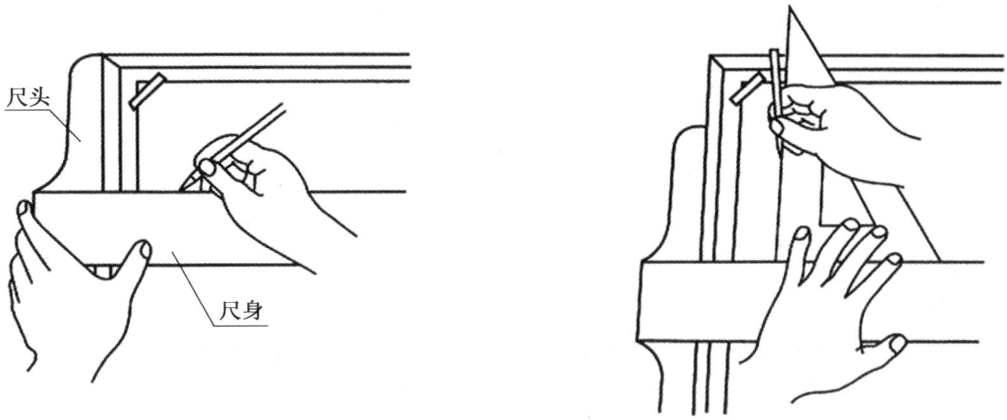

图 1.2 图板、丁字尺、三角板及其使用

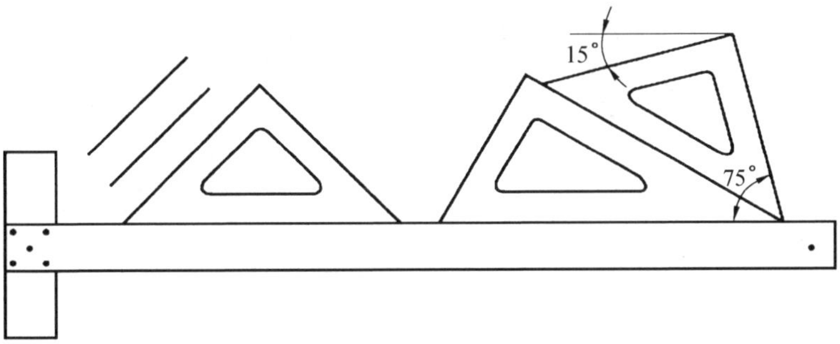

图 1.3 三角板用法

圆规的笔芯。一般将 H 或 HB 铅笔削成锥形,用来画细线和写字;将 HB 或 B 铅笔用砂纸磨成铲(楔)形,用来画粗实线,如图 1.4 所示。

表 1.1 绘图铅笔及圆规笔芯的选用

类别	铅笔				圆规		
笔芯软硬	2H	H	HB	B	H	HB	B、2B
用途	画底稿线	画点画线、细实线	写数字、画箭头	描深粗实线	画底稿线	画点画线、细实线、虚线圆	描深粗实线圆

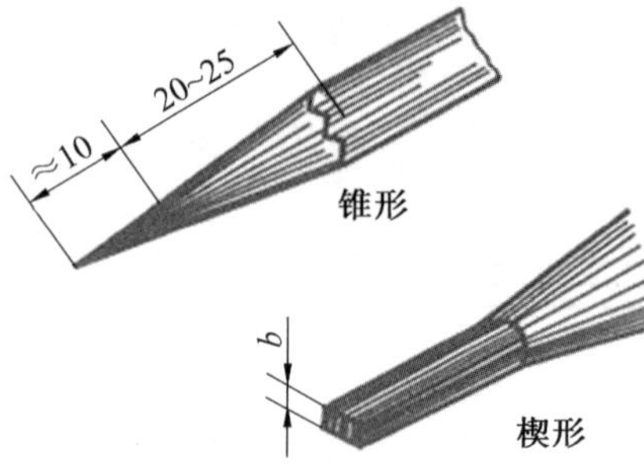

图 1.4　铅笔的磨削形状

(3)圆规、分规。

①圆规。

圆规用于画圆和圆弧。圆规的用法如图 1.5 所示。使用前,应将针尖调整为略长于铅芯,并使铅芯与针尖台肩平齐。应按顺时针方向画圆或圆弧,且圆规与前进方向倾斜 15°左右。

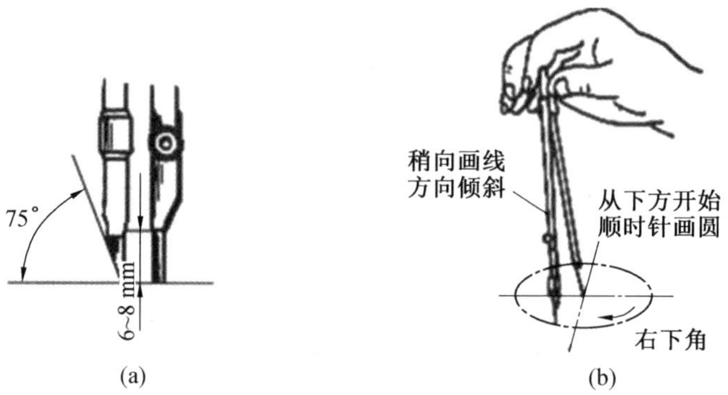

图 1.5　圆规的用法

②分规。

分规用于量取线段长度或等分已知线段。使用前,两个针尖应调整平齐。分规的用法如图 1.6 所示。

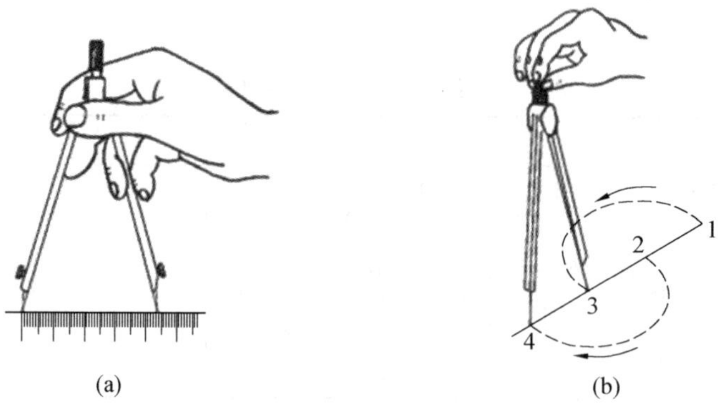

图 1.6　分规的用法

(4)曲线板。

曲线板用于绘制非圆曲线,作图要点为“找四连三,首尾相连”。曲线板的用法如图1.7所示。

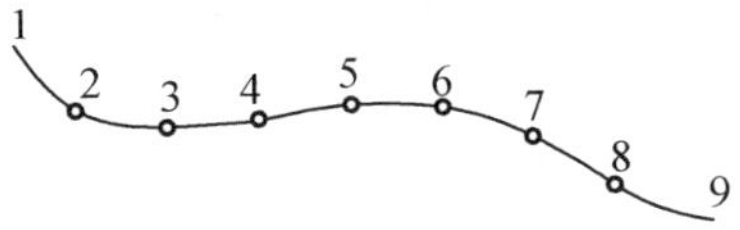

(a) 非圆曲线

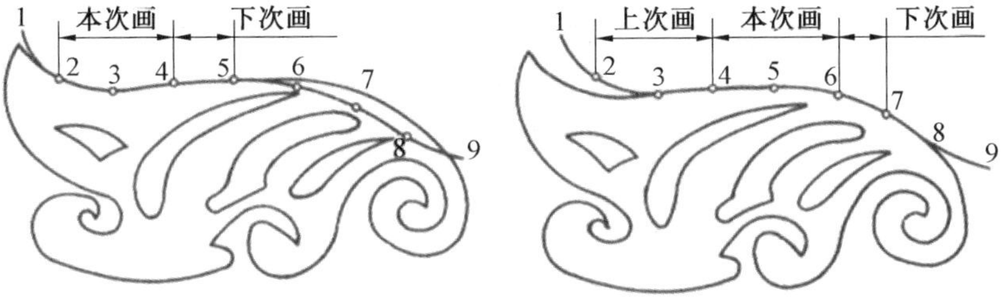

(b) 找四点，连三点　　(c) 再找四点，连三点，以此类推

图 1.7　曲线板的用法

2. 圆弧连接

圆弧与直线(或圆弧)的光滑连接,关键点在于正确地找出连接圆弧的圆心与切点位置。

当半径为 R 的圆弧与半径为 R_1 的已知圆弧外切时,连接圆弧的圆心在以已知圆弧的圆心为圆心,半径为 $R+R_1$ 的圆上。

当半径为 R 的圆弧与半径为 R_1 的已知圆弧内切时,连接圆弧的圆心在以已知圆弧的圆心为圆心,半径为 $R-R_1$ 的圆上。

微课
圆弧连接

各种圆弧的连接画法见表1.2。

表 1.2　圆弧连接的作图方法与步骤

连接方式	方法与步骤		
	求连接圆弧的圆心	求出两个切点 M、N	以 O 为圆心,R 为半径,从点 M 至 N 画圆弧
用半径为 R 的圆弧连接两已知直线	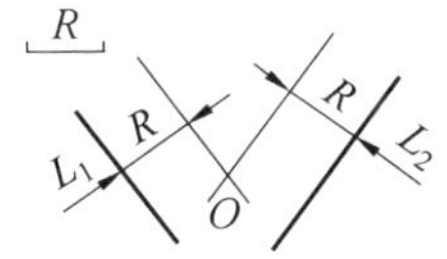	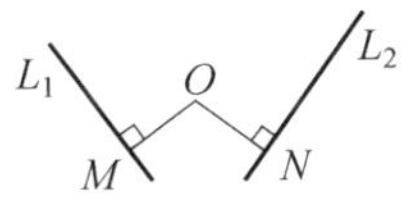	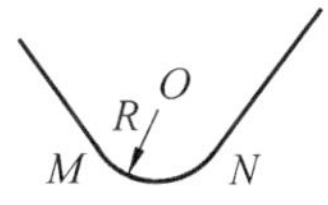
用半径为 R 的圆弧连接已知直线和外接已知圆弧	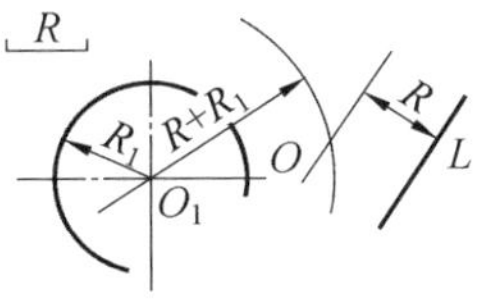	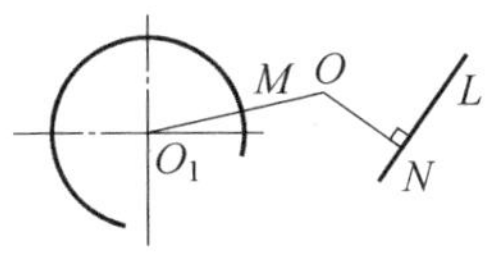	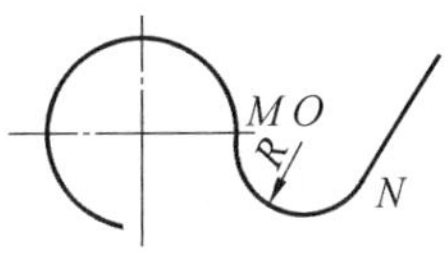

续表 1.2

连接方式	方法与步骤		
	求连接圆弧的圆心	求出两个切点 M、N	以 O 为圆心，R 为半径，从点 M 至 N 画圆弧
用半径为 R 的圆弧连接外接两已知圆弧	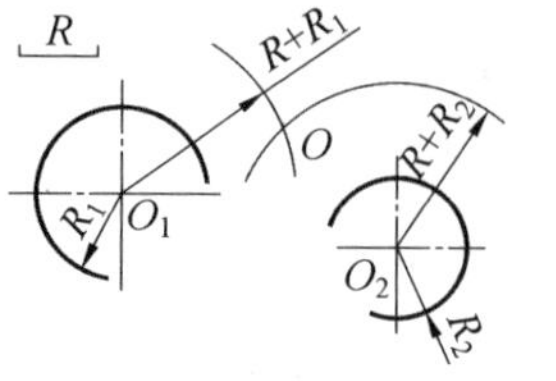	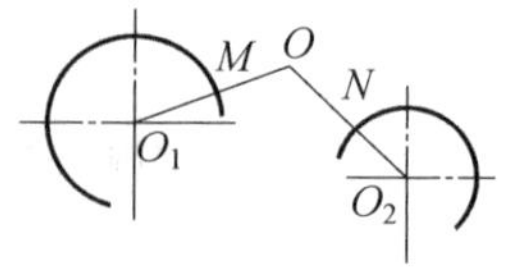	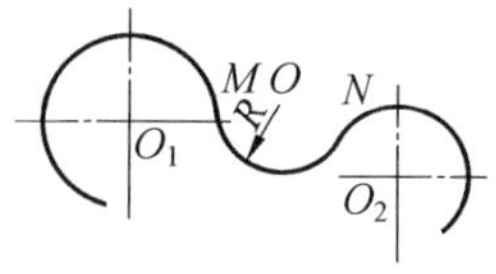
用半径为 R 的圆弧连接内接两已知圆弧	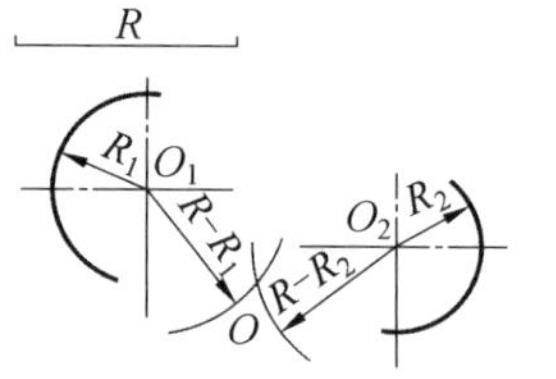	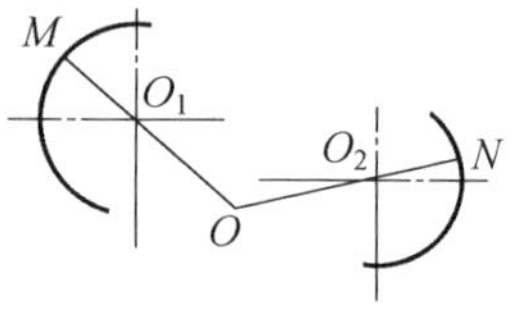	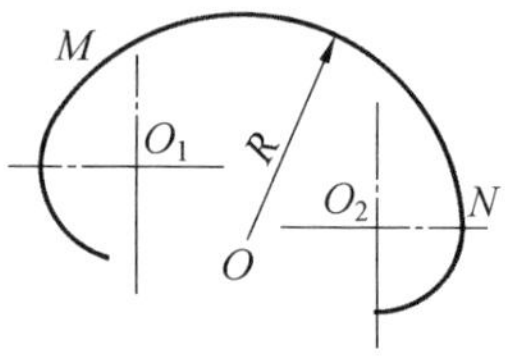
用半径为 R 的圆弧分别与两已知圆弧内、外接	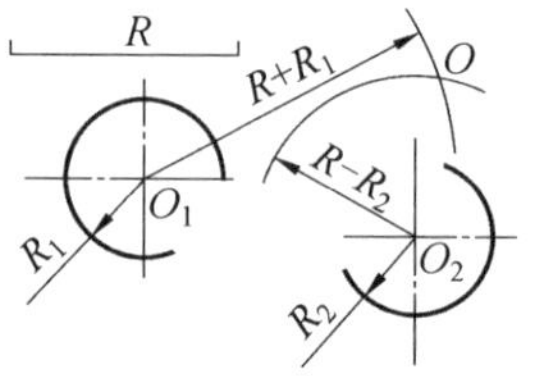	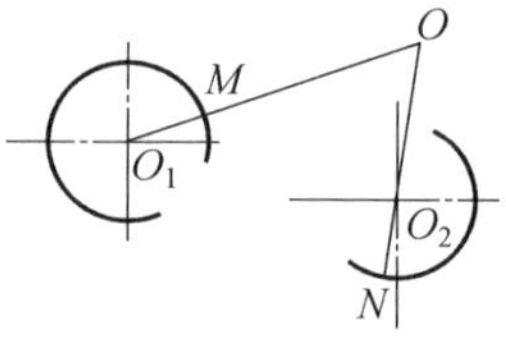	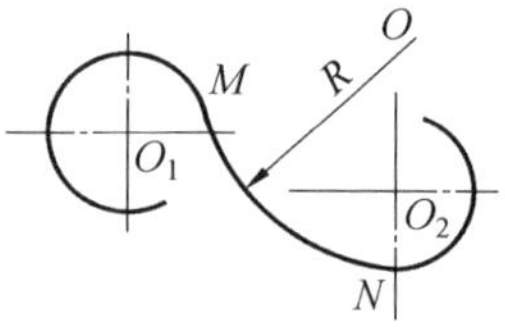

任务实施

1. 正六边形的绘制

（1）作直径为 40 的正六边形外接圆，并作外接圆的中心线，如图 1.8(a)所示。

（2）以直径 A、D 端点为圆心，以半径 R(此处为 20)为半径作圆弧，与圆分别相交于 B、F、C、E，如图 1.8(b)所示。

（3）连接 A、B、C、D、E、F，完成正六边形的绘制，如图 1.8(c)所示。

微课
正六边形、正五边形的绘制任务实施

2. 正五边形的绘制

（1）作直径为 40 的正五边形外接圆，作外接圆的中心线，作 OA 的垂直平分线，得交点 M，如图 1.9(a)所示。

（2）以点 M 为中心，Ma 为半径作弧，交 OB 于点 N，线段 Na 即为正五边形边长，如图 1.9(b)所示。

（3）以 Na 为边长，自点 a 起等分圆周，顺序连接点 a、b、c、d、e 成圆内接正五边形，如图 1.9(c)所示。

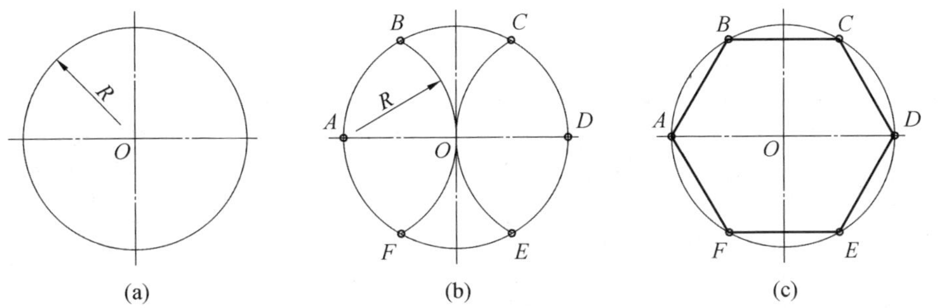

图 1.8 绘制正六边形

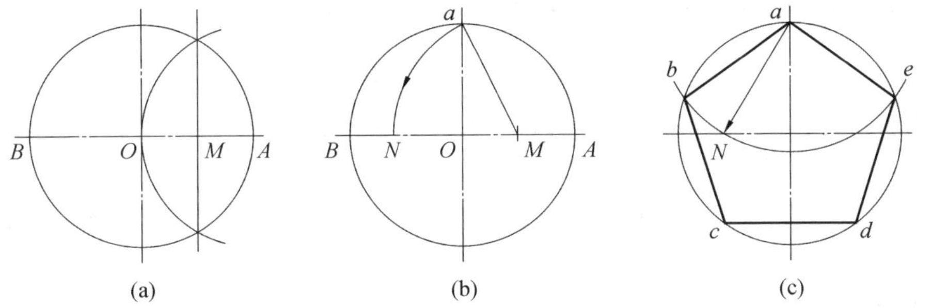

图 1.9 绘制正五边形

归纳总结

尺规绘图是工程技术人员必须掌握的一项基本技能。正确、熟练使用常用绘图工具和仪器，保证图面质量，提高绘图速度。圆弧连接是绘制平面图的基础，同学们应当在理解的基础上掌握。

活学活用

工程图学发展简史

春秋时期，《周礼·考工记》中就有画图工具“规、矩、绳、墨、悬、水”的记载。战国时期，我国人民就已运用设计图（有确定的绘图比例、酷似用正投影法画出的建筑规划平面图）来指导工程建设，距今已有 2 400 多年的历史。秦汉起，我国出现了关于图样的史料记载，并能根据图样建筑宫室。宋代李诫（字仲明）所著《营造法式》一书（图 1.10），总结了我国历史上的建筑技术成就。全书共三十六卷，其中有六卷是图样（包括平面图、轴测图、透视图）。这是一部闻名世界的建筑图样巨著，图中运用投影法表达了复杂的建筑结构。这在当时是极为先进的。

18 世纪，欧洲的工业革命促进了一些国家科学技术的迅速发展。法国科学家蒙日在总结前人经验的基础上，根据平面图形表示空间形体的规律，应用投影方法创建了画法几何学，奠定了图学理论的基础。

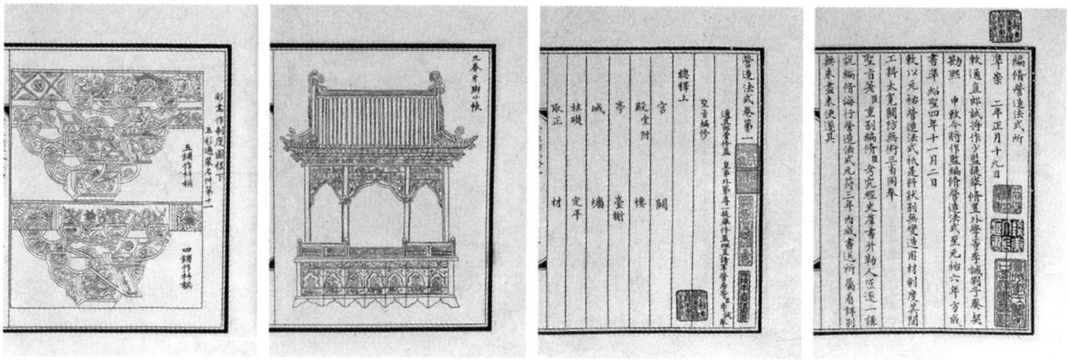

图 1.10 《营造法式》三十四卷示例

随着生产技术的不断发展，图样的形式和内容也日益接近现代工程图样。如清代程大位所著《算法统宗》一书的插图中，有丈量步车的装配图和零件图。

制图技术在我国虽有光辉成就，但因长期处于封建制度的统治，在理论上缺乏完整、系统的总结。中华人民共和国成立前的近百年，工程图学停滞不前。

1956 年，原机械工业部颁布了第一个部颁标准《机械制图》；1959 年，国家科学技术委员会颁布了第一个国家标准《机械制图》，使全国工程图样标准得到了统一，标志着我国工程图学进入了一个崭新的阶段。

随着科学技术的发展和工业水平的提高，技术规定不断修改和完善，先后于 1970 年、1974 年、1984 年、1993 年修订了有关机械制图的国家标准，并颁布了一系列有关技术制图与机械制图的新标准。截至 2003 年底，1985 年实施的四类 17 项有关机械制图的国家标准中已有 14 项被修改替代。部分制图国家标准如图 1.11 所示。此外，在改进制图工具和图样复制方法、研究图学理论和编写出版图学教材等方面都取得了可喜的成绩。

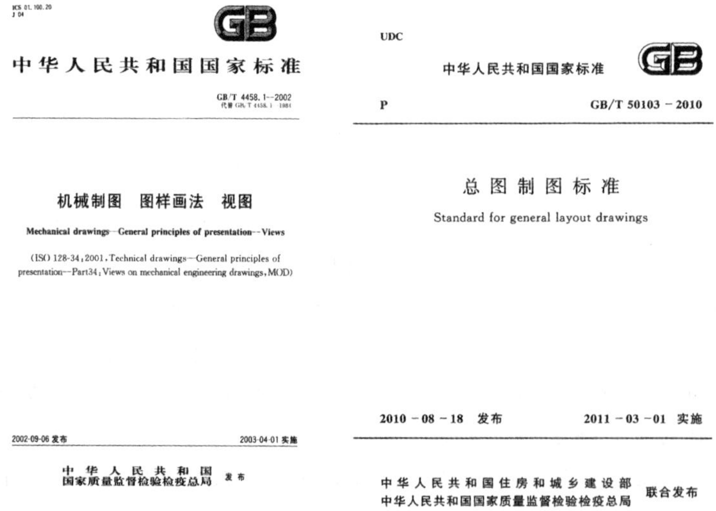

ICS 01.100.20
J 04

GB

中华人民共和国国家标准

GB/T 4458.1—2002
代替 GB/T 4458.1—1984

机械制图 图样画法 视图

Mechanical drawings—General principles of presentation—Views

(ISO 128-34:2001, Technical drawings—General principles of presentation—Part34: Views on mechanical engineering drawings, MOD)

2002-09-06 发布 2003-04-01 实施

中华人民共和国国家质量监督检验检疫总局 发布

UDC

中华人民共和国国家标准 GB

P GB/T 50103－2010

总图制图标准

Standard for general layout drawings

2010－08－18 发布 2011－03－01 实施

中华人民共和国住房和城乡建设部
中华人民共和国国家质量监督检验检疫总局 联合发布

图 1.11 部分制图国家标准

在计算机问世后，计算机技术以惊人的速度发展。计算机绘图、计算机辅助设计(CAD)技术已深入应用于相关领域，传统的尺规作业模式也基本退出历史舞台。

任务二　认识六角扳手机械图样并绘制其平面图形

任务描述

六角开口扳手立体图如图 1.12 所示。其结构可分为左、右两部分，左方为带有正六边形开口的弧线外形板状零件，右方为板状手柄。主要用于旋转六角螺栓头和六角螺母。

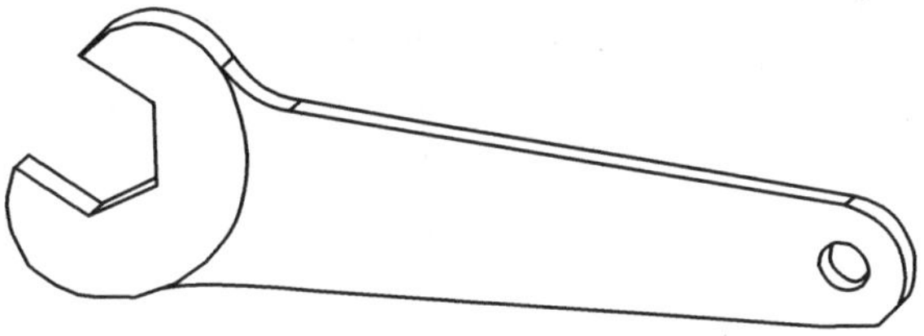

图 1.12　六角开口扳手立体图

图 1.13 为六角开口扳手零件图。一张完整的零件图包括标题栏、一组视图、尺寸标注和技术要求。其中有两个视图，一个视图反映了六角开口扳手的轮廓形状，另一个视图反映了零件的厚度。请识读开口扳手图样，并利用手工绘图方法，绘制该图样。

相关知识

图样是用于表达设计思想、进行技术交流和指导生产的重要技术文件，是“工程技术界的共同语言”。国家标准《技术制图》和《机械制图》是国家制定的一项基本技术标准，绘图时必须严格遵守有关规定。

微课
图纸幅面和格式

1. 图纸幅面和格式(GB/T 14689—2008)

(1)图纸幅面。

绘制图样时，首先要选取图纸。图纸的基本幅面由大到小分为 A0、A1、A2、A3、A4 五种。图纸的宽用 B 表示，长用 L 表示。

(2)图框格式。

图纸上必须用粗实线画出图框线，图框格式分为留装订边和不留装订边两种。画法如图 1.14 所示，图 1.14(a)为留装订边，图框线到纸边界线的距离 a 和 c 可从表 1.3 中查得。成套图纸装订时，一般采用 A4 幅面竖装，A3 以上幅面横装。图 1.14(b)为不留装订边，图框线到纸边界线的距离 e 可从表 1.3 中查得。

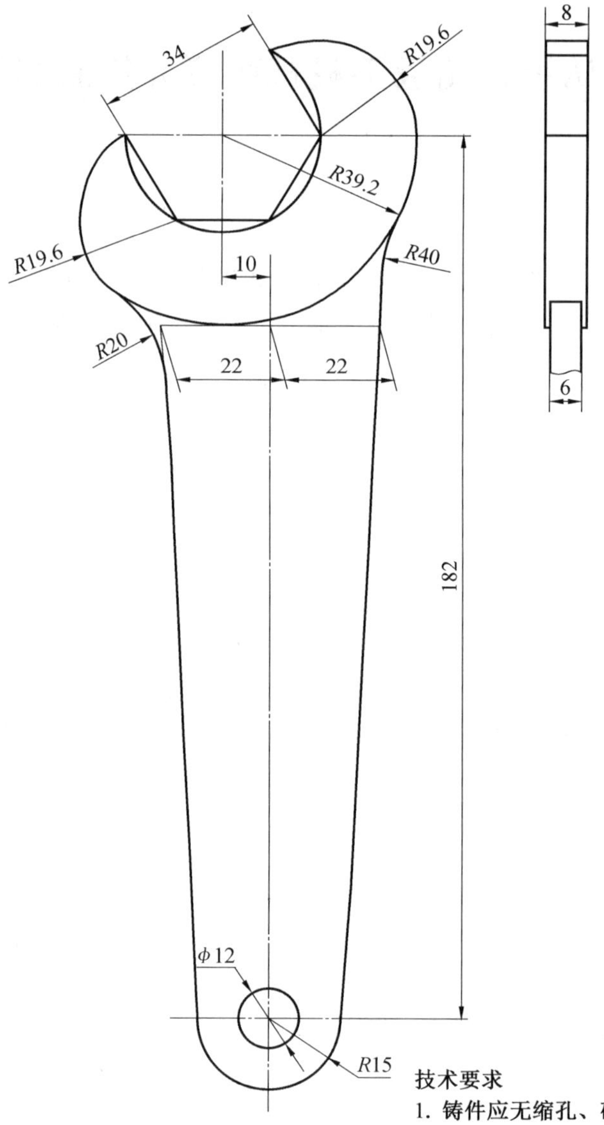

技术要求

1. 铸件应无缩孔、砂眼、缩松等缺陷
2. 未注铸造圆角 $R2 \sim R3$

设计	×××		灰铸铁 HT200		×× 公司
校核	×××				六角开口扳手
审核	×××		比例	1∶1	

图 1.13　六角开口扳手零件图

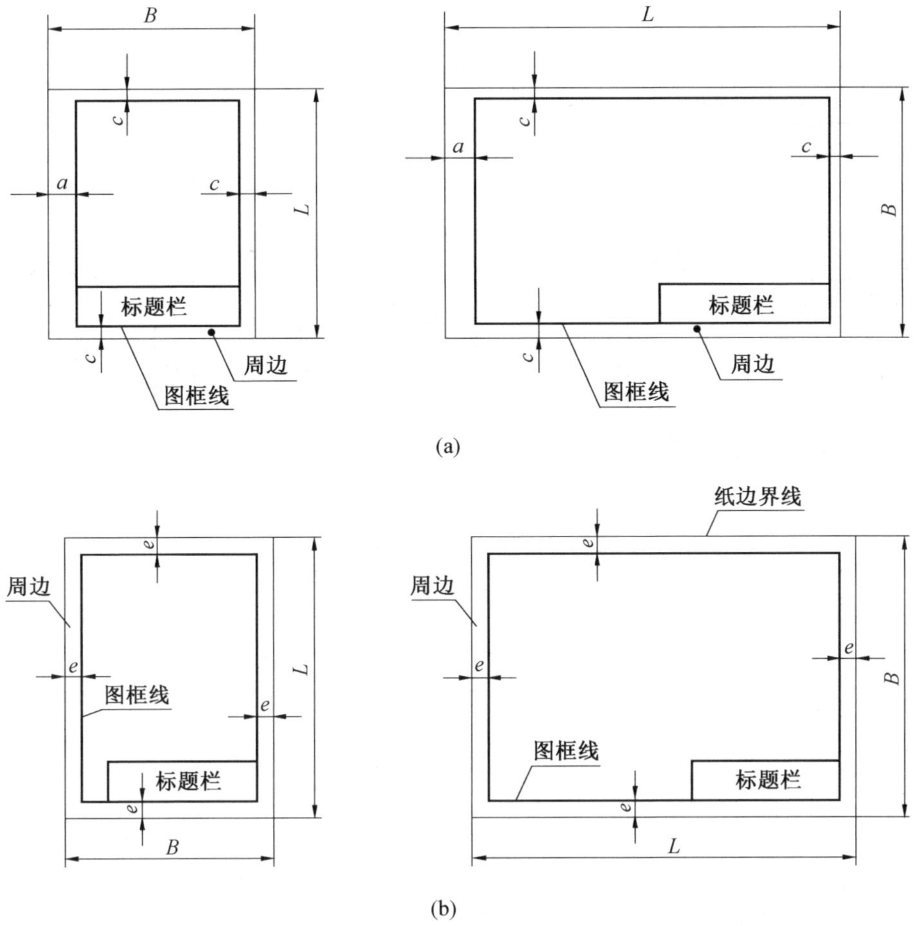

图1.14　图框格式

表1.3　图框尺寸

幅面代号	A0	A1	A2	A3	A4
B×L/(mm×mm)	841×1 189	594×841	420×594	297×420	210×297
c/mm	10			5	
a/mm	25				
e/mm	20		10		

(3)标题栏的方位与格式。

标题栏的位置如图1.14所示,一般位于图纸的右下角。国家标准GB/T 10609.1—2008《技术制图　标题栏》规定的标题栏如图1.15所示。学生作业课可采用图1.16所示的简化标题栏。

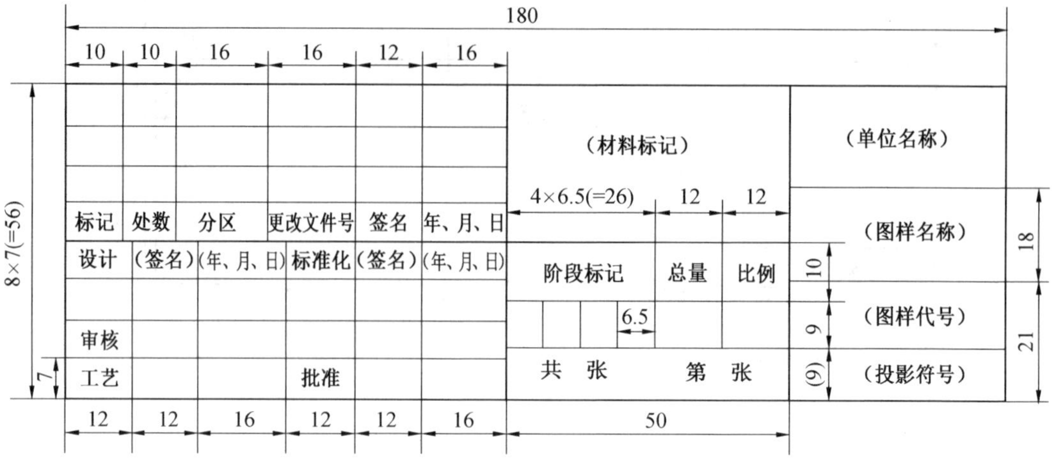

图 1.15 标题栏的格式和尺寸

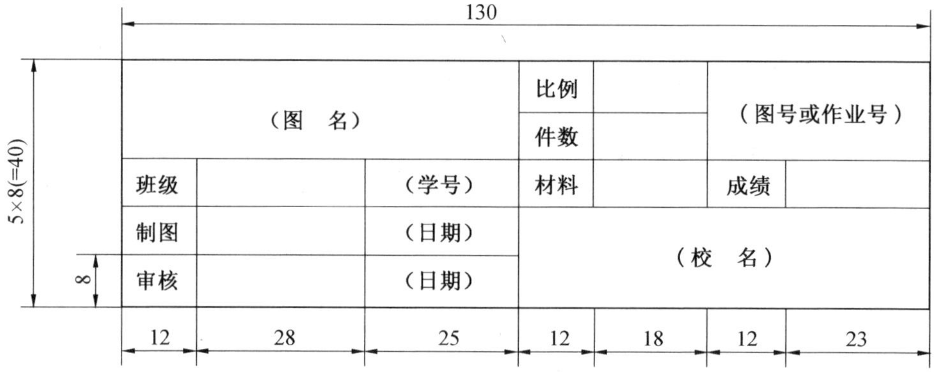

图 1.16 简化标题栏的格式和尺寸

2. 比例(GB/T 14690—1993)

比例是图样中图形与实物相应要素的线性尺寸之比。绘制时,应尽可能从表 1.4 中选取适当的比例,必要时也允许选用括号内的比例。

绘图时应尽量采用原值比例(1∶1),以使绘出的图样能直接反映机件(机械零件)的真实大小。但由于机件的大小及其结构复杂程度的不同,对大而简单的机件可采用缩小的比例,对小而复杂的机件则可采用放大的比例。值得注意的是,图样不论采用了缩小的比例还是放大的比例,标注尺寸时必须标注机件的实际尺寸,如图 1.17 所示。

微课
比例和字体

表 1.4　绘图的比例

原值 比例	1 : 1					
放大比例	2 : 1 (2.5 : 1)	5 : 1 (4 : 1)	$1\times10^n : 1$ $(2.5\times10^n : 1)$	$2\times10^n : 1$ $(4\times10^n : 1)$	$5\times10^n : 1$	
缩小 比例	1 : 2 (1 : 2.5) $(1 : 1.5\times10^n)$	1 : 5 (1 : 2.5) $(1 : 2.5\times10^n)$	1 : 10	$1 : 2\times10^n$ (1 : 4) $(1 : 4\times10^n)$	$1 : 2\times10^n$ (1 : 4) $(1 : 4\times10^n)$	$1 : 5\times10^n$ (1 : 6) $(1 : 6\times10^n)$

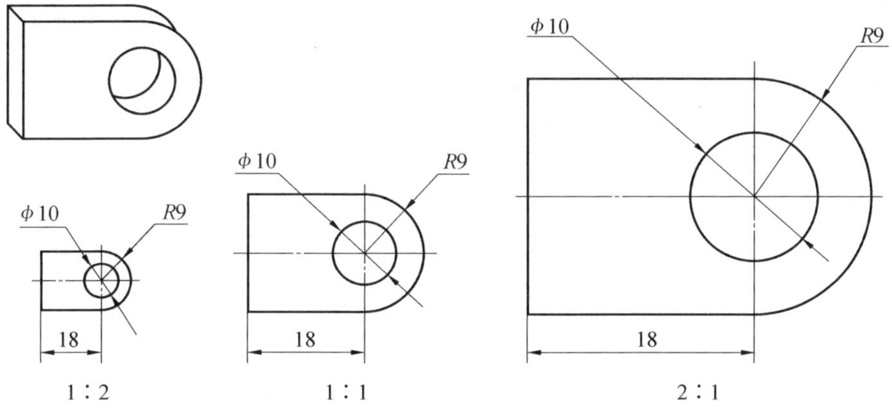

图 1.17　用不同比例绘制同一图形

3. 字体(GB/T 14691—1993)

图样中书写的文字必须做到:字体端正、笔画清楚、间隔均匀、排列整齐。

图样中文字大小的选择要适当。字体的高度(即字体的号数)用 h 表示,共有 20、14、10、7、5、3.5、2.5、1.8 八种(单位:mm)。

(1)汉字。

汉字应写成长仿宋体,字体的宽度一般为 $h/\sqrt{2}$。

书写长仿宋体汉字的要领是:横平竖直、起落分明、结构匀称、粗细一致,呈长方形,如图 1.18 所示。

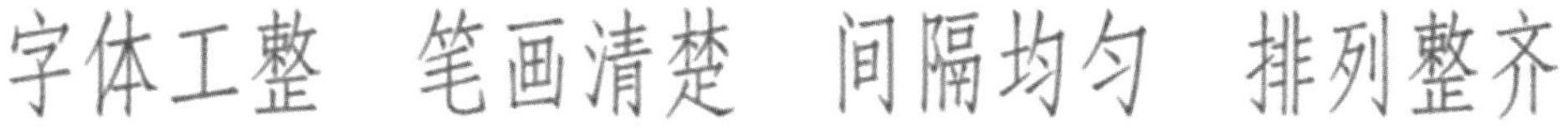

图 1.18　汉字示例

(2)字母和数字。

字母和数字有直体和斜体之分,一般情况采用斜体。斜体字字头向右倾斜,与水平线成 75°,其书写示例如图 1.19 所示。

ABCDEFGHIJKLMNO

abcdefghijklmnopq

0123456789

I II III IV V VI VII VIII IX X

图 1.19　斜体字母、数字示例

微课

图线

4. 图线(GB/T 17450—1998、GB/T 4457.4—2002)

(1)线型及其应用。

绘制图样时，所用的各种图线的名称、线型、线宽及其应用见表 1.5。

表 1.5　机械图样中常用的线型

图线名称	图线形式	图线宽度	主要应用
粗实线		*d*	可见轮廓线
细实线		*d*/2	尺寸线及尺寸界线、剖面线、重合断面的轮廓线、过渡线
细虚线		*d*/2	不可见轮廓线
细点画线		*d*/2	轴线、对称中心线、齿轮的分度圆及分度线
粗点画线		*d*	表面的表示线及有特殊要求的线
细双点画线		*d*/2	相邻辅助零件的轮廓线、中断线、轨迹线、极限位置的轮廓线、假想投影轮廓线
波浪线		*d*/2	断裂处的边界线、视图和剖视的分界线
双折线		*d*/2	断裂处的边界线
粗虚线		*d*	允许表面处理的表示线

(2)图线的画法。

①同一图样中，同类图线的宽度应基本一致。虚线、点画线及双点画线的线段长度和间隔应各自大致相等。

②绘制圆的对称中心线时，圆心应该是线段的交点。

③点画线和双点画线的首末两端是线段而不是短画，点画线应超出轮廓线 2 ~ 5 mm。

④小圆(直径小于 12 mm)的中心线，可用细实线代替。

⑤点画线、虚线、双点画线自身相交或与其他图线相交时，都应在线段处相交，不应在空隙或点处相交。

⑥当虚线处于粗实线的延长线上时，粗实线画到分界点，而虚线在连接处应留有间隙。当虚线圆弧与虚线直线相切时，虚线圆弧的线段画到切点，而虚线直线在连接处应留

有间隙。

图线画法如图 1.20 所示。

AR：图线画法

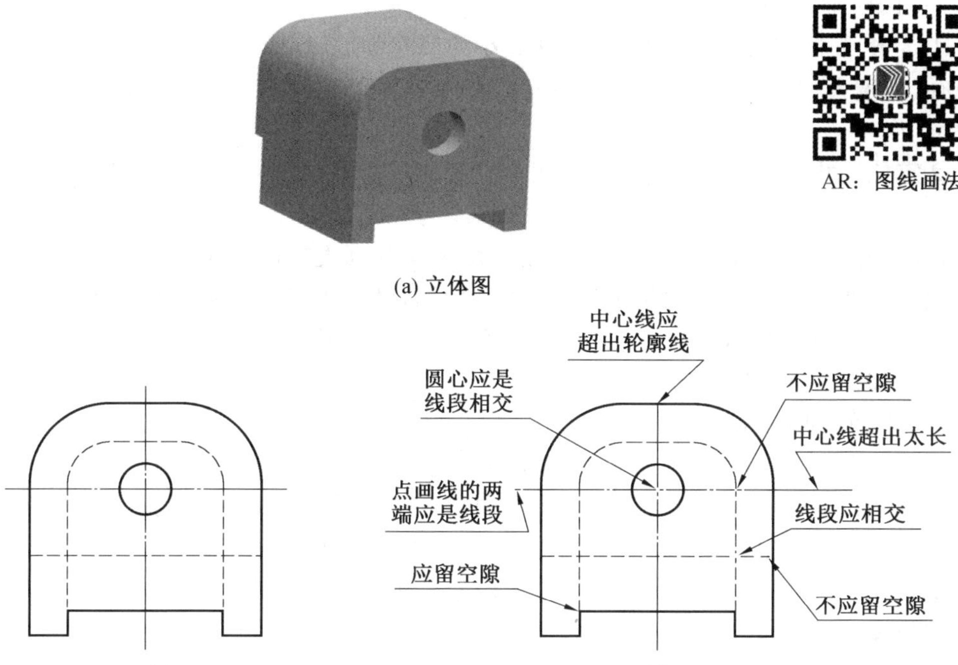

(a) 立体图　(b) 正确　(c) 错误

图 1.20　图线画法

任务实施

1. 认识六角开口扳手机械图样

(1)图幅。

如图 1.13 所示的六角开口扳手图样为 A4 幅面，尺寸为 297 mm×210 mm，采用竖装图框，标题栏为简化的标题栏，位于图纸的右下角。

(2)字体。

图样中“技术要求”“单位名称”“零件名称”等字体采用 5 号长仿宋体，其余汉字均采用 3.5 号长仿宋体，尺寸标注的数字采用 3.5 号斜体。

(3)标题栏。

阅读标题栏可知零件的制造材料为“灰铸铁 HT200”，绘图比例为 1∶1，还有零件名称、制造厂家等。

(4)技术要求。

将图样不能或不便于表达的技术要求，用文字叙述，配置在图样的下方。

微课
认识并绘制
六角开口扳手
机械图样
任务实施

2. 绘制六角开口扳手平面图形

(1)平面图形尺寸分析。

平面图形的尺寸分为两类:

①定形尺寸。确定各几何图形形状大小的尺寸称定形尺寸,如线段长度、圆弧的半径或直径、角度大小等。图 1.13 中的 $R19.6$、$R39.2$、34、$R20$、$R40$、22、$\phi12$、$R15$、8、6 等为定形尺寸。

②定位尺寸。确定各几何图形间相对位置的尺寸称定位尺寸。图 1.13 中的 182、10 等为定位尺寸。

标注平面图形的尺寸时,首先应确定长度方向和高度方向的尺寸基准。尺寸的起点称为尺寸基准。一般用较大的圆的中心线、图形的对称线或较长的直线作为平面图形的尺寸基准。如图 1.13 中,分别是以对边距离 34 的六边形水平和垂直的两条中心线分别作为高度和长度方向的尺寸基准。

(2)平面图形的线段分析。

平面图形中的线段(直线或圆弧),根据其定位尺寸是否齐全分为三类:

①已知线段。具有定形尺寸和两个方向定位尺寸的线段称已知线段。作图时,可根据已知线段直接绘出,如图 1.13 中的 34、$R19.6$、$R39.2$、$\phi12$、$R15$ 等。

②中间线段。具有定形尺寸和一个方向定位尺寸的线段称中间线段。作图时,其另一个定位尺寸需依靠与相邻已知线段的几何关系求出。

③连接线段。只有定形尺寸而没有定位尺寸的线段称为连接线段。作图时,需待与其两端相邻的线段作出后,才能确定其位置,如图 1.13 中的 $R20$、$R40$ 等。

④平面图形的绘图顺序为:先画基准线,画已知线段,再画中间线段,最后画连接线段。

(3)图形绘制。

①绘图准备。分析图形的定形尺寸、定位尺寸和各种线段;定比例,定图幅,固定图纸;画图框,画标题栏。

②绘制底稿。匀称布置图形,画基准线,画已知线段,再画中间线段,最后画连接线段(图 1.21)。

③描深。描深前应全面检查,擦去多余的图线。具体步骤为:

先粗后细,依次画出粗实线、细点画线、细虚线、细实线、波浪线等。

先曲后直,描深同类型图线,一般先画圆弧曲线,后画直线。

先上后下,从左至右,先水平线,后垂直线,最后画斜线。

④标注尺寸。

⑤填写标题栏。

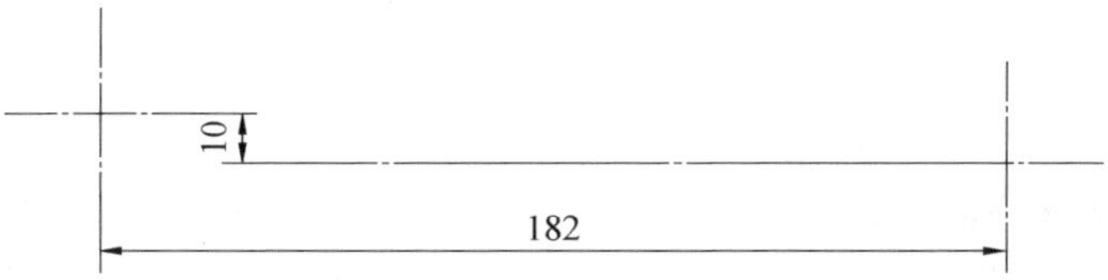

(a) 画基准线

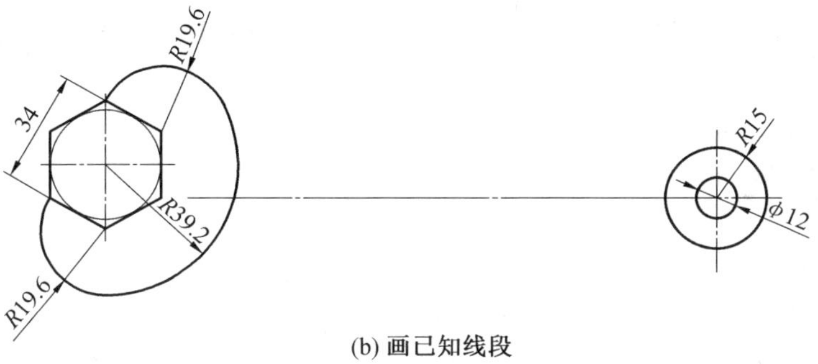

(b) 画已知线段

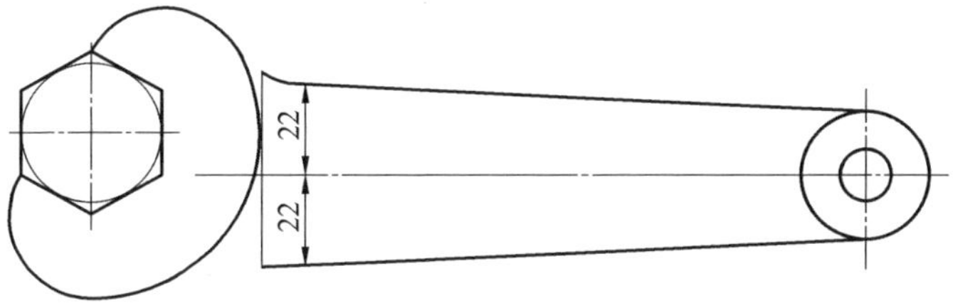

(c) 画中间线段

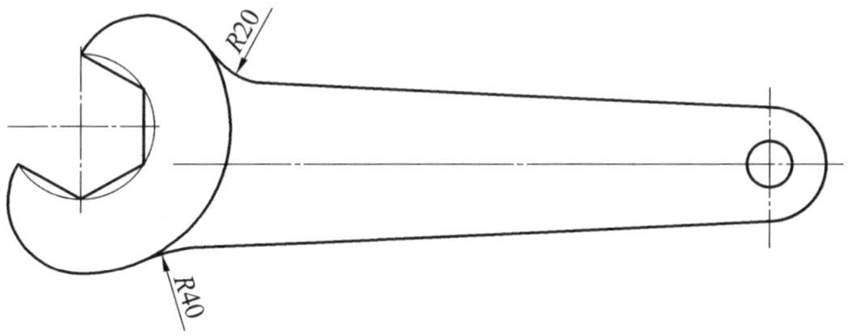

(d) 画连接线段

图 1.21　六角扳手的作图步骤

归纳总结

绘制平面图形时，无论图形复杂与否，画图时，总是先画作图基准线，然后按照先画已知线段，再画中间线段，最后画连接线段的顺序进行。最后，将图形修整后再标注尺寸。

活学活用

无规矩不成方圆，国家标准就是规矩。机械制图的国家标准，是我们绘制机械图样必须遵守的规矩。同样，在我们日常生活中，也必须遵守道德准则和法律约束，贯彻和执行国家的路线、方针和政策。超越道德和法律的“绝对自由”，是不存在的。

任务三　认识交换齿轮架机械图样并绘制其平面图形

任务描述

交换齿轮架立体图如图 1.22 所示。其结构可分为上、下两部分，上面为回转体形的手柄，下部为具有复杂弧线外形的板状零件，并带有圆孔、腰圆孔等。直腰圆孔用于安装带齿轮的轴，位置可上下调节。工作时，扳动手柄可实现机床变速箱不同齿轮之间的啮合，从而改变机床主轴的转速。

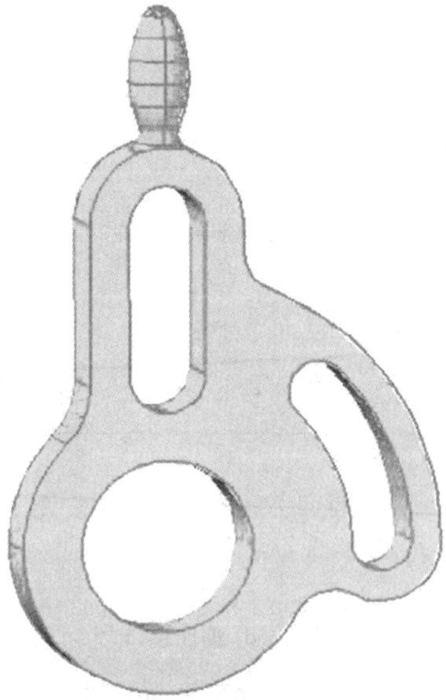

图 1.22　交换齿轮架立体图

图 1.23 为交换齿轮架零件图，读图完成以下任务：

(1)识读交换齿轮架零件图，认识该图样。

(2)绘制该零件图样。

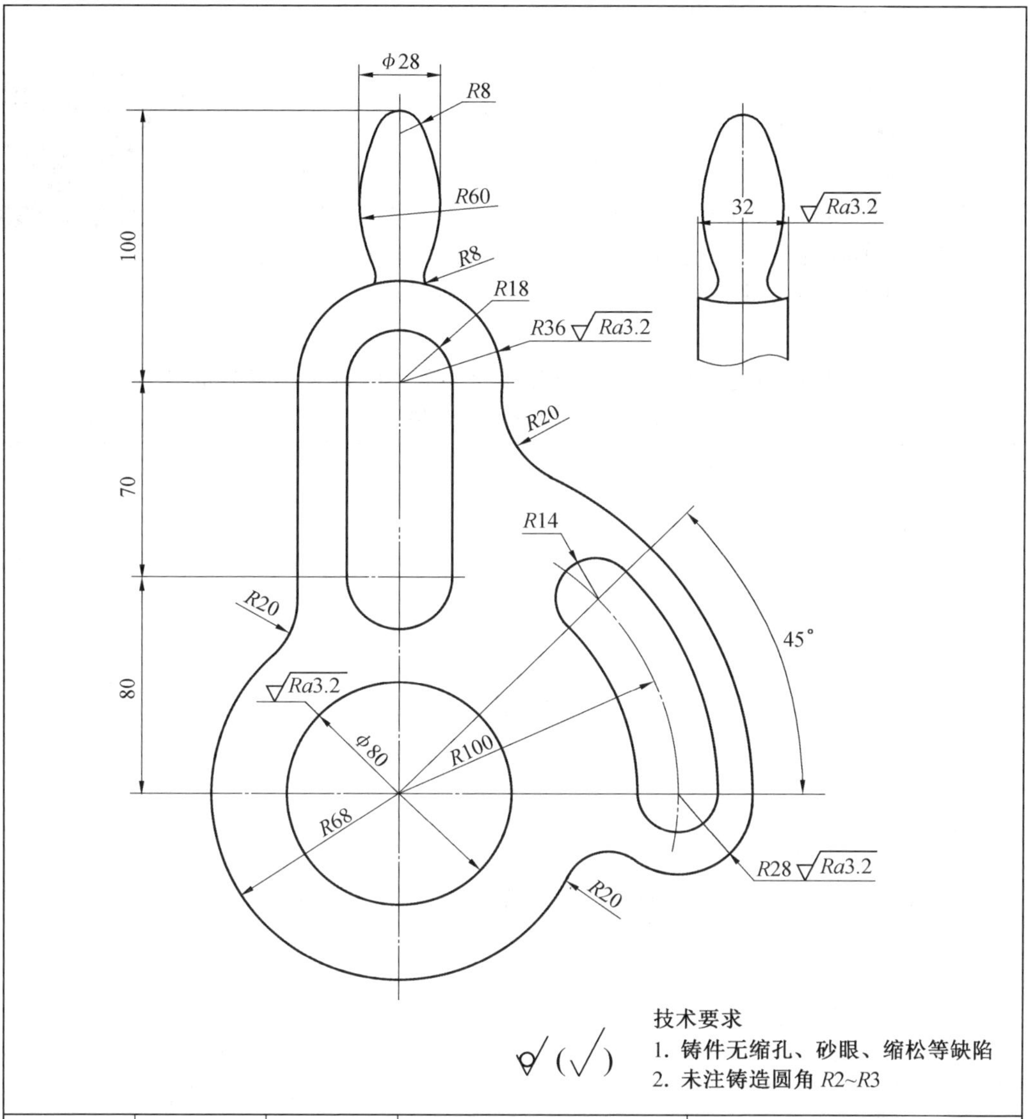

设计	×××		灰铸铁 HT200		×× 公司
校核	×××				交换齿轮架
审核	×××		比例	1∶2	

图 1.23　交换齿轮架零件图

相关知识

图样只能描述机件的形状，而机件的大小必须依靠标注尺寸才能确定。标注尺寸是一项极为重要的工作，应严格遵守国家标准所规定的规则和方法。

1. 尺寸标注(GB/T 4458.4—2003、GB/T 16675.2—2012)

(1)标注尺寸总则。

①机件的真实大小应以图样上所注的尺寸数值为依据,与绘图大小及绘图的准确程度无关。

②图样中的尺寸以毫米(mm)为单位时,不需标注计量单位的代号或名称,如采用其他单位,则必须注明相应的计量单位的代号或名称。

③图样中所标注的尺寸是物体的最后完工尺寸,否则应另加说明。

微课

尺寸标注相关知识

④对机件的每一尺寸一般只标注一次,并应标注在反映该结构最清晰的图上。

⑤标注尺寸时,应尽可能使用符号和缩写词。常用的符号和缩写词见表 1.6。

表 1.6　常用的符号和缩写词

名　称	符号或缩写词	名　称	符号或缩写词
直径	ϕ	45°倒角	C
半径	R	深度	↧
球直径	$S\phi$	沉孔或锪平	⌴
球半径	SR	埋头孔	∨
厚度	t	均布	EQS
正方形	□		

(2)尺寸的组成。

完整的尺寸由尺寸数字、尺寸线和尺寸界线等要素组成,其标注示例如图 1.24 所示。图中的尺寸终端可以有箭头和斜线两种形式(机械图样中一般采用箭头作为尺寸线的终端)。箭头的形式如图 1.25 所示,适用于各种类型的图样。

①尺寸界线。尺寸界线用细实线绘制,并应由图形的轮廓线、轴线或对称中心线引出,也可利用轮廓线、轴线或对称中心线作尺寸界线。尺寸界线一般应与尺寸线垂直,并超出尺寸线的终端 2 ~5 mm。

②尺寸线。尺寸线用细实线绘制,终端用箭头,且不能用其他图线代替,不得与其他图线重合或画在其延长线上。一般也不得与其他图线相交。标注线性尺寸时,尺寸线必须与标注的线段平行;当有几条互相平行的尺寸线时,大尺寸要注在小尺寸外面,以免尺寸线与尺寸界线相交。在圆或圆弧上标注直径或半径时,尺寸线一般应通过圆心或延长线通过圆心。

③尺寸数字。线性尺寸数字一般应注写在尺寸线的上方,也允许注写在尺寸线的中断处。倾斜尺寸数字应有头向上的趋势。在标注直径时,应在尺寸数字前加注符号“ϕ”;

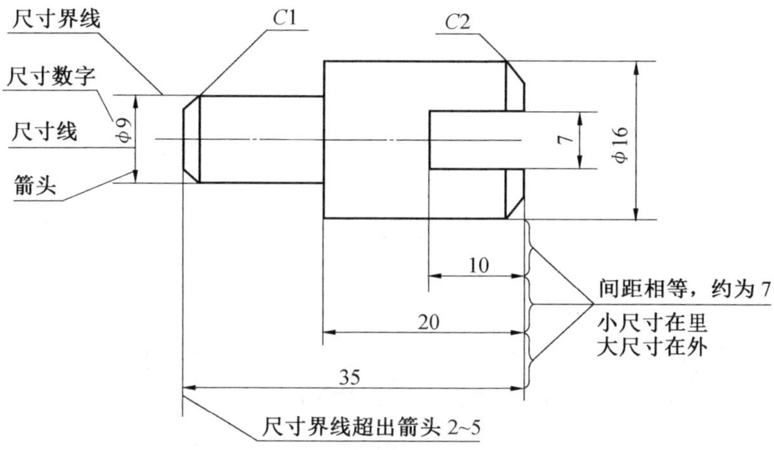

图 1.24　尺寸标注示例

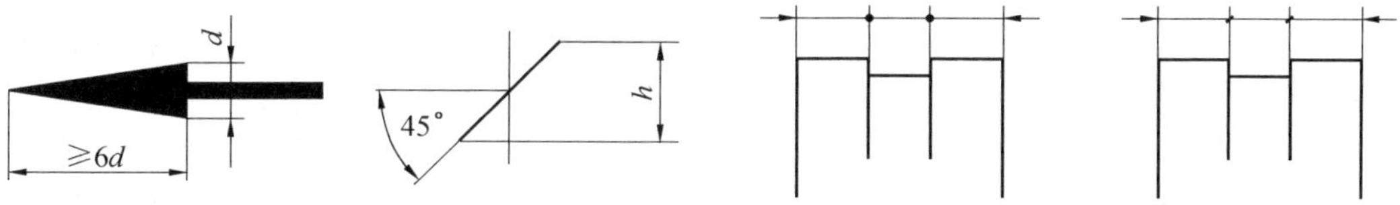

(a) 尺寸终端的箭头　(b) 尺寸终端的斜线　(c)　(d)

图 1.25　箭头的形式

标注半径时，应在数字前加注符号“*R*”。通常对大于半圆的圆弧标注直径；对小于或等于半圆的圆弧标注半径。在标注球面的直径或半径时，应在符号“φ”或“*R*”前再加注符号“*S*”。

(3)常见的尺寸标注。

常见尺寸的标注方法见表 1.7。

表 1.7　常见尺寸的标注方法

标注内容	示例	说明
线性尺寸	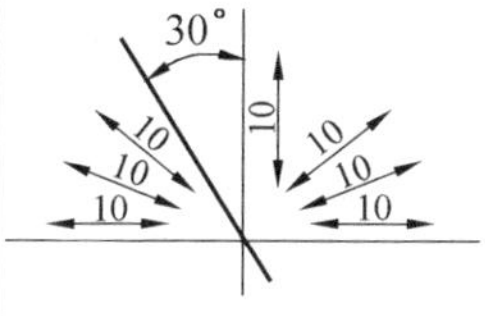 (a) 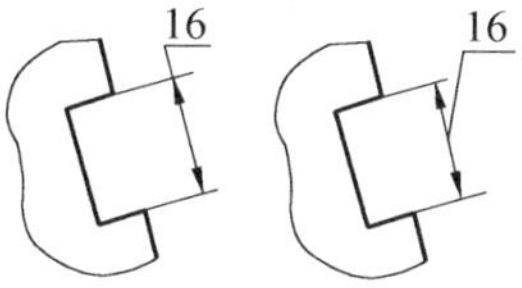 (b)	尺寸线必须与所标注的线段平行，大尺寸要标注在小尺寸的外面。尺寸数字应按图(a)所示的方向标注。如尺寸线在图示 30°范围内，应按图(b)的形式标注
直径尺寸	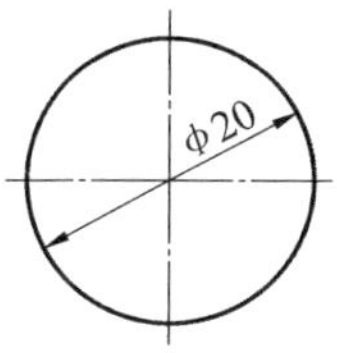 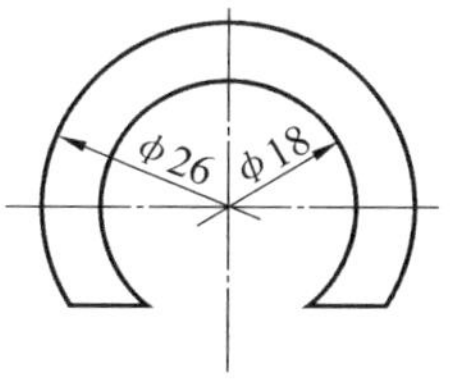	标注圆或大于半圆的圆弧时，尺寸线通过圆心，以圆周为尺寸界线，尺寸数字前加注直径符号“φ”

续表 1.7

标注内容	示例	说明
半径尺寸	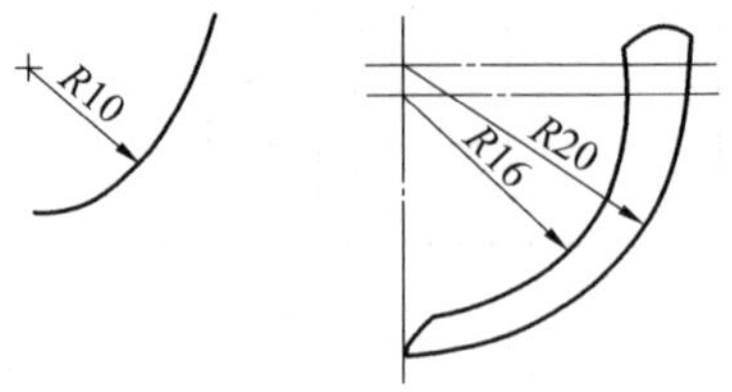	标注小于或等于半圆的圆弧时，尺寸线自圆心引向圆周，尺寸数字前加注半径符号“*R*”
大圆弧		若圆弧的半径过大或在图纸范围内无法标注其圆心位置时，可采用折线形式
小尺寸	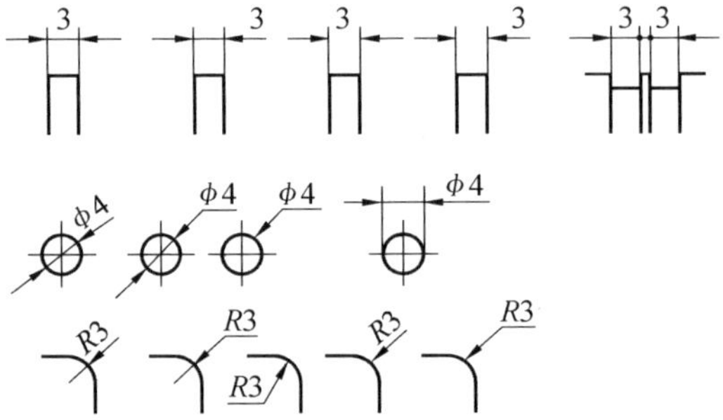	对于小尺寸，在没有足够的位置画箭头或标注尺寸时，箭头可画在外面，或用小圆点代替两个箭头，尺寸数字也可采用旁注或引出标注
球面	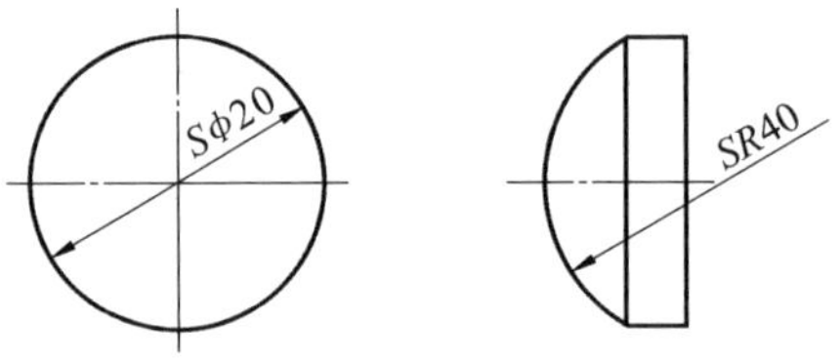	标注球面的直径或半径时，应在尺寸数字前分别加注符号“*S*ϕ”或“*SR*”
角度	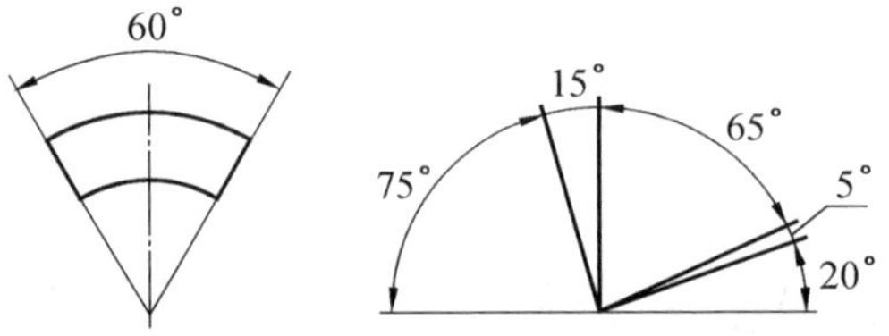	尺寸界线应沿径向引出，尺寸线画成圆弧，圆心是角的顶点。尺寸数字一律水平书写，一般注写在尺寸线的中断处，必要时也可写在尺寸线上方、外侧或引出标注
弦长与弧长	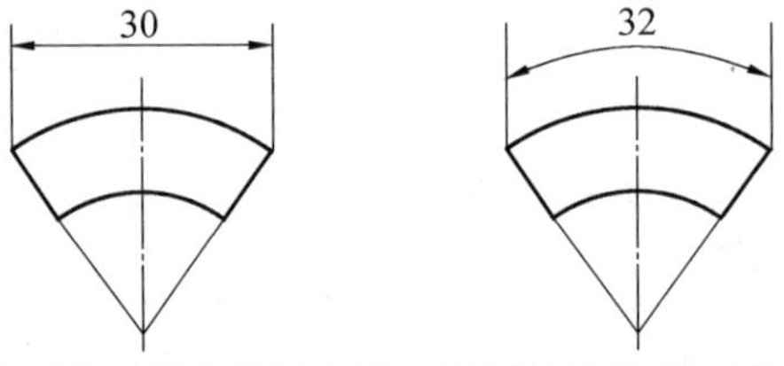	标注弦长和弧长时，尺寸界线应平行于弦的垂直平分线。弧长的尺寸线为同心圆，并应在尺寸数字上方加注符号“⌒”

续表 1.7

标注内容	示例	说明
对称机件结构	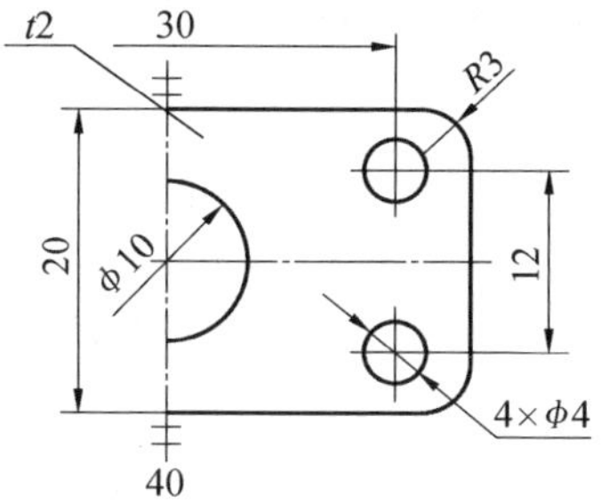	尺寸线应略超过对称中心线或断裂处的边界线，仅在尺寸线的一端画出箭头 标注板状零件的尺寸时，在厚度的尺寸数字前加注符号“*t*”
正方形结构	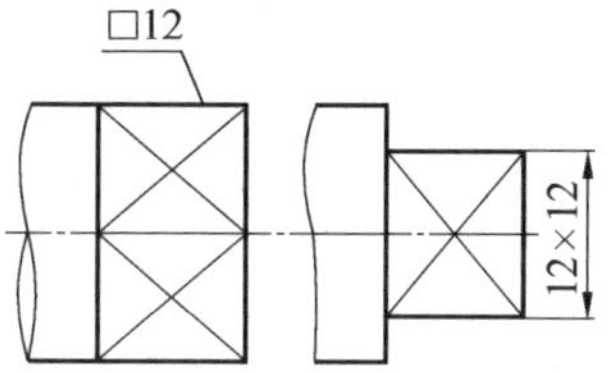	标注机件的剖面为正方形结构的尺寸时，可在边长尺寸数字前加注符号“□”，或用“12×12” 图中相交的两条细实线是平面符号

任务实施

1. 认识交换齿轮架机械图样

图 1.23 共有两个视图，主视图反映了该零件的轮廓形状，右边的局部视图反映了该零件的厚度。交换齿轮架零件图与前面六角扳手零件图相比，图形更复杂，尺寸标注形式更多。

(1)图幅。

交换齿轮架零件较大，考虑到图形不是特别复杂，故采用 1 ∶ 2 比例绘图，比例缩小后用 A4 幅面图纸绘制。

(2)标题栏。

从标题栏可以看出，该零件的名称为交换齿轮架。材料为灰铸铁，牌号为 HT200。

微课
绘制交换齿轮架图样任务实施

(3)技术要求。

根据图中表面粗糙度标注可知，交换齿轮架的圆孔、两个腰型孔及板前后表面需切削加工，表面粗糙度数值均为 *Ra*3.2 μm。其余为用不去除材料的方法获得的表面。另外有两条技术要求：第一条为保证铸件使用的力学性能；第二条规定了铸件未注铸造圆角的大小。

2. 绘制交换齿轮架平面图形

(1)分析图形的定形尺寸、定位尺寸和各种线段。通过分析，确定交换齿轮架平面图形中的尺寸基准分别为最大圆 ϕ80 水平和垂直两个方向的中心线；中间线段有 *R*60 的圆弧，连接线段有左右两个 *R*8、左右两个 *R*20、下边 *R*16，其余都是已知线段。

(2)按照先画基准线,再画已知线段、中间线段、连接线段的循序画出平面图形底图,如图 1.26 所示。

(3)检查底稿,描深图形,标注尺寸和技术要求,填写标题栏等步骤绘制符合标准的平面图形,如图 1.26 所示。

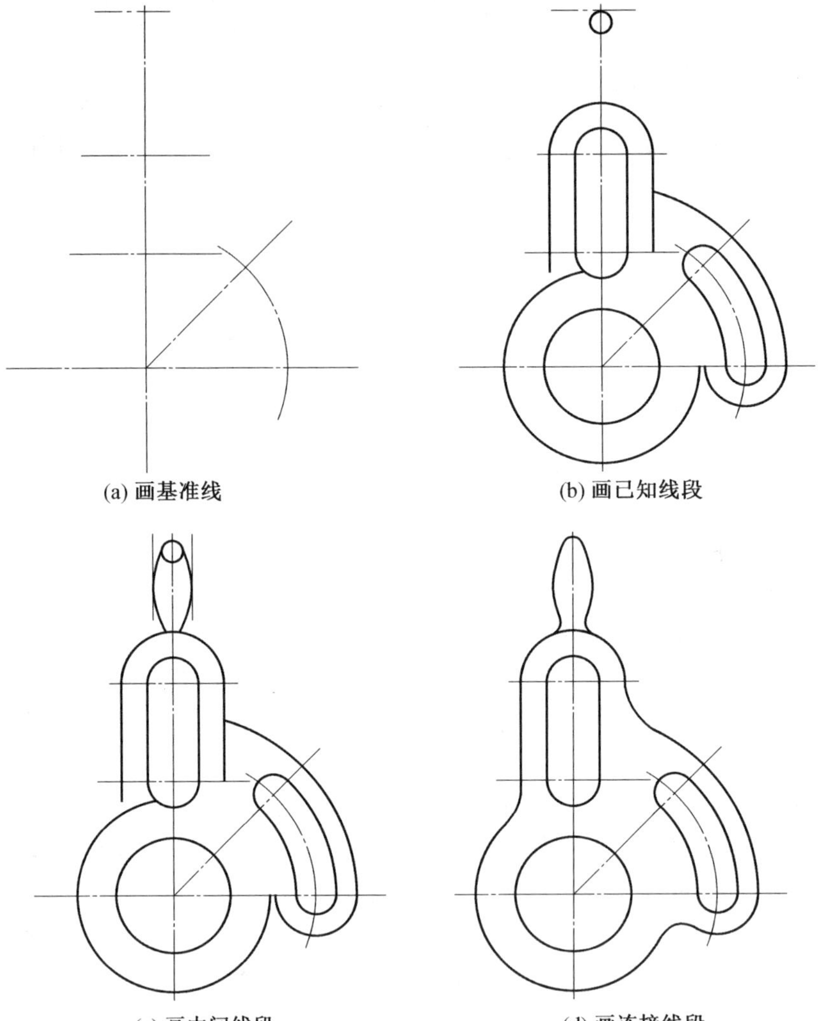

图 1.26　交换齿轮架作图步骤

3. 标注交换齿轮架平面图形尺寸

标注尺寸时,平面图形中每个图形的定形尺寸、定位尺寸都要标注齐全,采取就近标注原则。尺寸线、尺寸界线避免相互交叉(标注略)。

归纳总结

绘制平面图形时,重点掌握尺寸分析和线段分析,判别图中已知线段、中间线段和连接线段。基本作图步骤为:画作图基准线,然后画出各类线段,再检查、描深,得到最后图形。

知识拓展

1. 斜度

汽车最大爬坡能力是指汽车可爬越的最陡坡度，可用斜度表示。斜度是指一条直线对另一直线或一个平面对另一个平面的倾斜程度，其大小用两条直线或两平面夹角的正切来表示，即斜度 $=H/L=\tan\alpha$，如图 1.27所示。

微课

斜度、锥度相关知识

在图样中斜度以 1 ∶ n 的形式标注，斜度符号可按图 1.27 所示绘制（h 为字高，符号的线宽为 $h/10$）。标注时，斜度符号的方向应与所标注斜度的方向一致，如图 1.28 所示。

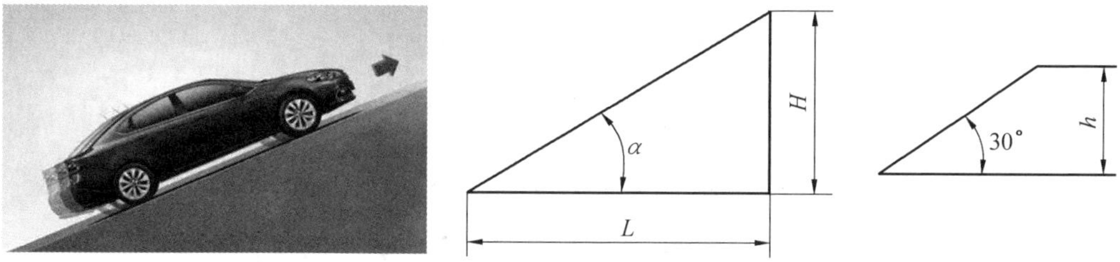

图 1.27 斜度的定义与符号

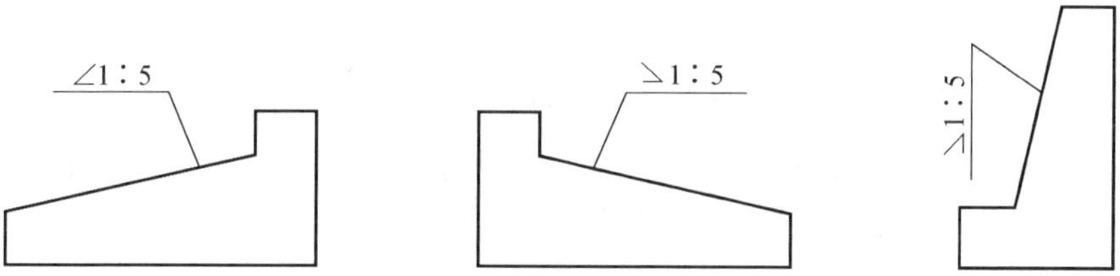

图 1.28 斜度的标注

斜度的作图方法如图 1.29 所示。过 A 点做水平线，自 A 点先作水平线，再自 A 点在水平线上任取一个单位长度 AB，截取 $AC=5AB$。过 C 点作垂线，使 $CD=AB$，连接 AD，即得斜度为 1 ∶ 5 的直线。

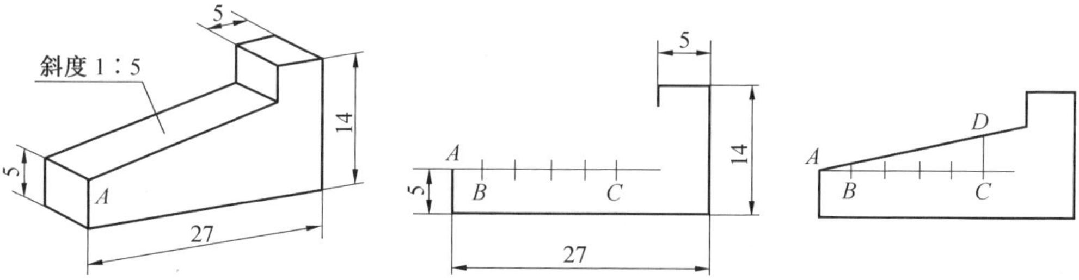

图 1.29 斜度的作图方法

2. 锥度

圆锥滚子轴承的滚动体是圆锥,汽车手动变速器是利用锁环圆锥内表面实现同步的,如图 1.30 所示。锥度是指正圆锥体与圆锥高度之比,即锥度 $=D/L=(D-d)/L_1=2\tan\alpha/2$,如图 1.31 所示。

(a) 同步器锁环

(b) 圆锥滚子轴承

图 1.30　锥度在汽车上的应用

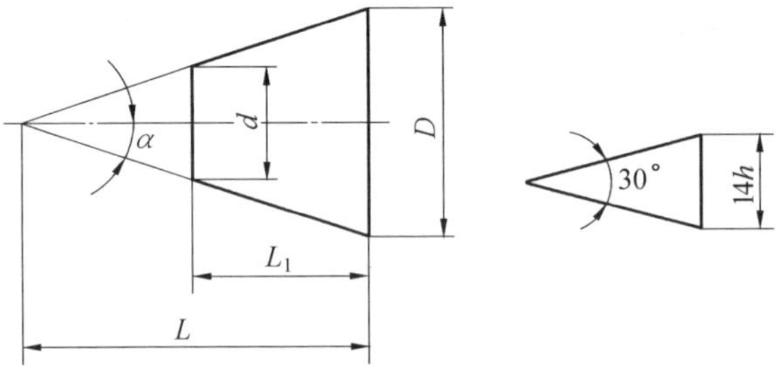

图 1.31　锥度的定义和符号

在图样中锥度以 1∶n 的形式标注,锥度符号可按图 1.32 所示绘制。标注时,锥度符号的方向应与所标锥度方向一致,如图 1.32 所示。

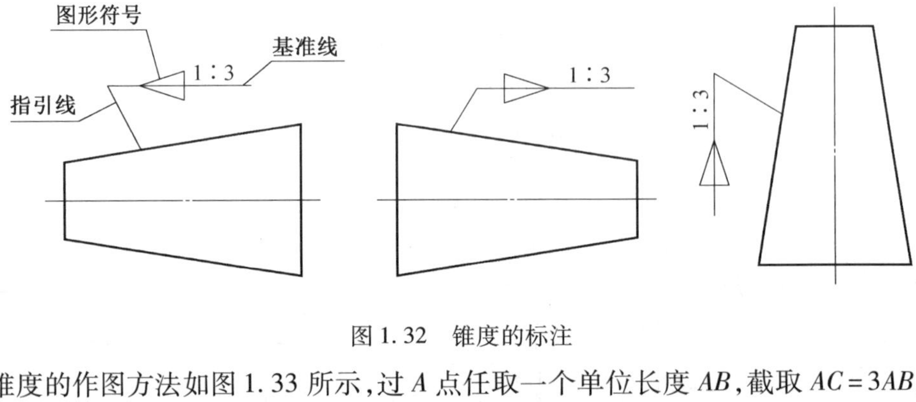

图 1.32　锥度的标注

锥度的作图方法如图 1.33 所示,过 A 点任取一个单位长度 AB,截取 $AC=3AB$。过 C 点作垂线,分别向上和向下量取半个长度单位,得 D、E 两点,即 $DE=AB$,连接 AD 和 AE,过 F、G 两点分别作 AD 和 AE 的平行线,即得 1∶3 的锥度。

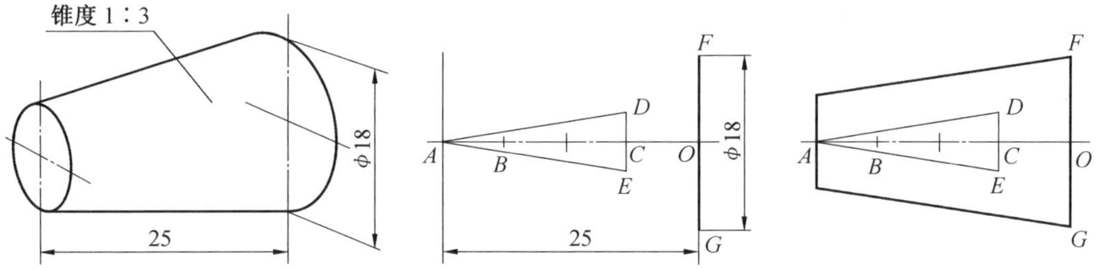

图 1.33　锥度的作图方法

活学活用

建筑大师梁思成

梁思成(1901 年—1972 年),籍贯广东新会,生于日本东京。毕生致力于中国古代建筑的研究和保护,是建筑历史学家、建筑教育家和建筑师,被誉为中国近代建筑之父。曾任中国科学院哲学社会科学学部委员、人民英雄纪念碑兴建委员会设计处处长,参与了人民英雄纪念碑、中华人民共和国国徽等作品的设计,为中国的古建筑保护做出了巨大贡献。

从 1937 年起,梁思成和妻子林徽因等人先后踏遍中国十五省两百多个县,考察、测绘和拍摄了两千多件唐、宋、辽、金、元、明、清各代保留下来的古建筑遗物,包括天津蓟县辽代建筑独乐寺观音阁、宝坻辽代建筑广济寺、河北正定辽代建筑隆兴寺、山西辽代应县木塔、大同辽代寺庙群华严寺和善化寺、河北赵州隋朝建造的安济桥等,并手绘了大量建筑图纸。这些重大考察结果,写成文章在国外发表,引起国际上对这些文物的重视,为梁思成日后注释《营造法式》和编写《中国建筑史》,准备了良好的基础。

梁思成先生手绘的古建筑图样线条细腻,图案精美,堪称艺术精品。体现了其作为建筑大师高深的专业素养和精益求精的工匠精神。同学们,赶紧扫描下方的二维码,体验赏析大师的杰作吧!

梁思成部分手绘图样 1

梁思成部分手绘图样 2

模块 2

简单形体三视图绘制

汽车机械图样是用正投影法绘制的。正投影作图原理和方法是将空间物体转换成平面图形的基础。本模块将介绍投影法知识和三视图的形成；并从最简单的形体开始，按照点、线、面、体的逻辑顺序介绍基本体的投影规律，在此基础上进行基本体的切割和两立体相贯知识的学习，为以后学习组合体打下基础。

学习目标

1. 知识目标

（1）掌握正投影的投影特征及三视图的投影规律；

（2）掌握点、直线、平面的正投影特点与规律，能分析基本几何体的投影及立体表面上点、线的投影；

（3）会分析常见平面立体与曲面立体截切后的视图画法；

（4）会分析两圆柱正交相贯线的画法。

2. 能力目标

（1）能根据较为简单立体的实物画出其三视图；

（2）能用正投影作出物体表面上点、直线、平面的投影，能正确绘制基本几何体的投影，能正确画出立体表面上点、线的投影；

（3）能正确绘制平面切割平面基体和曲面基本体后的截交线；

（4）能正确绘制两圆柱正交后的相贯线。

3. 素养目标

（1）培养多角度分析问题，全面辩证看待问题的思维方法，培养创新思维和爱国情怀；

（2）培养认真细致、严谨的工作作风。

任务一　绘制筋板三视图

任务描述

筋板立体图如图 2.1 所示,试绘制其三视图。

图 2.1　筋板立体图

相关知识

1. 正投影的基本知识

(1)投影的形成。

在日常生活中,一个物体在灯光的照射下,在地面上投下一道影子,这就是投影的原始形象。工程图学就是从这一自然现象中引申而来的,如图 2.2(a)所示。工程图学上把光源引申成投影中心,光线引申成投影线,地面引申成投影面,物体就是要表达的机件,影子就是投影图。

微课
投影的形成
相关知识

(2)投影法的分类。

投影法可分为两类,即中心投影法和平行投影法。

①中心投影法。当投影中心距离投影面为有限远时,投影线为汇交于投影中心的线束,这种投影方法称为中心投影法,如图 2.2(a)所示。

中心投影法特点:如平行移动物体(投影元素),即改变元素与投射中心或投影面之间的距离、位置,则其投影的大小也随之改变。所以中心投影法不能真实地反映物体的形状和大小,度量性较差,不适用于绘制机械图样。其优点为有立体感,工程上常用这种方法绘制建筑物的透视图。

②平行投影法。当把投影中心移至无穷远时,则相应的投影线趋于平行,这种投影方法称为平行投影法,如图 2.2(b)、(c)所示。

平行投影法又分为以下两种:

斜投影法:投影线倾斜于投影面,如图 2.2(b)所示。

正投影法:投影线垂直于投影面,如图 2.2(c)所示。

由于正投影法能准确地表达物体的形状,且度量性好,作图方便,所以在工程上得到

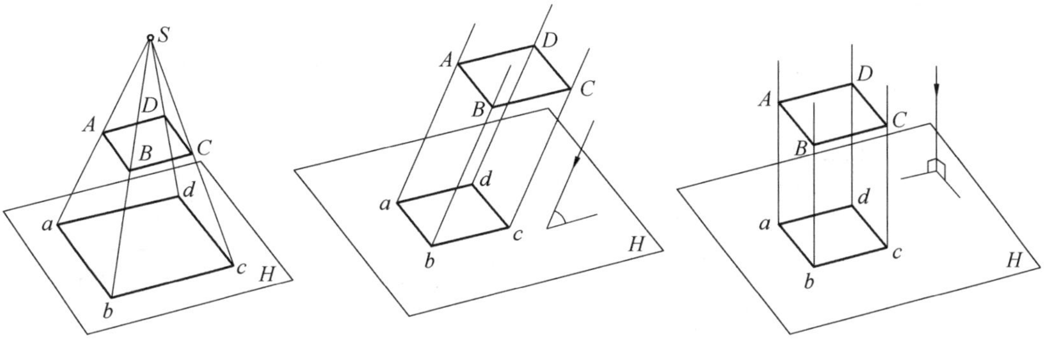

(a) 中心投影法　(b) 斜投影法　(c) 正投影法

图 2.2　投影法的分类

广泛应用。机械图样主要是用正投影法绘制的。不特别说明,我们平时所讲的投影一般为正投影。

(3)正投影法特性。

①真实性。当平面图形或直线平行于投影面时,平面的投影反映实形,直线的投影反映实长,如图 2.3(a)所示。

②积聚性。当平面图形或直线垂直于投影面时,平面的投影集聚为一条直线,直线的投影积聚为一点,如图 2.3(b)所示。

③类似性。当平面图形或直线倾斜于投影面时,其投影为类似性。平面多边形的投影仍为多边形,且其边数、凹凸特性及有关边之间的平行特性等保持不变;直线的投影仍为直线,但小于实长,如图 2.3(c)所示。

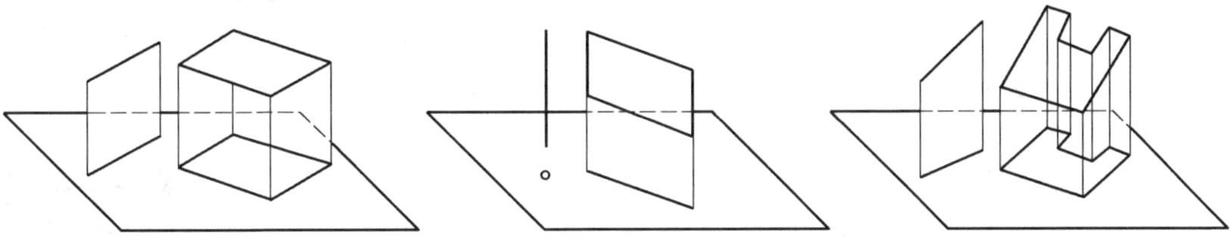

(a) 真实性　(b) 积聚性　(c) 类似性

图 2.3　正投影的特性

2. 三视图的形成

在工程制图中,有时将投影线抽象为一束平行的视线,并把物体置于观察者与投影面之间,这样在投影面上得到的投影图称为视图。

图 2.4 所示为物体的单面视图,虽然三个物体形状各异,但它们在投影面上的视图却全然相同。因此,利用单面视图无法确定物体的空间形状。

微课
三视图的形成相关知识

如图 2.5 所示,通常取三个相互垂直的平面以构成三面投影体系,其中 V 面称为正立投影面(简称正面),H 面称为水平投影面(简称水平面),W 面称为侧立投影面(简称侧面)。三个投影面两两的交线 OX、OY、OZ 称为投影轴，分别代表物体的长、宽、高三个方向。

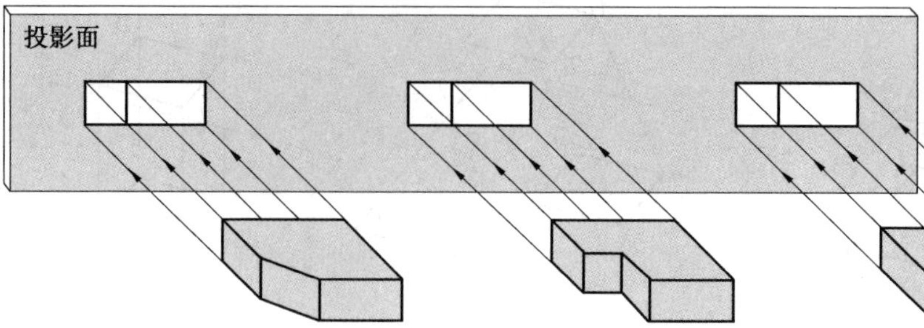

图 2.4　物体的单面视图

将物体放在三面投影体系中，并依次向 V、H 和 W 面投射，可得到三个投影图，如图 2.6 所示。

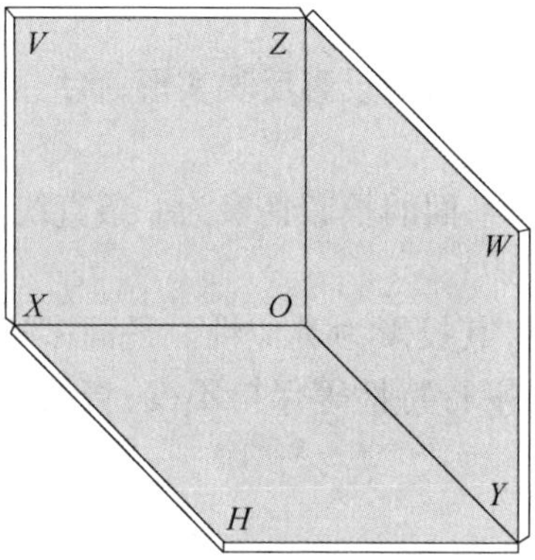

图 2.5　三面投影体系

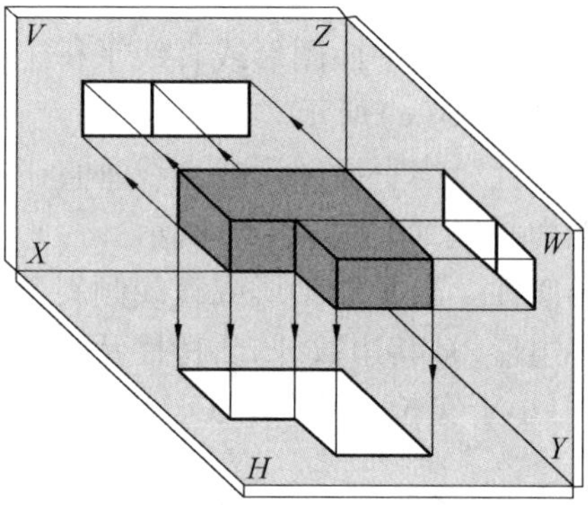

图 2.6　物体的三面投影

由前向后投射获得的图形即物体的正面投影，称为主视图。

由上向下投射获得的图形即物体的水平投影，称为俯视图。

由左向右投射获得的图形即物体的侧面投影，称为左视图。

为能在同一平面上绘制物体的三视图，需要将三面投影体系展开在一个平面上，展开方法为：V 面不动，H 面绕其与 V 面的交线向下旋转 90°，W 面绕其与 V 面的交线向右旋转 90°，展开后的三面投影体系如图 2.7(a) 所示，去除表示投影面的边框三视图如图 2.7(b) 所示。图 2.8 为按照正投影绘制的汽车三视图。

AR：物体的三面投影

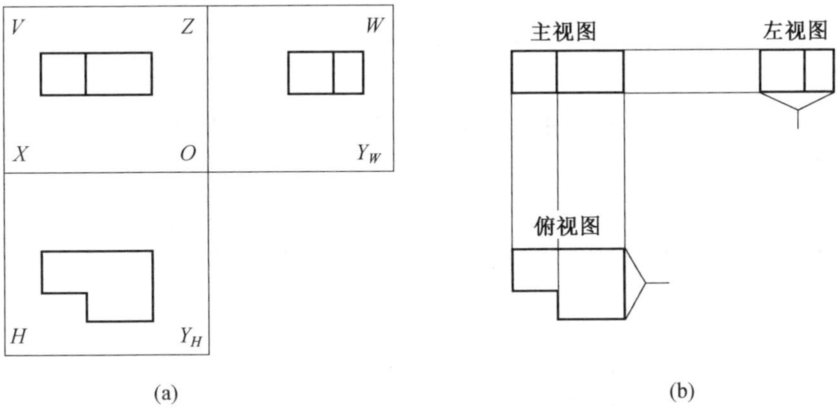

图 2.7　三面投影体系的展开和三视图

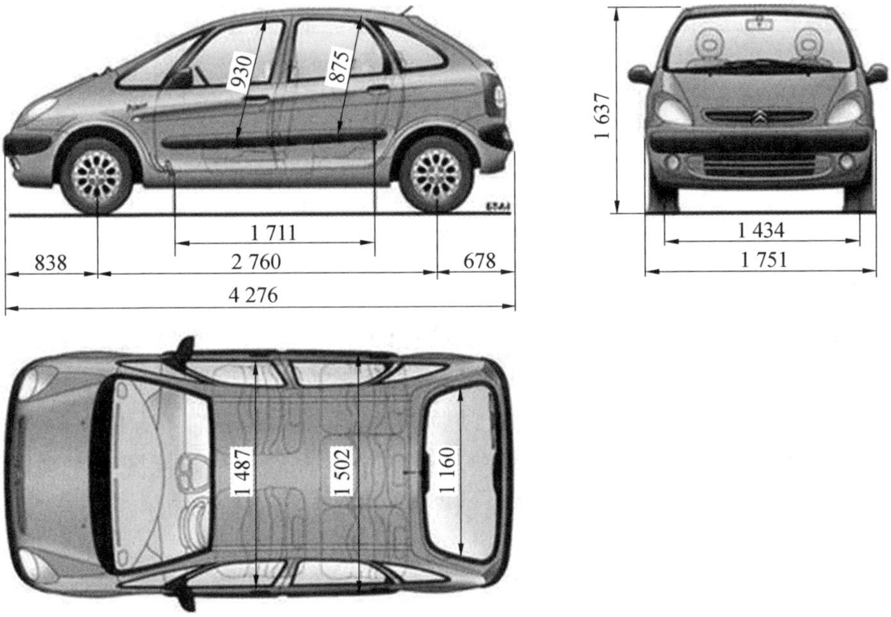

图 2.8　按照正投影绘制的汽车三视图

3. 三视图的投影特性

研究三视图的形成过程可以发现，三视图具有如下投影特性。

(1)位置关系。

主视图居中，俯视图在其正下方，左视图在其正右方。

(2)投影关系。

微课
三视图的投影特性

如图 2.9(a)所示，一般定义物体的左右之间的距离为长，前后之间的距离为宽，上下之间的距离为高。从三视图的位置关系和尺寸关系可归纳出三视图有如下投影规律：

主视图与俯视图反映了物体左右方向的同样长度，其投影在长度方向上等长，且对正，即长对正。

主视图与左视图反映了物体上下方向的同样高度，其投影在高度方向上等高，且平齐，即高平齐。

俯视图与左视图反映了物体前后方向的同样宽度，其投影在宽度方向上等宽，且相等，即宽相等。

这个投影规律可简述为“长对正、高平齐、宽相等”的“三等”关系。它不但是物体三视图之间的投影规律，同时也是物体上每个点、线、面之间的投影规律。

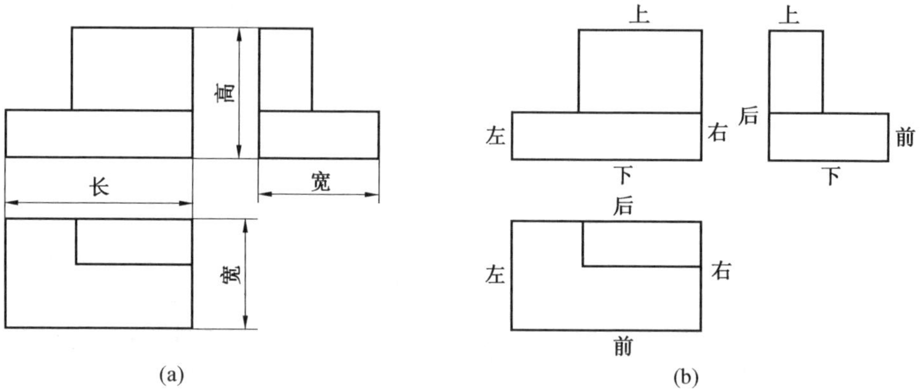

图 2.9　三视图投影规律和物体的方位关系

(3)方位关系。

主视图反映物体的长度和高度，即反映物体的左、右、上、下四个方位。

俯视图反映物体的长度和宽度，即反映物体的左、右、前、后四个方位。

左视图反映物体的宽度和高度，即反映物体的前、后、上、下四个方位。

如图 2.9(b)所示，每个视图只能反映物体的二维方向。对俯视图和左视图而言，靠近主视图的一侧对应物体的后方，远离主视图的一侧对应物体的前方。

任务实施

微课
绘制筋板三视图
任务实施

AR：筋板

(1)放正筋板，向三个投影面进行投射，如图 2.10(a)所示。

(2)按照三个投影面的展开方法为将三个投影视图展开到同一个平面上，如图 2.10(b)、(c)所示。

(3)省略投影轴,按照默认位置配置,如图 2.10(d)所示。

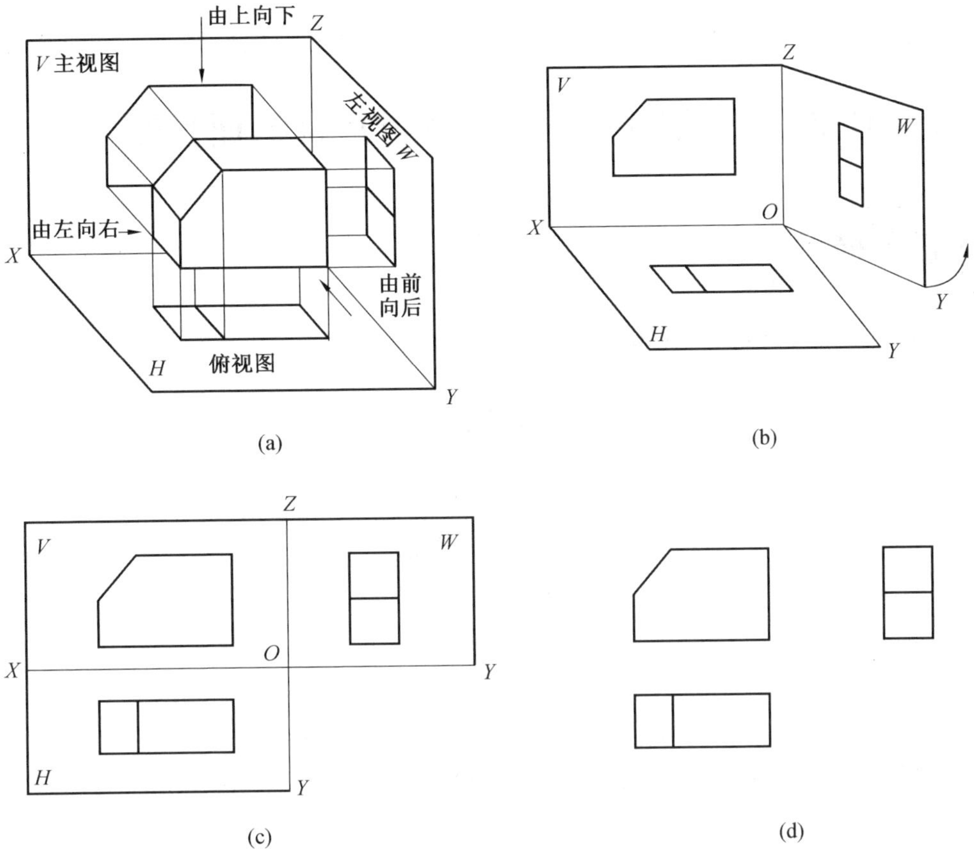

图 2.10　三视图投影规律和物体的方位关系

绘制几何体三视图,当轮廓线的投影为可见时,画粗实线;不可见时,画细虚线;当粗实线与虚线重合时,应画粗实线。

归纳总结

正投影的特性为真实性、积聚性、类似性,可简述为“非积聚即类似”(真实可看作100%的类似)。机械图样的三视图是按照正投影的方法画出的视图,必须遵守“长对正、高平齐、宽相等”的投影规律,同时注意每个视图表达的方位关系。

活学活用

20 世纪 50 年代,我国著名学者赵学田教授就简明而通俗地总结了三视图的投影规律——长对正、高平齐、宽相等。

三视图的形成需要从多个方向进行投影，单面投影不能反映物体的真实形状，同样，我们看待事物时，应该多角度去分析，全面辩证地看待问题，才能弄清事情的本质。

谈谈你对“公说公有理，婆说婆有理”“盲人摸象”等现象的看法。

任务二　绘制三棱锥立体上点、线、面投影

任务描述

已知如图 2.11 所示三棱锥立体图。

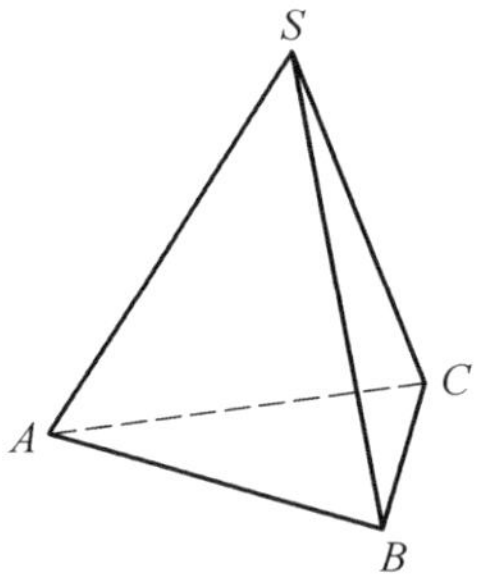

图 2.11　三棱锥立体图

(1)已知顶点 S 的坐标为(15,20,30)，试作出 S 点的三面投影。

(2)已知三棱锥棱线 AB 点的坐标 A(30,10,0)，B(15,40,0)，画出 AB 的投影，并判断直线 AB 的类型。

(3)绘制如图 2.11 所示三棱锥后面 SAC 的投影，S(15,20,30)，A(30,10,0)，C(0,10,0)，并判断平面 SAC 的类型。

相关知识

1. 点的投影

如图 2.12(a)所示，从空间点 A 分别向 H、V、W 面投射，得到点 A 在三个投影面上的投影分别用 a(水平投影)、a'(正面投影)和 a''(侧面投影)表示。图 2.12(b)是展开后的投影图。图 2.12(c)是去除投影面边框后得到的点的三面投影图。点在空间的位置可由点到三个投影面的距离确定。点 A 到 W 面的距离为 X 坐标，到 V 面的距离为 Y 坐标，到 H 面的距离为 Z 坐标。投影点之间的投影连线用细实线画出，如图 2.12(b)所示。分析点的三面投影具有如下特性：

微课
点的投影

(1)点的正面投影与水平投影的连线垂直于 OX 轴，即 $aa' \perp OX$(长对正)。

(2)点的正面投影与侧面投影的连线垂直于 OZ 轴，即 $a'a'' \perp OZ$(高平齐)。

(3)点的水平投影到 OX 轴的距离等于点的侧面投影到 OZ 轴的距离，即 $aa_x = a''a_z$

(宽相等)。图中可用45°角平分线来表示宽相等的关系(图2.12(d)),45°线法是已知俯视图或左视图一个投影点,求另一个投影点(俯视图或左视图)的重要方法。

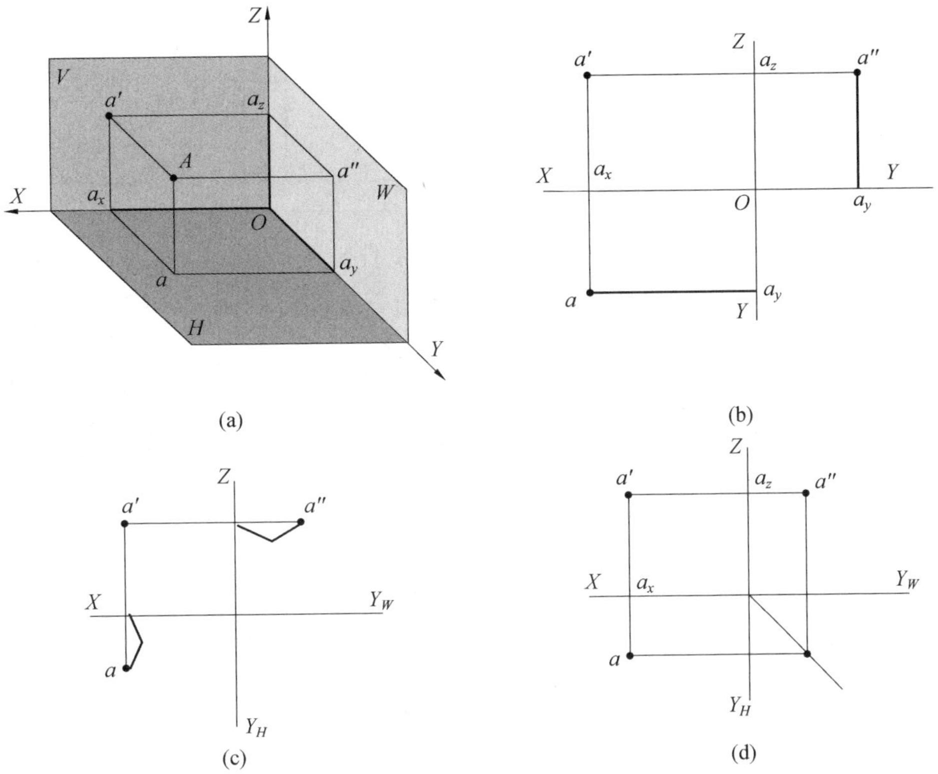

图 2.12 点 A 的三面投影

2. 直线的投影

物体表面上的直线根据其相对于投影面位置的不同,可分为三种:投影面平行线、投影面垂直线和一般位置线。

(1)投影面平行线。

平行于一个投影面,倾斜于另外两个投影面的直线称为投影面平行线。根据所平行的投影面不同又分为:

①水平线是平行于 H 面并与 V、W 面倾斜的直线。

②正平线是平行于 V 面并与 H、W 面倾斜的直线。

③侧平线是平行于 W 面并与 V、H 面倾斜的直线。

投影面平行线的投影特性见表2.1。

微课
直线的投影

表 2.1　投影面平行线的投影特性

名　称	水平线	正平线	侧平线
实　例	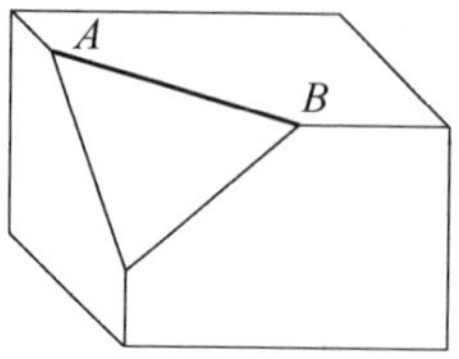	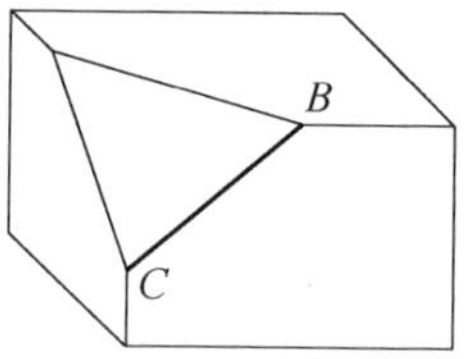	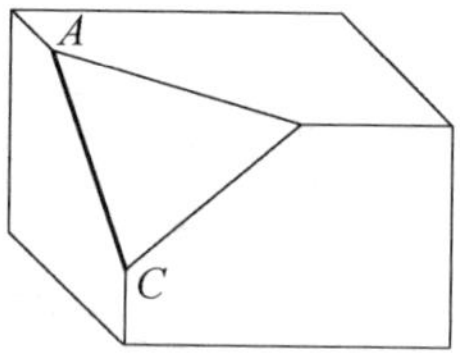
轴测图	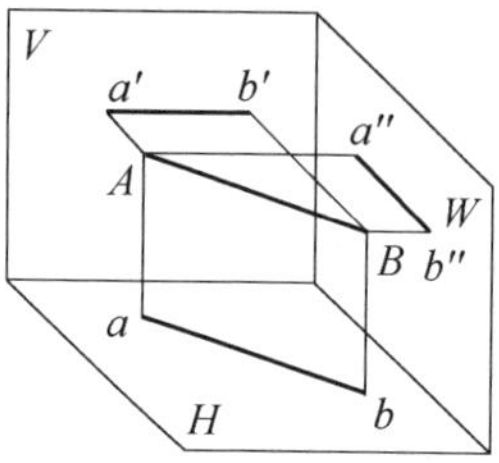	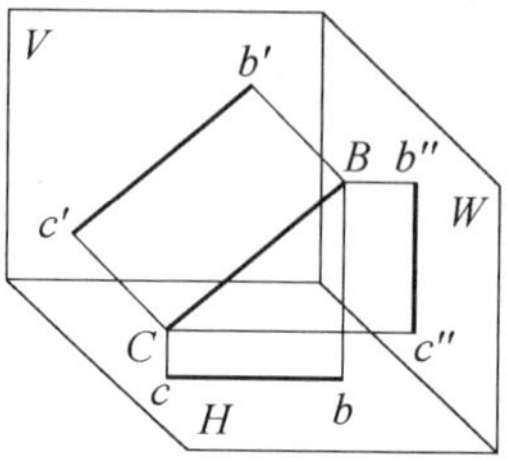	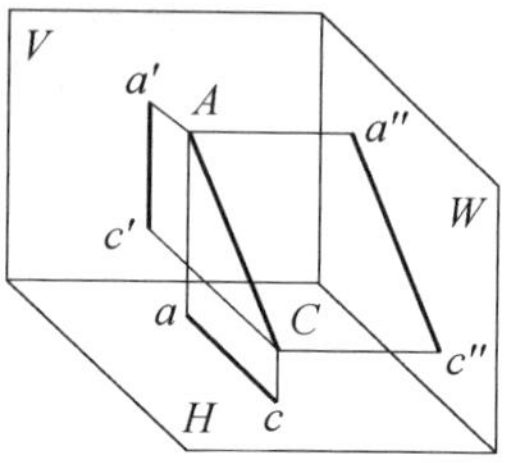
投影图	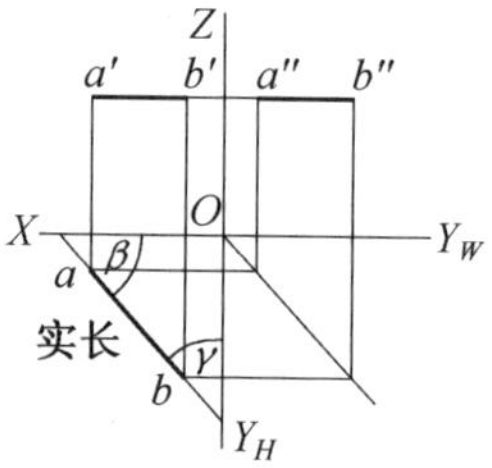	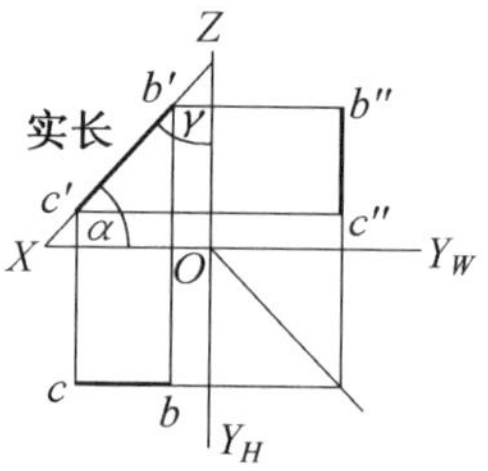	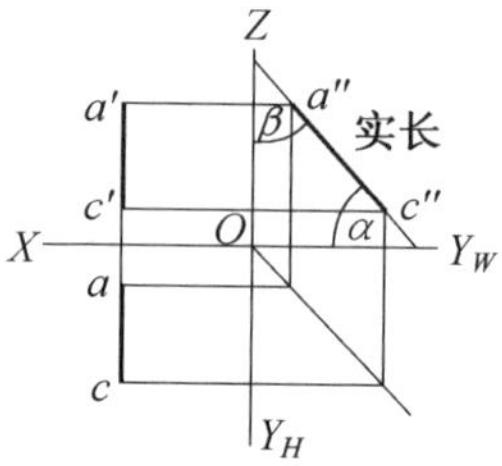
投影特性	① 投影面平行线在与直线平行的投影面上的投影反映线段实长，且与投影轴倾斜。与投影轴的两个夹角分别为空间直线对另外两个面的实际夹角（α、β、γ 分别为空间直线与 H、V、W 面的夹角） ② 在另外两个面上的投影不反映线段实长，且平行于相应的投影轴		

（2）投影面垂直线。

垂直于某一投影面的直线称为投影面垂直线。根据所垂直的投影面不同又分为：

①铅垂线是垂直于 H 面的直线。铅垂线与 V、W 面平行。

②正垂线是垂直于 V 面的直线。正垂线与 H、W 面平行。

③侧垂线是垂直于 W 面的直线。侧垂线与 V、H 面平行。

投影面垂直线的投影特性见表 2.2。

表 2.2　投影面垂直线的投影特性

名　称	铅垂线	正垂线	侧垂线
实　例	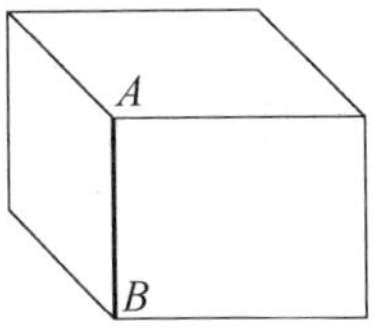	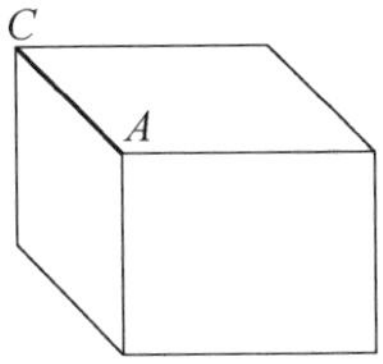	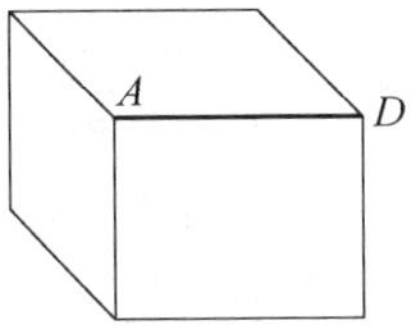
轴测图	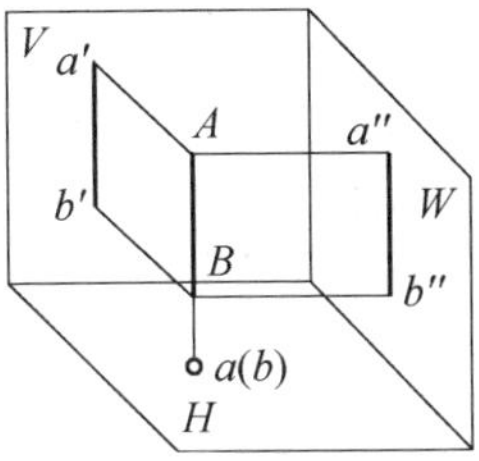	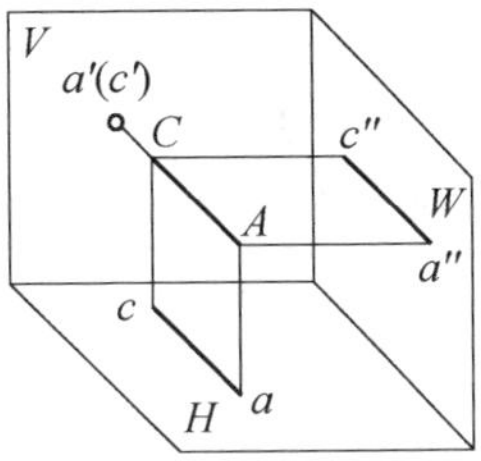	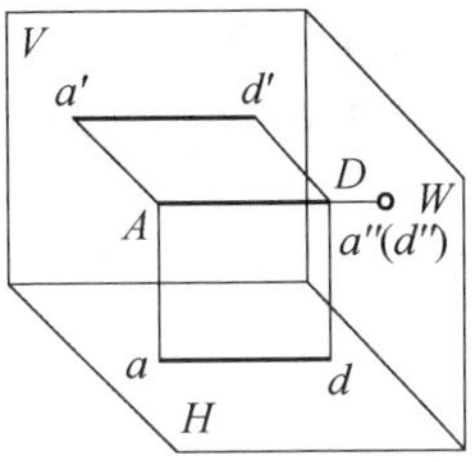
投影图	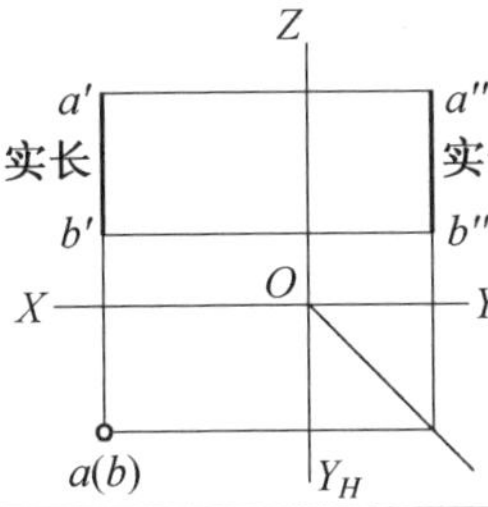	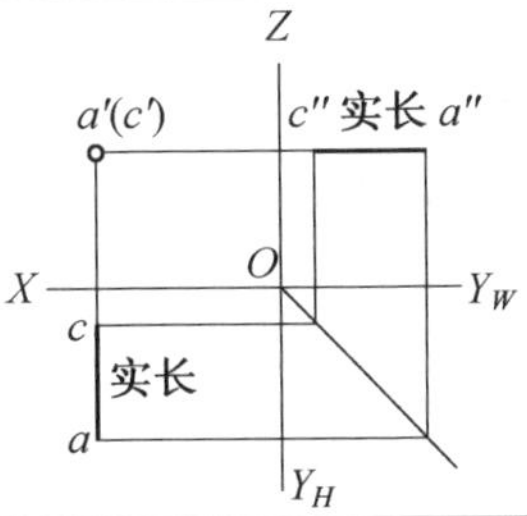	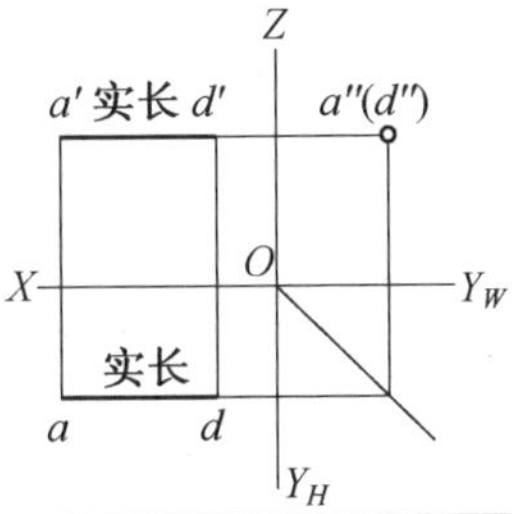
投影特性	投影面垂直线在所垂直的投影面上的投影积聚为一点；在另外两个面上的投影反映线段实长，且垂直于相应的投影轴		

(3)一般位置线。

与三个投影面都倾斜的直线称为投影面一般位置线。其投影特性为：三个投影均为缩短的直线，且与投影轴都倾斜，如图 2.13 所示。

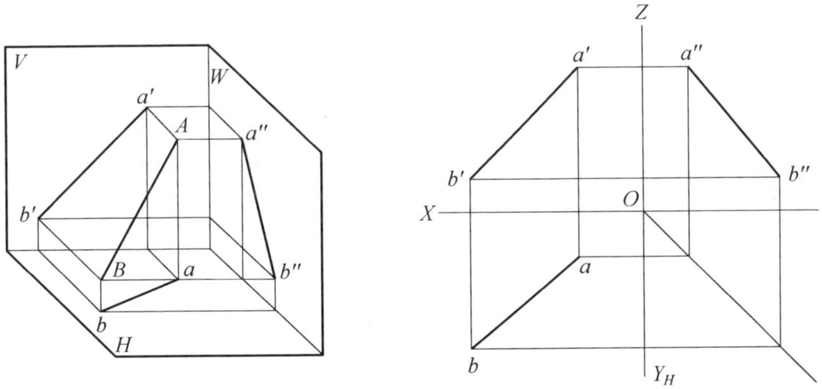

图 2.13　一般位置线

3. 平面的投影

物体表面上的平面根据其相对于投影面位置的不同，可分为三种：投影面平行面、投影面垂直面和一般位置平面。

微课
平面的投影

(1)投影面平行面。

平行于一个投影面，和另外两个投影面都垂直的平面称为投影面平行面。根据所平行的投影面不同又分为：

①水平面是平行于 H 面的平面，其垂直于 V、W 面。

②正平面是平行于 V 面的平面，其垂直于 H、W 面。

③侧平面是平行于 W 面的平面，其垂直于 V、H 面。

投影面平行面的投影特性见表 2.3。

表 2.3　投影面平行面的投影特性

名　称	正平面	水平面	侧平面
实　例	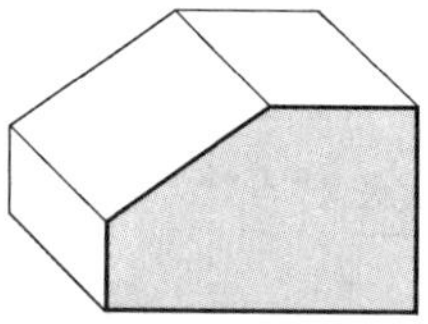	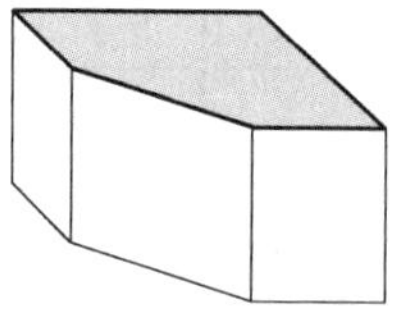	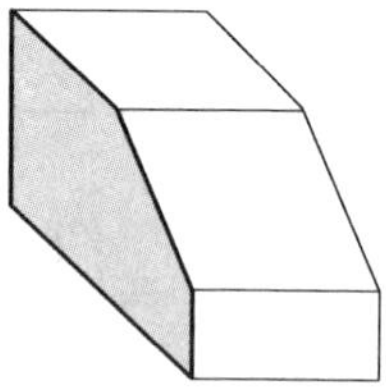
轴测图	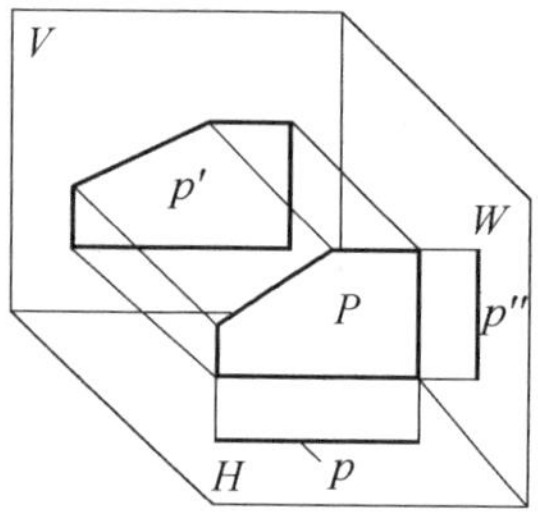	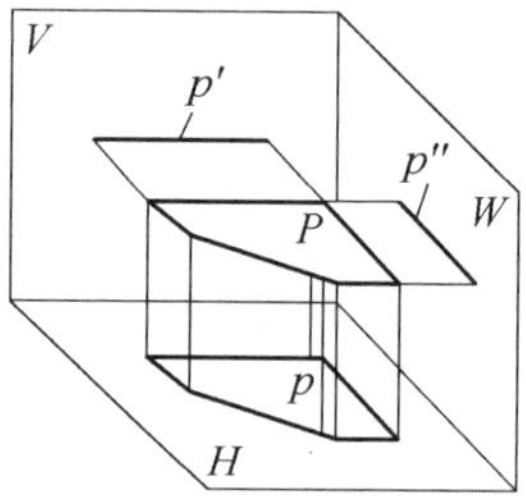	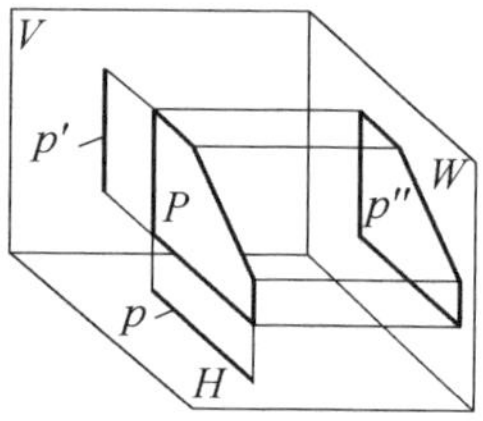
投影图	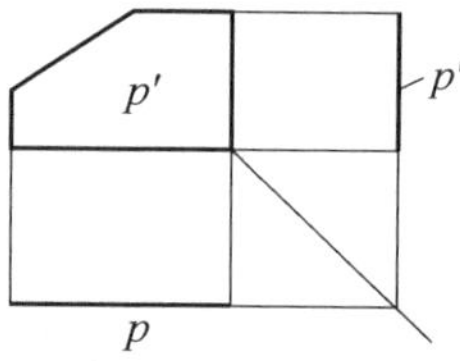	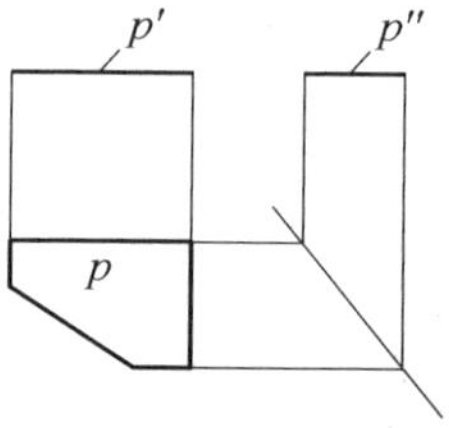	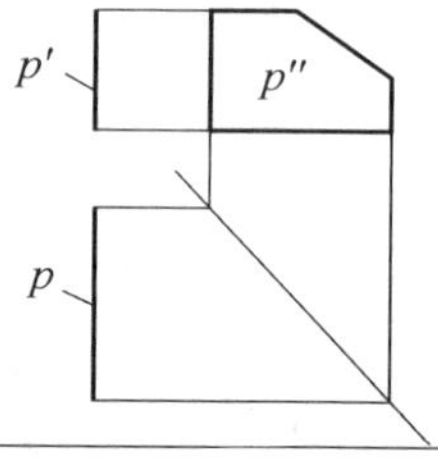
投影特性	在与其平行的投影面上的投影反映实形；在另两个投影面上的投影积聚为直线，且与相应的投影轴平行		

(2)投影面垂直面。

垂直于某一投影面并且倾斜于另外两个投影面的平面称为投影面垂直面。根据所垂直的投影面不同又分为：

①铅垂面是垂直于 H 面并与 V、W 面倾斜的平面。

②正垂面是垂直于 V 面并与 H、W 面倾斜的平面。

③侧垂面是垂直于 W 面并与 V、H 面倾斜的平面。

投影面垂直面的投影特性见表 2.4。

表 2.4　投影面垂直面的投影特性

名　称	正垂面	铅垂面	侧垂面
实　例	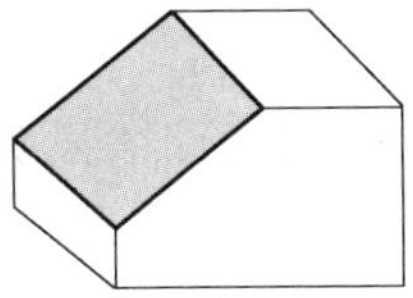	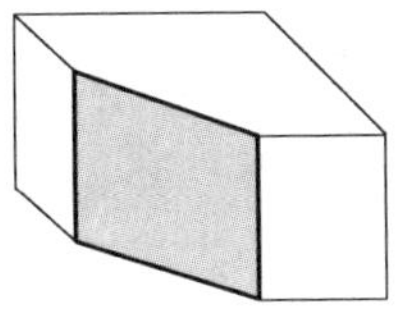	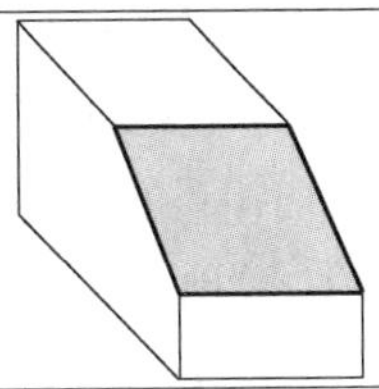
轴测图	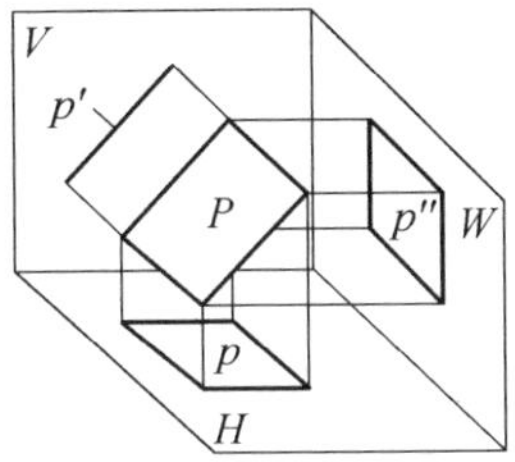	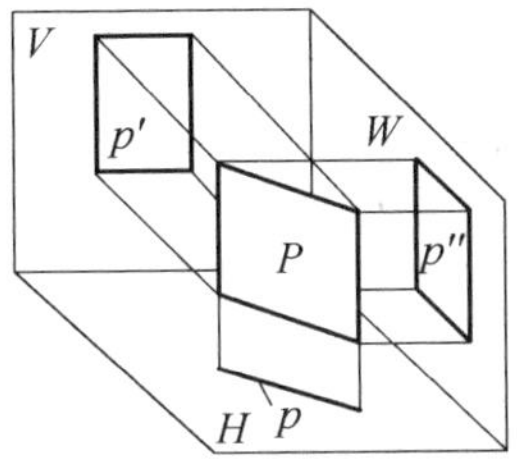	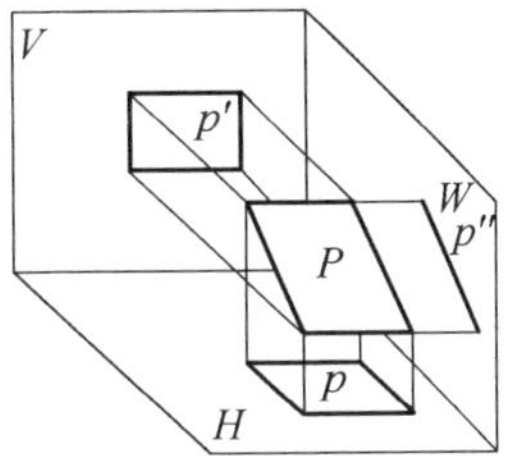
投影图	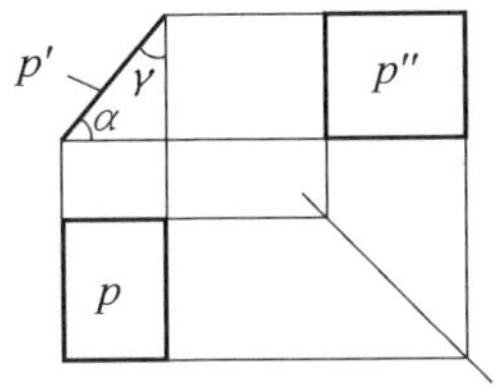	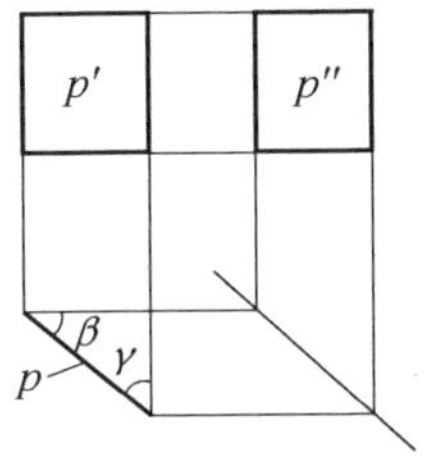	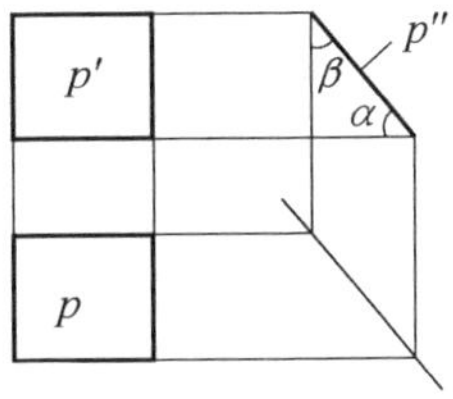
投影特性	在与其垂直的投影面上的投影积聚为一条斜线，且反映其与另两个投影面之间的夹角；在另两个投影面上的投影都是缩小的类似形		

(3)一般位置平面。

与三个投影面都倾斜的平面称为一般位置平面。其投影特性为：三个投影都不反映实形，均为缩小的类似性，如图 2.14 所示。

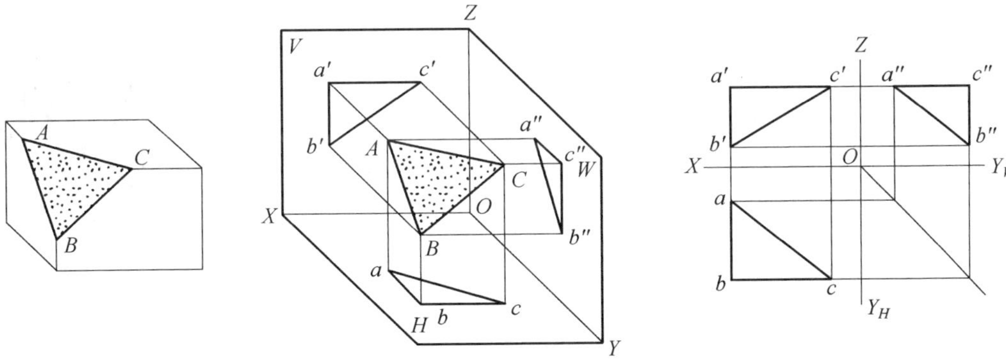

图 2.14　一般位置平面

任务实施

1. 绘制 *S* 点的投影

微课
点的投影
任务实施

(1)绘制坐标系，如图 2.15(a)所示。

(2)作 *s*、*s*′的投影,如图 2.15(b)所示。

(3)作 *s*″的投影,利用 45°线法作图,如图 2.15(b)所示,结果如图 2.15(c)所示。

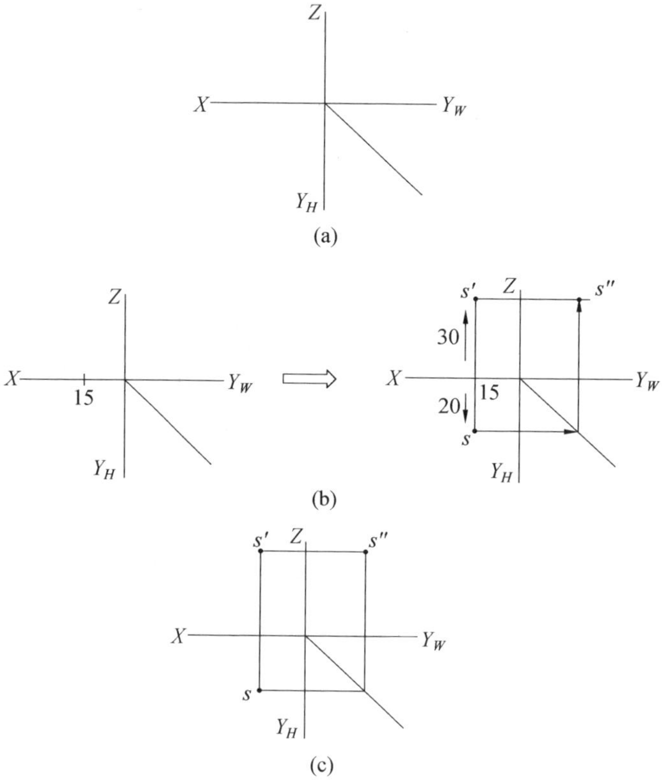

图 2.15　绘制 *S* 点的投影

AR:三棱锥

2. 绘制三棱锥棱线 *AB* 的投影

(1)分别画出 *A* 点和 *B* 点的三面投影,如图 2.16(a)所示。

(2)连接点的投影,得到直线 *AB* 的三面投影,如图 2.16(b)所示。根据 *AB* 的水平投影为一斜线,另外两投影为平行于相应坐标轴的直线,判定 *AB* 为水平线。

微课
棱线的投影
任务实施

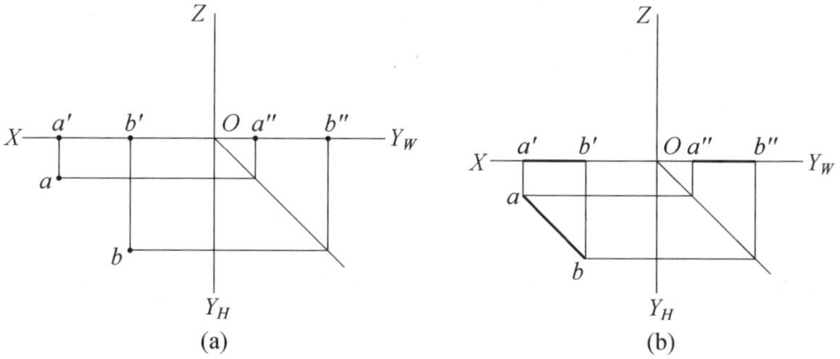

图 2.16　绘制棱线 *AB* 的投影

3. 绘制如图 2.11 所示三棱锥后面 *SAC* 的投影

（1）画出三点的三面投影，依次连接得到 *SAC* 的三面投影，如图 2.17 所示。

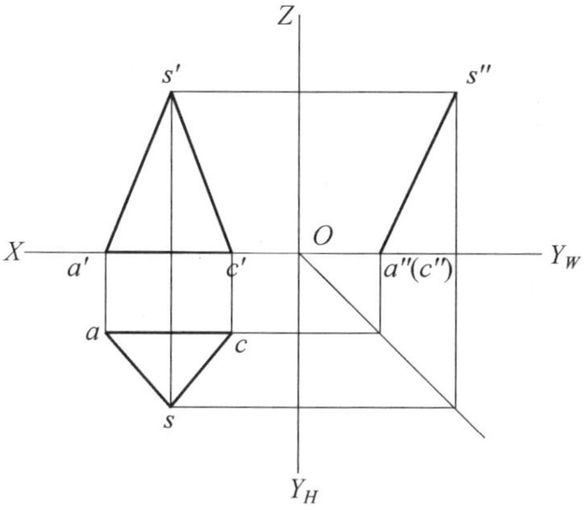

图 2.17　平面 *SAC* 的三面投影

微课
后面 *SAC* 的投影
任务实施

（2）根据 *SAC* 的侧面投影为一斜线，判定 *SAC* 与 *W* 面垂直，且与 *H* 面和 *V* 面相倾斜，因此平面 *SAC* 为侧垂面。

归纳总结

点、线、面是构成物体形状的基本元素，两点成线，不共线的三点或两线成面，若干面组成体。熟悉点、线、面的投影规律有助于正确绘制物体的视图。

直线单面投影规律：直线平行投影面，投影实长现；直线垂直投影面，积聚成一点；直线倾斜投影面，投影变短线。

直线三面投影规律：一点两直垂直线，点在哪面垂哪面；一斜两直平行线，斜在哪面平哪面；三斜就是一般线，倾斜三个投影面。

平面单面投影规律：平面平行投影面，投影实形现；平面垂直投影面，积聚成一线；平面倾斜投影面，投影相似面。

平面三面投影规律：一面两线平行面，面在哪面平哪面，线是横平竖直线；一线两面垂直面，线在哪面垂哪面，线是倾斜线；三面就是一般面，倾斜三个投影面。

知识拓展

徒手绘制草图的方法。

在设计方案和现场测绘时，经常需要徒手来绘制草图。徒手绘图是工程技术人员必备的一项基本技能。

(1)直线的画法。

画直线时，眼睛应注意瞄向线段的终点，以保证线段的平直性，如图 2.18(a)所示。当直线较长时，可通过目测在直线中间定出几点，分段画出。如将图纸沿运笔方向略微倾斜，则画线更为顺手，如图 2.18(b)所示。

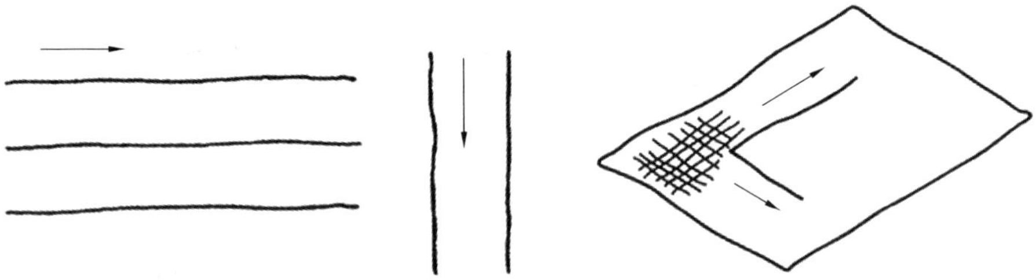

(a) (b)

图 2.18 徒手画直线的方法

(2)常用角度的画法。

画 30°、45°、60°等角度的斜线，可根据其正切值约数 3∶5、1∶1、5∶3 定出斜线的端点，然后连接直线。若画 10°、15°、75°等角度的斜线，可先画出 30°的角后再二等分、三等分得到，如图 2.19 所示。

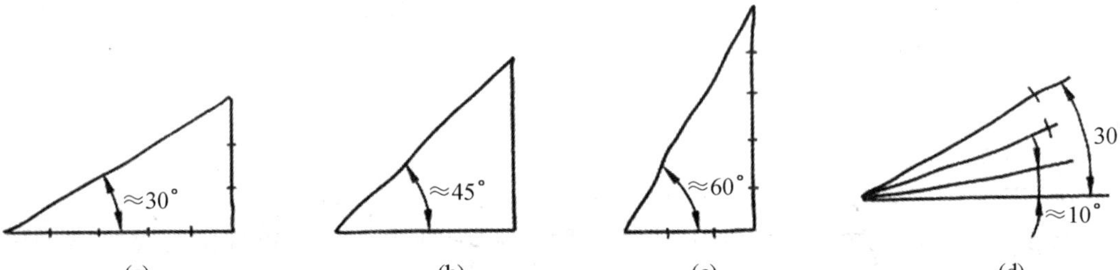

(a) (b) (c) (d)

图 2.19 徒手画角度线

(3)圆的画法。

画小圆时，按半径在中心线上定出四点，然后分四段逐步连接成圆，如图 2.20(a)所示。画较大圆时，除中心线上的四点外可再画一对或几对相互垂直的过圆心的射线，按半径取点，依次徒手连接成圆，如图 2.20(b)所示。

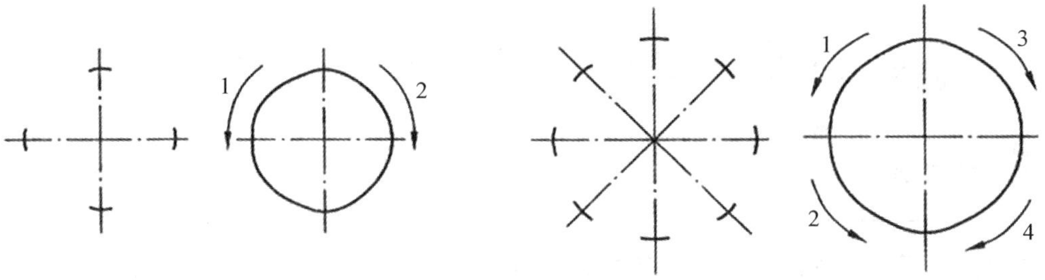

图 2.20　徒手画圆的方法

(4)圆弧的画法。

画圆时,应先将与圆弧相切的画成相交,然后目测,在角分线上定出圆心位置,过圆心向两边引垂线定出圆弧的起点与终点,并在角分线上也定出一圆周点,然后用圆弧把三点连接起来,如图 2.21 所示。

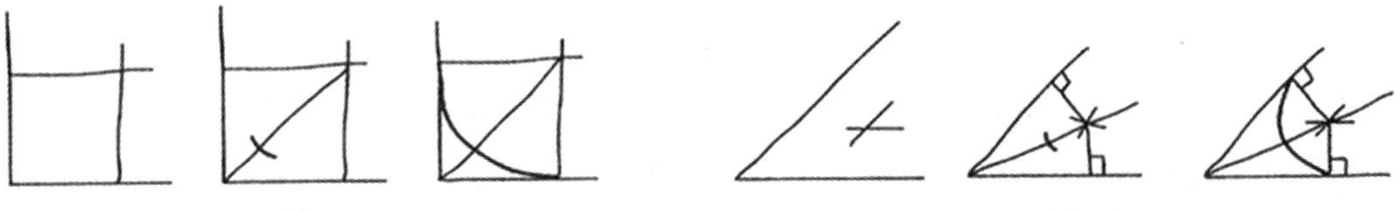

图 2.21　徒手画圆弧的方法

活学活用

点是最简单的形,是几何图形最基本的组成部分。由点成线,由线成面,若干面封闭起来成为体。万丈高楼平地起,事物的发展也是从零开始,由简单到复杂,一步一步发展壮大。根深才能叶茂,基固才能楼高,企图“一口吃个胖子”“一步登天”等想法是不符合规律的。

两点确定一线。若第一个点是起始点,另一个点就是我们前进的目标。有了确定的目标,就可以积聚力量,向着目标奋进。我们要确定好自己的目标,然后执着于自己的理想和目标不动摇,以自己的方式向目标奋进,最后才能走向成功和卓越。

直线的位置关系包括平行、相交、交叉等不同种类。如果两直线在一个平面内的投影是相交直线,则这两条直线在空间上的位置有可能是相交,也有可能是交叉。具体位置关系需要根据投影规律进一步分析确定。这提醒人们看待事物时,不要被表面现象所迷惑,要透过现象看本质。

谈谈你对“水滴石穿,绳锯木断”“集腋成裘”等成语的理解与体会。

任务三　绘制基本几何体三视图

任务描述

根据正投影相关知识，绘制如图 2.22 所示的正六棱柱、三棱锥、圆柱、圆锥、球等基本体的三视图。

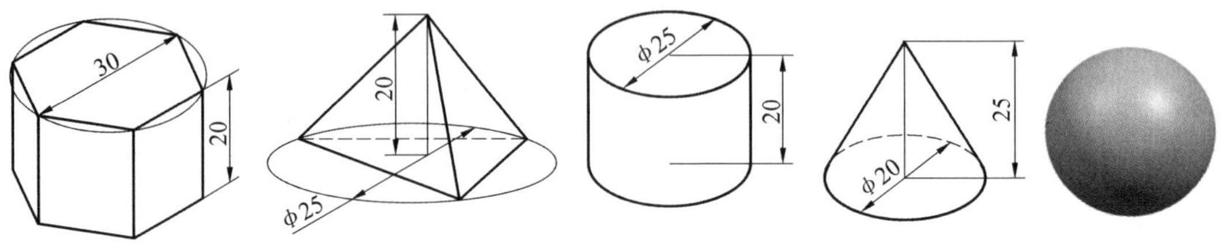

图 2.22　绘制基本几何体三视图

相关知识

工程中的任何形状机械零件，都可看成是由简单的基本几何体按照一定的方式组合而成的。基本几何体分为平面立体和曲面立体两类，如图 2.23 所示。平面立体的每个表面都是平面，如棱柱、棱锥等，如图 2.23(a)所示；曲面立体至少有一个表面是曲面，如圆柱、圆锥、圆球等，如图 2.23(b)所示。

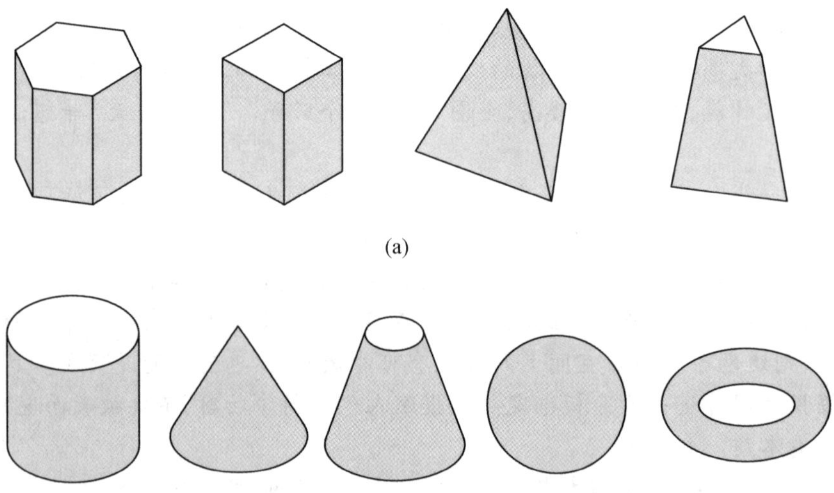

(a)

(b)

图 2.23　基本几何体

1. 柱体的投影

图 2.24 均为柱体的三视图，其中图 2.24(a)～(c)俯视图反映物体的截面形状，为特征视图，其余视图均为矩形。物体可以看成由俯视图截面形状沿 Z 轴拉伸形成。

图 2.24(d)主视图为特征视图，实物可由特征轮廓沿 Y 轴拉伸成型；图 2.24(e) 俯视图为特征视图，实物可由特征轮廓沿 Z 轴拉伸成型；图 2.24(f) 左视图为特征视图，实物可由特征轮廓沿 X 轴拉伸成型。找特征视图是看图的重要技巧。

微课
柱体的投影

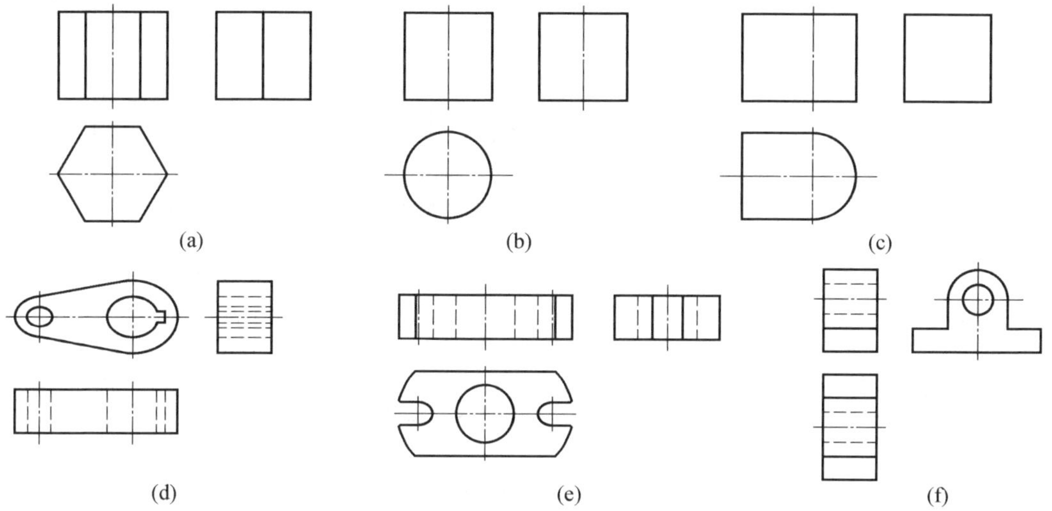

图 2.24 柱体

柱体在汽车上的应用广泛，如螺栓、螺母(图 2.25(a))，蓄电池外壳(图 2.25(b))等。

图 2.25 柱体在汽车上的应用

2. 回转体的投影

大部分曲面立体的表面是由一条线段或多条线段(也有可能是曲线)绕定轴回转而形成的,没有明显的棱线。把这种由直线段(或曲线)绕轴回转而形成的表面称为回转面。回转的直线段(或曲线)称为母线,母线旋转到任一位置时称为素线。由回转面或回转面与平面围成的立体称为回转体,如图2.26所示。在投影图上表示曲面立体就是把围成立体的回转面或平面表示出来。

微课
回转体的投影

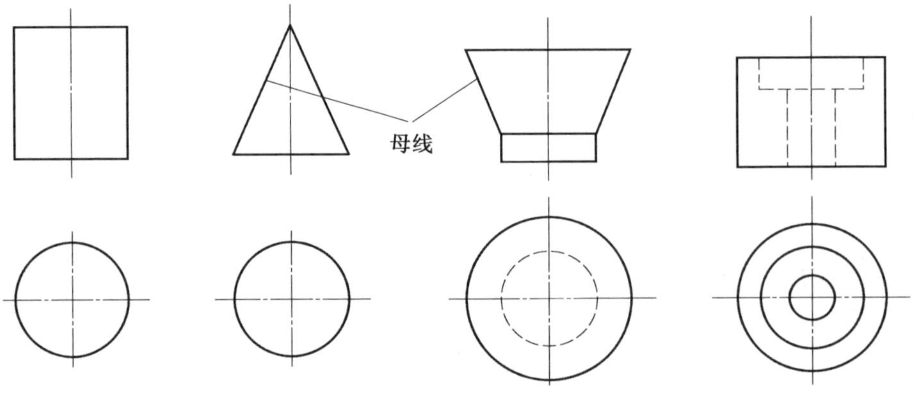

(a) (b) (c) (d)

图2.26 回转体

回转体在汽车上的应用随处可见,如图2.27(a)所示的活塞销、图2.27(b)所示的十字万向节是圆柱在汽车上的应用实例,图2.27(c)所示变速器同步器摩擦锥面、图2.27(d)所示圆锥销为圆锥应用实例,图2.27(e)所示角接触球轴承的滚动体为球应用实例。

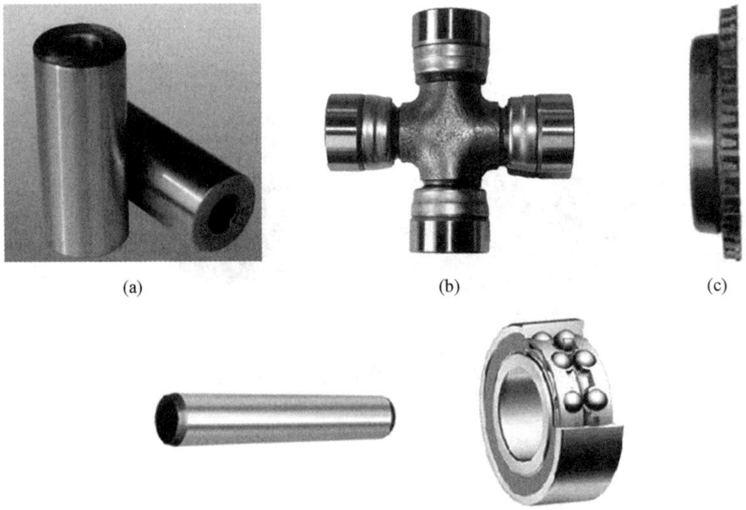

(a) (b) (c) (d) (e)

图2.27 回转体

任务实施

绘制几何体三视图，当轮廓线的投影为可见时，画粗实线；当轮廓线的投影不可见时，画细虚线；当粗实线与细虚线重合时，画粗实线。

1. 绘制正六棱柱三视图并求其表面上的点

(1)正六棱柱组成分析。

正六棱柱由互相平行的上、下两底面(正六边形)和与底面垂直的若干棱面(矩形)围成，棱面与棱面的交线称为棱，如图 2.28(a)所示。将正六棱柱放置在三面投影体系中，使得上、下底面与 H 面平行，前、后两个侧面与 V 面平行。此时，左、右四个侧面与 H 面垂直，六条棱线均垂直于 H 面，如图 2.28(b)所示。

微课
六棱柱三视图
任务实施

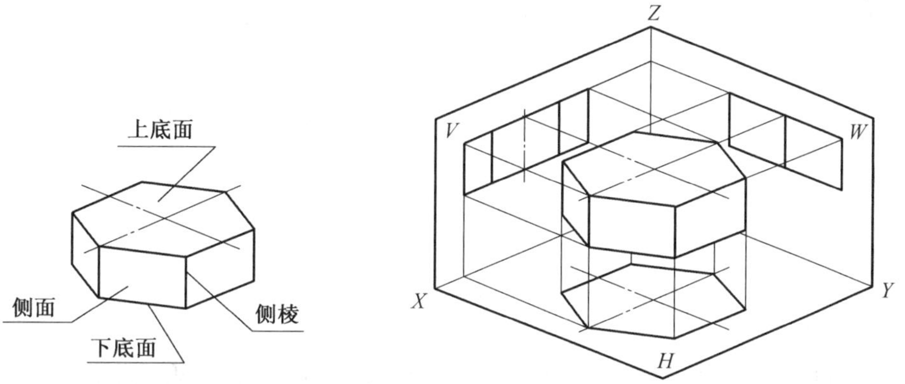

(a) (b)

图 2.28 正六棱柱的三面投影

(2)正六棱柱投影分析。

正六棱柱上、下底面在 H 面上的投影反映实形，为正六边形；六个侧面均垂直于 H 面，在 H 面上的投影积聚为六边形的六条边。

正六棱柱在 V 面上的投影为三个相连的矩形，中间的矩形为前后两个侧面的投影，前后两个侧面平行于 V 面，反映实形；左右两个矩形为其余四个侧面的类似性投影，上下两条线为上下两个底面的积聚性投影。

正六棱柱在 W 面上的投影为两个相连的矩形，是左右四个侧面的类似性投影，前后两个侧面投影积聚为前后两条直线，上、下底面的投影积聚为两条直线。

(3)绘图步骤。

①绘制投影轴线和作图基准线(对称中心线、底面基准线)，确定各视图的位置。

②绘制俯视图。先画出六边形的外接圆 $\phi 30$，再画正六边形。

③按照长对正的关系绘制主视图，高度为 20。

④按照高平齐、宽相等的关系绘制左视图，如图 2.29(a)所示。

⑤检查并擦去坐标轴及投影连线，粗实线加深，如图 2.29(b)所示。

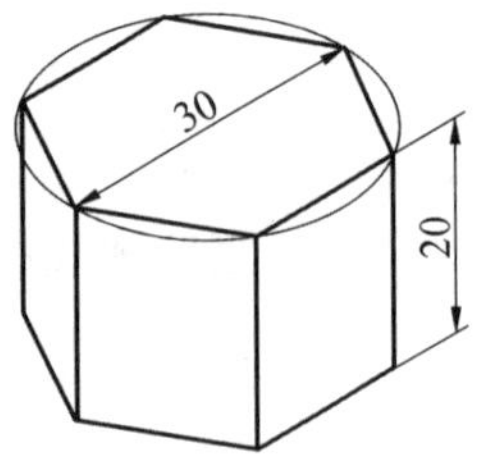

AR：六棱柱

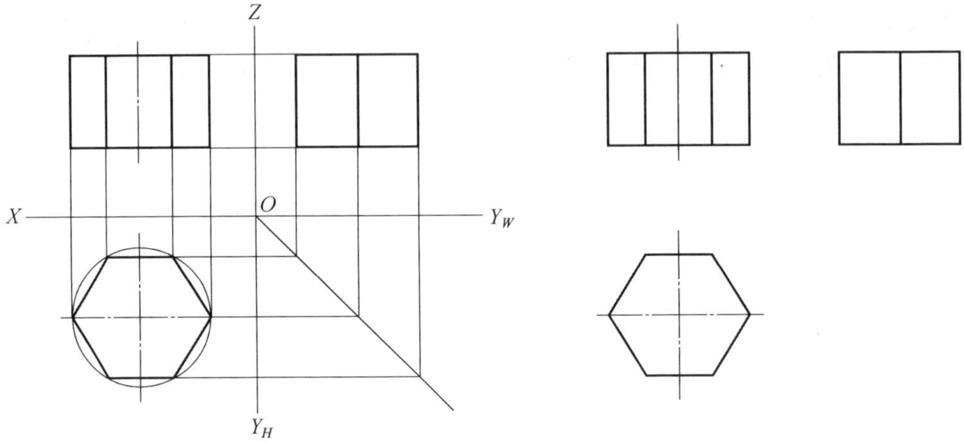

(a)　　(b)

图 2.29　正六棱柱三视图

(4)棱柱表面上的点。

棱柱的某些表面在某个投影面上具有积聚性,可利用表面的积聚性来作图。

如图 2.30 所示正六棱柱中,已知表面点 B 的正面投影 b',求点 B 的另外两面投影 b 和 b''。首先分析 B 点所在表面, 因 b'点可见(不可见投影点加括号表示),故 B 点在六棱柱左前侧面上,作图步骤如下。

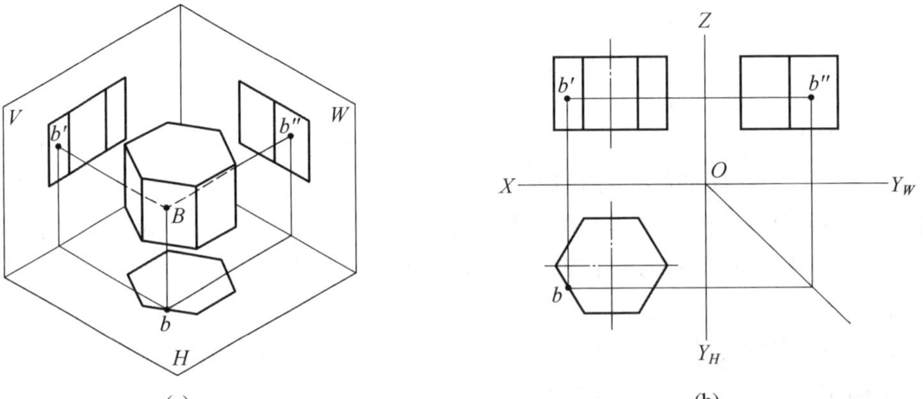

(a)　　(b)

图 2.30　正六棱柱表面点的三面投影

①过 b'点作 OX 轴的投影连线,交俯视图左前棱线于 b 点。

②过 b 点作 OY_H 轴的投影连线，交 45°斜线于一点，过该点再作 OY_W 轴的垂线，与过 b' 点所作的 OZ 轴的投影连线交于 b'' 点。

③判断投影点 b 和 b'' 的可见性，如不可见则用 (b)、(b'') 表示。

2. 绘制三棱锥三视图及表面上的点

（1）三棱锥组成分析。

正三棱锥的底面为正三角形，三个侧面为等腰三角形，三条侧棱相交于锥顶 S，如图 2.31(a) 所示。将三棱锥放置在三面投影体系中，使其底面 ABC 与 H 面平行，侧面 SAC 与 W 面垂直，这时，其他两个侧面 SAB 和 SBC 均与三个投影面倾斜，如图 2.31(b) 所示。

微课
三棱锥三视图
任务实施

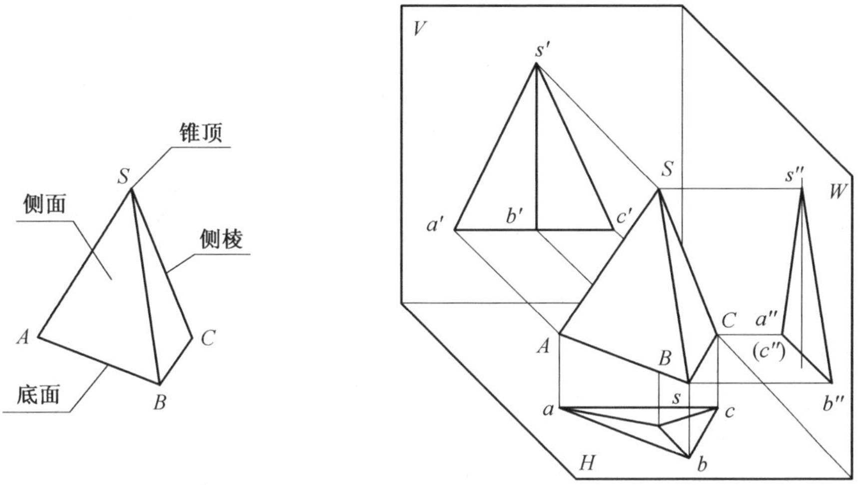

(a)　　(b)

图 2.31　三棱锥的三面投影

（2）三棱锥投影分析。

三棱锥底面平行于 H 面，垂直于 W 和 V 面，其在 H 面上的投影反映实形，为三角形 abc；其在 V、W 面上的投影积聚为两条直线。

三棱锥侧面 SAC 垂直于 W 面，倾斜于 H 和 V 面，其在 W 面上的投影积聚为一条直线，其在 H、V 面上的投影为类似的三角形 sac 和 $s'a'c'$。

三棱锥另外两个侧面 SAB 和 SBC 分别倾斜于 H、V 和 W 面，其在三个面上的投影都是类似的三角形 sab、$s'a'b'$、$s''a''b''$ 和 sbc、$s'b'c'$、$s''b''c''$。

AR：三棱锥

（3）绘图步骤。

对于三棱锥来讲，总共四个顶点，点不多，但容易混，所以画图时要标注每个点的名称。

①画基准线（对称中心线、底面基准线），确定各视图的位置，如图 2.32(a) 所示。

②绘制俯视图。先画出三角形的外接圆 $\phi25$，再画正三角形，锥顶位于外接圆的圆心，按照长对正的关系绘制主视图，高度为 20，如图 2.32(b) 所示。

③按照高平齐、宽相等的关系，利用点的投影关系绘制左视图，检查并加深，如图

2.32(c)所示。

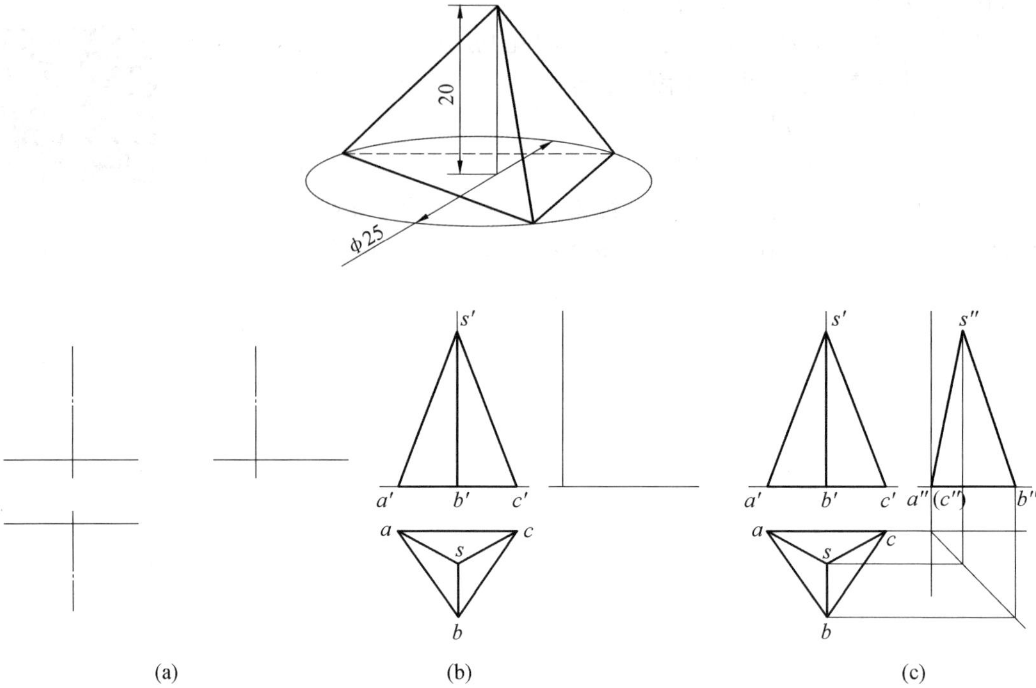

图 2.32　三棱锥三视图的作图步骤

(4)棱锥表面上的点。

当点在三棱锥的底面和具有积聚性的侧面上时,可利用表面的积聚性来求出。若点 E 处在三棱锥不具有积聚性的侧面上,如图 2.33(a)所示,已知一个面的投影,则无法利用积聚性来求另外两个面投影,但可用辅助线法求出该点另外的投影,辅助线法求点常用的方法有连线法和平行线法。

①连线法。过锥顶 S 与所求点 E 连线,延长交底边 AB 于 M,SM 为辅助线。作出 SM 在 H、V、W 面上的投影,再利用 E 点在 SM 直线上,即可求出 E 点的三面投影,如图 2.33(b)所示。

②平行线法。过点 E 作底边 AB 的平行线交棱边 SA、SB 于点 M、N,MN 为辅助线。作出 MN 在 H、V、W 面上的投影,再利用 E 点在 MN 直线上,即可求出 E 点的三面投影,如图 2.34 所示。

3. 绘制圆柱三视图

(1)圆柱组成分析。

圆柱由上、下底面和柱面围成,上、下底面与圆柱轴线垂直,柱面可以看成由动直线 SS_1 绕圆柱轴线 OO_1 旋转而成,如图 2.35(a)所示。将圆柱放置在三面投影体系中,使其轴线垂直于 H 面,则其上、下底面与 H 面平行。在圆柱面上,有四条特殊位置的素线,AA_1、BB_1、CC_1、DD_1 分别处于圆柱面的最左、最右、最前、最后处。沿主视方向看过去,AA_1、BB_1 是可见的前半圆柱与不可见的后半圆柱的分界线(转向轮廓线);在左视方向上,CC_1、

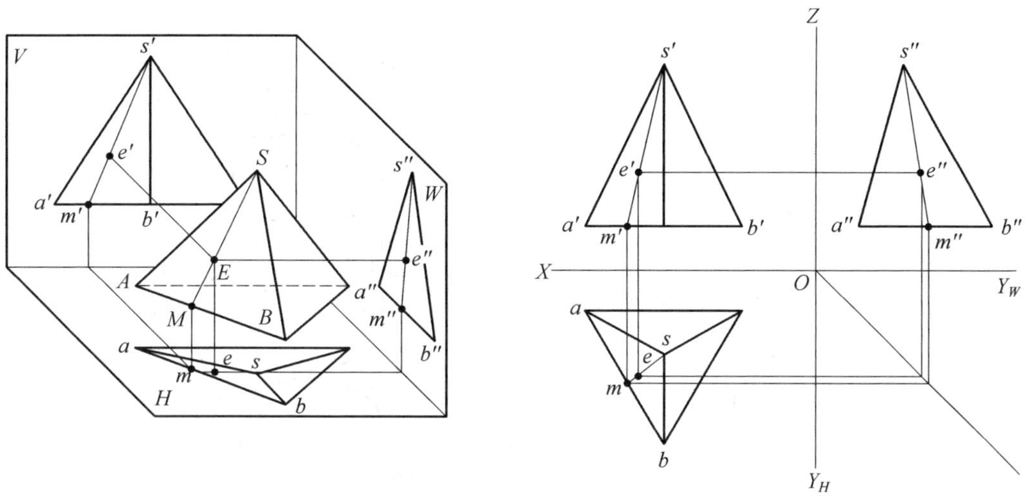

(a)　　(b)

图 2. 33　用连线法在棱锥表面求点

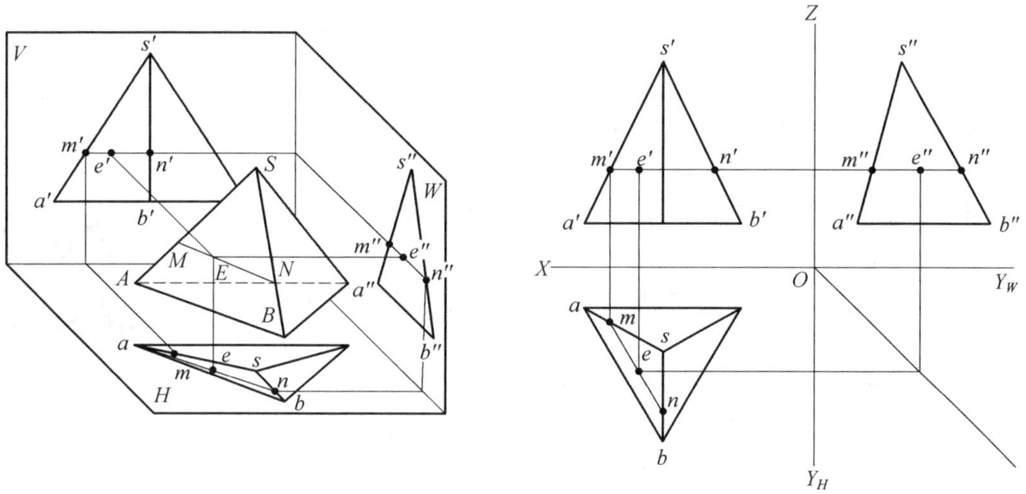

(a)　　(b)

图 2. 34　用平行线法在棱锥表面求点

DD_1是可见的左半圆柱与不可见的右半圆柱的分界线(转向轮廓线),如图2. 35(b)所示。

(2)圆柱投影分析。

圆柱轴线垂直于 H 面,上、下底面平行于 H 面。圆柱上、下底面在 H 面上的投影反映实形,是一个圆。柱面在 H 面上的投影全部积聚到圆周上。

微课
圆柱三视图
任务实施

圆柱上、下底面垂直于 V 面,其投影积聚为一条直线;圆柱面在 V 面上的投影由前后两个半圆柱面的投影重合为一个矩形,矩形的左右两边分别为圆柱最左、最右素线的投影。

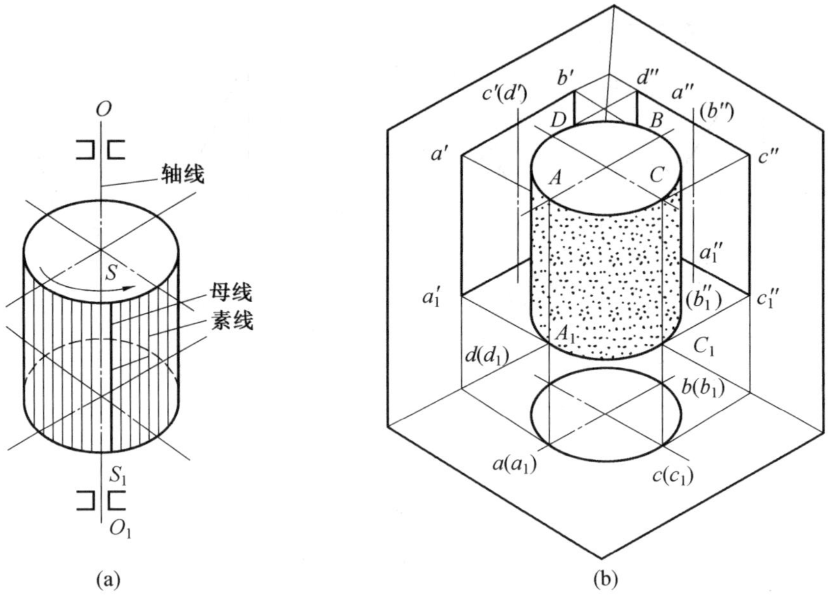

图 2. 35　圆柱的三面投影

圆柱上、下底面垂直于 W 面，其投影积聚为一条直线；圆柱面在 W 面上的投影由左右两个半圆柱面的投影重合为一个矩形，矩形的前后两边分别为圆柱最前、最后素线的投影。

圆柱表面点的投影问题，充分利用积聚性，类似棱柱，在此不做详述。

AR：圆柱

(3)绘图步骤。

①作图基准线(对称中心线、底面基准线)，确定各视图的位置，如图 2. 36(a)所示。

②绘制俯视图。画出为 $\phi25$ 的圆，如图 2. 36(b)所示。

③按照长对正的关系绘制主视图，按照高平齐、宽相等的关系绘制左视图，高度为 20，如图 2. 36(c)所示。

④擦去作图线，检查加深，如图 2. 36(d)所示。

4. 绘制圆锥三视图

(1)圆锥组成分析。

圆锥由圆锥面和底面围成，圆锥面可以看作由一条母线绕与它相交的轴线回转一周而成。将圆锥放置在三面投影体系中，使其轴线垂直于 H 面，则其底面与 H 面平行，如图 2. 37(a)所示。在圆锥面上，有四条特殊位置的素线，即位于圆锥面上的最左、最右、最前、最后素线。沿主视方向看过去，最左、最右素线为可见的前半圆锥与不可见的后半圆锥的分界线(转向轮廓线)；在左视方向上，最前、最后素线为可见的左半圆柱与不可见的右半圆柱的分界线(转向轮廓线)，如图 2. 37(b)所示。

(2)圆锥投影分析。

圆锥轴线垂直于 H 面，底面平行于 H 面。圆锥底面在 H 面上的投影反映实形，是一个圆。锥面在 H 面上的投影与底面圆的投影重合。

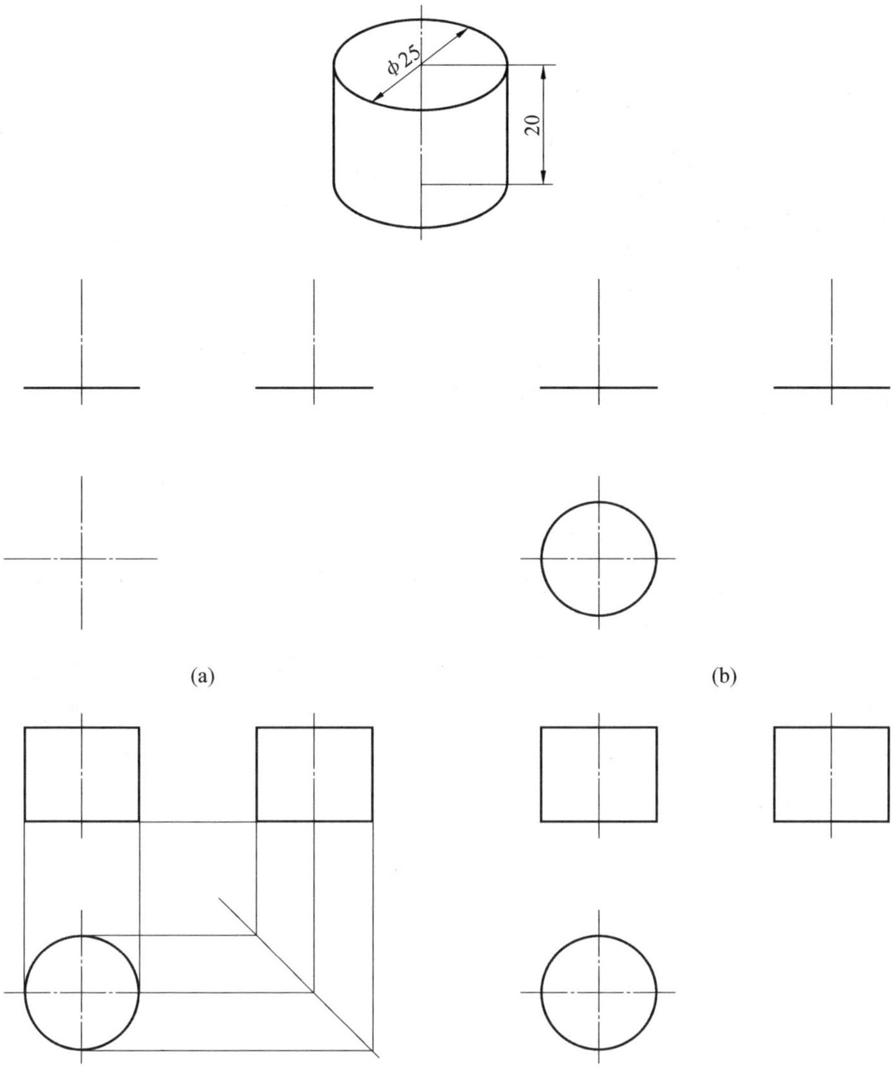

(a)　(b)

(c)　(d)

图 2. 36　圆柱三视图的作图步骤

圆锥底面垂直于 *V* 面,其投影积聚为一条直线;圆锥面在 *V* 面上的投影由前后两个半圆锥面的投影重合为一个等腰三角形,三角形的左右两边分别为圆锥最左、最右素线的投影。

圆锥底面垂直于 *W* 面,其投影积聚为一条直线;圆锥面在 *W* 面上的投影由左右两个半圆锥面的投影重合为一个等腰三角形,三角形的前后两边分别为圆锥最前、最后素线的投影。

微课
圆锥三视图
任务实施

(3)绘图步骤。

①作图基准线(对称中心线、底面基准线),确定各视图的位置,如图 2. 38(a)所示。

②绘制俯视图。画出 $\phi 20$ 的圆,如图 2. 38(b)所示。

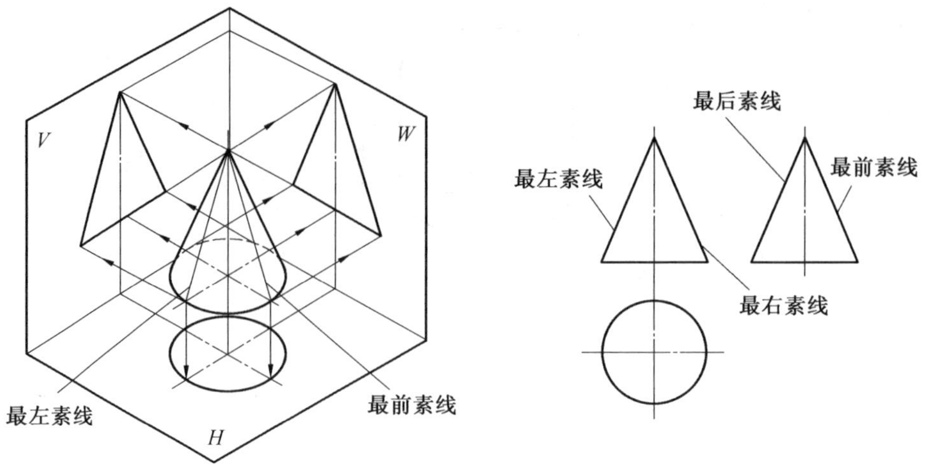

(a) (b)

图 2.37 圆锥的三面投影

③在主视图、左视图上，根据锥顶的高度 25 定出锥顶的位置，如图 2.38(c)所示。

④按照长对正的关系绘制主视图，按照高平齐、宽相等的关系绘制左视图，擦去作图线，检查加深，如图 2.38(d)所示。

AR：圆锥

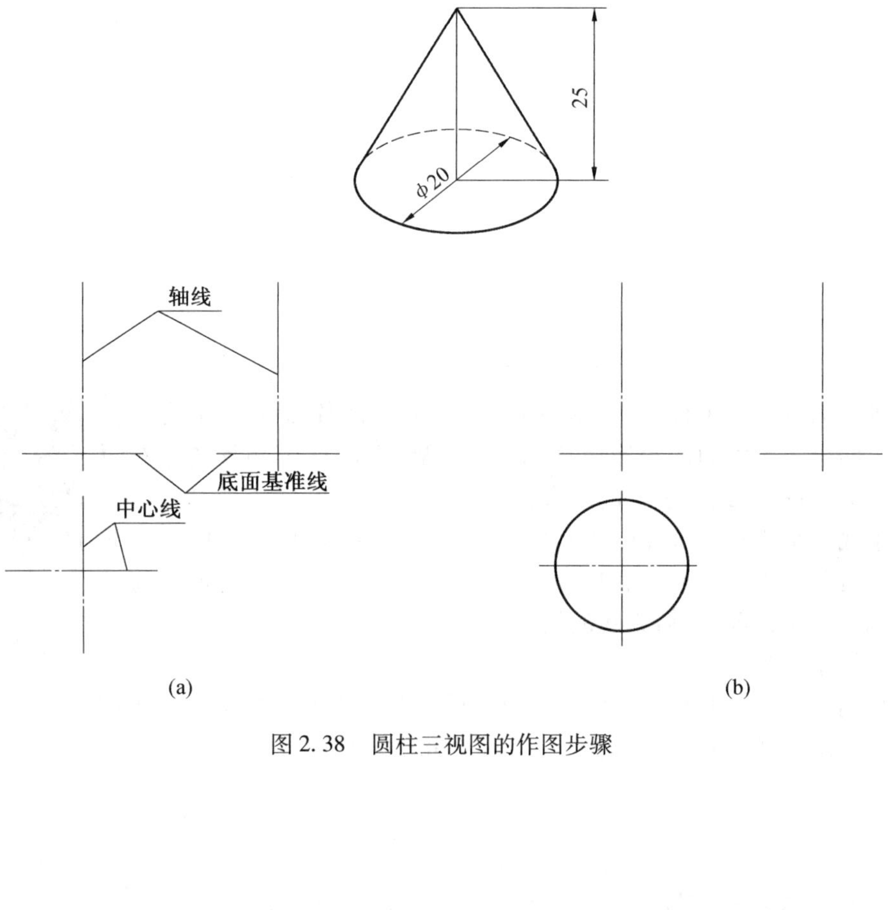

(a) (b)

图 2.38 圆柱三视图的作图步骤

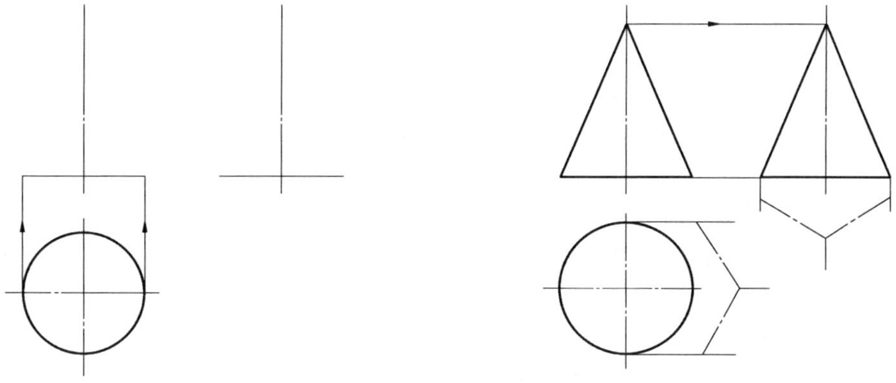

(c) (d)

续图 2.38

（4）圆锥面上点的投影。

圆锥面在三个投影面上的投影都不具有积聚性，圆锥表面点的投影需通过作辅助线来完成。常用的辅助线有辅助直线法和辅助纬圆法。

如图 2.39（a）所示，已知点 M 的 V 面投影 m'，求点 M 在 H、W 面的投影。

①辅助直线法。

过锥顶 S 和锥面上点 M 作一辅助素线 SA，求出直线 SA 的三面投影 sa、$s'a'$ 和 $s''a''$，利用投影关系，由 m' 可求出 m、m''，如图 2.39（b）所示。

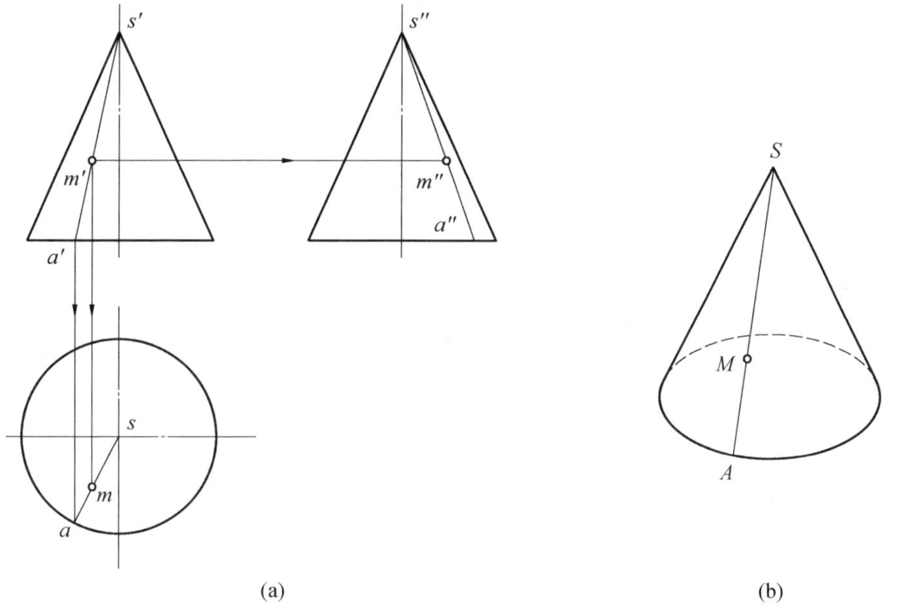

(a) (b)

图 2.39 辅助直线法圆锥表面求点

②辅助纬圆法。

过所求点 M 作一水平圆，该圆在 V 和 W 面上积聚为一条直线，在 H 面上的投影为实形的圆,如图 2. 40(a)所示。

过点 m'作直线平行于底线并交转向轮廓线于点 $1'2'$,交轴线于点 c',以 $1'c'$或 $2'c'$之间的距离为半径,在俯视图上画辅助圆,过点 m'向俯视图作投影连线交辅助圆于点 m(因点 M 可见,故取与前半圆交点),根据投影关系,由 m、m'求出左视图投影 m'',如图 2. 40(b)所示。

可见性判断:因点在圆锥的左前方,故点在三面投影中均可见。

注:圆锥面上只有过顶点沿素线方向的两点连线是直线,图 2. 40(c)求点的方法是错误的。

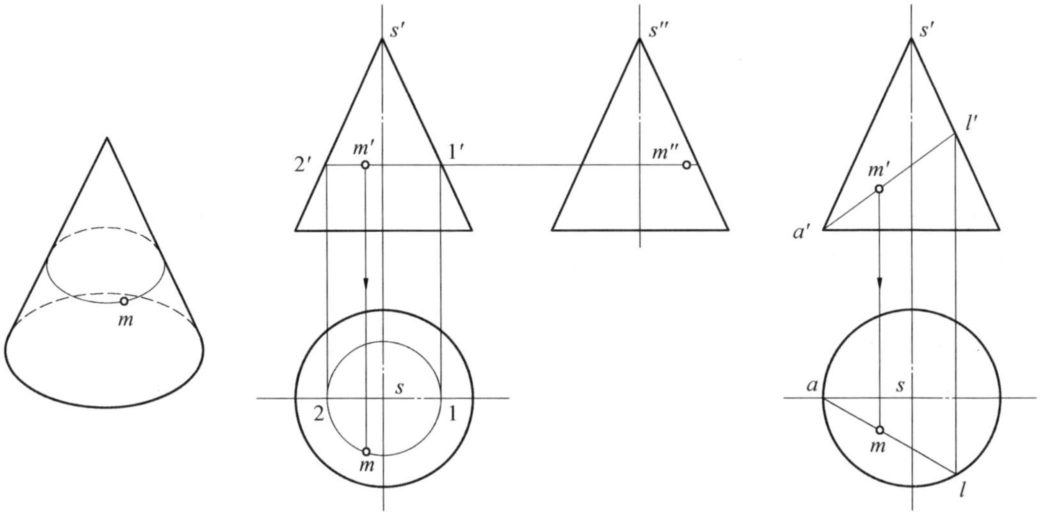

图 2. 40　辅助纬圆法圆锥表面求点

5. 绘制球三视图

(1)球的投影分析。

球面可以看作由一条圆弧线(母线)绕其直径回转一周而成。圆球的三个视图是三个等直径的圆,是球面上平行于相应投影面的三个不同位置的轮廓素线圆的投影,如图 2. 41(a)所示。主视图是球面上平行于正面的轮廓素线圆的投影,俯视图是球面上平行于水平面的轮廓素线圆的投影,左视图是球面上平行于侧面的轮廓素线圆的投影,整个球面的投影落在圆内或圆上,如图 2. 41(b)所示。

微课
圆球三视图
任务实施

(2)绘图步骤。

①作图基准线(对称中心线),确定各视图的位置,如图 2. 42(a)所示。

②画出与球等直径的三个圆,如图 2. 42(b)所示。

(3)球面上点的投影。

球面在三个投影面上的投影都不具有积聚性,球表面求点的投影问题需通过作纬圆辅助线来完成。如图 2. 43(a)所示,已知球面上点 K 的正面投影 k',求其另外两面投影。

过所求点 K 作一水平圆,此为一水平纬圆,该圆在 V 和 W 面上积聚为一条直线,在 H

面上的投影为实形的圆,如图 2.43(b)所示。

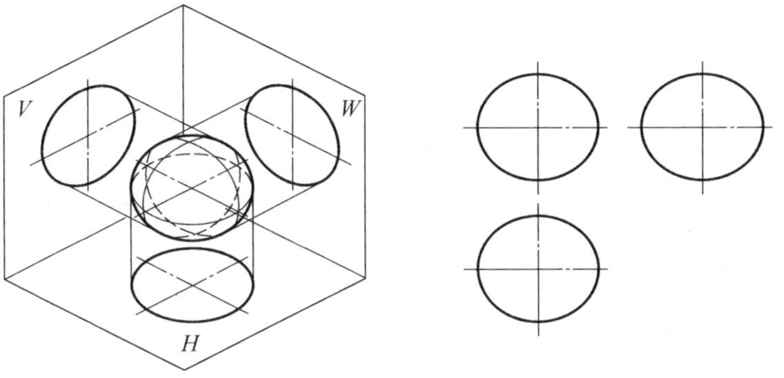

(a) (b)

图 2.41 球的三面投影

AR:球

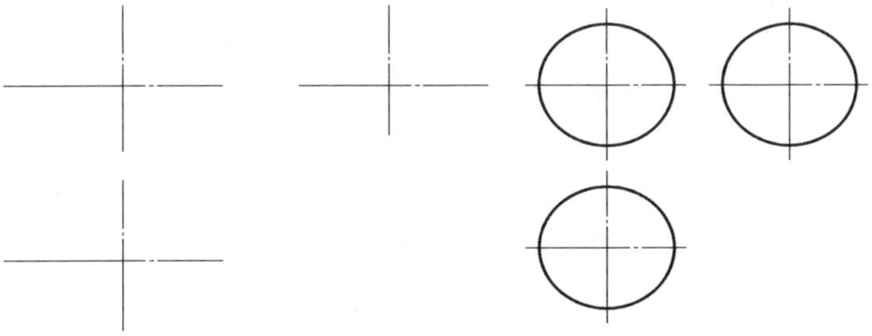

(a) (b)

图 2.42 球三视图的作图步骤

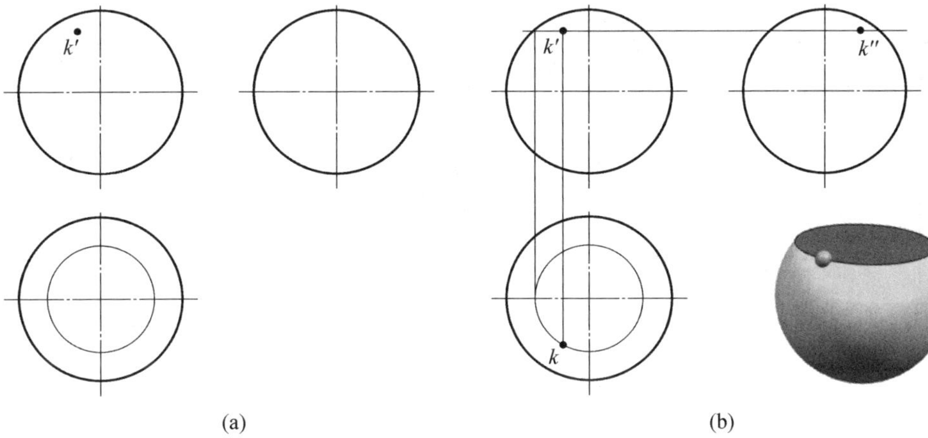

(a) (b)

图 2.43 球表面求点

过点 k' 作水平线交正面投影圆于两点,该两点之间的距离为纬圆直径,在俯视图上画纬圆实形投影,过点 k' 向俯视图作投影连线交纬圆于点 k(因点 K 可见,故取与前半圆交点),根据投影关系,由 k、k' 求出左视图投影 k'',如图 2.43(b)所示。

可见性判断:因点在球的左前上方,故点在三面投影中均可见。

归纳总结

绘制基本体的三视图时,要抓住物体上各表面并对这些表面的投影特性进行分析,充分利用投影真实性、积聚性等关系进行分析。要抓住特征视图,先绘特征视图,就能较容易地绘制出基本体三视图。对于三棱锥,要给每个顶点标上符号。

求表面点的问题时,对于柱体,要充分利用柱体的积聚性;对于锥体,要利用辅助线,包括顶点连线、作底边的平行线等。

知识拓展

不完整曲面立体的三视图

在前面任务中,我们画出了完整曲面立体的三视图。如将曲面立体进行切割,则不完整的圆柱、圆锥、圆球等曲面立体的三视图如图 2. 44 所示。

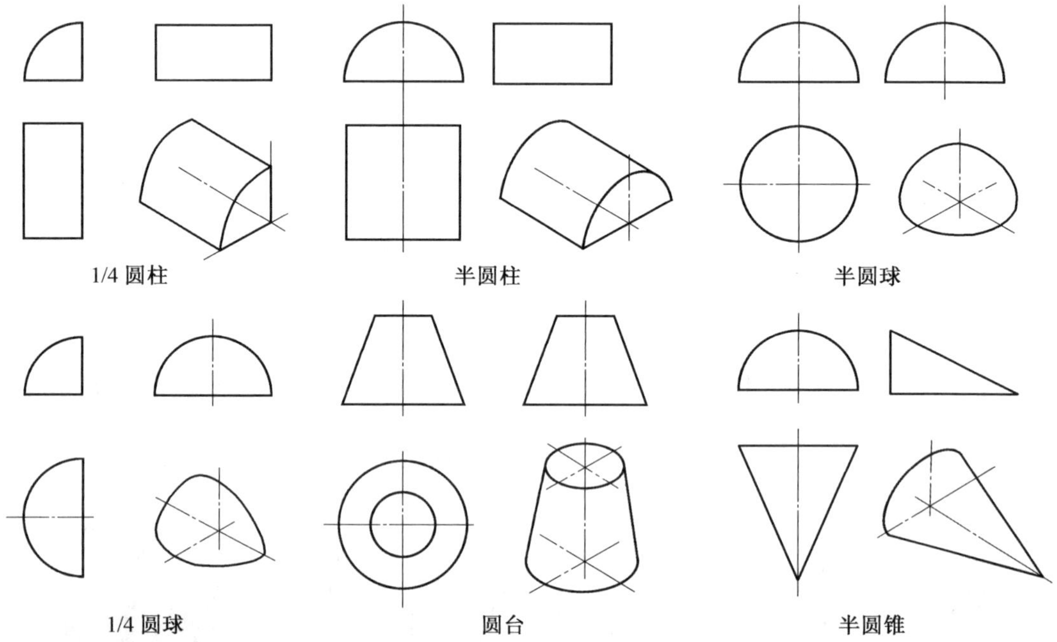

图 2. 44　不完整曲面立体的三视图

活学活用

抓特征视图是看图的重要技巧，尤其是对于柱体。抓住特征视图，通过拉伸，可以快速地想象出立体形状。应用到我们的工作、学习和生活，就要善于抓住事物的主要矛盾，能够快速地透过复杂的表象看到规律和本质，抓住主要矛盾是解决问题的利器。

圆珠笔笔尖的圆珠是一个球体，但其体积小，制造工艺十分复杂，为了保证书写的流畅性，笔头需要设计五条精度达到微米量级的沟槽，这对中国制造的水平提出了严峻考验。经过无数次失败之后，太原钢铁集团有限公司终于突破笔尖钢的制造工艺，打破了我国圆珠笔头依赖进口的局面，加快了我国从制造业大国向制造业强国前进的步伐。

任务四　绘制平面立体截割体的三视图

任务描述

(1)如图 2.45(a)所示，六棱柱被截平面 *P* 切割。根据图 2.45(b)，补画出切割后的左视图。

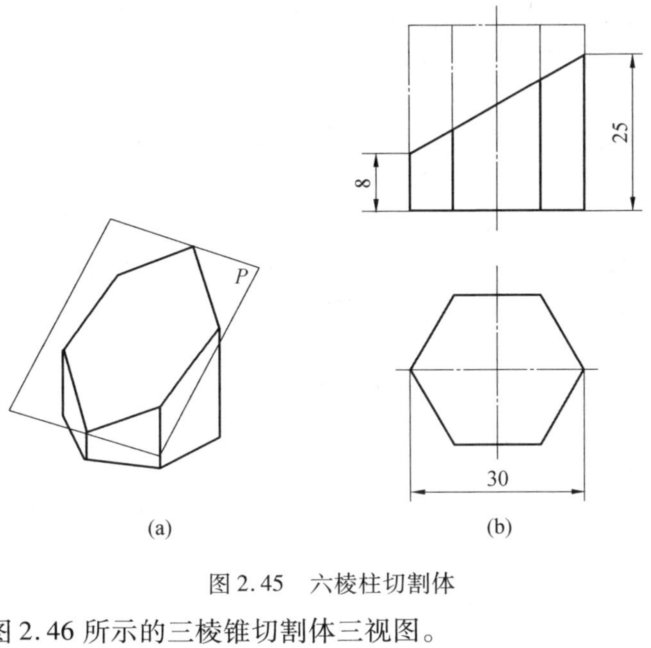

图 2.45　六棱柱切割体

(2)完成如图 2.46 所示的三棱锥切割体三视图。

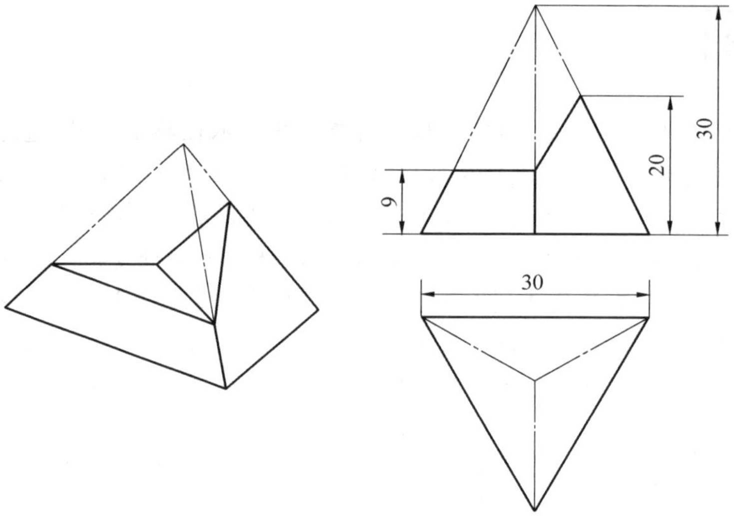

图 2.46　三棱锥切割体

相关知识

1. 截交线相关概念

截交线是立体表面交线的一种。用平面切割立体,平面与立体表面的交线称为截交线,该平面称为截平面。

截交线具有如下性质:

(1)共有性。截交线为平面与立体表面共有线,交线上的点为平面与立体表面的共有点。

微课
截交线

(2)封闭性。立体表面是封闭的,所以截交线是封闭的空间图形。

(3)截交线的形状,主要取决于立体的形状和平面与立体的相对位置,平面与平面立体的交线一般为折线围成的多边形,与曲面立体的交线为直线和曲线,或曲线与曲线围成的平面图形。

作图方法:因为截交线具有共有性,可利用平面上取点、取线的方法,或借助于辅助平面法求交线的投影。

2. 平面立体截交线

由于平面立体表面都是由平面组成,所以它的截交线是由直线围成的封闭的平面多边形。

微课
平面立体截交线

(1)单一平面与平面立体相交。

单一平面与平面立体的截交线为一个平面多边形,多边形的每一条边是截平面与平面立体表面的交线,多边形的顶点是截平面与平面立体的棱线或底边的交点。其作图方法是先求出截平面与平面立体的棱线或底边的交点,判断可见性,然后依次连线。

(2)多个平面与平面立体相交。

当平面立体同时被几个平面截切时,情况较为复杂。这时,不但截平面与立体表面之间产生交线,截平面间也将产生交线,截断面的多边形顶点也不完全在平面立体的棱或底边上,只要逐个作出各截平面与平面立体交线,并画出截平面间的交线,就可作出这些平面立体的投影图。

任务实施

1. 绘制正六棱柱切割体三视图

(1)如图 2.47(a)所示,补画出被切割前正六棱柱的左视图。

(2)分析截到了六个侧面,截交线的形状为六边形,与各侧棱的交点为顶点。在主、俯视图上依次标注六边形各顶点的投影,根据截交线六边形各顶点的正面投影和水平投影作出它们的侧面投影 1″、2″、3″、4″、5″、6″,如图 2.47(b)所示。

(3)依次连接 1″、2″、3″、4″、5″、6″,得截交线的侧面投影,判断截交线侧面投影的可见性,删去截掉的线,检查,加深,完成作图,如图 2.47(c)所示。

微课
六棱柱切割
体三视图
任务实施

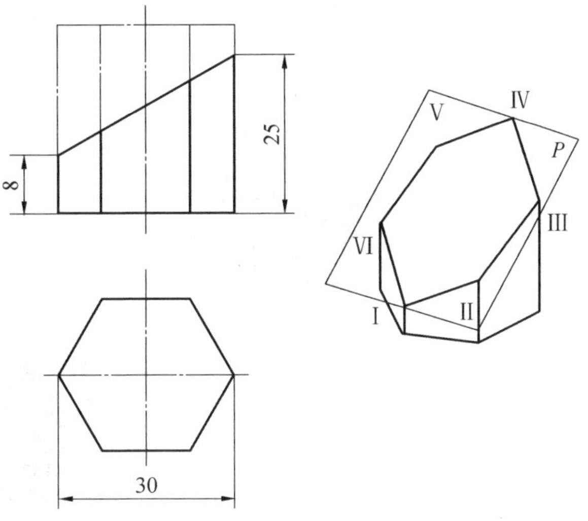

(a)

图 2.47　六棱柱切割体三视图绘制

AR:六棱柱切割

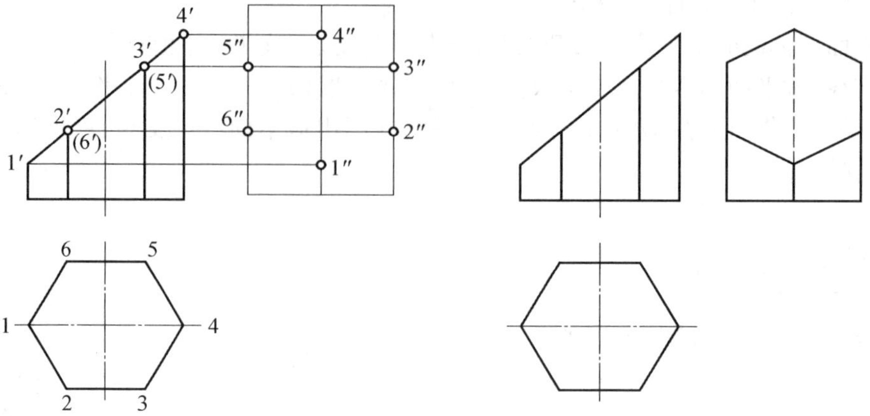

(b) (c)

续图 2.47

2. 绘制如图 2.48 所示的三棱锥切割体三视图

(1)首先画出被切割前三棱锥三视图。给每个点标上名称。

(2)分析截交线的形状为△123 和△234,△123 平行于水平面,在主视图上依次标注两个三角形各顶点的投影,如图 2.49(a)所示。

微课
三棱锥切割体三视图
任务实施

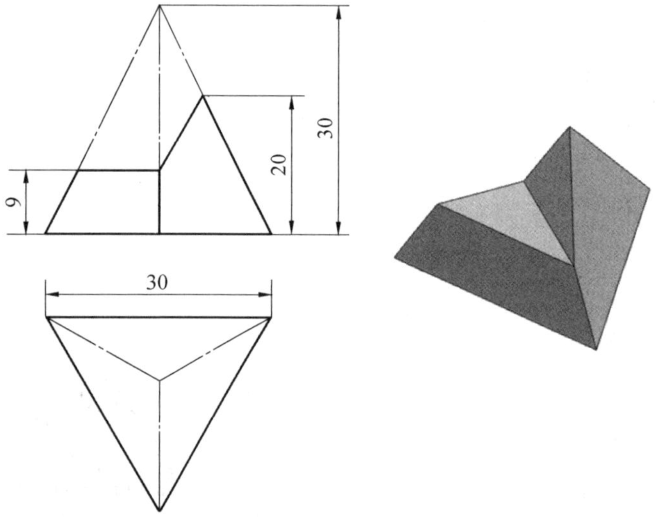

图 2.48　三棱锥切割体

AR:三棱锥切割

(3)根据主视图三角形各顶点的正面投影 1′、2′、3′、4′,作出它们的侧面投影 1″、2″、3″、4″和水平投影 1、2、4,用平行线法作出 3′点的水平投影 3,如图 2.49(a)所示。

(4)依次连接截交线 12、23、13、34、24,得到截交线的水平投影,依次连接截交线 1″2″、2″3″、1″3″、3″4″、2″4″,得到截交线的侧面投影,判断截交线水平投影和侧面投影的可见性,删去切掉线,检查,加深,完成作图,如图 2.49(b)所示。

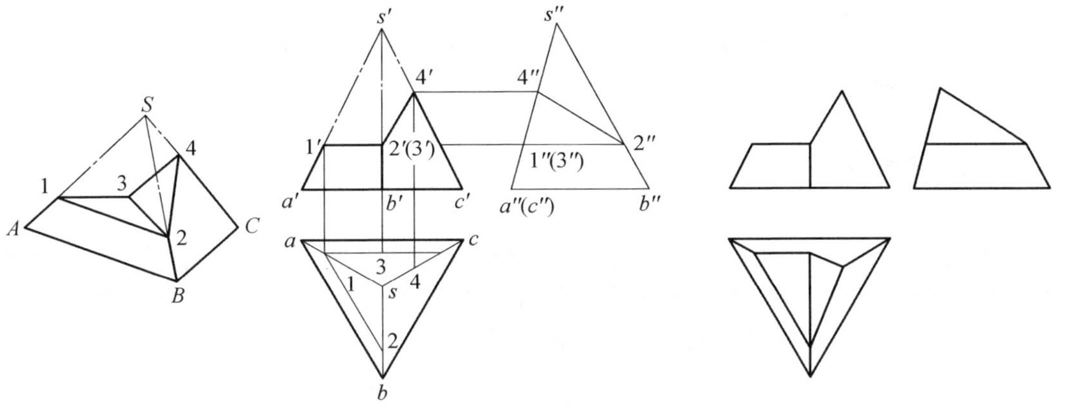

(a)　　(b)

图 2.49　三棱锥切割体三视图绘制

归纳总结

平面立体截切分为单一平面截切和多个平面截切两种。单一平面截切是切到了几个面得到几边形，多边形的顶点是截平面与棱线或底边的交点。多个平面截切时，不但截平面与立体表面之间产生交线，截平面间也将产生交线，截断面的多边形顶点也不完全在平面立体的棱或底边上，要逐个作出各截平面与平面立体交线，并画出截平面间的交线。

活学活用

在基本体的基础上，要想获得其他不同的立体图形，需要通过切割等方式实现。启示我们要想成为社会有用的人才，必须要经过一定的磨难，必须要有巨大的付出。攀登科学高峰，就像登山运动员攀登珠穆朗玛峰一样，要克服无数艰难险阻，懦夫和懒汉是不可能享受到胜利的喜悦和幸福的。

孟子《生于忧患，死于安乐》中说："故天将降大任于是人也，必先苦其心志，劳其筋骨，饿其体肤，空乏其身，行拂乱其所为，所以动心忍性，曾益其所不能。"谈谈你对这句话的理解。

任务五　绘制圆柱切割体三视图

任务描述

(1)绘制如图2.50所示的圆柱切割体三视图。圆柱左侧是由一个平行于圆柱轴线的水平面切割,圆柱的右侧是由一个平行于圆柱轴线的水平面和垂直于轴线的侧平面切割而成,中间部分是由倾斜于轴线的正垂面切割。

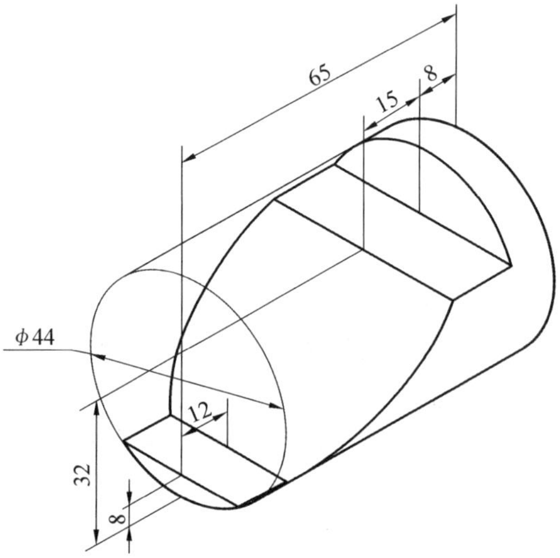

图2.50　圆柱切割体

(2)绘制如图2.51所示的接头三视图。接头切割前的原始形体为圆柱,接头左侧的槽可以看成是由两个正平面和一个侧平面切割而成,右侧的凸榫可以看成是由两个水平面和两个侧平面切割而成。

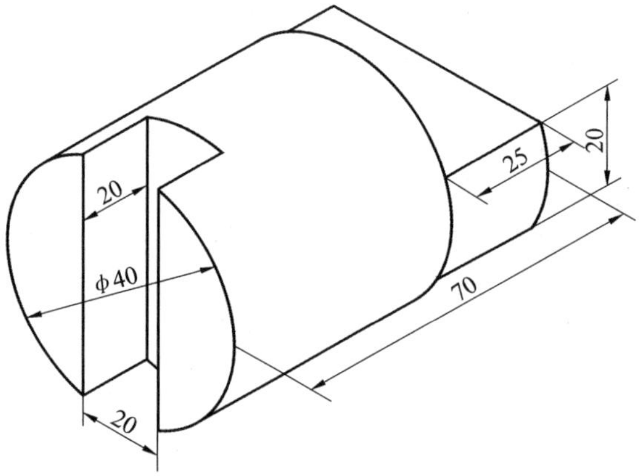

图2.51　接头

相关知识

1. 曲面立体截交线

(1)单一平面截曲面立体。

单一平面截曲面立体截交线位于立体表面，是平面曲线或平面曲线与直线围成的封闭平面图形，特殊情况为直线组成的封闭图形。

截交线是截平面和曲面立体表面的共有线，截交线上的点是它们的共有点。可用在曲面立体表面上取线和点的方法作截交线。

截交线上有一些能确定截交线形状和范围的特殊点，包括曲面立体转向轮廓线上的点，截交线对称轴上的顶点，以及最高、最低、最左、最右、最前、最后点等，其他为一般点。作曲面立体截交线时，通常先作出特殊点，再作一些一般点，根据可见性的判断，连成截交线投影。

微课
曲面立体截交线

(2)多个平面截曲面立体。

当曲面立体同时被几个平面截切时，情况较为复杂。这时，不但截平面与曲面立体表面之间产生交线，截平面间也将产生交线，截交线也不一定是单一平面截切那样的平面曲线。要逐个作出各截平面与曲面立体交线，并画出截平面间的交线，还要擦去截掉的曲线。

AR：圆柱的截交线

2. 圆柱的截交线

平面与圆柱的交线一般有三种情况，见表 2.5。

当截平面与圆柱轴线平行或垂直时，所产生的截交线具有真实性和积聚性，直接按投影关系作图即可得到截交线。当截平面与轴线倾斜时，需求点作图。

微课
圆柱截交线

表 2.5 平面与圆柱相交的截交线

截平面的位置	立体图	三视图	截交线的形状
平行于轴线		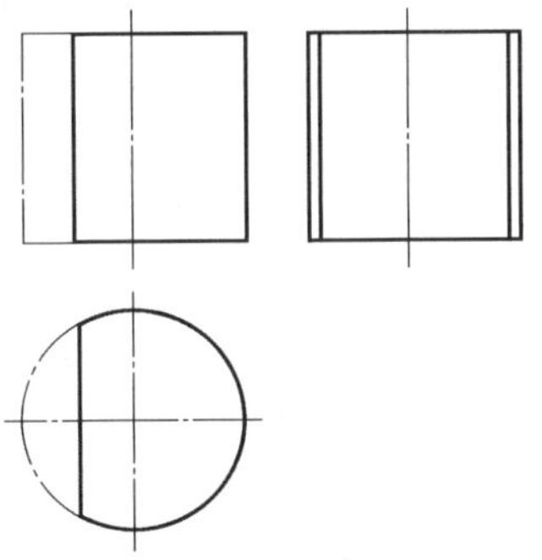	矩形

续表 2.5

截平面的位置	立体图	三视图	截交线的形状
垂直于轴线	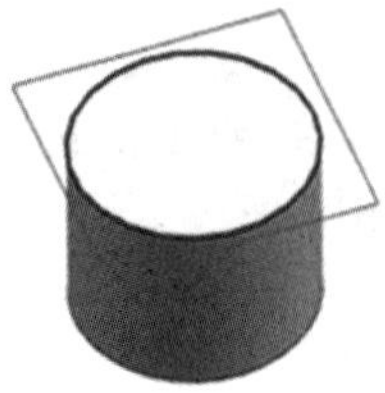	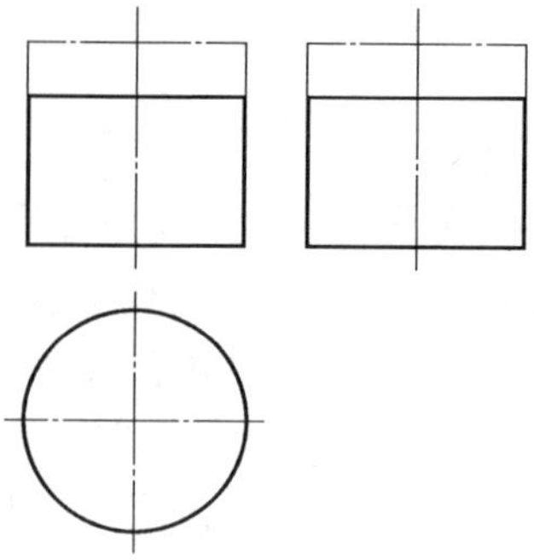	圆
倾斜于轴线		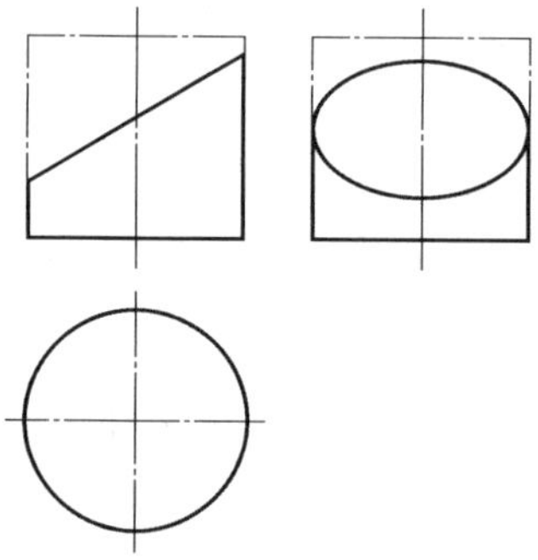	椭圆

3. 圆柱与截平面倾斜时截交线的作图

如图 2.52(a)所示，圆柱被正垂面所切，试画出其左视图。

(1)分析。

截平面与圆柱轴线倾斜，且垂直于正投影面，其截交线为椭圆。截交线的正面投影积聚为一条斜线，截交线的水平投影重合在圆上，截交线的侧面投影为椭圆。

微课
圆柱与平面斜截交线作图

(2)作图步骤。

①求特殊位置点。画出完整圆柱的左视图。截平面与圆柱四条特殊位置素线相交产生四个特殊位置点，即最左点 A、最右点 B、最前点 D、最后点 C，如图 2.52(b)所示。首先在主、俯视图上确定四个点的投影。按投影关系在左视图上确定 a''、b''的位置在中心线上，c''和 d''的位置在左视图的最后、最前素线上，如图 2.52(c)所示。

②求一般位置点。为了准确作出截交线的侧面投影，还应该找出适当数量的一般位置点Ⅰ、Ⅱ、Ⅲ、Ⅳ，并使它们对称，如图 2.52(b)所示。求投影时，可先在主视图中定出 $1'$、$2'$、$3'$、$4'$，然后求得 1、2、3、4 点和 $1''$、$2''$、$3''$、$4''$点，如图 2.52(d)所示。

③顺序光滑连接 a''、$1''$、d''、$3''$、b''、$4''$、c''、$2''$、a''点，主视图上中心线 d'、c'以上被截掉，则左视图 d''、c''以上的前后素线被截掉。顶面也被截掉，擦去截掉的线。检查，加深，完成作图，如图 2.52(d)所示。

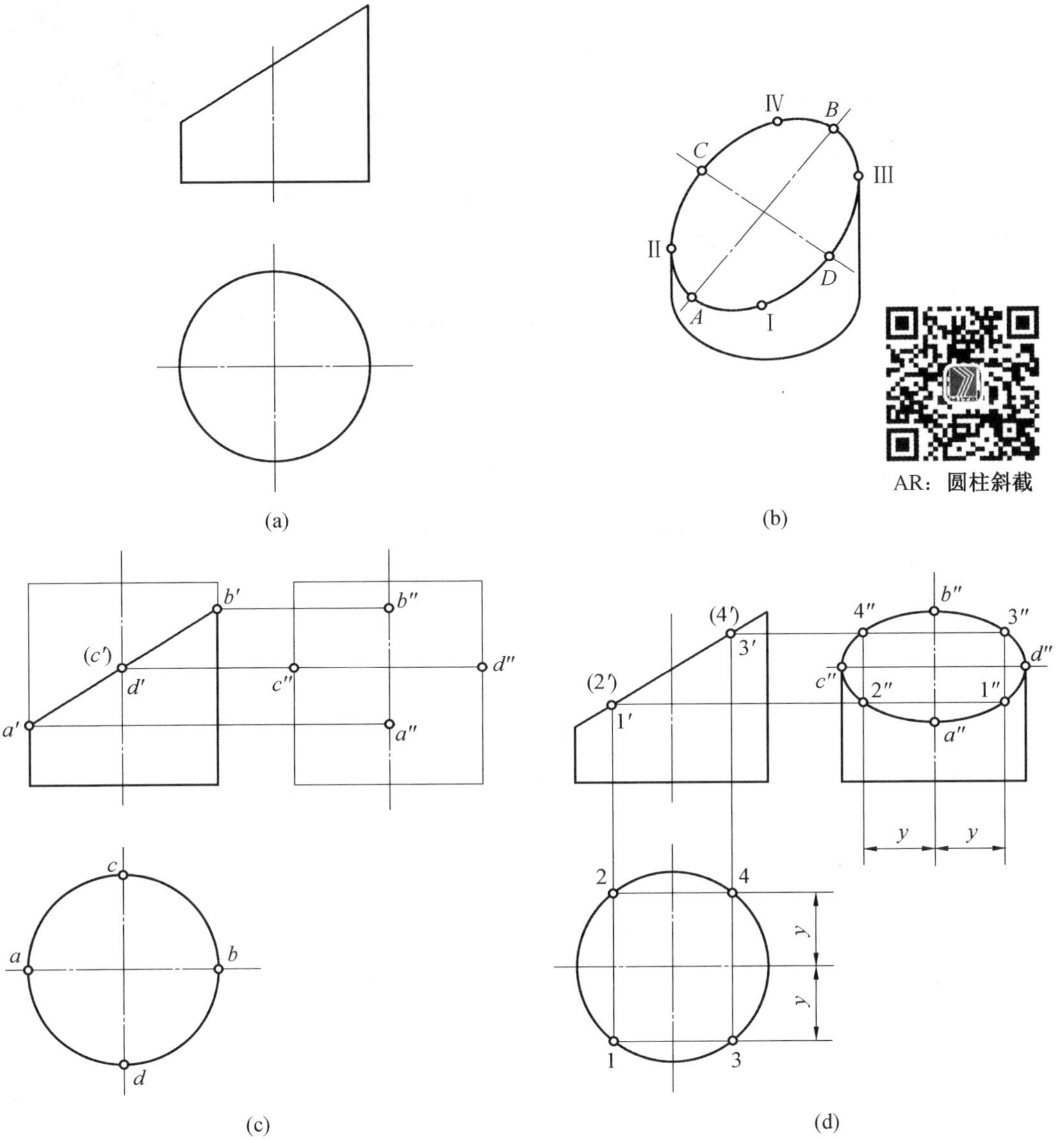

图 2.52　圆柱与截平面倾斜时截交线的作图

任务实施

(1)下面完成图 2.53(a)所示圆柱切割体三视图的绘制。

①先画出作图基准线，并画出切割前的圆柱三视图，如图 2.53(b)所示。

②分析截面特点，截面均与正面垂直，正面投影为直线。分析各截交线真实形状。由左往右分别为矩形、直线与椭圆弧围成图形、矩形、圆弧与直线围成图形。按尺寸画出圆柱主视图，左端切肩、右端切肩的俯视图和左视图，如图 2.53(c)所示。

③确定六个特殊位置点及其各投影点，即 1、2、3、4、5、6 点，如图 2. 53(d)所示。

④在主视图中每两个特殊位置点投影中间取一个一般位置点投影，即 a'、b'、c'、d'点，并求出其另两面投影。要充分利用积聚性，先求点的左视图，如图 2. 53(e)所示。

⑤分析并擦去截掉图线，3、4 左边的素线被截掉。擦去作图线，检查，加深，完成后的三视图如图 2. 53(f)所示。

微课
圆柱切割体三视图
任务实施

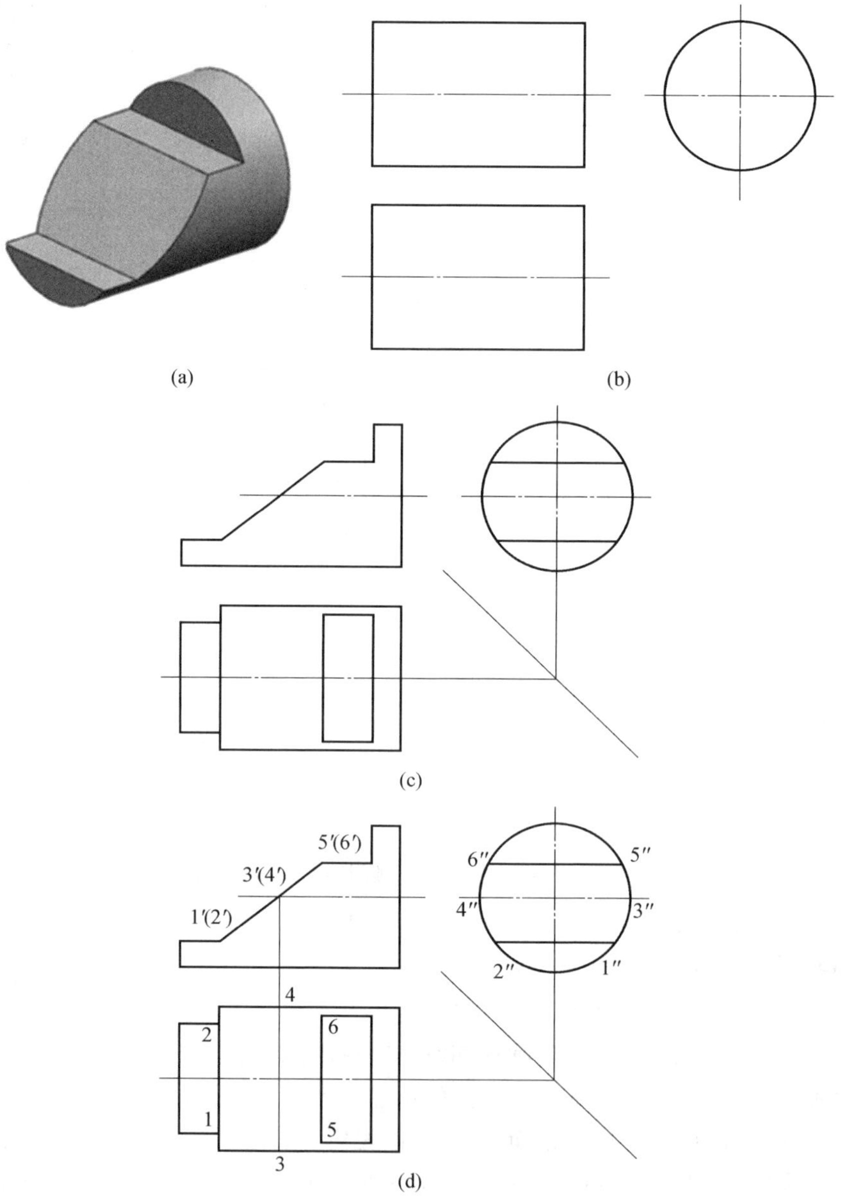

图 2. 53　圆柱切割体三视图绘制

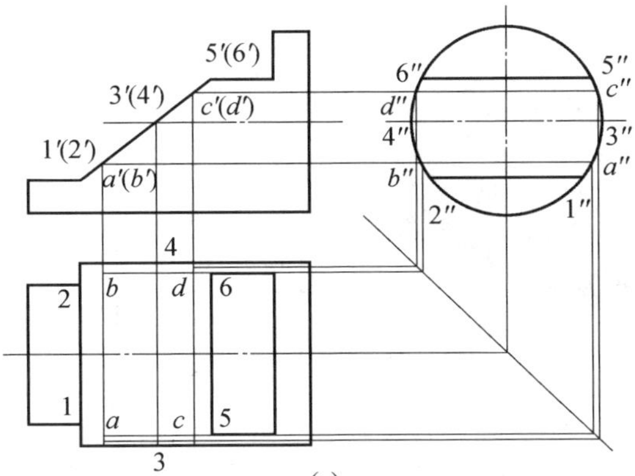

(e)

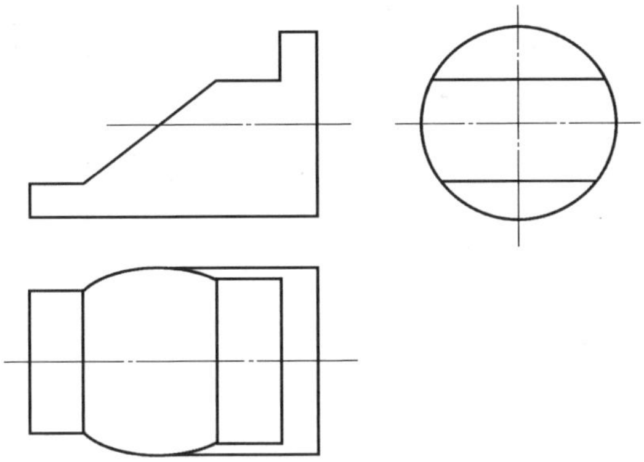

(f)

AR：圆柱切割体

续图 2.53

(2)下面完成图 2.54(a)所示接头三视图的绘制。

①先画出作图基准线，并画出切割前的圆柱三视图，如图 2.54(b)所示。

②按尺寸画出圆柱左端切槽俯视图和圆柱右端切外侧的主视图，如图 2.54(c)所示。

③根据圆柱截面特点可知左侧槽口两个正平面切圆柱截交线为矩形，正面投影为实形；侧平面截交线为两段圆弧加直线，侧面投影为实形。由“宽相等”作出圆柱左端槽的侧面投影，再由“高平齐”“长对正”作出槽口的正面投影，擦去截掉的素线，如图 2.54(d)所示。

微课
接头三视图
任务实施

④根据圆柱截面特点可知右侧切肩水平面切圆柱截交线为矩形，水平面投影为实形；侧平面截交线为圆弧加直线，侧面投影为实形。由“高平齐”作出圆柱右侧切肩的侧面投影，再由“宽相等”“长对正”作出切肩的水平投影，水平投影没有截掉的素线，如图 2.54(e)所示。检查、加深，完成后的三视图如图 2.54(f)所示。

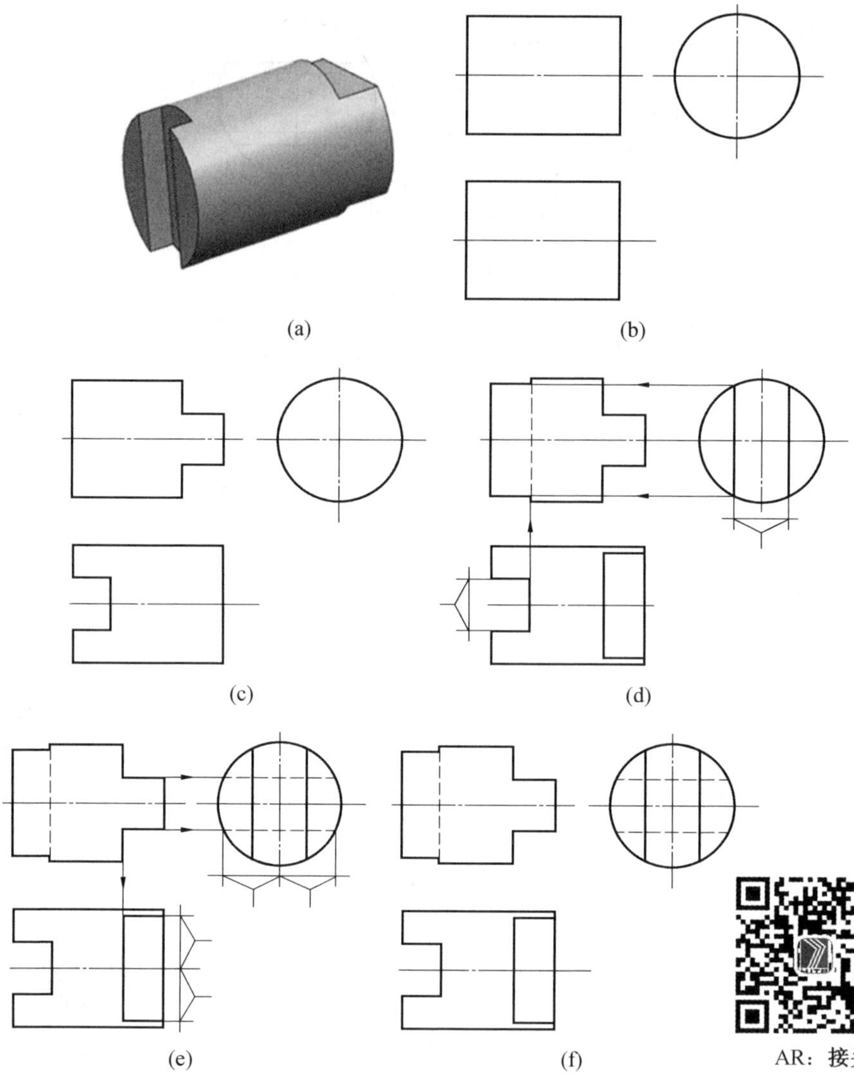

AR：接头

图 2.54　接头三视图绘制

归纳总结

在绘制由圆柱切割所形成的截断体的三视图时，关键是要熟悉表 2.5 中圆柱截交线的不同形式。在实际零件切割时，若只有一个截面截切，交线为圆柱表面上的平面图形；若有多个平面截切，不仅截到的圆柱表面有交线，切平面之间也可能相交。绘制截交线的投影时，要逐一分析。

活学活用

王淦昌:我愿以身许国

平面切割圆柱、圆锥,截交线有不同的形状。作为青年学生,实现自身价值也有不同的形式。我们在以后的学习和工作中要树立大局观,结合国家需要实现自身价值,必要情况下"舍小家保大家",接受祖国和人民的安排和挑选。

王淦昌,中国实验原子核物理、宇宙射线及基本粒子物理研究的主要奠基人和开拓者、中国科学院院士、"两弹一星功勋奖章"获得者。1956 年,王淦昌被派至苏联杜布纳联合原子核研究所工作。1959 年秋,通过对近 10 万张气泡室图片和大量数据的分析,王淦昌小组终于发现了一张反西格玛负超子实例的照片。这是人类通过实验发现的第一个荷电反超子,把人类对物质微观世界的认识又向前推进了一大步,在国际上产生了深远影响。如果能够继续在原来的科研领域工作,王淦昌很有可能叩开诺贝尔奖的大门。

然而,1960 年一封来自国内的电报,让在国际物理学界享有盛誉的王淦昌从此"失踪"了 17 年。当时苏联撕毁了援助协议,我国的核武器研究事业遇到了严重困难。面对国家的迫切需要,王淦昌毅然放弃自己的研究方向,转头扎进不熟悉的核武器研究之中,从此也彻底与诺贝尔奖无缘。"我愿以身许国!"是他最铿锵的回答。从那时起,王淦昌化名王京,参与了我国核武器的原理突破、实验研究和组织领导,在我国原子弹、氢弹研制过程中,指导解决了一系列关键技术问题,成为我国核武器研制的主要奠基人之一。

结合所学知识,谈谈你对上述事例的理解。

任务六 绘制顶针、阀芯三视图

任务描述

(1)如图 2.55 所示,已知顶针的主视图和左视图,试绘制其俯视图。

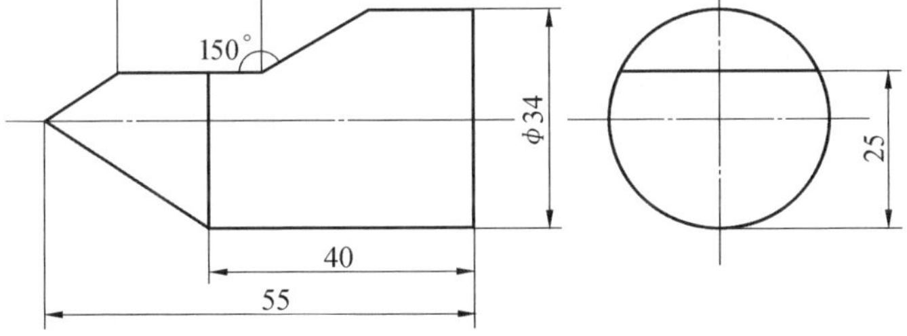

图 2.55 顶针

(2)如图2.56(a)所示的阀芯,是球阀(水路连接中的一种开关)的一个重要零件。工作时,转动球阀上的扳手,即可带动阀芯在阀体内转动,从而实现水路的打开或关闭。

如图2.56(b)所示,试根据主视图完成阀芯的俯视图和左视图。

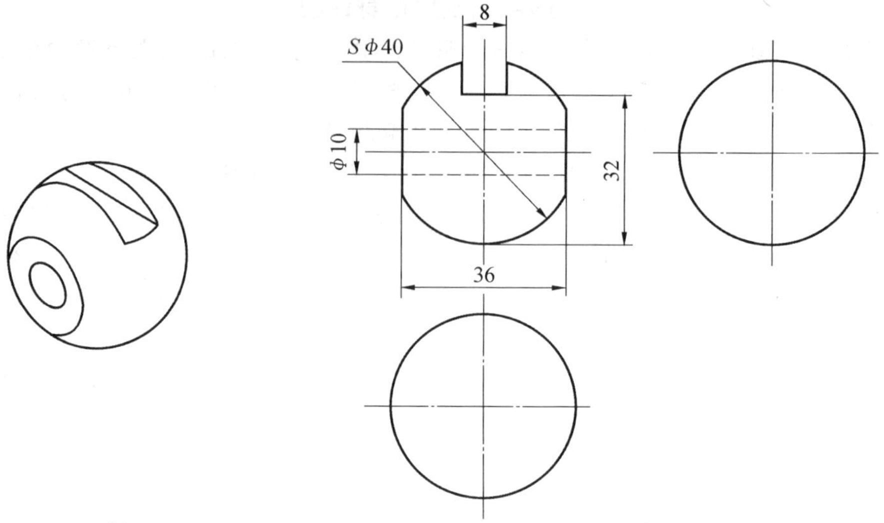

(a) (b)

图2.56 阀芯

相关知识

1. 圆锥的截交线

平面与圆锥相交,根据截平面与圆锥的切割位置以及与圆锥轴线倾角不同,截交线有五种基本情况(表2.6)。

微课
圆锥的截交线

AR:平面截圆锥

表 2.6　平面与圆锥相交的截交线

截平面的位置	立体图	三视图	截交线实际形状
垂直于轴线		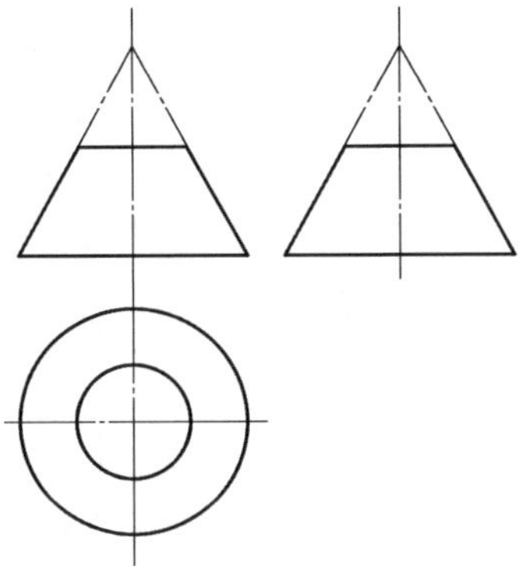	圆
过圆锥顶点	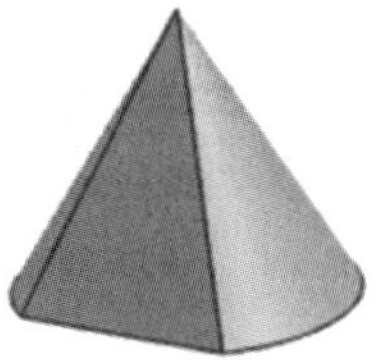	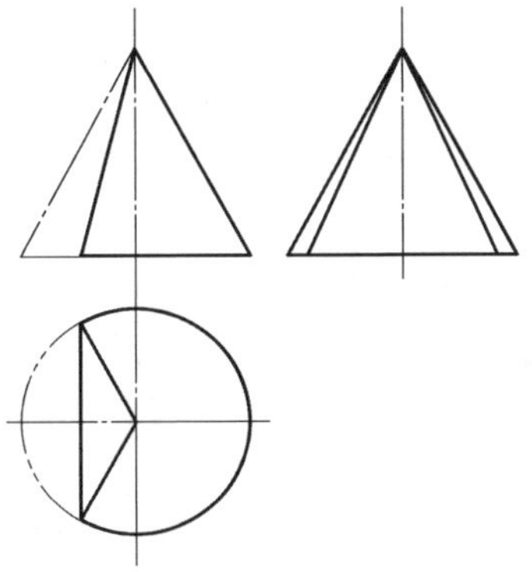	等腰三角形
平行于轴线	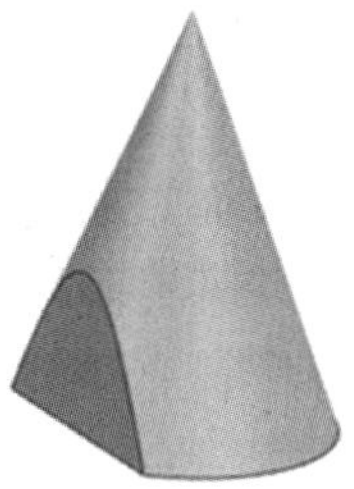	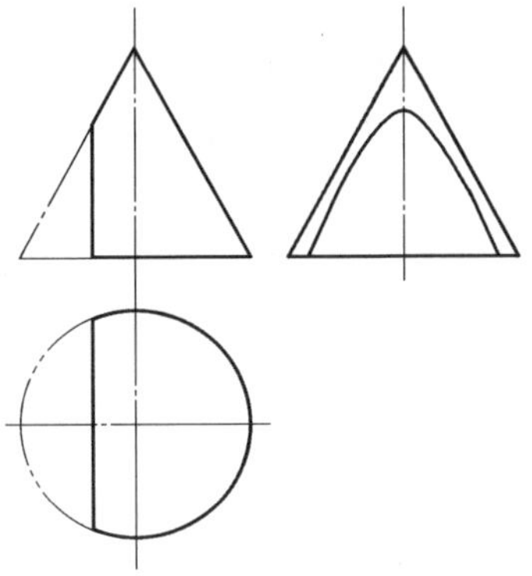	双曲线

续表 2.6

截平面的位置	立体图	三视图	截交线实际形状
平行于任一素线	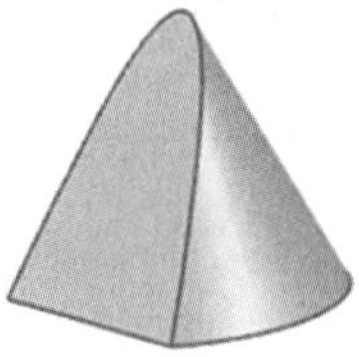	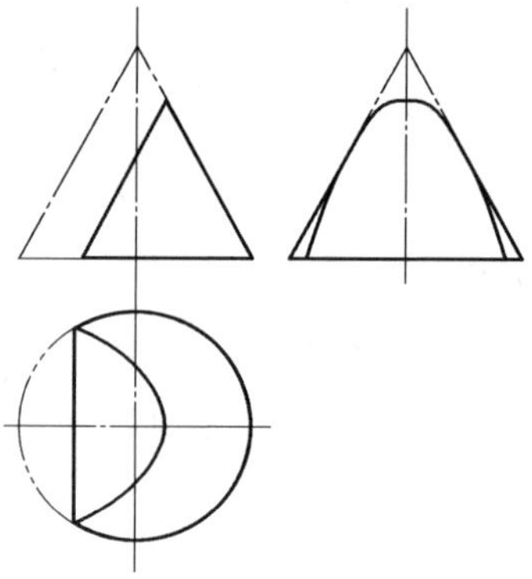	抛物线
倾斜于轴线（但不平行于任一素线）	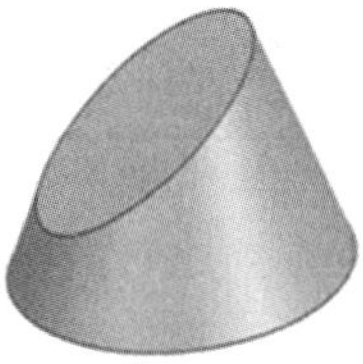	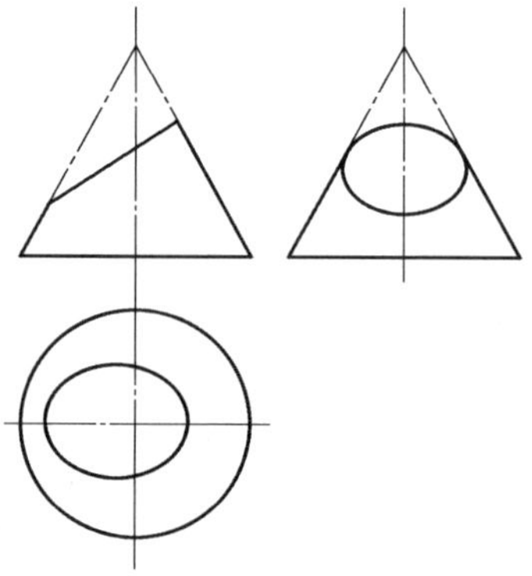	椭圆

2. 圆锥被正平面切割截交线的作图

如图 2.57(a)所示,圆锥被正平面所切,试完成其主视图。

(1)分析。

截平面与圆锥轴线平行,且平行于正投影面,其截交线为双曲线。截交线的水平投影积聚为一条直线,截交线的正面投影为反映实形的双曲线。

微课
圆锥被正平面斜截作图

(2)作图步骤。

①求特殊位置点。在双曲线上有三个特殊位置点,分别是最左点 A(最左点)、最右点 B(最右点)、最上点 C,其中 A、B 两点处于圆锥的底圆上,C 点处于圆锥的最前素线上。在俯视图上确定三个点的投影 a、b、c,首先按投影关系在主视图上确定 a'、b',在俯视图上以 sc 为半径作辅助圆,辅助圆在主视图上的投影积聚为一条直线,则 c'的投影在该直线上,如图 2.57(b)所示。

②求一般位置点。在俯视图 ac、bc 两线的适当位置上对称地取两点 d、e,以 sd 为半径作水平辅助圆,该水平圆在主视图上积聚为一条直线,按投影关系求出 d'、e',如图 2.57(c)所示。

③顺序光滑连接 a'、d'、c'、e'、b'，即得截交线的正面投影，如图 2.57(d)所示。

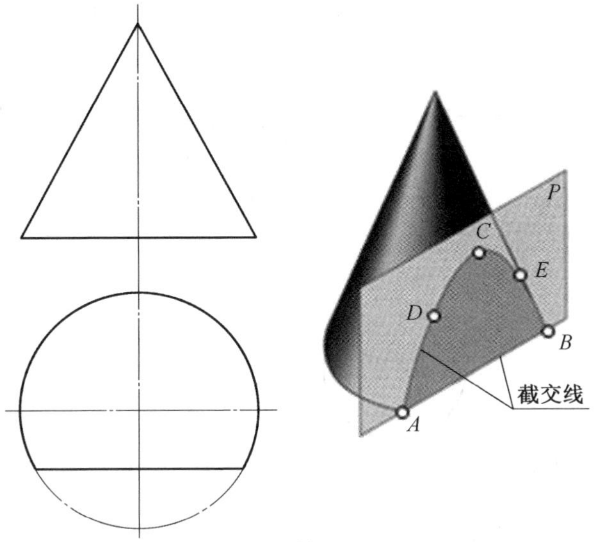

(a)

AR：圆锥斜截

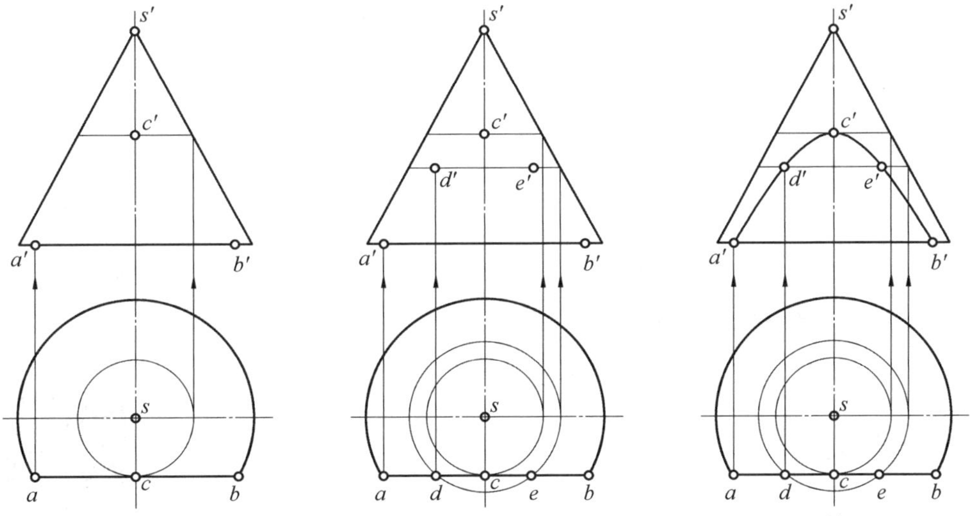

(b)　　(c)　　(d)

图 2.57　圆锥被正平面切割截交线的作图

3. 圆球的截交线

圆球的主、俯、左三个视图都是圆。主视图上的圆为圆球前半个球面与后半个球面的转向轮廓线的投影，俯视图上的圆为圆球上半个球面与下半个球面的转向轮廓线的投影，左视图上的圆为圆球左半个球面与右半个球面的转向轮廓线的投影。

微课
圆球的截交线

平面切割圆球，当截平面为投影面平行面时，截交线在该投影面上的投影反映实形，另两个投影面上的投影积聚为直线，直线的长度等于圆实形的直径大小，如图 2.58(a)、(b)、(c)所示。当截平面垂直于投影面且与其他两个投影面都倾斜时，截交线在该投影面上的投影积聚为直线，另两个投影面上的投影为椭圆，如图 2.58(d)所示。当截平面倾斜于三个投影面时，截交线在三个投影面上的投影均为椭圆。

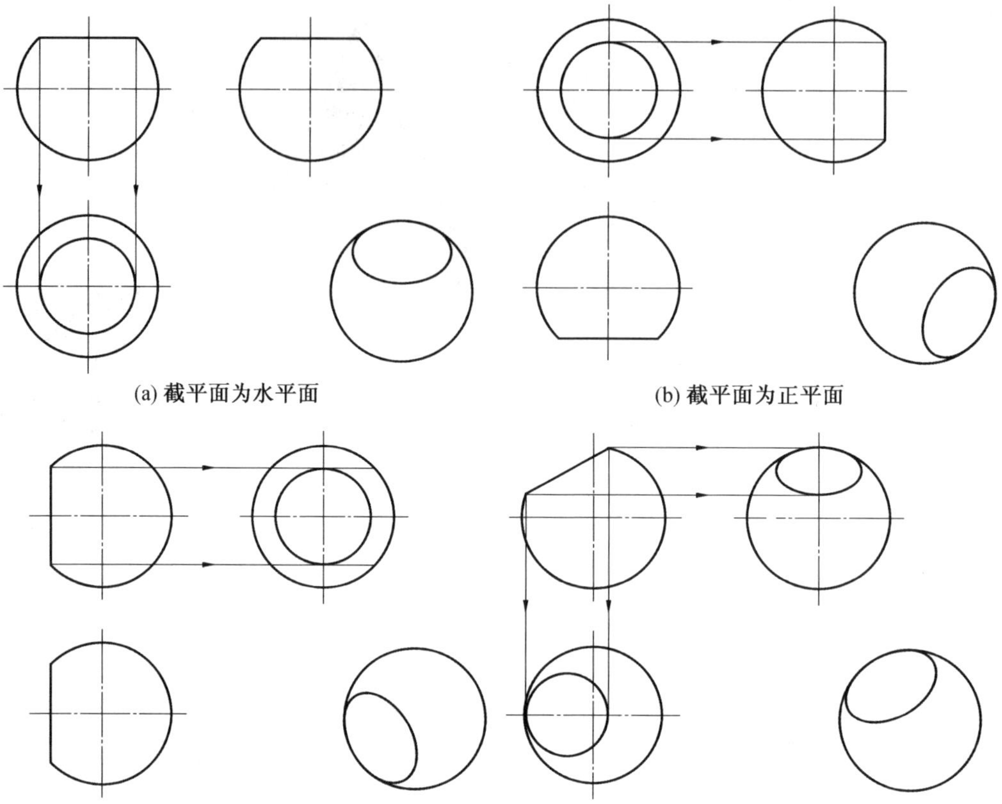

(a) 截平面为水平面　(b) 截平面为正平面

(c) 截平面为侧平面　(d) 截平面为正垂面

图 2.58　圆球的截交线

任务实施

AR:球斜截

(1)下面完成图 2.59(a)所示顶针零件三视图的绘制。

①画出未切割时的顶针俯视图，如图 2.59(b)所示。

②水平面切割圆锥所产生的截交线为双曲线，用表面取点的方法求出，如图 2.59(c)所示。

③水平面切割圆柱所产生的截交线为两条直线，可用“宽相等”的方法作出 *ab*、*cd*，如图 2.59(d)所示。

④正垂面切割圆柱所产生的截交线为椭圆弧，椭圆弧用表面求点的方法求出，先确定特殊位置点 *e*、*d*、*c*，再确定两个一般位置点 *g*、*f*，光滑连接 *cfegd* 即为椭圆弧的水平投影。

微课
顶针三视图
任务实施

⑤作出水平面和正垂面两个截交面所产生交线的水平投影，圆锥与

圆柱交线 *AB* 段上侧被截掉，下侧俯视图不可见，连为虚线，如图 2.59(d)所示。

⑥擦去作图线，检查，加深，完成后的三视图如图 2.59(e)所示。

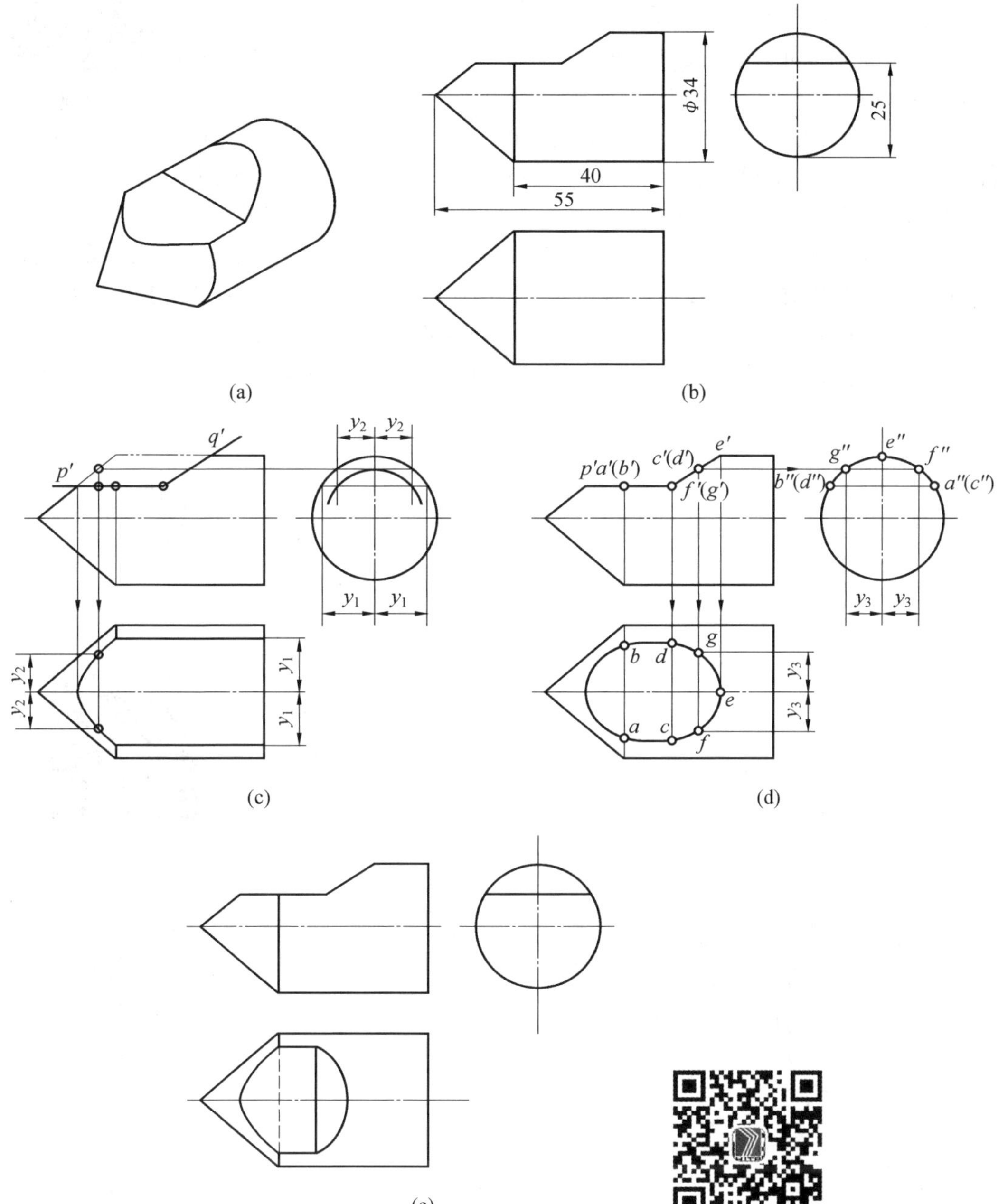

图 2.59　顶针零件三视图的绘制

AR:顶针

(2)下面完成图 2.60 所示阀芯三视图。

阀芯是由圆球切割而成的，首先是侧平面切割左右两侧并开通一个轴线为侧垂线的圆柱孔，然后在上方中部由两个侧平面和一个水平面切割而成凹槽。

①按图 2.60(a)所示尺寸画出阀芯主视图和未切割前俯视图、左视图。

②作出阀芯左右两侧侧平圆的左视图（反映实形的圆）和俯视图（直线），画出阀芯中间通孔俯视图和左视图，因圆柱孔的水平投影不可见，故应画成虚线，如图 2.60（b）所示。

微课
阀芯三视图
任务实施

③作阀芯上部凹槽的投影。凹槽左侧平面的圆弧交线在左视图反映实形，以 $a'c'$ 为半径在左视图上画圆弧，按“高平齐”在左视图上作出 e''、f''，$e''f''$ 线是凹槽底面与左侧平面的交线左视图，根据“长对正”“宽相等”作出左侧平面的水平投影即 ef 直线。根据对称性可作出凹槽右侧平面的水平投影线，右侧平面左视图与左侧平面投影重合，如图 2.60（c）所示。

④凹槽底面的圆弧交线在俯视图反映实形，以 $d'b'$ 为半径在俯视图上画圆弧，该圆弧被凹槽左右侧平面的水平投影 ef 等截断，作出圆弧与中心线的交点 c、d 及其侧面投影 c''、d''，则直线 $c''d''$ 为凹槽底面的侧面投影。根据可见性，线段 $c''d''$ 中 $e''f''$ 段为虚线。

⑤擦去剪掉的图线。擦去作图线，检查，加深，完成后的三视图如图 2.60（d）所示。

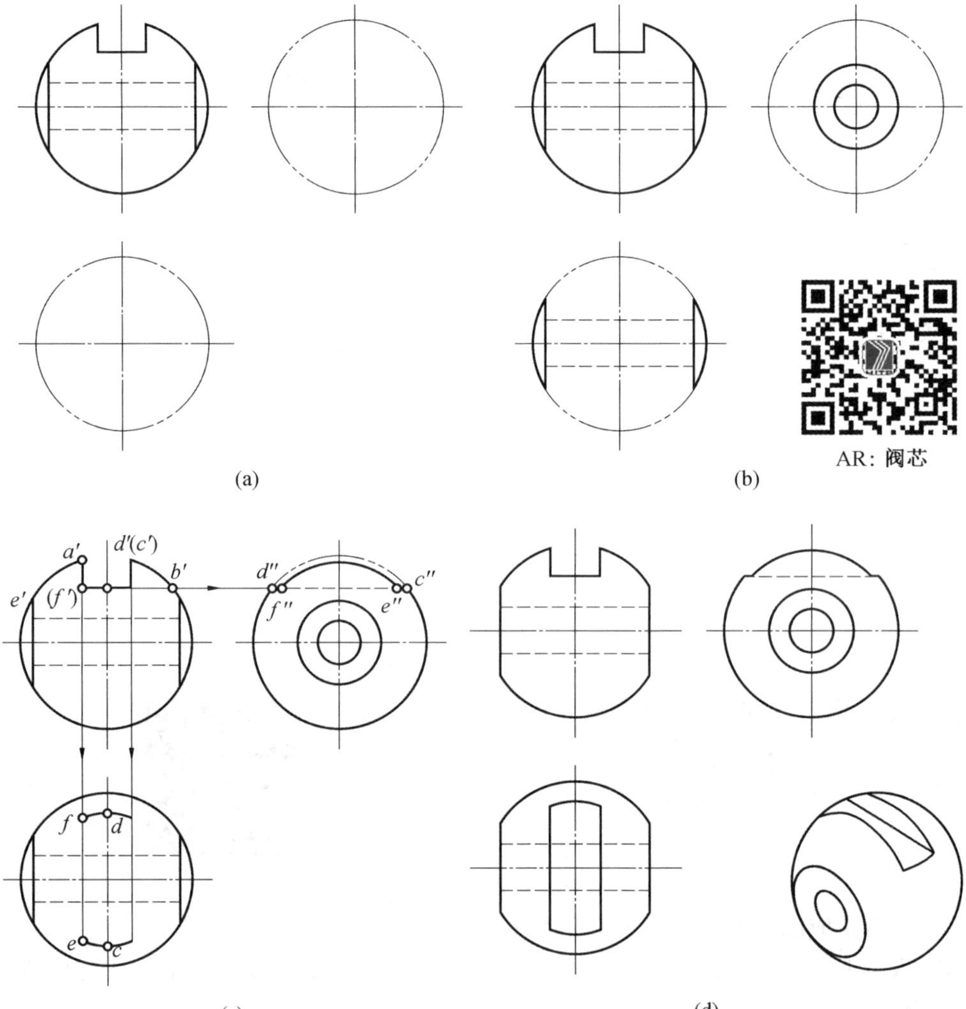

图 2.60　阀芯三视图的绘制

归纳总结

顶针是一个既包含圆柱截交线又包含圆锥截交线的综合实例。在绘制这类零件的视图时,首先要熟悉圆柱、圆锥截交线的各种形式;接着要针对所绘零件进行分析,分析包含了哪几种切割形式,截交线什么形状,若投影为曲线,则可用表面取点的办法求得。

平面切割圆球时,虽然截交线都是圆,但多平面截切时,不同的截平面,截交线求法不同,如截交线投影为圆弧,关键是找圆心和半径作图。截交线投影为椭圆或椭圆弧时,只能通过圆球表面取点的方法作图。

多个平面截切曲面立体的投影作图,相对比较复杂,可通过绘制立体草图的方法协助思考。

活学活用

通过对圆锥、球不同的切割,可以获得不同的切割体,通过对切割体进行叠加等加工,则可以创新出更多的结构、零件和产品,满足国家工业发展的需要。创新是一个国家发展的灵魂,是第一动力。党的二十大报告指出,要深入实施科教兴国战略、人才强国战略、创新驱动发展战略,开辟发展新领域新赛道,不断塑造发展新动能新优势。身处伟大的时代,青年学生要积极发挥主人翁意识,增强创新能力,开发创新成果,为国家的科技事业发展贡献自己的力量。

任务七　绘制三通管三视图

如图 2.61 所示的三通管是液路连接时常用的管接头,通过三通管可以实现液路的分路连接。

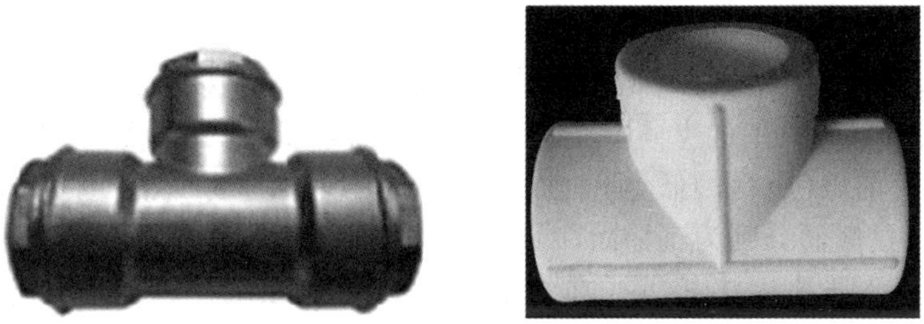

图 2.61　三通管示例

任务描述

请参考图 2.62(a)所示的三通管立体图,试完成如图 2.62(b)所示的三通管三视图。

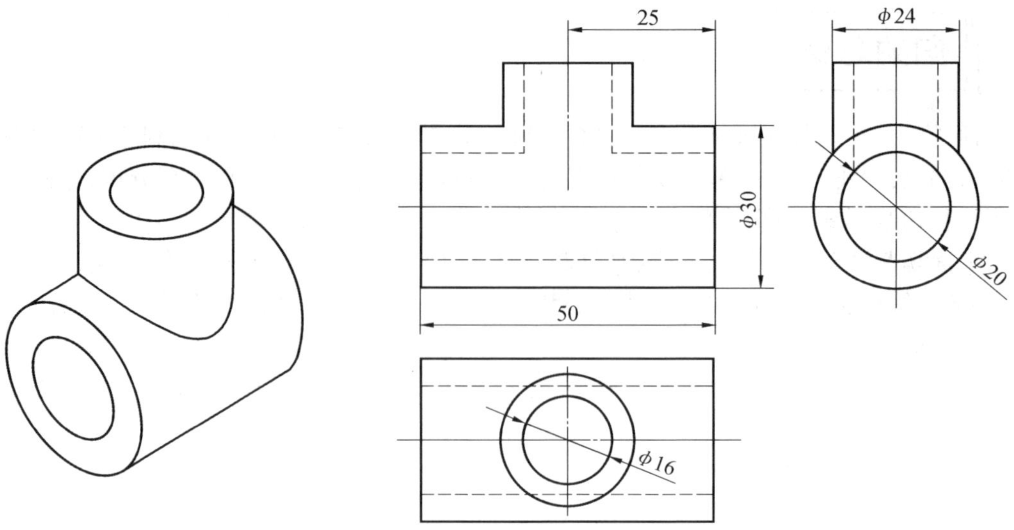

(a) (b)

图 2.62 完成三通管三视图

相关知识

1. 相贯线

两立体相交称为相贯,两立体表面的交线称为相贯线。

相贯线一般是封闭的空间曲线,特殊情况下,为平面曲线或直线。相贯线是两个立体表面的公共线,相贯线上的点是两立体表面的共有点。封闭性、表面性、共有性是相贯线的特点。

作相贯线投影一般是作相贯线上的一系列点(特殊点、一般点)投影,再按顺序光滑连接各点即可作出相贯线的投影。

微课
相贯线

2. 棱柱与圆柱相交

如图 2.63 所示为四棱柱与圆柱相交,相贯线 *CAE* 与 *DBF* 为圆弧,*CD*、*EF* 为直线。相贯线上的点 *A*、*B* 分别为圆柱最高素线上的点;点 *C*、*D* 为相贯线上的最前点(也是最低点);点 *E*、*F* 为相贯线上的最后点(也是最低点)。四棱柱侧面分别为正平面和侧平面,相贯线在 *H* 面上的投影积聚在四棱柱的矩形投影上。相贯线在 *W* 面的投影积聚在圆柱圆形投影上。找出上述各点的 *H*、*W* 面投影,根据投影关系便可求出其在 *V* 面的投影。

微课
棱柱与圆柱相交

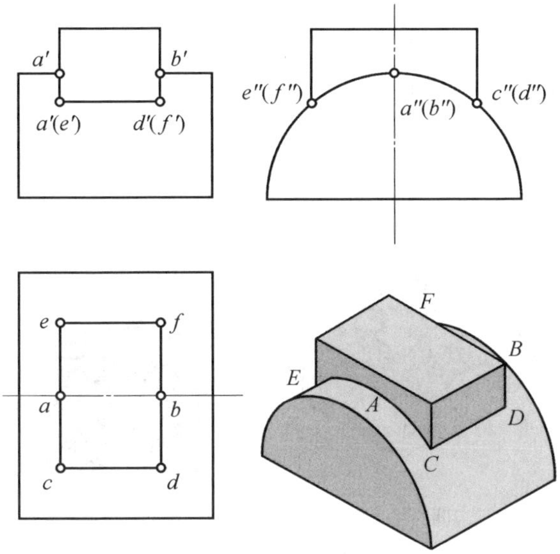

图 2.63 四棱柱与圆柱相贯

AR:四棱柱与圆柱相贯

图 2.64 为圆柱上开矩形孔,图 2.65 为圆筒上开矩形孔,其相贯线的作图方法与上图类似。

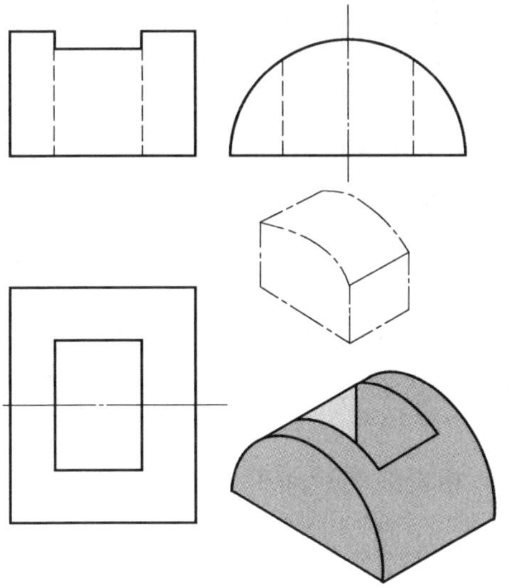

图 2.64 圆柱上开矩形孔

AR:圆柱上开矩形孔

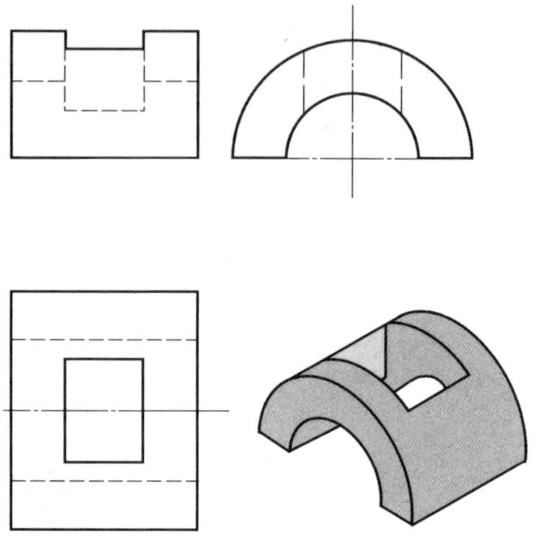

图 2.65　圆筒上开矩形孔

AR:圆筒上开矩形孔

3. 圆柱与圆柱相交

(1)两圆柱正交时相贯线的求法。

如图 2.66(a)所示,两直径不等的圆柱体轴线垂直相交,相贯线为封闭的空间曲线。在俯视图上,相贯线全部积聚到小圆柱的圆投影上;在左视图上,相贯线积聚到大圆柱的部分圆弧上;在主视图上,相贯线需用表面求点的方法作图。所以,求正交圆柱相贯,一般只需求出非圆视图相贯线投影即可,投影有圆的视图相贯线一般积聚到圆上了。作图步骤如下:

①求特殊位置点。在相贯线上有四个特殊位置点,分别为最左点 A、最右点 B、最前点(最低点)D、最后点(最低点)C,在俯视图和左视图上分别作出其对应的投影点 a、b、d、c 和 a''、b''、d''、c''。按投影关系作出四个点正面投影 a'、b'、d'、c',如图 2.66(b)所示。

微课
两圆柱正交
相贯线求法

②求一般位置点。在特殊位置点之间找出适当数量的一般点 1、2、3、4,根据相贯线的性质和投影规律作出 $1''$、$2''$、$3''$、$4''$,最后根据点的投影规律作出 $1'$、$2'$、$3'$、$4'$,如图 2.66(c)所示。

③光滑连接 a'、$1'$、d'、$4'$、b'各点。相贯线前后对称,只画出前面可见部分即可,如图 2.66(c)所示。

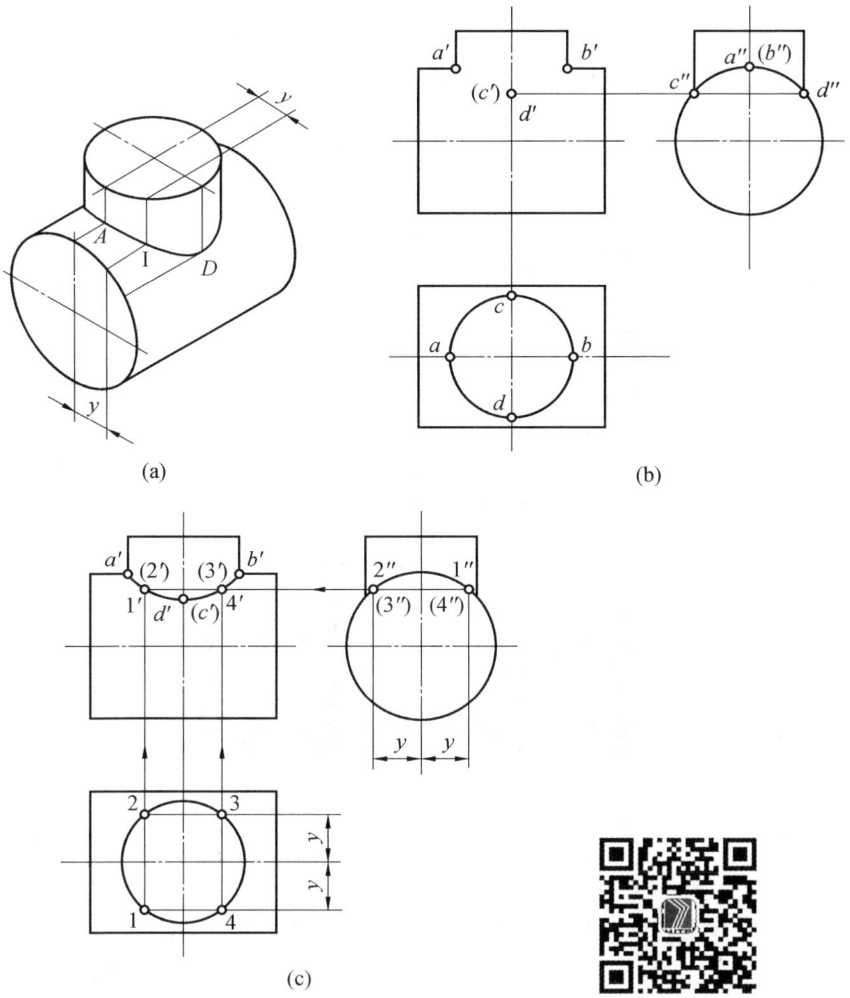

图 2. 66　两圆柱正交时相贯线的求法

AR:圆柱相贯

(2)相贯线的简化画法。

当两圆柱的直径不是很接近时,其相贯线的投影可用圆弧代替。这时,以大圆柱的半径为圆弧半径,圆心在小圆柱的轴线上,相贯线向大圆柱的轴线方向弯曲,如图 2. 67 所示。

(3)两圆柱正交时相贯线的变化规律。

经实践验证,两个不等径圆柱相正交,其相贯线随两圆柱直径的变化而变化,相贯线总是向大圆柱轴线方向弯曲,如图 2. 68(a)、(b)所示;两圆柱直径相等时,相贯线在空间为两个相交的椭圆,其投影为过两轴线交点的相交直线,如图 2. 68(c)所示,相贯线的变化规律如图 2. 68(d)所示。

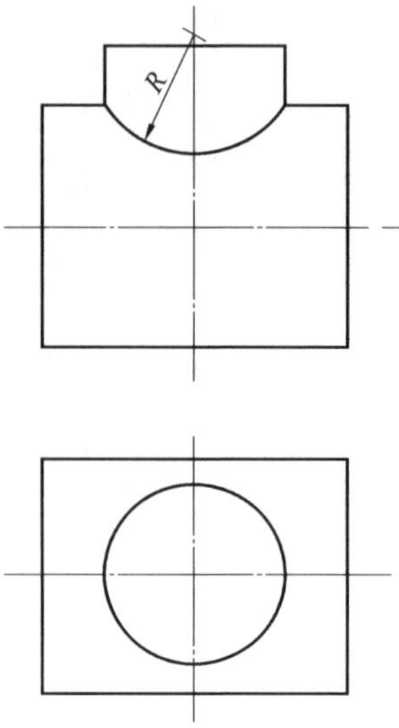

图 2. 67　正交圆柱相贯线的简化画法

微课
两圆柱正交相
贯线简化画法

微课
两圆柱正交相
贯线变化规律

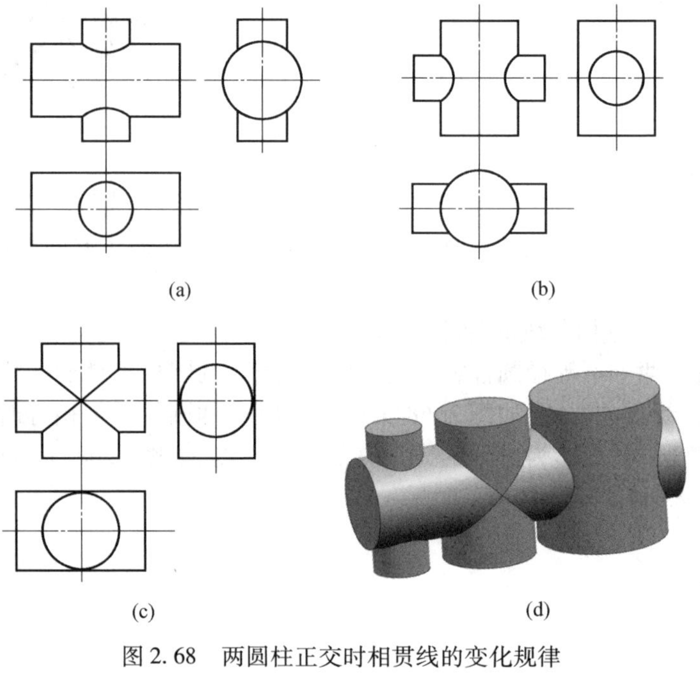

图 2. 68　两圆柱正交时相贯线的变化规律

AR:横放圆柱直径大时相贯线　AR:横放圆柱直径小时相贯线

AR:等径圆柱相贯　AR:正交相贯变化规律

(4)两圆柱正交的其他常见类型。

两圆柱体正交的情况在工程图中经常出现,除了前边所讲的外表面和外表面相贯(简称外外相贯)。还有如图 2.69(a)所示的圆柱穿孔,即圆柱外表面和内表面(孔)相贯(简称外内相贯),图 2.69(b)所示的圆筒穿孔,包含孔内表面和圆筒外表面相贯(外内相贯)和孔内表面和圆筒内表面相贯(简称内内相贯)等。不管哪种相贯形式,其相贯线的形状和画法与两外圆柱面正交时的相贯线完全相同,内相贯线的变化规律外形及切开如图 2.69(c)所示。

微课
两圆柱正交相贯线类型

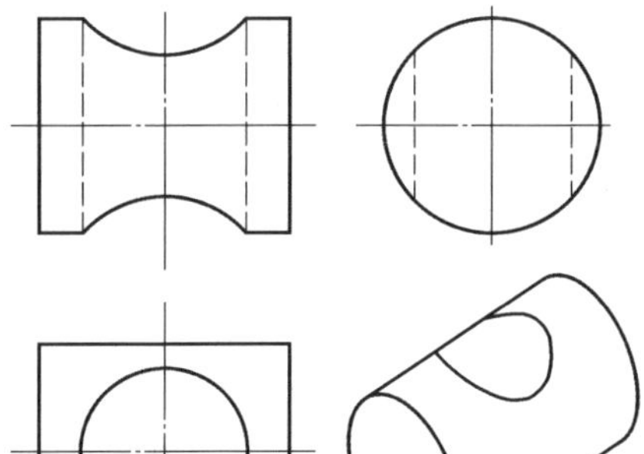
(a)

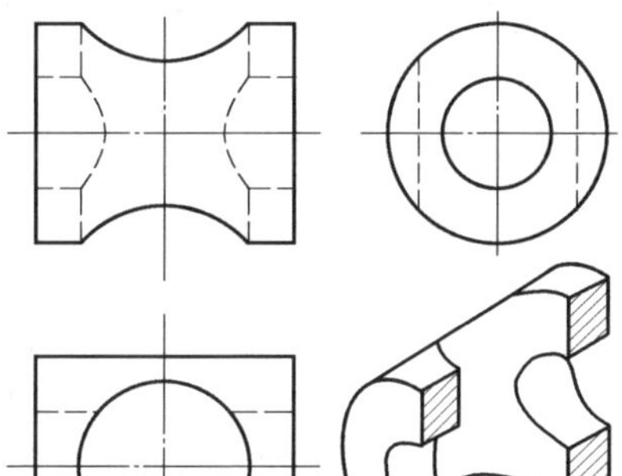
(b)

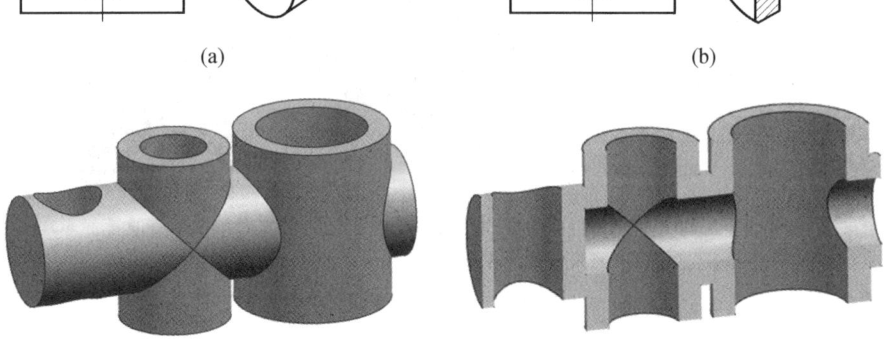
(c)

图 2.69　两圆柱正交的常见类型

AR:圆柱穿孔　　AR:圆筒穿孔　　AR:正交相贯常见类型

任务实施

下面完成图 2. 69(b)所示三通管三视图。三通管是由两个空心圆柱正交而成,两圆柱相交会在两圆柱的外表面和外表面之间、内表面和内表面之间形成交线,即包括外外相贯、内内相贯两种形式。

微课 三通管三视图任务实施

(1)按尺寸画出三视图,如图 2. 70(a)所示。

(2)俯视图、左视图均包含圆形,相贯线积聚在圆上,主要画出主视图的相贯线即可。用简化画法在主视图上作出相贯线的投影。两外圆柱面的相贯线圆弧半径为 $R_1=d_1/2$,弯向横放的圆柱轴线;两内圆柱孔的相贯线圆弧半径为 $R_2=d_2/2$,弯向横放的圆柱轴线,如图 2. 70(b)所示。

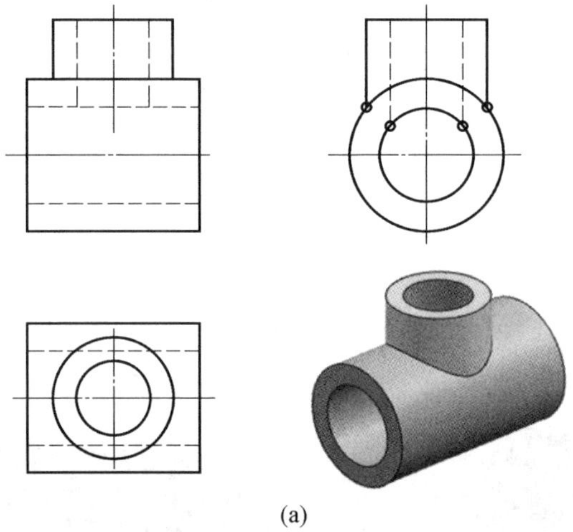

(a)

图 2.70　三通管三视图的绘图步骤

AR:三通管

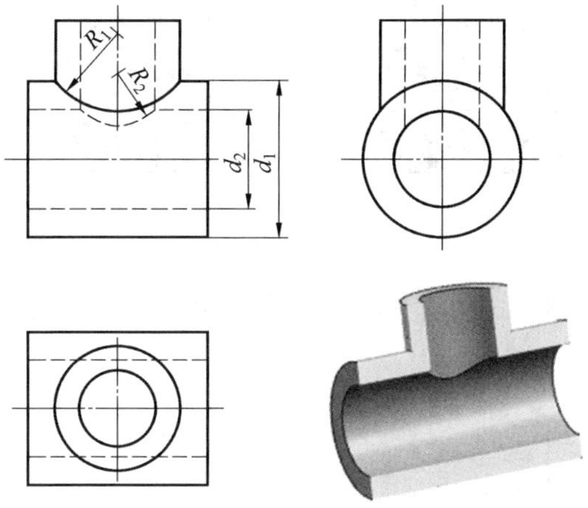

(b)

续图 2.70

归纳总结

两圆柱面正交相贯一般有三种情况,外外相贯、外内相贯、内内相贯。无论哪种情况,相贯线在非圆视图中的投影求法是一样的。用圆弧代替作图时,要以大圆柱面的半径为半径,圆心在小圆轴线上,相贯线弯向大圆柱轴线。相贯线在投影为圆的视图中一般积聚到圆上,不用专门画。

知识拓展

1. 相贯线的特殊情况

(1)具有同轴的两回转体相交时,其相贯线为垂直于轴线的圆,如图 2.71 所示。

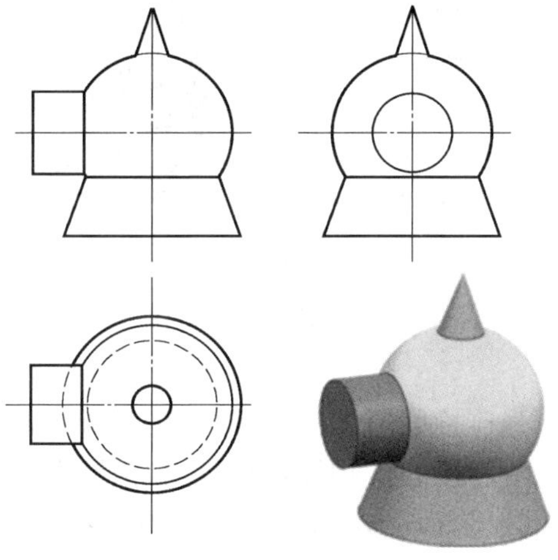

图 2.71　同轴回转体的相贯线

微课
同轴回转体相贯过渡线

AR:同轴回转体的相贯

(2)相交两圆柱轴线平行(图 2.72(a)),或相交两圆锥共顶时(图 2.72(b)),相贯线为直线。

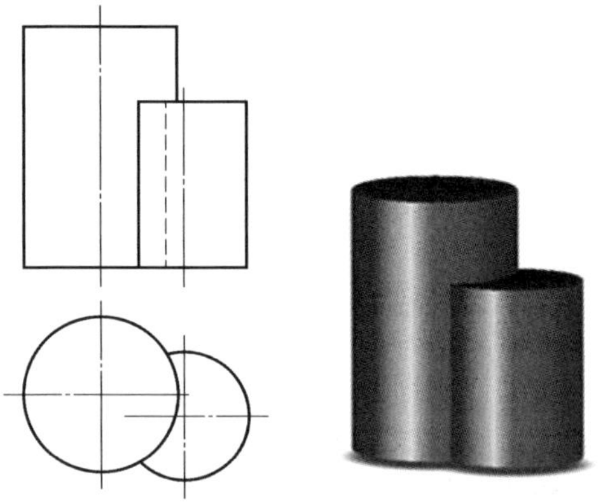

(a)

AR:两圆柱轴线平行的相贯

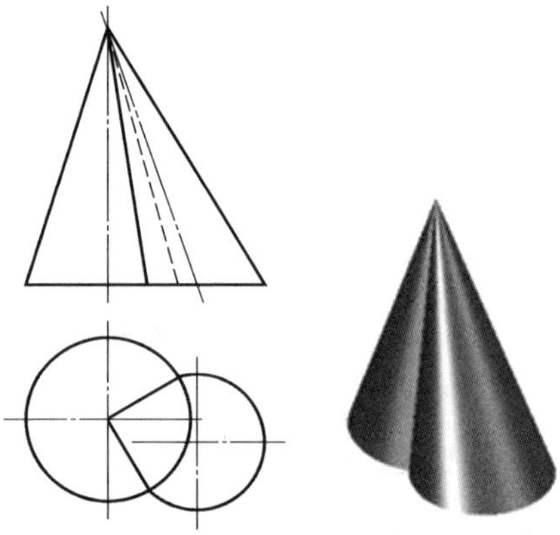

(b)

图 2.72　同轴回转体的相贯线

2. 过渡线

在机械零件上,为了增强连接处的强度,通常相交两形体表面之间用圆角来连接。这样,圆角曲面与各表面是光滑连接的,两形体表面间的相贯线也就不清晰了,如图 2.73 所示。为了看图方便,在作图时仍要画出两形体之间的相贯线,称为过渡线。过渡线用细实线画出,过渡线的两端与形体的轮廓线之间要留有空隙,如图 2.74 所示。

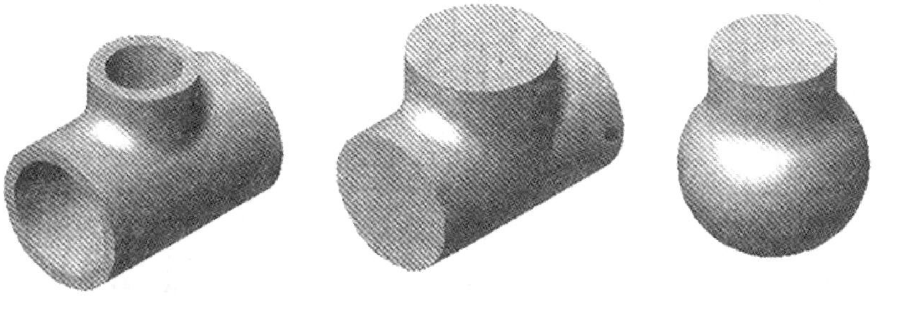

(a) (b) (c)

图 2.73 形体表面之间圆角过渡

AR：过渡线

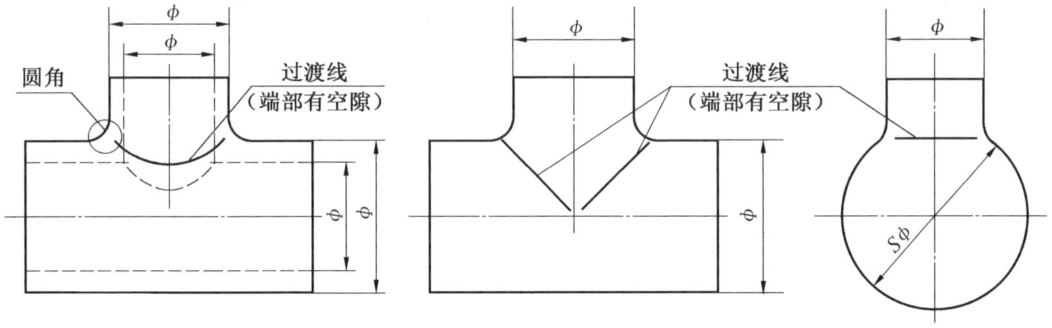

(a) (b) (c)

图 2.74 过渡线的画法

活学活用

两曲面相贯，相贯线一般是空间曲线，曲线的弯曲方向弯向大圆柱轴线。这从一定程度上反映了自然界中强者更具优势的现象。反映到我们的日常生活中，只有自身具备丰富的学识、高尚的品格，才能获得更多人的尊敬。正如党的二十大报告指出的，中国人民的前进动力更加强大、奋斗精神更加昂扬、必胜信念更加坚定，焕发出更为强烈的历史自觉和主动精神，中国共产党和中国人民正信心百倍地推进中华民族从站起来、富起来到强起来的伟大飞跃。

请谈谈你对“否定是事物的自我否定”这句话的理解。

模块 3

轴测图绘制

正投影图能完整、准确地反映物体的形状和大小,且度量性好、作图简单,但立体感不强,只有具备一定读图能力的人才能看懂。

有时工程上还需采用一种立体感较强的图来表达物体,即轴测图。轴测图是用轴测投影的方法画出来的富有立体感的图形。图 3.1 所示为汽车方向盘、活塞和连杆体的轴测图。

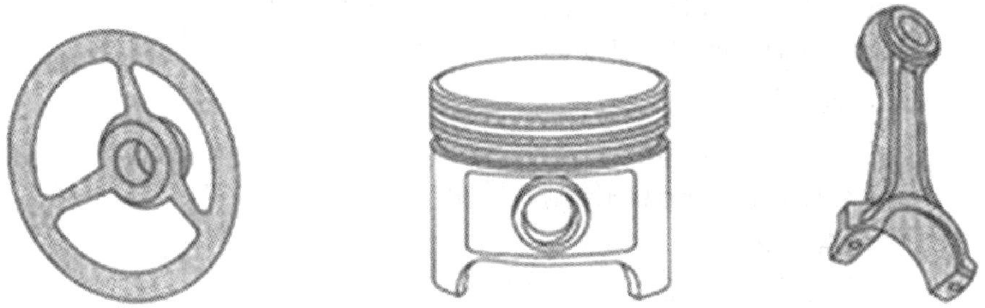

(a) (b) (c)

图 3.1 汽车方向盘、活塞和连杆体的轴测图

它接近人们的视觉习惯,但不能确切地反映物体真实的形状和大小,并且作图较正投影复杂,因而在生产中它作为辅助图样,用来帮助人们读懂正投影图。正投影图与轴测图的比较如图 3.2 所示。

在制图教学中,轴测图也是发展空间构思能力的手段之一,通过画轴测图可以帮助想象物体的形状,培养空间想象能力。

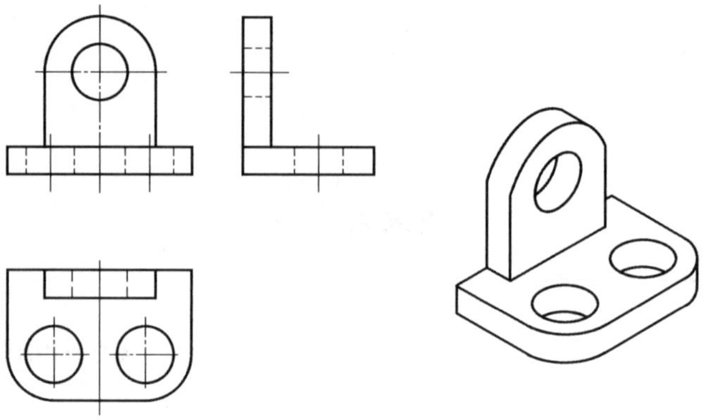

(a) (b)

图 3.2 正投影图与轴测图的比较

学习目标

1. 知识目标

(1)理解轴测图形成及特点;

(2)明确常用的正等轴测图及斜二轴测图基本参数;

(3)掌握圆的正等轴测图画法规律。

2. 能力目标

(1)能根据已知视图,正确绘制轴测图;

(2)能根据已知视图绘制其轴测草图。

3. 素养目标

(1)培养认真细致、严谨的工作作风;

(2)培养空间想象能力。

任务一 绘制平面立体正等轴测图

任务描述

(1)根据正六棱柱的两视图(图 3.3)绘制其正等轴测图。

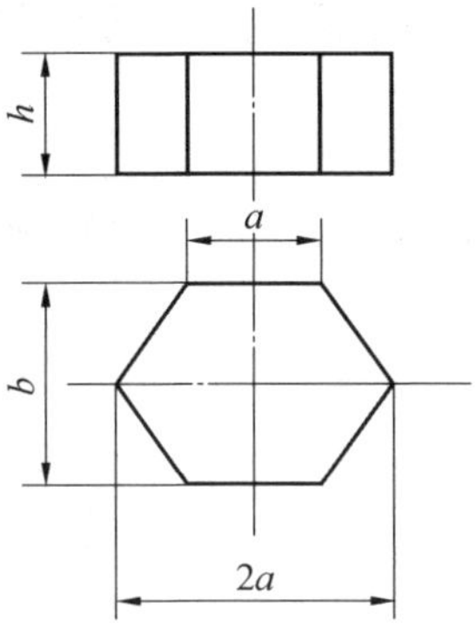

图 3.3 正六棱柱平面图

(2)根据平面图(图 3.4)绘制正三棱锥的正等轴测图。

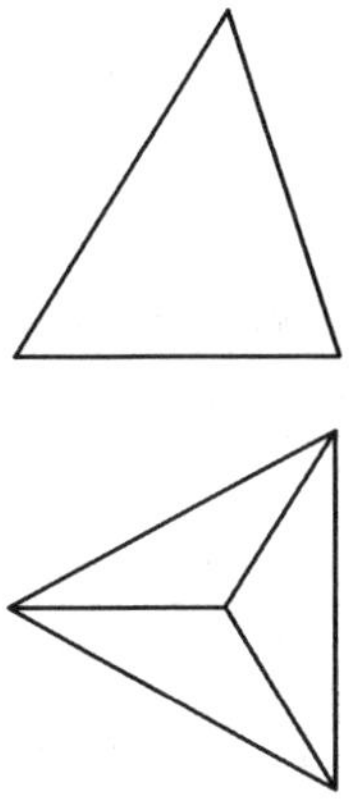

图 3.4 正三棱锥平面图

相关知识

在机械图样中,主要使用正投影法来表达物体的形状。但正投影图缺乏立体感。由于轴测图具有立体感,因此,工程上常用轴测图作为辅助图样。在学习制图的过程中,轴测图可以作为一种帮助人们建立空间思维的辅助手段。

1. 轴测图的形成及特点

轴测图是通过改变物体与投影面的相对位置或改变投影线与投影面的相对位置，使物体在一个投影面上获得的投影图，它具有较强的立体感。

微课
轴测图的形成及特点

改变物体与投影面的相对位置或是改变投影线的方向，可以得到多种轴测图。国家标准机械制图规定了轴测图的种类，其中最常用的有两种，即正等轴测图和斜二轴测图。物体斜放，光线垂直投影面投射，为正轴测；物体正放，光线倾斜于投影面投射，为斜轴测。轴测图的形成如图3.5所示。

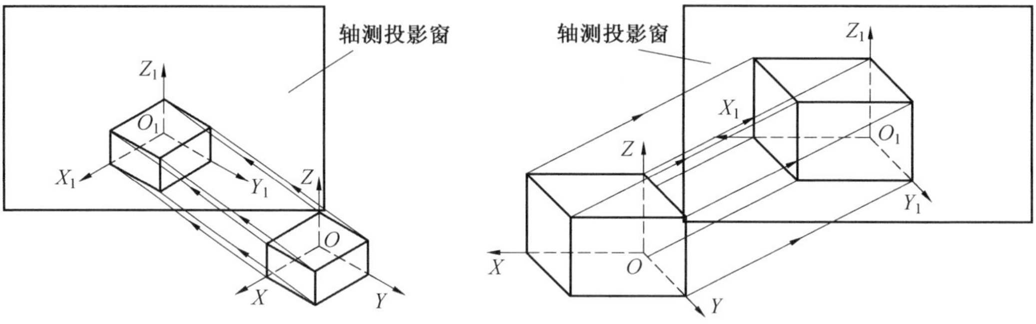

(a) 正等测投影（物体斜放，光线正射）　　(b) 斜二测投影（物体正放，光线斜射）

图3.5　轴测图的形成

轴测图具有以下特点：

(1)轴测图是单面投影。

(2)物体上平行于坐标轴的线段，在轴测图中对应地平行于相应的轴测轴。

(3)物体上相互平行的线段，在轴测图中也相互平行。

2. 轴间角和轴向伸缩系数

在轴测投影中(图3.6)，我们把选定的投影面称为轴测投影面；把空间直角坐标轴 OX、OY、OZ 在轴测投影面上的投影 O_1X_1、O_1Y_1、O_1Z_1 称为轴测轴；把两轴测轴之间的夹角 $\angle X_1O_1Y_1$、$\angle Y_1O_1Z_1$、$\angle X_1O_1Z_1$ 称为轴间角；轴测轴上的单位长度与空间直角坐标轴上对应单位长度的比值，称为轴向伸缩系数。O_1X_1、O_1Y_1、O_1Z_1 的轴向伸缩系数分别用 p_1、q_1、r_1 表示。

微课
正等轴测图的画法

3. 正等轴测图的画法

将物体倾斜放置，并使确定物体空间位置的三根坐标轴与轴测投影面的倾角都相等，物体向轴测投影面投射后即得到正等轴测图，简称正等测。这时，三根坐标轴 OX、OY、OZ 的投影 O_1X_1、O_1Y_1、O_1Z_1 互成120°角，且 O_1Z_1 轴处于竖直位置。正等轴测图的轴间角均为120°，且三个轴向伸缩系数相等。经推证并计算可知 $p_1=q_1=r_1=0.82$。为作图简便，实际画正等轴测图时采用 $p_1=q_1=r_1=1$ 的简化伸缩系数画图。

AR：画轴测轴

正等轴测图常用的作图方法就是坐标法。作图时，先定出空间直角坐标系，根据形体特点，选定坐标原点位置，一般定在物体对称轴线上，且放在物体底面或顶面处，这样对作图比较有利。画出轴测轴，再按物体表面上各顶点或线段端点坐标，画出其轴测投影，然后分别连线，完成轴测图。一般自上而下，不可见棱线通常不作出。

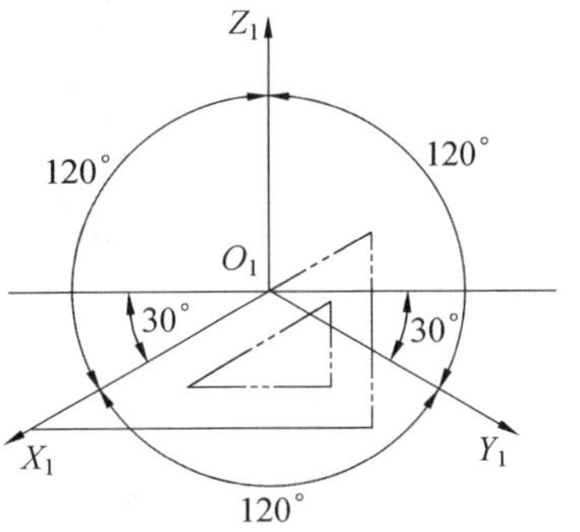

图 3.6　轴测图的形成

任务实施

1. 正六棱柱正等轴测图的画法

(1)定坐标原点及坐标轴，如图 3.7(a)所示。

(2)画出轴测轴，并根据给出的尺寸，量取相应距离(可直接从图中量取)，在轴测轴上，找到 1_1、2_1、3_1、4_1 点的位置，如图 3.7(b)所示。

(3)在 3_1、4_1 点分别作 O_1X_1 的平行线，根据视图上尺寸确定 E_1、F_1、G_1、H_1 各点，并与 1_1、2_1 两点连成六边形，如图 3.7(c)所示。

(4)过点 1_1、E_1、F_1、2_1、G_1、H_1 向下作 O_1Z_1 轴的平行线，并截取高度 h，连接各点得到底面六边形，如图 3.7(d)所示。

(5)分析可见性，连接各棱线并描深，即得正六棱柱的正等轴测图，如图 3.7(e)所示。

微课
正六棱柱正等轴测图
任务实施

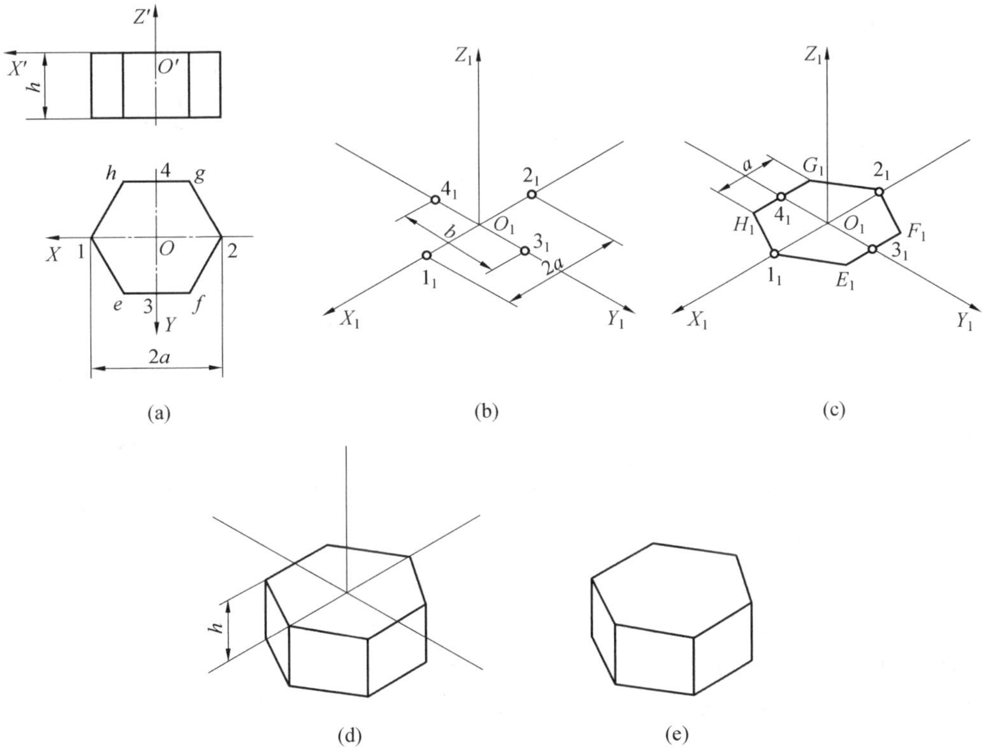

图 3.7　正六棱柱正等轴测图的画法

AR:六棱柱

微课
正三棱锥正等轴测图
任务实施

2. 作三棱锥的正等轴测图

作图步骤:

(1)定坐标原点,画坐标系。给每个点标上字母,如图 3. 8(a)所示。

(2)画轴测轴。根据视图尺寸确定 O_1X_1 上 A_1、D_1 两点,如图 3. 8(b)所示。

(3)过点 D_1 作 O_1Y_1 轴的平行线,并根据视图尺寸确定 B_1、C_1 两点。连接 A_1、B_1、C_1 三点为三棱锥的底面,如图 3. 8(c)所示。

(4)根据视图中三棱锥的高度尺寸在 O_1Z_1 轴上确定点 S_1。分析可见性,连接各点。完成三棱锥正等轴测图如图 3. 8(c)所示。

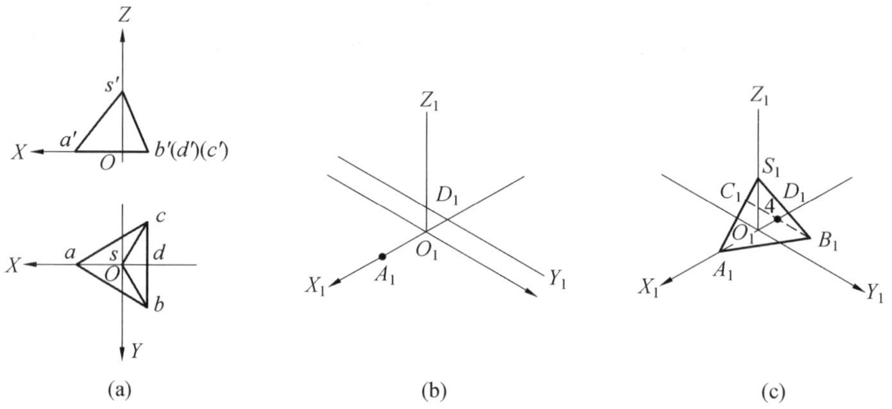

图 3. 8　三棱锥正等轴测图的画法

归纳总结

AR:三棱锥

画平面立体的轴测图时,首先应选好坐标轴并画出轴测轴;然后根据坐标确定各顶点的位置;最后依次连线,完成整体的轴测图。具体画图时,应分析平面立体的形体特征,一般应画出特征视图的轴测图。通常是先画顶面,再画底面;有时需要先画前面,再画后面,或者先画左面,再画右面。为使图形清晰,轴测图中一般只画可见的轮廓线,避免用虚线表达。

对于三棱锥视图和轴测图分析,要给每个顶点标上字母,便于一一对应。

活学活用

轴测图具有图形直观、容易想象的优点，同时也具有度量性差，不能真实反映形体形状及大小的缺点。三视图则具有度量性好，容易绘制的特点，但其较为抽象，不易看懂。任何事物都有自己的优缺点。矛盾规律是事物发展的普遍规律，尺有所短，寸有所长。我们看待事物时，要全面、辩证地看待问题，形成全方位认识事物的思维和方法。

任务二　绘制弯板正等轴测图

任务描述

根据弯板的两视图(图 3.9)，绘制其正等轴测图。

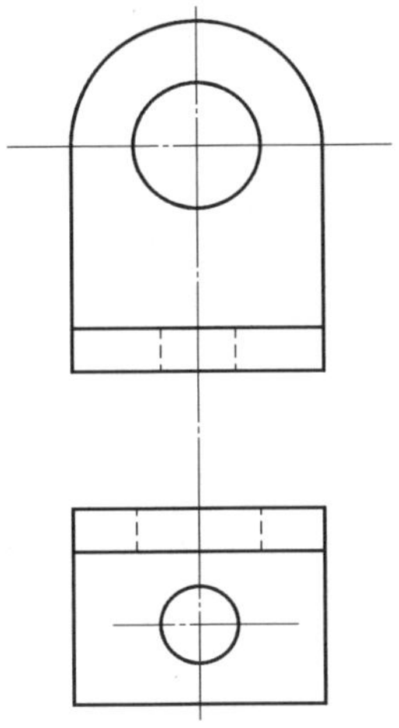

图 3.9　弯板平面图

相关知识

1. 圆的正等轴测图画法

平行于各坐标面的圆的正等测都是椭圆，如图 3.10 所示。它们除了长短轴的方向不同外，其画法都是一样的。

为了简化作图，轴测投影中的椭圆通常采用四心法近似作出。下面以平行于水平面的圆为例，说明椭圆画法。

(1)作图，图 3.10(a)为圆的两面投影。

(2)在视图上确定坐标轴 OX、OY 并作圆的外切正方形。切点为 1、2、3、4，如图 3.10(b)所示。

(3)画出轴测轴。根据视图上圆的半径,在轴测轴上确定切点 1_1、2_1、3_1、4_1 的位置,过切点分别作相应轴测轴的平行线并画出菱形,交点为 A、B、C、D。所形成的菱形即为已知圆的外切正方形的轴测投影,而所作的椭圆则必然内切于该菱形。该菱形的对角线即为长、短轴的位置。连接 $B3_1$ 和 $B4_1$ 分别交 AC 于 F、E,B、D、E、F 即为四段圆弧的圆心,如图3.10(c)所示。

微课
圆的正等轴
测图画法

(4)分别以 B、D 为圆心,以 $B3_1$ 线段长为半径画两大弧;分别以 E、F 为圆心,以 $E4_1$、$F3_1$ 线段长为半径画小弧,即得由四段圆弧组成的近似椭圆,如图 3.10(d)所示。

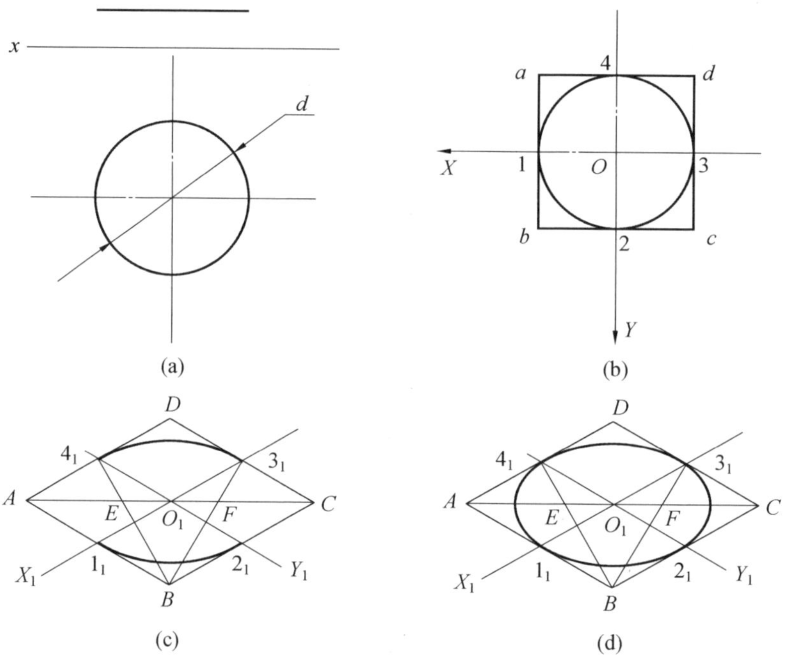

图 3.10 水平圆正等轴测图的近似画法

2. 圆柱的正等测画法

如图 3.11(a)所示,轴线为铅垂线的圆柱体,外径为 d,高为 h。顶圆和底圆平行于 XOY 坐标面。作图步骤如下:

(1)在视图上确定坐标原点 O,画出相应坐标轴,如图 3.11(a)所示。

(2)以顶圆圆心为坐标原点画出正等轴测轴,画上边的椭圆。从 O_1Z_1 轴向下量取 h 距离,确定底圆圆心 O_2,底面椭圆的四个圆心由上边椭圆相应的点向下推移 h 来确定相应位置。切点位置也由偏移确定。按四心法画底面的椭圆,如图 3.11(b)所示。

微课
圆柱正等轴
测图画法

(3)沿 Z_1 轴方向作出两椭圆的公切线如图 3.11(b)所示。

(4)擦去底面椭圆的不可见部分及多余部分,加深轮廓线,完成圆柱的正等轴测图,如图 3.11(c)所示。

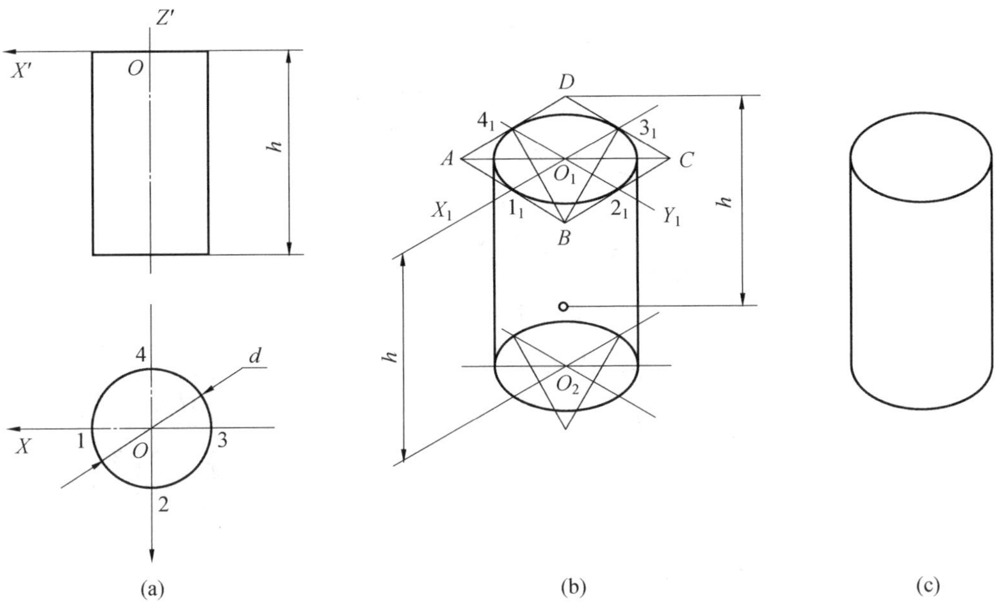

图 3. 11　圆柱正等轴测图画法

AR:圆柱

微课
圆的正等轴测图画法规律

3. 圆的正等轴测图画法规律

作圆的正等测时,必须弄清椭圆的长短轴的方向。如图 3. 12 所示,椭圆的长、短轴分别与圆两条中心线的轴测投影的小角、大角的平分线重合。因此,作图时必须搞清圆平行于哪个坐标面,再画出该圆两条中心线的轴测投影,则椭圆的长短轴方向即可确定。

通过分析,还可以看出,椭圆的长短轴和轴测轴有关,即:

(1)圆所在平面平行 XOY 面时,它的轴测投影——椭圆的长轴垂直 O_1Z_1 轴,即水平位置,短轴平行 O_1Z_1 轴。

(2)圆所在平面平行 XOZ 面时,它的轴测投影——椭圆的长轴垂直 O_1Y_1 轴,短轴平行 O_1Y_1 轴。

(3)圆所在平面平行 YOZ 面时,它的轴测投影——椭圆的长轴垂直 O_1X_1 轴,短轴平行 O_1X_1 轴。

概括起来就是:平行某坐标平面的圆(视图上的圆)的正等测投影是椭圆,椭圆长轴垂直于该坐标平面不包含的那根轴测轴,椭圆短轴平行于该轴测轴。或者说椭圆短轴沿光线投射方向,或者是人眼看过去的方向,如图 3. 12 所示。

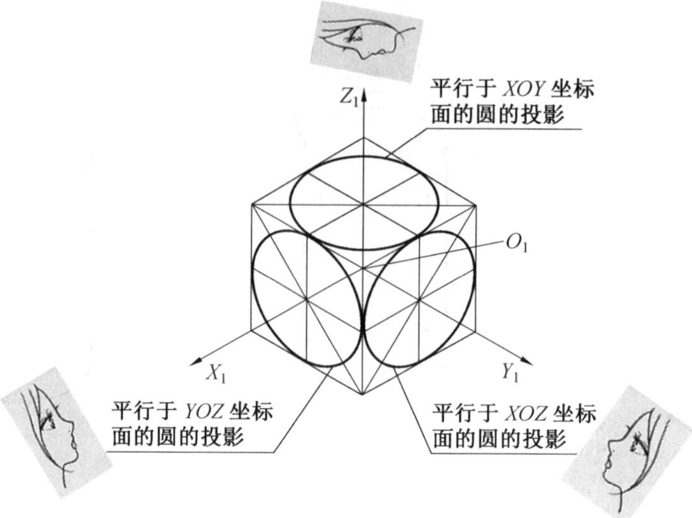

图 3.12　平行坐标面上圆的正等轴测图

AR:圆的正等轴测图规律

任务实施

弯板的正等轴测图画法。

弯板是由几个基本集合体叠加而成的简单零件,画正等轴测图时,应先用形体分析法将零件进行分解,然后依次画出各分解形体的正等轴测图并叠加。

微课
弯板的正等轴测图
任务实施

图 3.13(a)为弯板的两视图。它可以看作由两部分组合而成,即后方的立板和前方的底板,作图时可先做出立板的正等轴测图,然后在立板的前方作出底板的正等轴测图。

作图步骤:

(1)定坐标原点及坐标轴,如图 3.13(a)所示。

(2)画出轴测轴,画出立板的特征视图的轴测图。其中半个椭圆和内部的椭圆孔可按照四心法作出。圆外切正方形各边分别平行于 X 轴、Z 轴,外切正方形轴测图平行于 X_1 轴、Z_1 轴。完成后如图 3.13(b)所示。然后沿 Y_1 轴向后拉伸相应厚度,得到立板轴测图,如图 3.13(c)所示。注意大的半个椭圆平移后需要作出前后两个半椭圆的公切线。小椭圆平移后只露出小部分椭圆弧。挡住的线擦掉。

(3)画出底板的特征视图的轴测图。并沿 Z_1 方向拉伸相应厚度,底板上椭圆平移后只露出小部分椭圆弧。得到底板轴测图,如图 3.13(d)、(e)所示。

(4)综合分析,擦去多余的图线并描深,即得弯板的正等轴测图,如图 3.13(e)所示。

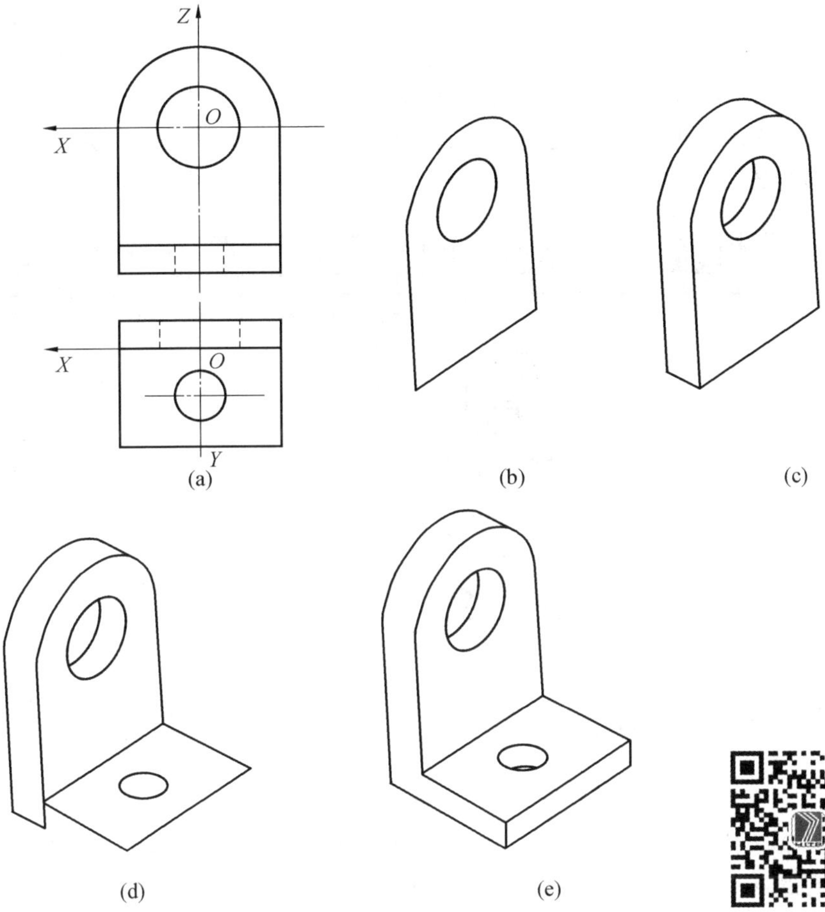

图 3.13　弯板正等轴测图的画法

AR:弯板

归纳总结

在画曲面立体的正等轴测图时，一定要明确圆所在平面与哪一个坐标面平行，才能确保画出的椭圆正确。而椭圆短轴沿光线投射方向，或者是人眼看过去的方向。

画同轴并且相等的椭圆时，要善于应用移心法以简化作图和保持图面的清晰。

活学活用

常见的二维绘图软件介绍

20 世纪前，图样一般是利用绘图用具手工绘制的。手工绘图有众多的缺点，诸如速度慢、不易保存、不易修改、精度低等。20 世纪初，机械结构的绘图机出现，提高了绘图的效率。20 世纪下半叶，计算机绘图(即 CAD)出现，人们开始利用电脑绘图软件绘制二维图。

计算机绘图在我国的应用并非一帆风顺，直到 1991 年，时任国务委员宋健提出“甩掉绘图板”的号召，我国政府开始重视 CAD 技术的应用推广，并促成了一场在工业各领域轰轰烈烈的企业革新。目前，我国企业内的图样设计基本已经全部采用计算机绘图。

目前，世界上应用最为广泛的二维绘图软件是 AutoCAD（Auto Computer Aided Design），它是美国 Autodesk 公司开发的以绘制二维图为主的软件，兼具一定的三维图绘制功能。其界面如图 3.14 所示。

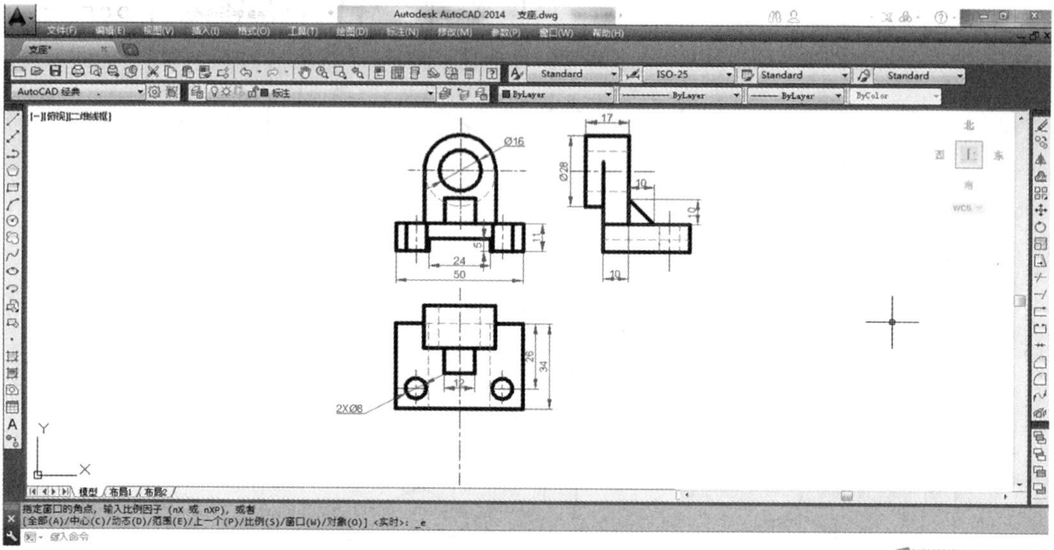

图 3.14　AutoCAD 界面

CAXA CAD 软件是北京数码大方科技股份有限公司开发的以二维为主的绘图软件，在国内机械制造业应用广泛，但在其他领域的应用相对较少。

任务三　绘制压板正等轴测图

任务描述

根据压板的三视图（图 3.15）绘制其正等轴测图。

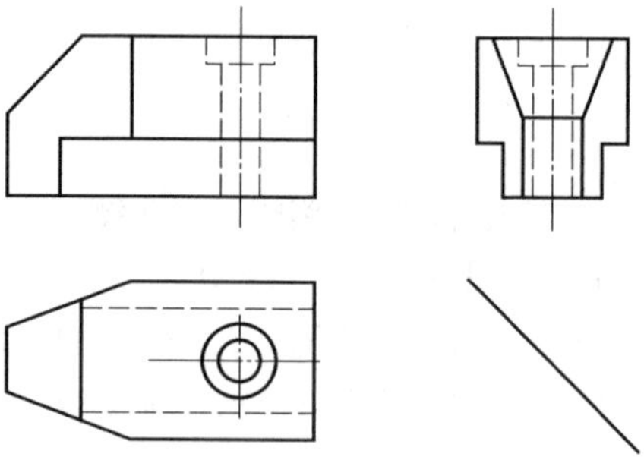

图 3.15　压板三视图

相关知识

1. 组合体轴测图画法

复杂的组合形体(即组合体)可以看作简单形体通过叠加、切割等方式形成的。叠加型组合体由若干个基本几何体叠加而成,画其轴测图时可以先画出每个基本体,然后根据其方位关系组合在一起;切割型组合体可以看成是在基本几何体上进行切割、钻孔等所形成的,画轴测图时可以先画出基本体。然后通过一步步切割的方式得到所要的复杂形体。特别要注意某些垂直面切去的边、角。综合型组合体既有叠加又有切割,画轴测图时采用两种方法的综合。

微课
组合体轴测图画法

2. 徒手绘制轴测草图

在画图和读图的过程中,为了帮助人们进行想象,常常徒手勾画轴测草图。因此,这一技能对学习本课程很有帮助。如图 3.16 所示为徒手绘制的汽车外形图。

图 3.16　徒手绘制的汽车外形图

徒手绘制轴测草图的原理和过程与尺规绘制轴测图是完全一样的,只是不用尺规而已。为了作图方便,一般在方格纸上绘制,待熟练之后便可在白纸上绘制。图 3.17 为根据两视图徒手绘制轴测图的基本步骤。包括原视图建坐标系,画轴测轴,画特征图形外形,画椭圆,加厚度,描深等步骤。

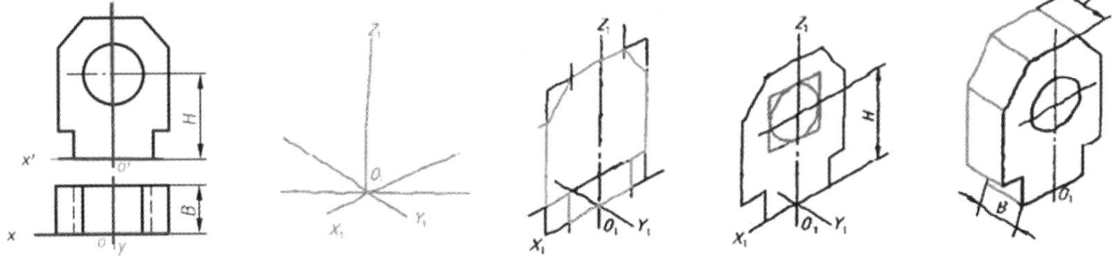

(a)　(b)　(c)　(d)　(e)

图 3.17　徒手绘制轴测图步骤

任务实施

压板正等轴测图的画法(图 3.18)。

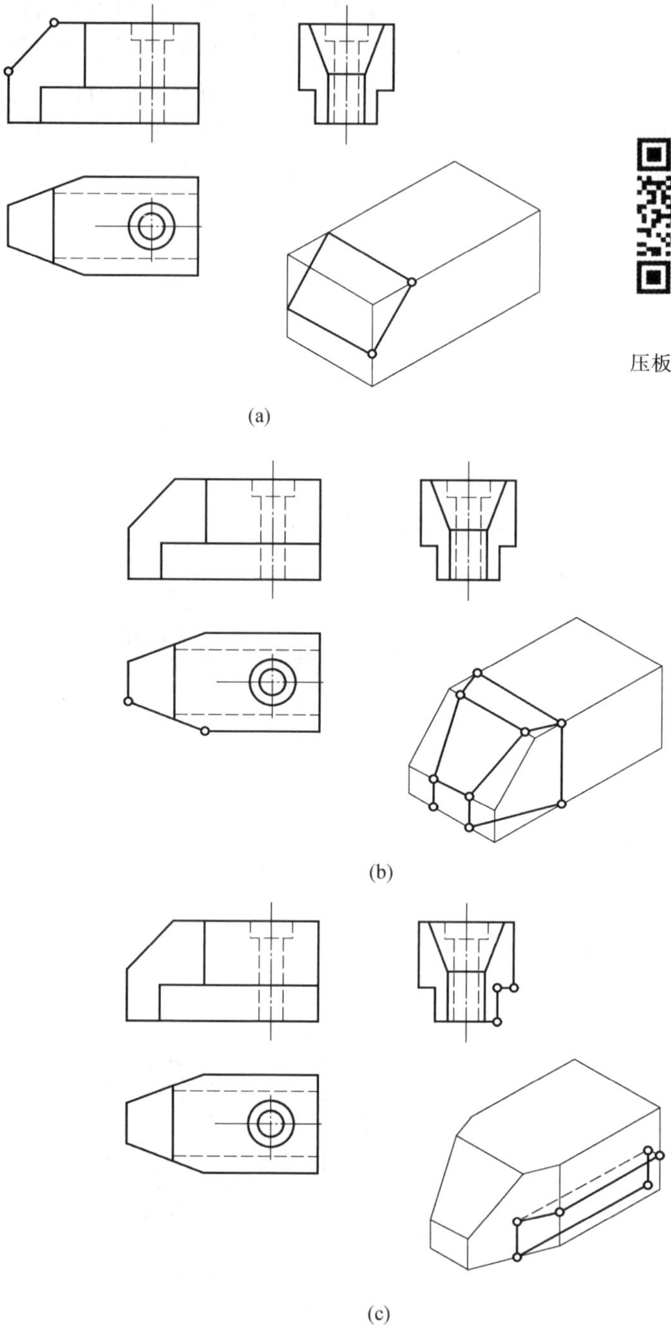

微课
压板的正等轴测图
任务实施

图 3.18　压板正等轴测图的画法

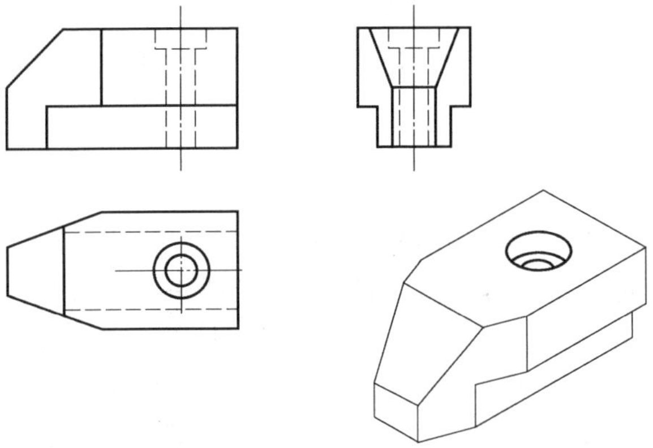

(d)

续图 3.18

AR:压板

经对压板的三视图(图 3.15)分析可知,压板可看作由长方体经切割形成。压板正等轴测图画图步骤:

(1)根据主视图可知,长方体左上角被正垂面所截,根据主视图中长方体前侧面相应棱线上的两点定出轴测图中切平面对应点的位置,画出正垂面与长方体四个面的交线,如图 3.18(a)所示。

(2)根据俯视图,长方体左侧前、后各切去一角。其中,左侧前方切平面轴测投影画法为:根据俯视图中长方体的底面相应棱线上的两点定出轴测图中切平面对应点的位置,画出切平面与切到的五个面的交线,如图 3.18(b)所示。左侧后方切平面轴测投影可根据对称性画出。由于第(1)步切完后下底面仍保持为完好的平面,画交线时可从下往上切,先画底面交线,再根据截面规律画其他交线。轴测投影上不可见的投影一般不画。

(3)分析左视图,长方体前后下方各被正平面和水平面切掉一块。由于第(2)步切完后右侧面仍保持为完好的平面,画交线时可从右往左切,先画右面交线,再画底面交线、其他交线等。前边一块轴测投影画法为:根据左视图中缺口三点在长方体右侧面相应棱线上定出轴测图中切平面对应点的位置,并向左切,分别画出两切平面与立体各表面的交线,包括两切平面的交线。注意分析各交线与相应棱线的平行关系,如图 3.18(c)所示。为了看得清楚,长方体右侧面上不可见的交线暂时画成虚线。两切平面的交线也暂时画成虚线。

(4)画出压板中部阶梯孔的正等轴测图,如图 3.18(d)所示。

(5)分析可见性,擦去多余的图线并描深,即得压板的正等轴测图,如图 3.18(d)所示。

归纳总结

由于轴测图具有立体感,因此阅读三视图时可以通过绘制轴测图的方式帮助想象。

对于切割面较多零件的三视图尤其实用。绘制这类零件的轴测图,关键是要弄清各切割面的形状和位置。要从上一步切割完成时没有切到的面(保持完好面)入手绘图更容易。

活学活用

常见的三维绘图软件介绍

当前,机械制图已经广泛应用于各行各业。制造业中,设计者已不仅仅能够设计出2D的平面视图,还开始使用三维实体软件设计出三维实体模型,大大加快了产品的设计进程,在设计上更加直观,尺寸分析也更便利,有利于及时发现设计缺陷,而且更好地满足了现代柔性制造系统的需求。国际上主流的三维绘图软件包括UG、Pro/E、CATIA、Soild-Works等。

CATIA是法国达索公司的产品,是世界上一种主流的CAD/CAE/CAM一体化软件。它主要应用于航空、汽车等行业,其曲面功能异常强大,可轻松创建G3、G4级的曲面。

UG是美国UGS公司的主导产品,是集CAD/CAE/CAM于一体的三维参数化软件,是当今最先进、最流行的工业设计软件之一。其界面如图3.19所示。

微课
UG绘制压板立体图

Pro/E是美国参数技术公司推出的三维设计软件,提供了产品的三维设计、加工、分析及绘图等功能,是一套完整的CAD/CAM/CAE解决方案。它是一款基于参数化、特征和全相关概念的通用CAD系统。其模块众多,用户可利用Pro/E及其相关软件进行工业设计、有限元结构仿真和加工制造等工作。

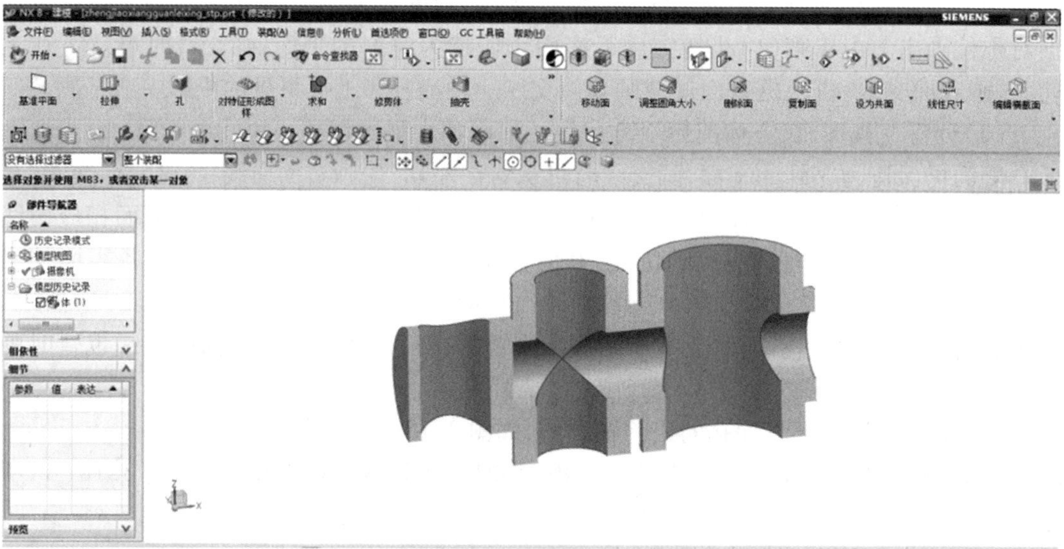

图3.19 UG界面

SolidWorks是由美国SolidWorks公司研制开发的一套CAD/CAE/CAM/PDM桌面集成系统。其采用参数化驱动的设计模式,可以通过修改相关的参数来完善设计方案,支持设计中的动态修改,使设计更加灵活。

在国内三维绘图软件研发方面,CAXA 实体设计是一套面向工业的三维设计软件,近年来功能日趋完善。

未来,机械制图也将更加智能化,更多更新的制图软件和辅助加工设备将研发面世,方便广大机械行业从业者的研究与生产工作提供便利。我们也期待我国机械制图行业更高更快发展。

任务四　绘制支架斜二轴测图

任务描述

根据支架的三视图(图 3.20)绘制其斜二轴测图。

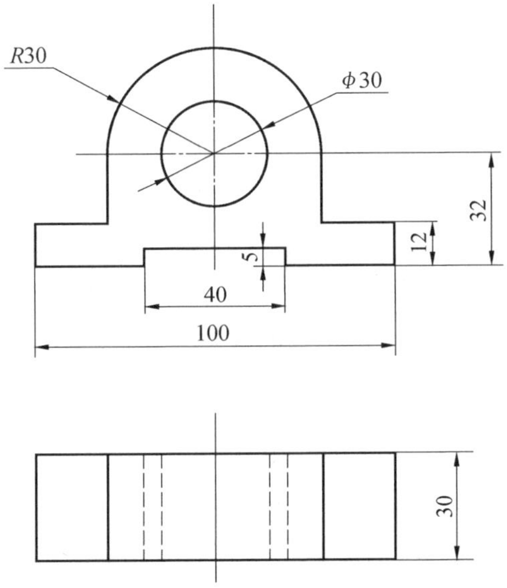

图 3.20　支架三视图

相关知识

斜二轴测图的画法

正等轴测图最为常用。它的优点是直观、形象,立体感强;但也有不少缺点,如椭圆作图复杂等。将物体上平行于 *XOZ* 坐标面的平面放置成与轴测投影面平行,让投射方向与轴测投影面倾斜,所得到的投影图称为斜二轴测图,简称斜二测,如图 3.21 所示。

微课
斜二轴测图画法

斜二轴测图的画法与正等轴测图的画法基本相同,都是沿轴测量,沿轴画图。斜二轴测轴的画法如图 3.22 所示。从图中可以看出，在斜二轴测图中，$O_1X_1 \perp O_1Z_1$，O_1Y_1与 O_1X_1、O_1Z_1的夹角均为 135°，三个轴向伸缩系数分别为 $p_1 = r_1 = 1$，$q_1 = 0.5$，即沿 OY 方向量取尺寸时应取原长的 1/2。

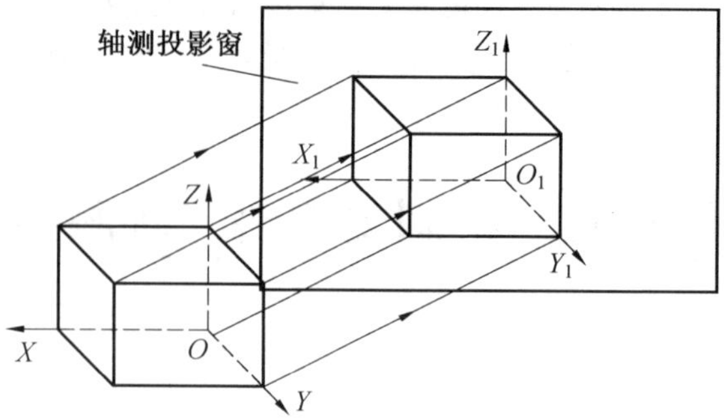

图 3.21　斜二轴测图的形成

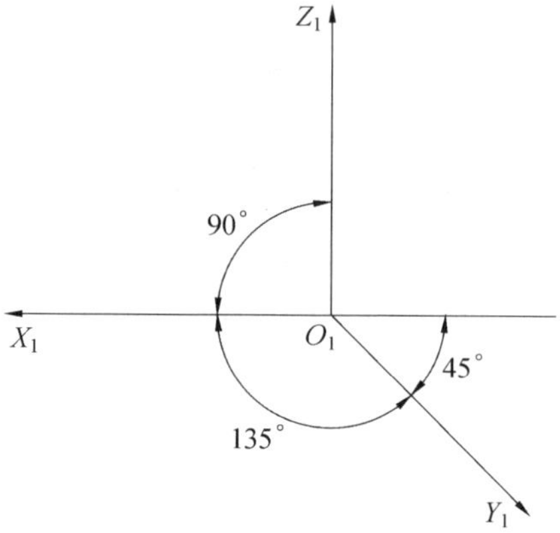

图 3.22　斜二轴测轴的画法

由于在斜二轴测图中，凡是平行于 XOZ 坐标面的平面，其轴测投影都反映实形，所以对于当物体上有较多的圆或曲线平行于 XOZ 坐标面时，采用斜二轴测图比较方便。

任务实施

支架斜二轴测图画图步骤：

(1)抄画主视图，即前表面实形，如图 3.23(a)所示。

(2)过前表面各角点和圆心作 45°斜线，长度为形体宽的一半，不可见棱线不必画出，如图 3.23(b)所示。

(3)根据平行线特点作出后表面直线轮廓的可见部分，再由已知圆心和半径作出后表面圆和圆轮廓的可见部分，如图 3.23(c)所示。

(4)作前后表面上两圆弧的公切线，并描深，即得支架的斜二轴测图，如图 3.23(d)所示。

微课
支架斜二轴测图
任务实施

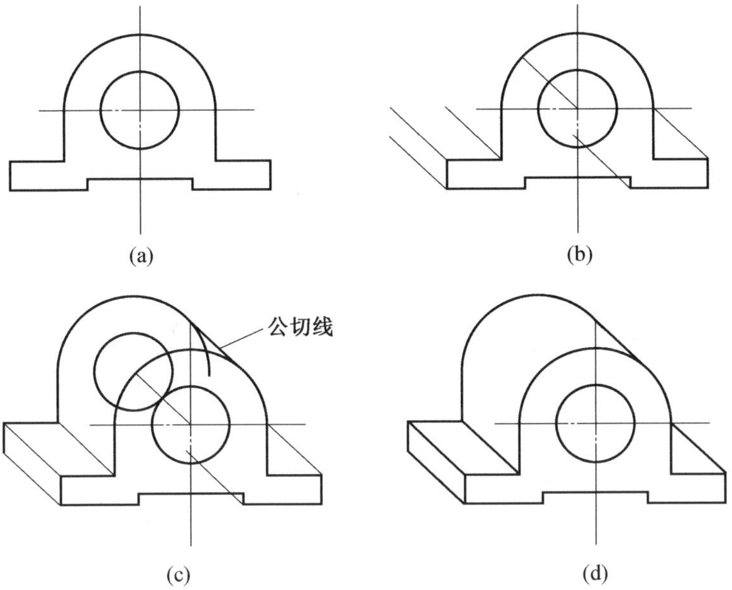

图 3.23　支架斜二轴测图的画法

归纳总结

正等轴测图和斜二轴测图的优缺点：

(1)在斜二轴测图中，由于平行于 $X_1O_1Z_1$ 坐标面的平面的轴测投影反映实形，因此，当立体的正面形状复杂，具有较多的圆或圆弧，而在其他平面上图形较简单时，采用斜二轴测图比较方便。

(2)正等轴测图最为常用。优点：直观、形象，立体感强。缺点：椭圆作图复杂。

活学活用

同一个物体，不同的摆放位置，不同的投影方向，可以获得三视图、正等轴测图、斜二轴测图等不同视图，各视图均有自己的特点，满足人们的不同应用需求。

作为青年学生，要树立正确的人生观、价值观，服从国家的需要，接受祖国的“挑选”。要摆正自己在社会中的位置，做好国家的“螺丝钉”。

在社会主义文化建设过程中，在坚持马克思主义在意识形态领域指导地位的前提下，坚持百花齐放、百家争鸣，发展面向现代化、面向世界、面向未来的，民族的科学的大众的社会文化，激发全民族文化创新创造活力，增强实现中华民族伟大复兴的精神力量。

模块 4

复杂形体三视图识读与绘制

前面介绍的几个零件都比较简单，主要是在基本体的基础上进行切割等操作形成。而实际使用的汽车零件一般都比较复杂，这些零件可以看作是若干基本形体按一定方式组合而成的，一般称为组合体。能看懂、会绘制中等复杂组合体，是汽车类工程技术人员的必备技能。本模块主要通过四个任务介绍组合体的绘制方法、尺寸标注，利用形体分析和线面分析法读组合体视图等内容。

学习目标

1. 知识目标

(1) 会分析组合体的组合形式和表面连接关系；

(2) 掌握形体分析法、线面分析法等读图方法；

(3) 理解尺寸标注相关知识。

2. 能力目标

(1) 能根据组合体组合形式和表面连接关系绘制其三视图；

(2) 能利用形体分析法、线面分析法识读组合体视图；

(3) 会根据标注尺寸分析组合体各部分尺寸。

3. 素养目标

(1) 培养集体主义精神和大局意识，培养学生化繁为简、抓主要矛盾等解决问题的思维习惯；

(2) 培养认真细致、严谨的工作作风和精益求精的工匠精神。

任务一　绘制轴承座三视图

任务描述

根据轴承座的立体图(图 4.1)绘制其三视图。

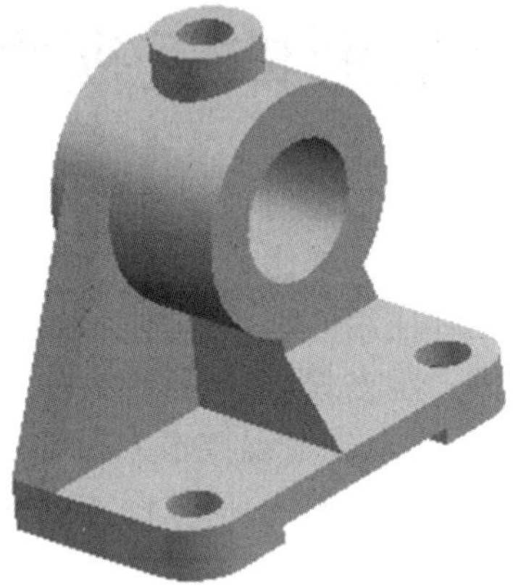

图 4.1　轴承座的立体图

相关知识

1. 组合体的组合形式

组合体的形状有繁有简,千差万别,但就其组合形式来说不外乎有叠加、切割和综合三种组合形式。叠加型组合体由若干个基本几何体叠加而成,如图 4.2(a)所示螺栓毛坯;切割型组合体可以看成是在基本几何体上进行切割、钻孔、切槽等所形成的物体,如图 4.2(b)所示活塞销;综合型组合体既有叠加又有切割,如图 4.2(c)所示气门导管。

微课
组合体的组合形式
和表面连接

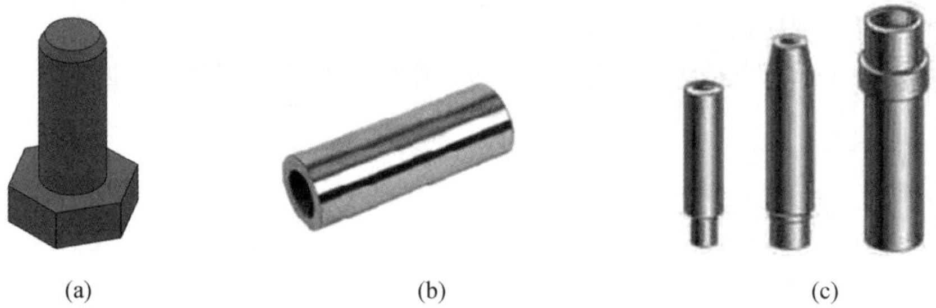

(a)　(b)　(c)

图 4.2　组合体的组合形式

2. 组合体的表面连接

形体相邻表面间的连接关系有共面、相切、相交三种情况。

(1)共面。

几何形体有一部分表面位于同一平面或回转面上,这种情况称为共面。共面后,分属于两形体的表面之间不应有分界线,如图 4.3 所示。

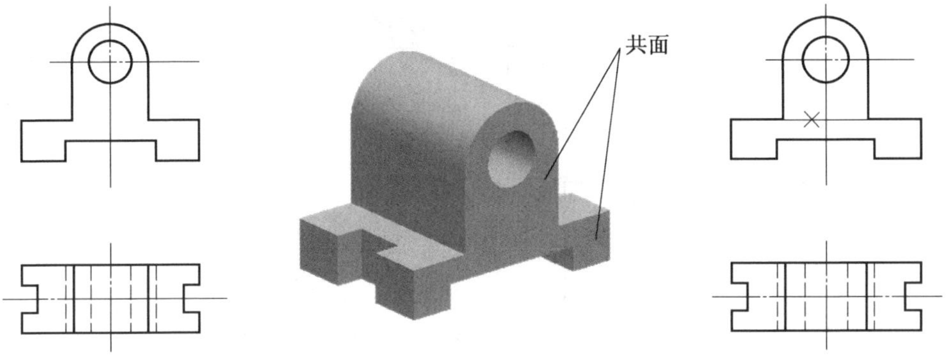

(a) 正确　　(b) 立体图　　(c) 错误

图 4.3　形体表面共面

AR:表面共面　　AR:表面相切

(2)相切。

两形体表面相切时,相切处是光滑的,切线仅仅是共属于两表面的一条素线。所以,在三视图中不得画切线的投影,如图 4.4 所示,注意图中切点 A 三个投影的位置,特别是左视图中的 a''点不得画在圆柱的前后轮廓素线上。

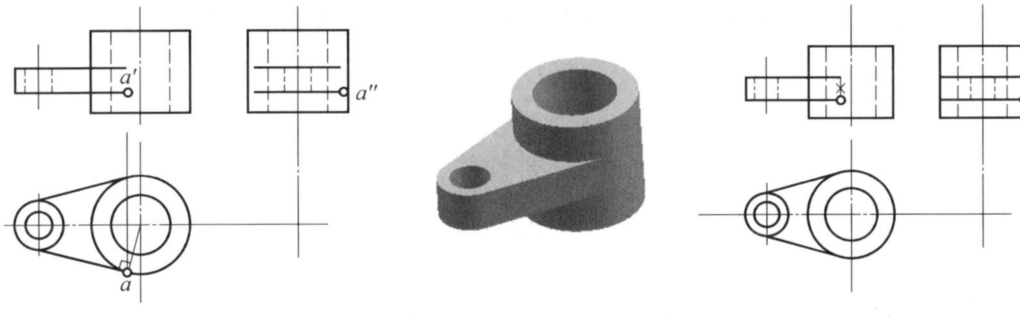

(a) 正确　　(b) 立体图　　(c) 错误

图 4.4　形体表面相切

特别值得注意的是,两曲面相切,当切线恰好与投影面垂直时,应画出切线的投影;与投影面倾斜或平行时,不画切线的投影,如图 4.5 所示。

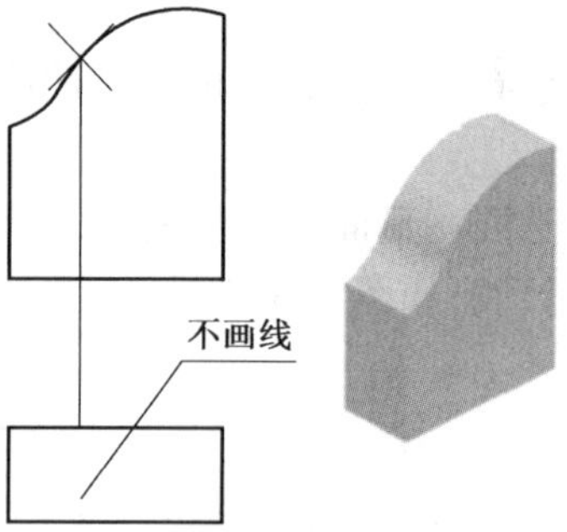

(a) 水平投影不画线

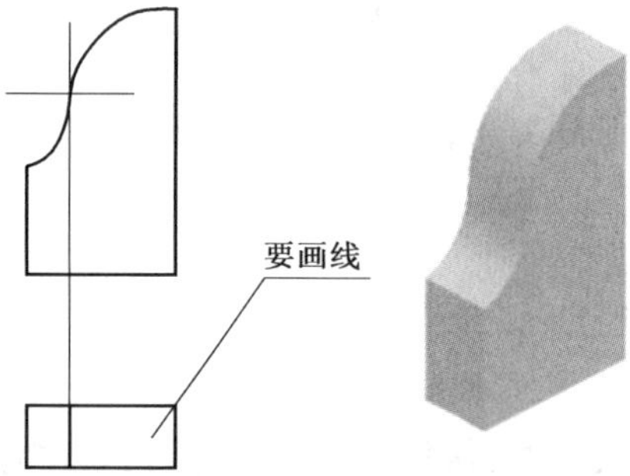

(b) 水平投影画线

图 4.5 切线处于特殊位置时投影

AR:水平投影画线　　AR:水平投影不画线

(3)相交。

相交是指两基本体的表面相交所产生的交线(截交线、相贯线),应画出交线的投影,如图 4.6 所示。

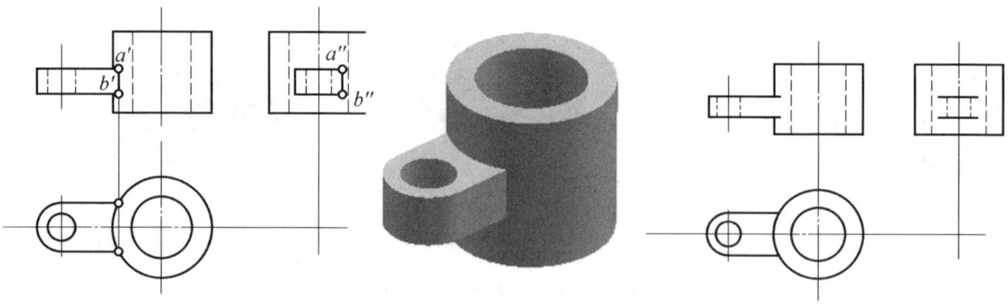

(a) 正确　　(b) 立体图　　(c) 错误

图 4.6 形体表面相交

AR:表面相交

微课
绘制轴承座三视图
任务实施

任务实施

1. 形体分析

假想将组合体分解成若干个基本形体,并确定各形体之间组合形式及其相对位置的分析方法,称为形体分析法。

根据形体分析的方法,可将轴承座分解为底板、圆筒、支承板、肋板。

2. 选择主视图

主视图是三视图中最主要的视图,应尽可能表达零件主要的形体信息。一般从下述三个方面来考虑选择主视图。

(1)自然安放的位置。

主视方向应同零件的自然安放位置一致。例如,带有底板的零件,应将底板水平放置。同时尽量使零件上主要的对称面、端面平行或垂直于投影面。

(2)形状特征。

主视图要尽量反映零件的主要形状特征,并且虚线尽量少。在本例中确定了零件的安放位置后,可从 *A*、*B*、*C*、*D* 四个方向进行比较,如图 4.7 所示。可以看出 *A* 方向的视图较其他三个方向的视图能够更好地反映轴承座的形状特征,且大部分形体可见,应作为主视方向。

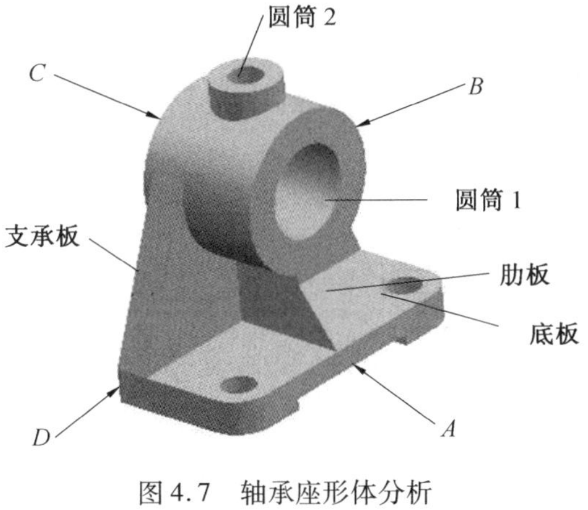

图 4.7　轴承座形体分析

(3)兼顾其他视图的可见性,应使左视图、俯视图虚线尽量少。

其他视图的投影方向取决于主视图的投影方向。在满足形状特征的条件下,还应该考虑到其他视图上形体的可见性。

3. 作图步骤

(1)选取画图比例。

根据零件的大小和复杂程度,选取标准画图比例,尽量选用 1 : 1 的比例。

(2)布置视图。

根据选定的图幅以及各个视图每个方向的最大尺寸,估算出各视图在图纸中的位置,避免几个视图挤在一起或偏向一边。如果需要标注尺寸,还应考虑放置尺寸的空间,使得整张图纸布局匀称、美观。

(3)画出各视图的作图基准线(对称线、底面或端面的边线),便于绘制各部分形体时进行图形定位,如图 4.8(a)所示。

(4)逐个画出各形体视图,按表面连接关系画出表面交线的投影。按照由主到次的顺序,逐个画出各形体(如图 4.8 所示轴承座三视图的绘制步骤),先画形体的主要轮廓,后画细节。画某个形体时应从反映形体特征的视图画起,三个视图一起画,既可保证视图间的投影关系,也可避免遗漏。

(5)画出相关的形体后,可随时根据它们的组合关系作出表面交线的投影,如图 4.8(e)所示。小圆柱与大圆柱顶部外表面相交形成的相贯线及其内孔形成的相贯线,应在左视图中画出;肋板与大圆柱交线的投影也应在左视图中根据"高平齐"画出。

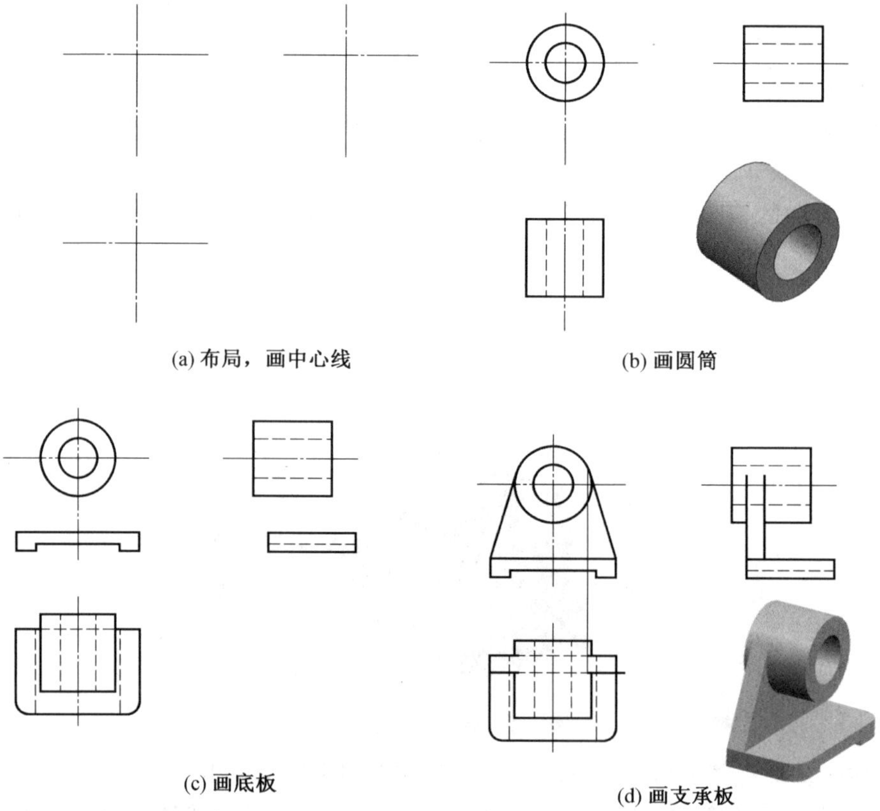

(a) 布局,画中心线

(b) 画圆筒

(c) 画底板

(d) 画支承板

图 4.8　轴承座绘图步骤

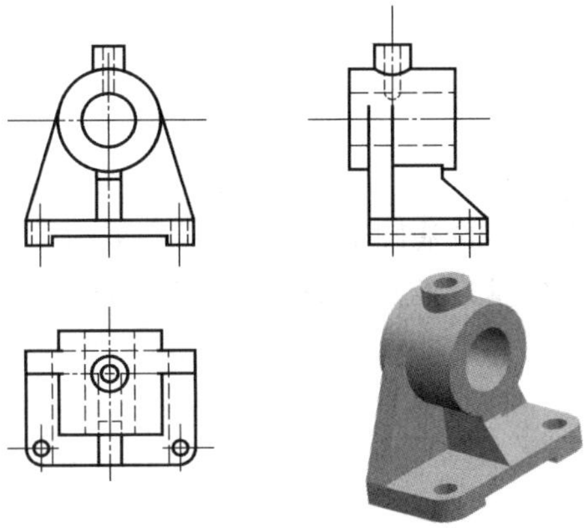

(e) 画肋板、上方圆柱及孔、底板孔

续图 4.8

AR:轴承座

(6)检查。

检查是否有漏画或多余的图线。要注意形体间不同组合方式所产生的轮廓变化和表面关系,形体表面交线是否正确。确认无误后按照机械制图的图线标准描深图形。

归纳总结

在绘制较为复杂的零件的三视图时,首先要对零件进行形体分析,观察该零件是由哪些基本几何体组成的。当选好主视方向和安放位置后,就可以按形体的组合过程一部分一部分地画出三视图了。

活学活用

若干基本形体通过切割、叠加形成了具有特殊功能的组合体。为了形成组合体,各部分或切割或融合,均做出了不同程度的牺牲,为组合体的形成做出了贡献。同时,每部分也是组合体不可或缺的组成。作为个体的我们,要正确处理个人与集体、与国家的关系,以集体利益、国家利益为重,为了集体、国家更好地发展,必要情况下牺牲部分个人利益。只有集体、国家发展好了,个人的利益才能得到保障。

谈谈你对"大河有水小河满,大河无水小河干"这句话的理解。

任务二　轴承座三视图的尺寸标注

在任务一中,已完成了轴承座三视图的绘制,而视图只能表达零件的形状,轴承座各部分的大小及相对位置要通过尺寸来反映。产品制造时要根据图样上所标注的尺寸进行加工。因此,尺寸的标注十分重要。

任务描述

(1)对轴承座的三视图进行尺寸标注。

(2)对轴承座的三视图进行尺寸标注的基础上,熟悉国家标准关于尺寸标注的基本规定,掌握基本几何体的尺寸标注、零件基准的选择,并清楚尺寸标注时应注意的几个问题。

相关知识

1.基本几何体的尺寸标注

基本几何体一般要标注长、宽、高三个方向的尺寸。在图 4.9 中,长方体标注了长、宽、高;正六棱柱只需标注对面距以及柱高;正四棱台可标注上下两个底面的形状尺寸和高度。有些基本体标注尺寸后,可以减少视图,如圆柱、圆锥、圆球等回转体。

微课
组合体尺寸标注
和基准选择

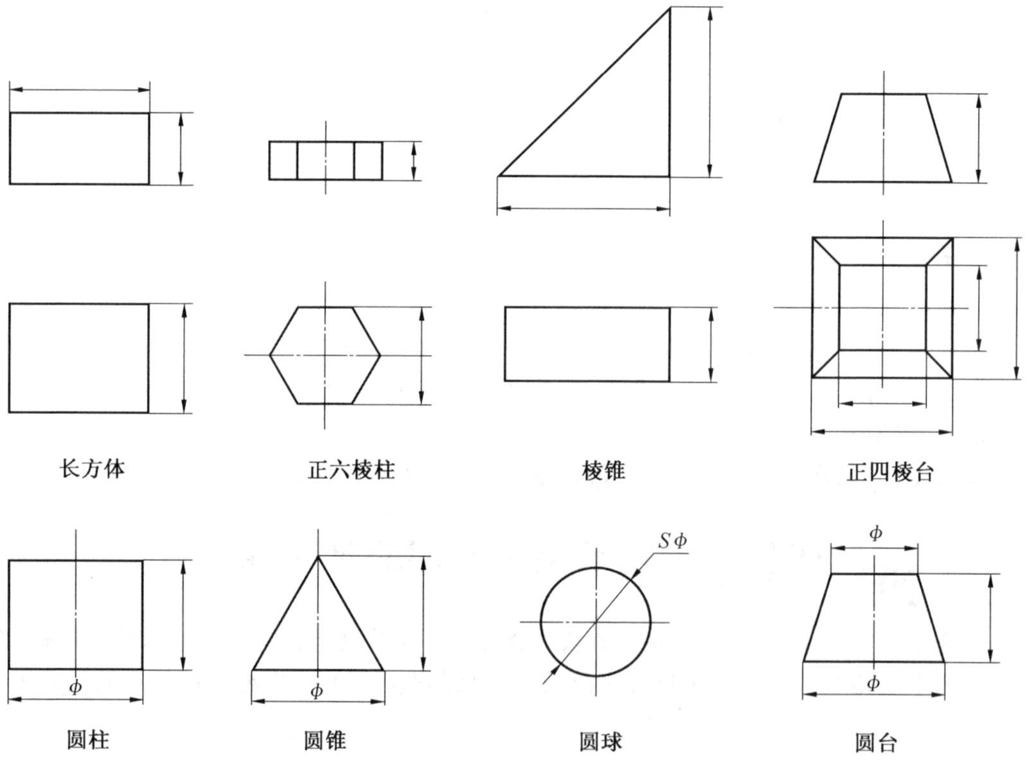

图 4.9　基本几何体尺寸标注

2. 尺寸基准选择(图 4.10)

标注尺寸的起点称为尺寸基准。任何一个零件都有长、宽、高三个方向的尺寸,每个方向至少要有一个主要基准。有时还要附加一些辅助基准。主要基准与辅助基准之间应有尺寸联系。

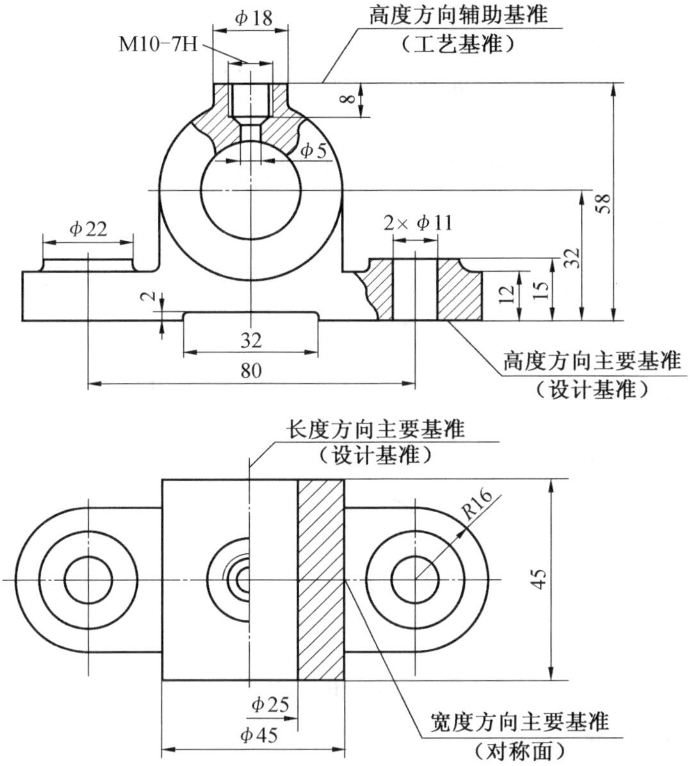

图 4.10　基准的选择

根据基准的作用不同,它分为设计基准和工艺基准。设计基准是用来确定零件在部件中位置的基准,工艺基准是零件在加工测量时使用的基准。要使尺寸标注合理,首先要选择恰当的尺寸基准。

常用的基准要素有基准面和基准线:

(1)基准面有安装面、重要的支承面、端面、装配结合面、零件的对称面等。

(2)基准线有零件上回转面的轴线等。

(3)对称的物体,一般选对称中心为基准,有利于保证形体的对称性。不对称的物体,一般选一些重要的点、线、面为基准。

一般地,轴套类、轮盘盖等以切削加工为主的零件,尺寸基准分径向和轴向,径向基准为轴线,轴向主要基准取定位轴肩或者端面。

对于加工位置多样的叉架类、壳体类零件,要选择长、宽、高三个方向的尺寸基准。一般以其安装基面、对称面或端面为尺寸基准。基准的选择如图 4.10 所示。

3. 尺寸标注时应注意的几个问题

(1)尺寸应尽量标注在反映形体特征明显的视图上。

(2)尺寸应尽量标注在视图的外面,以保持视图清晰。与两视图有关的尺寸最好布置在两个视图之间。

(3)尽量避免尺寸线与尺寸界线相交。

(4)尽量避免在虚线上标注尺寸。

(5)直径尺寸尽可能标注在非圆的视图上,半径尺寸尽可能标注在圆弧的视图上。

微课
尺寸标注时应
注意的问题

(6)截交线、相贯线上不应直接标注尺寸,只标注截切平面的位置尺寸和相贯立体的位置尺寸,如图4.11所示。

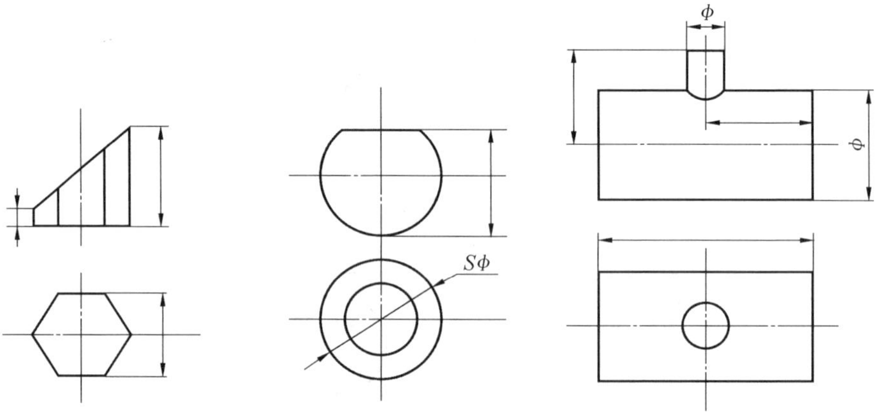

图4.11　截切、相贯几何体尺寸标注

任务实施

1. 选定尺寸基准

由于轴承座左右对称,故选轴承座的左右对称面作为长度方向的主要尺寸基准;宽度方向上,由于立板的后面较大,故选它作为宽度方向的主要尺寸基准;高度方向上,轴承座的底面较大,故选它作为高度方向的主要尺寸基准,如图4.12(a)所示。

微课
轴承座三视图
尺寸标注
任务实施

2. 标注定形尺寸

逐个标注各基本几何体的定形尺寸,如图4.12(b)所示。

3. 标注定位尺寸

标注各基本几何体的定位尺寸,如图4.12(c)所示。

4. 标注、调整总体尺寸,完成标注

轴承座的总长、总宽已经标注,总高标出之后要进行调整。由于高度方向以底面为基准,故应将上方圆柱的定位尺寸90去掉,如图4.12(d)所示。

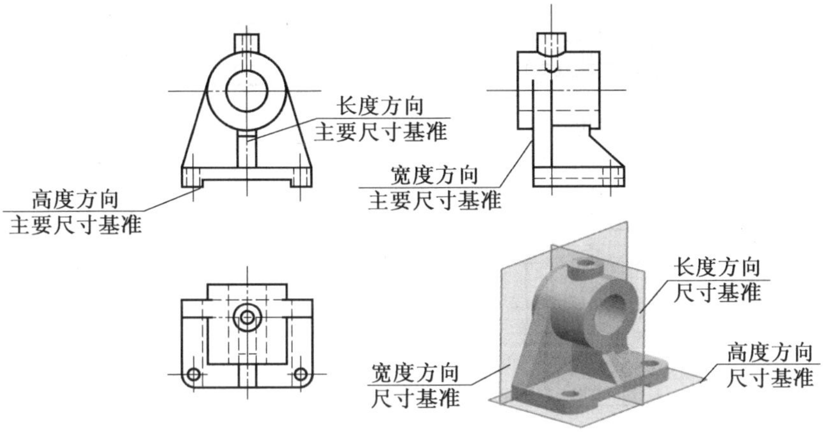

(a)

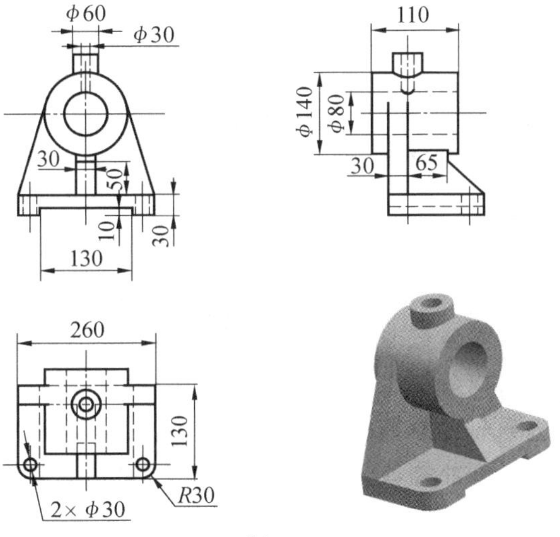

(b)

图 4.12　轴承座尺寸标注

AR:轴承座

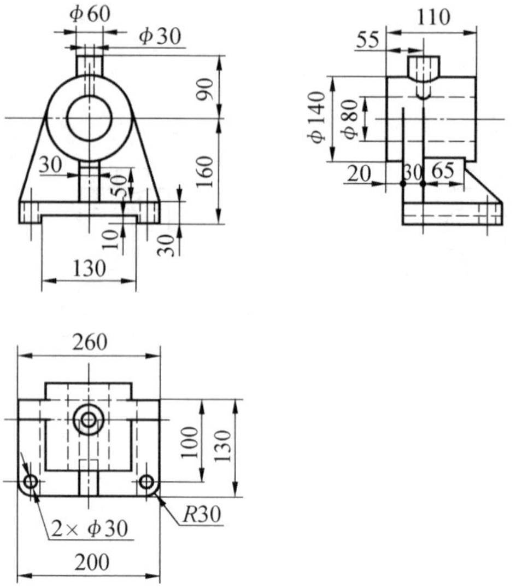

(c)

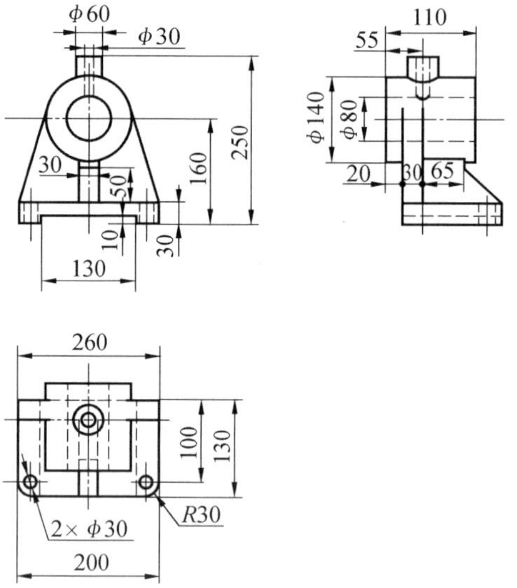

(d)

续图 4.12

归纳总结

在对零件的三视图进行尺寸标注时，首先是要合理选择长、宽、高三个方向的尺寸基准；其次要标出零件各组成部分的定形、定位尺寸；最后还要对部分尺寸进行调整并最终完成三视图的尺寸标注。

活学活用

“不谋全局者,不足谋一域。”组合体尺寸标注前,需统筹考虑尺寸基准、尺寸布局等,在保证尺寸正确、完整的前提下兼顾尺寸标注的合理性。这启示我们,在工作学习过程中要有整体意识、大局意识。为了整体的发展,可以牺牲部分个人利益。

任务三　识读轴承盖三视图

在机械装置中,经常会用到一种长形的零件,它是由不同直径的圆柱所组成的,这类零件称为轴。轴在工作时需要把它支承起来,这时就要用到轴承。轴承又分为滚动轴承和滑动轴承。轴承盖是滑动轴承(部件)中的一个零件。

任务描述

(1)对轴承盖的三视图(图4.13)进行识读,想象出空间形状。

(2)对轴承盖的三视图进行识读的基础上,掌握形体分析法。

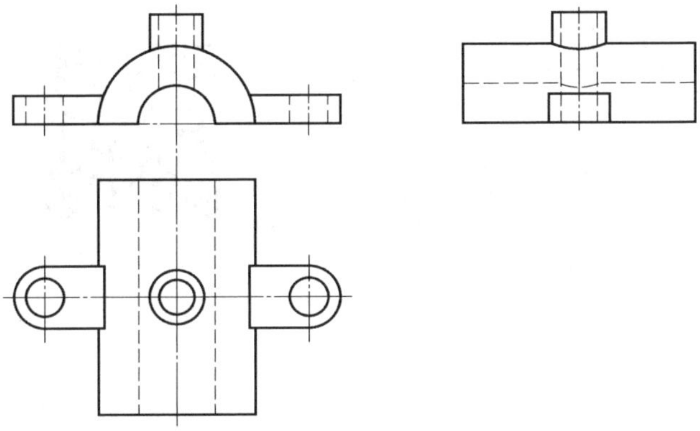

图4.13　轴承盖三视图

相关知识

1.形体分析法

叠加式的零件在读图时一般采用形体分析法。形体分析法是看视图的基本方法。通常是从最能反映零件形状特征的视图(一般为主视图)着手,按照线框将组合体划分成若干基本形体,然后对照其他视图,运用投影规律,想象出它们的空间形状、相对位置以及连接形式,最后综合想象出组合体的整体形状。

2. 读图基本要领

（1）几个视图联系起来读图。

要注意在读图时，不能只看一个视图，要将两个或三个视图联系起来看，因为三视图中的每个视图仅反映组合体某个方向的投影形状。如图4.14所示各形体，它们的主视图都相同，但俯视图不同，所表示的形体也就不同。

微课
形体分析法及
读图要领

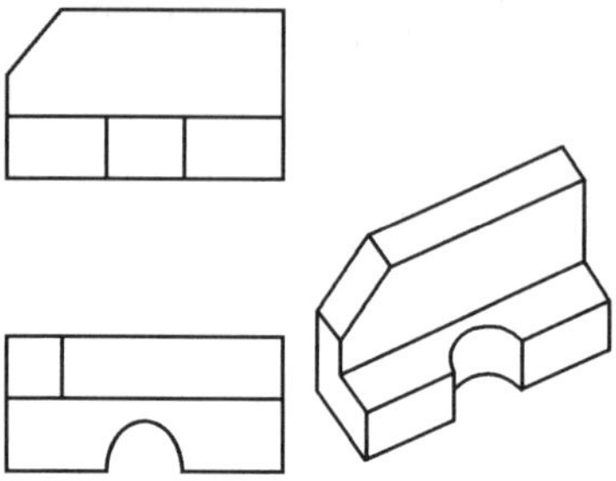

(a)

AR：一个视图相同的
不同形体 a

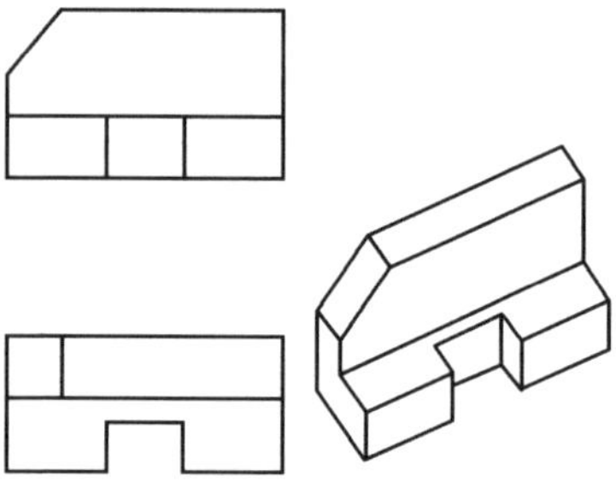

(b)

AR：一个视图相同的
不同形体 b

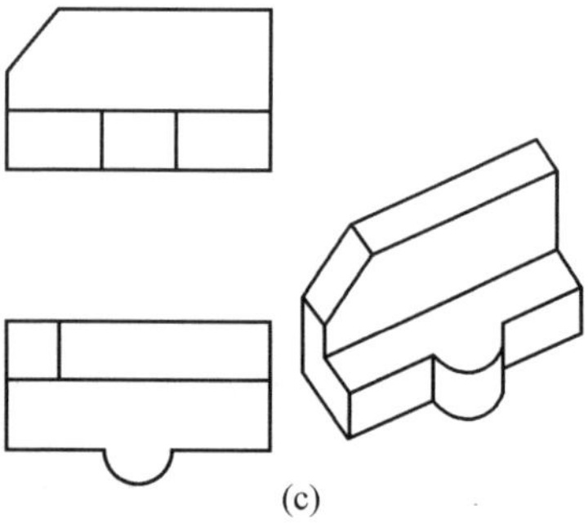

(c)

AR：一个视图相同的
不同形体 c

图 4.14　一个视图相同的不同形体

又如图4.15所示各形体，尽管它们的主视图、俯视图都相同，只是左视图不同，所表示的形体仍不相同。所以读图时，必须几个视图联系起来读。

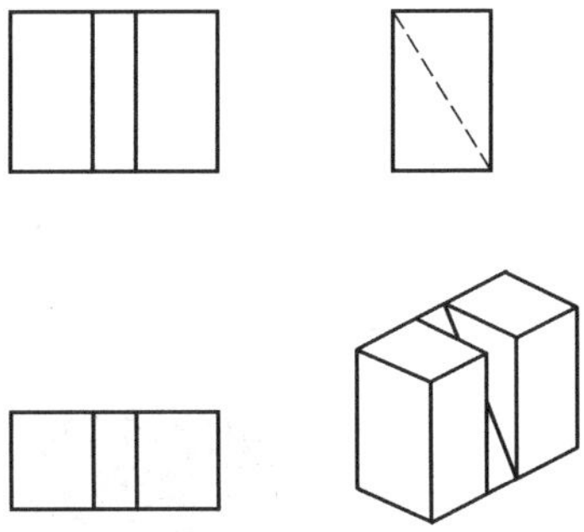

(a)

AR:两个视图相同的
不同形体 a

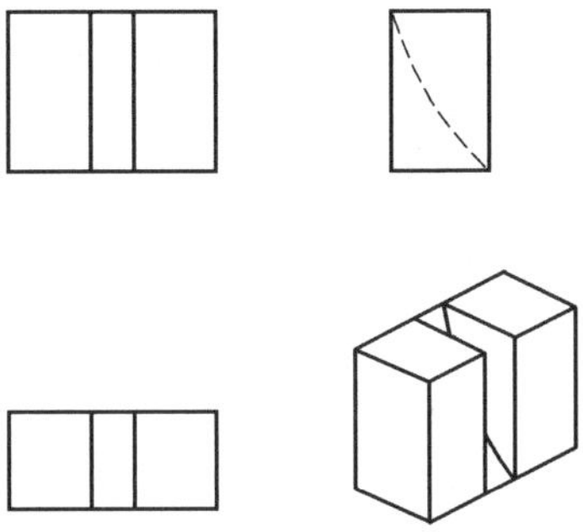

(b)

AR:两个视图相同的
不同形体 b

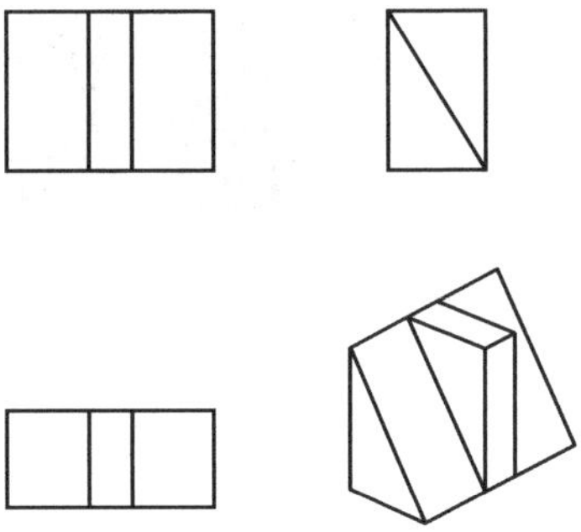

(c)

AR:两个视图相同的
不同形体 c

图 4.15　两个视图相同的不同形体

(2)抓特征视图。

特征视图是反映组合体形状特征及相对位置最明显的视图。特征视图包括形状特征视图和位置特征视图。在看视图时,找到了特征视图,配合其他视图,就能较快地看懂组合体形状。如图 4.16(a)、(b)俯视图均为形状特征视图,沿高度方向拉伸即可得到实体形状。图 4.17(a)、(b)主视图反映了形状特征,但位置特征不明显,左视图是反映位置特征最明显的视图。

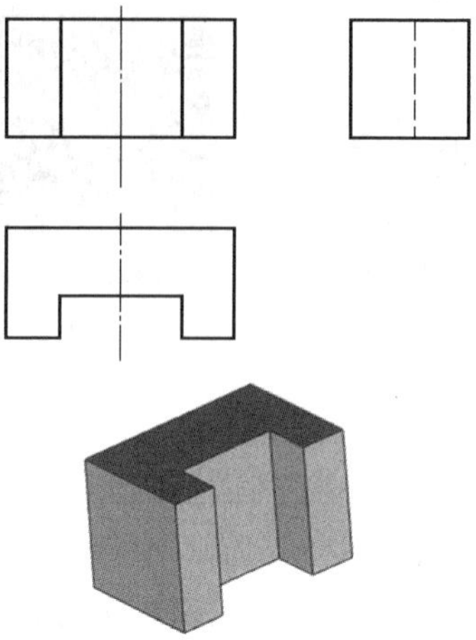

AR:形状特征视图 a

(a)

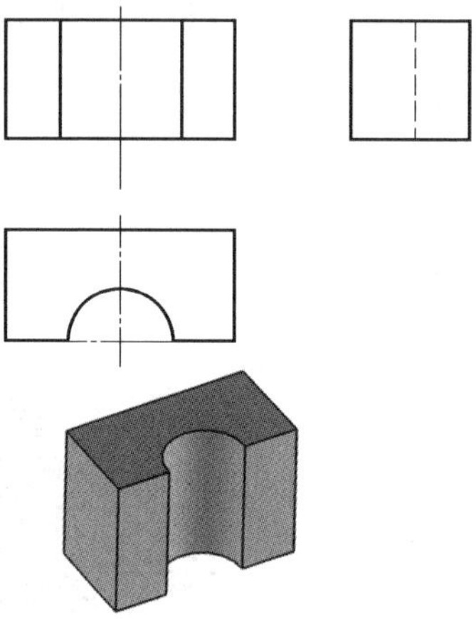

AR:形状特征视图 b

(b)

图 4.16　形状特征视图

在读图时还要积极构想形体,这样有助于提高读图速度,提高空间想象能力。例如,在图 4.14 中看到主视图应能积极构想合理的形体,除了图中的三个形体外,读者可以试试还能够想出哪些形体。根据图 4.15 中的主、俯视图也能够想出不同的形体,读者可试试看。

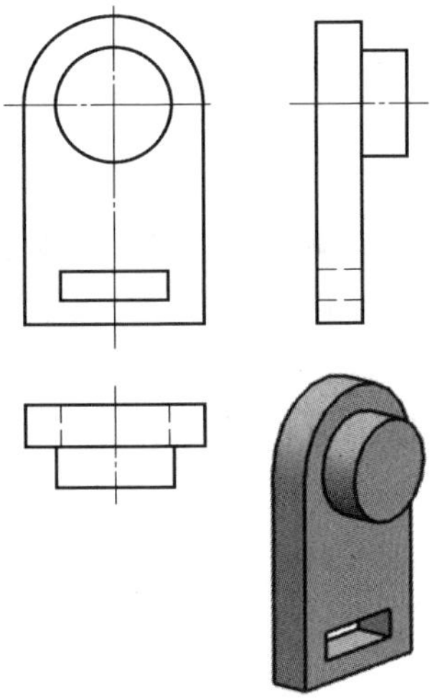

(a)

AR:位置特征视图 a

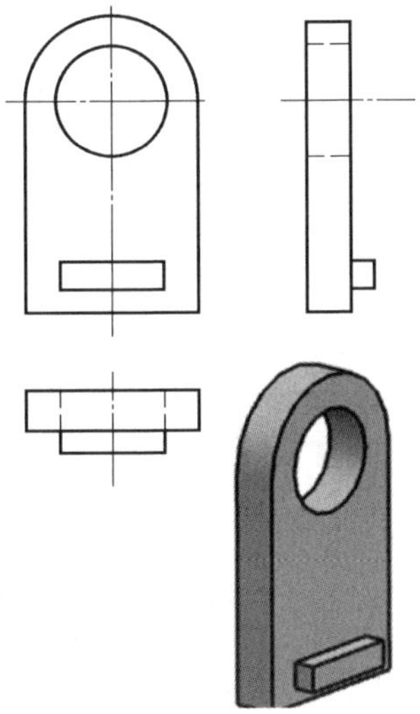

(b)

AR:位置特征视图 b

图 4.17　位置特征视图

(3)明确视图中图框、图线含义。

在进行线面分析时,要注意视图中线框和图线的含义。

微课
视图中图框、
图线含义

①图框含义。

视图中的每一个封闭线框,通常都是物体上一个表面(平面或曲面)的投影。如图4.18(a)所示,主视图中有四个封闭线框,对照俯视图可知,线框 a'、b'、c'分别是六棱柱前(后)三个棱面的投影;线框 d'则是圆柱前(后)半圆柱面的投影。

相邻两线框或大线框中有小线框,则表示物体上不同位置的两个表面。既然是两个面,就会有上下、左右、前后之分,或者是两个表面相交。如图 4.18(a)所示，俯视图中的大线框六边形及其中的小线框圆，是六棱柱顶面和圆柱顶面的投影，其中，前者在下、后者在上。主视图中的 a' 线框与其左侧的 b' 线框及与其右侧的 c' 线框均表示相交的两个表面，图 4.18(b) 为六棱柱立体图。

②视图中的一条线含义。

具有积聚性的表面的投影，如图 4.18(c) 主视图中的线 1′是圆柱顶面的积聚性投影。

曲面转向轮廓线的投影，如图 4.18(c) 主视图中的线 3′是圆柱面前后转向轮廓线的投影。

面与面（平面与曲面）交线的投影，如图 4.18(c) 主视图中的线 2′是六棱柱 A 面与 B 面交线的投影。

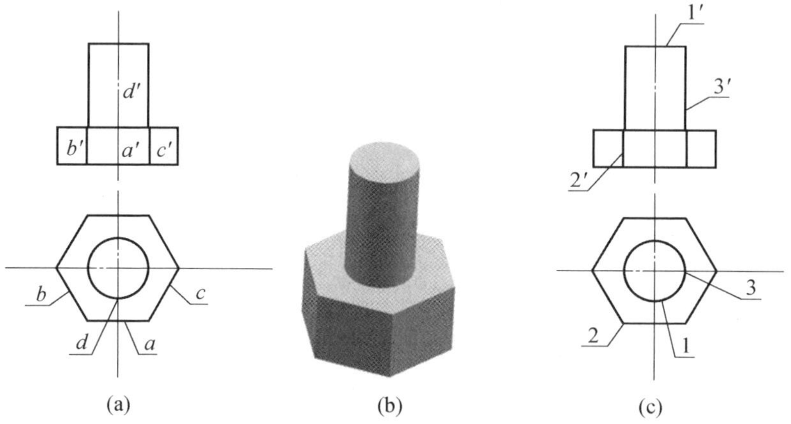

AR：线框图线含义

图 4.18　视图中线框和图线的含义

任务实施

1. 从主视图入手，进行形体分析

根据图 4.19(a) 所示轴承盖三视图，主视图反映了轴承盖的主要形状，按封闭线框划分，可分解为四部分，如图 4.19(b) 所示。

2. 分离各部分的对应投影，并想象各部分的形状

(1) 由封闭线框 1 及其在俯视图和左视图中的对应投影，主视图为特征视图，可想象出它的形状是半圆筒，上部有一小孔，如图 4.19(c) 所示。

(2) 由封闭线框 2 及其在俯视图和左视图中的对应投影，俯视图为特征视图，可想象出它的形状是空心圆柱，如图 4.19(d) 所示。

微课
识读轴承盖三视图
任务实施

(3) 由封闭线框 3 及其在俯视图和左视图中的对应投影，俯视图为特征视图，可想象出它的形状近似为单圆头长方体，上面有一圆孔，如图 4.19(e) 所示。

(4) 由封闭线框 4 及其在俯视图和左视图中的对应投影，很容易想象出它的形状是和线框 3 结构左右对称的，如图 4.19(f) 所示。

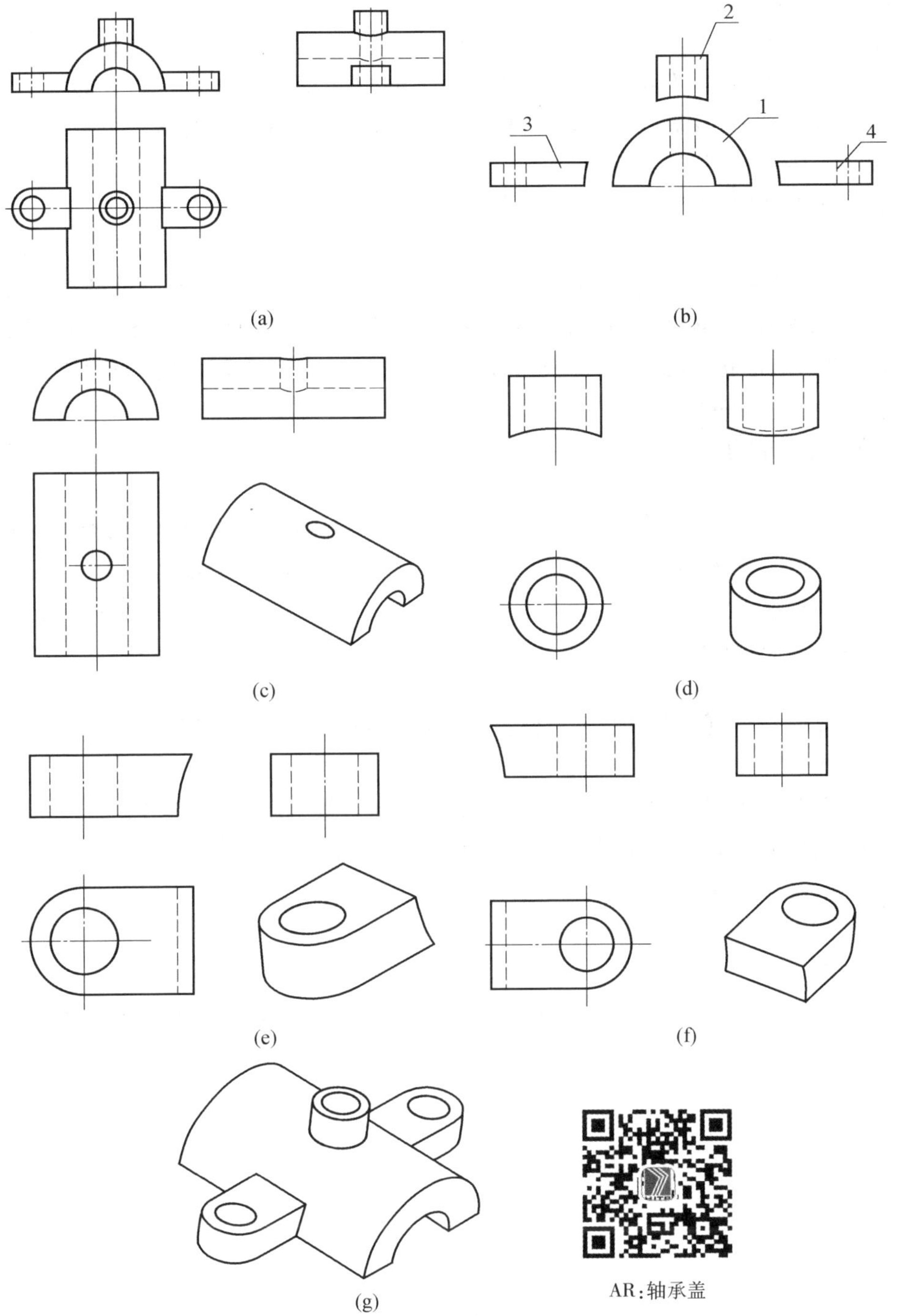

AR:轴承盖

图 4.19　轴承盖三视图读图过程

3. 进行叠加，想象出完整形状

根据轴承盖的三视图可知，轴承盖以中部的半圆筒为中心，上部叠加一空心圆柱，并保持前后、左右对称；左右各叠加一块单圆头长方体（上面有一通孔），其底部与半圆筒底面平齐，并保持前后、左右对称。轴承盖的整体形状如图 4.19(g) 所示。

归纳总结

通过识读轴承盖的三视图，可以得出识读叠加式零件三视图的几个关键点：首先要进行形体分析，即观察零件由哪几部分组成；接着要把几个视图的相应部分对照起来，从而弄清每一部分的形状，要抓住特征视图；最后进行叠加，即可想象出零件完整的形状。

活学活用

形体分析法是将较为复杂的组合体分解为若干较为简单的几何形体，然后对简单几何形体逐个分析，从而实现化繁为简、化难为易。日常生活中，我们解决疑难问题也要善于从大局出发，将复杂问题分解为若干简单问题，化整为零，先易后难，各个击破，将大大提高解决疑难问题的效率。

任务四　识读夹铁、压板三视图

零件形成时，若以叠加方式为主，则它的三视图一般用形体分析法识读。而对于切割面较多的零件（如夹铁），在形体分析的基础上往往还需要进行线面分析。

任务描述

（1）对夹铁三视图（图 4.20）进行识读，想象出空间形状。在识读的基础上，掌握线面分析法的读图方法。

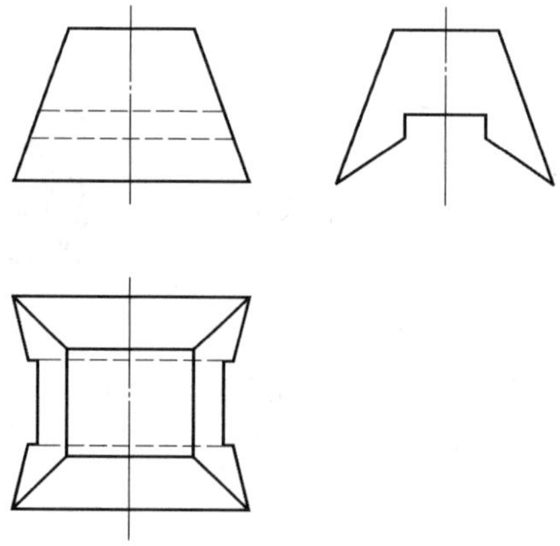

图 4.20　夹铁三视图

(2)根据压板三视图(图 4.21),想象出空间形状。

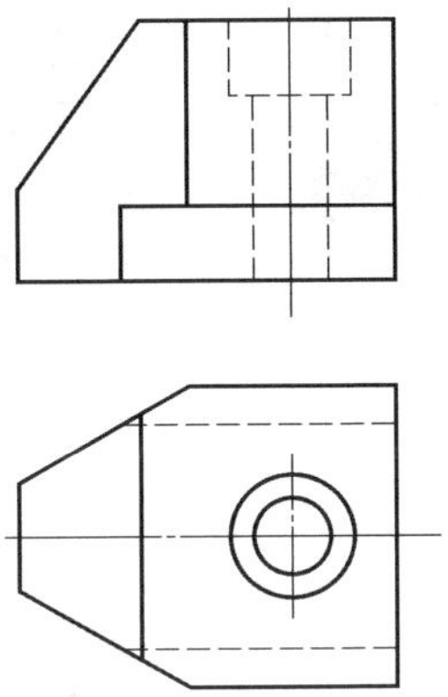

图 4.21 压板三视图

相关知识

切割体读图方法

1. 线面分析法

对于以切割为主所形成的较为复杂的组合体,读图时应采用线面分析法。线面分析法就是运用直线和平面的投影特性来分析零件各表面的形状和相对位置,并在此基础上综合归纳想象出零件的形状,线反映积聚性,面反映类似性。对于组成体的某个面的投影来讲,其投影规律可以归纳为“非积聚(线)即类似(面)”。如果这个面垂直于投影面,则在这个投影面内,其投影积聚为线;如果这个面倾斜于投影面,则在这个投影面内,投影为类似的缩小面;如果这个面平行于投影面,则在这个投影面内,其投影为和原面一样的面(此种情况可以认为是 100% 的类似)。所以,一个面的投影要么积聚成线,要么是类似形(真实可以认为是 100% 的类似)。

微课
切割体读图方法

当基本体或不完整的基本体被投影面垂直面切割时,与截平面倾斜的投影面上的投影为类似形。图 4.22(a)、(b)、(c)中,分别有一个 L 形的铅垂面、工字形的正垂面和凹字形的侧垂面。在它们的三视图中,与截平面垂直的投影面上的投影积聚成一直线,与截平面倾斜的另两个投影面的投影均为类似形。

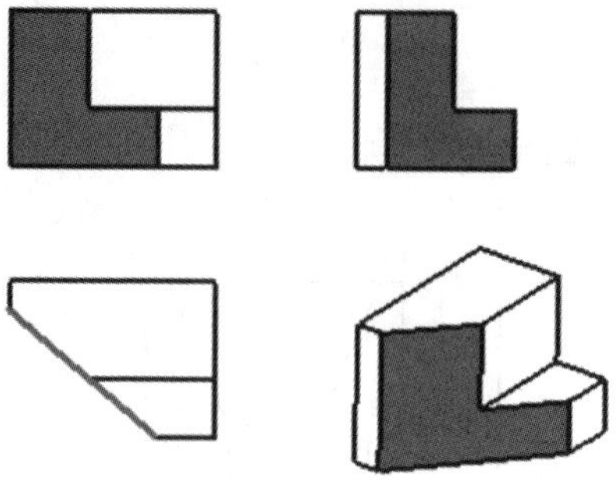

(a)

AR:倾斜的投影面的截面投影为类似形 a

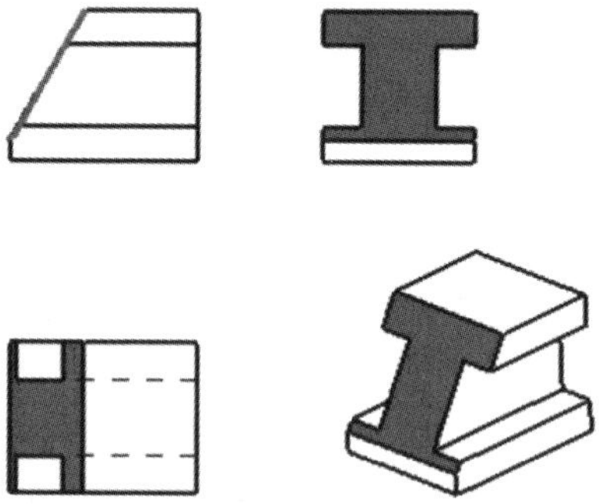

(b)

AR:倾斜的投影面的截面投影为类似形 b

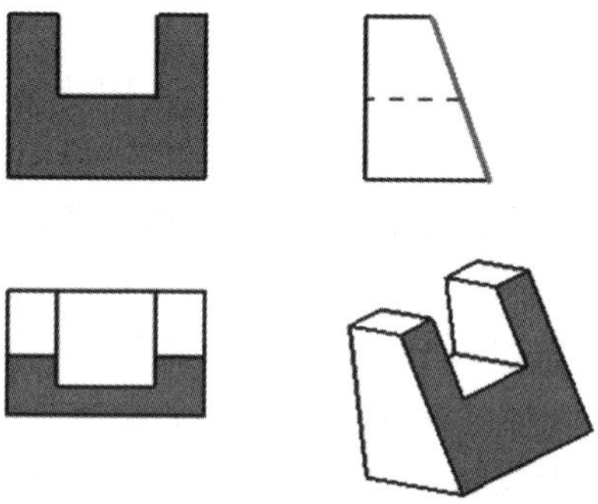

(c)

AR:倾斜的投影面的截面投影为类似形 c

图 4.22　线面分析法读图

2. 切割法

对于有些相对复杂的切割类组合体,单纯采用线面分析法分析难度较大,此时可以将切割法和线面分析法组合起来使用。按照组合体的实际生成过程,在未切割形体的基础上(如长方体),每切去一部分,分析其结构,最终分析出整体结构。

微课
夹铁三视图识读
任务实施

任务实施

(1)夹铁三视图的俯视图中有较多的粗实线框,因此,可将俯视图中的粗实线框进行编号,然后分别找出各线框在其他视图中的对应投影,接着进行线面分析,主要分析各线框所表示平面的形状及位置,最后综合想象整体形状。

①将俯视图中的粗实线框进行编号,如图 4.23(a)所示。注意:对称的线框只需编一个号。

②由“长对正”“宽相等”找出线框 1 在主视图和左视图中的对应投影 1′、1″,根据平面的投影特性可知它是一水平面,形状为矩形,位于夹铁的最上方,如图 4.23(b)中的Ⅰ面。

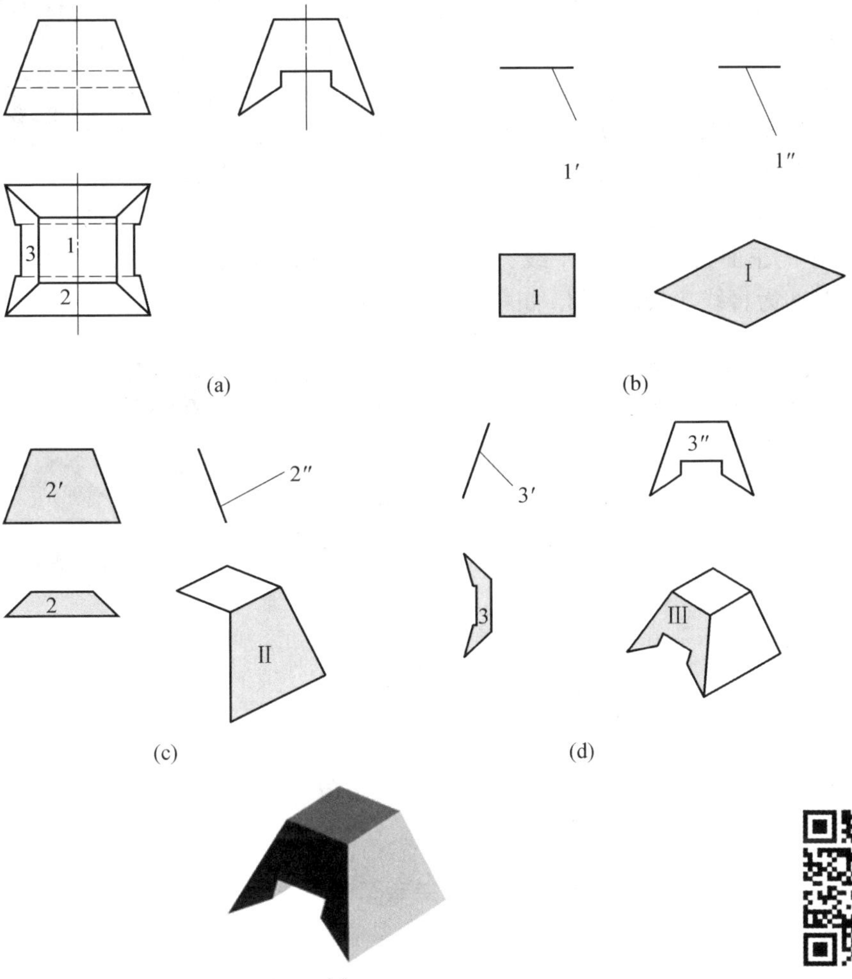

AR:夹铁

图 4.23　夹铁三视图线面分析法读图过程

③由“长对正”“宽相等”找出线框 2 在主视图和左视图中的对应投影 2′、2″,根据平

面的投影特性可知它是一侧垂面，形状为等腰梯形，位于夹铁的前方，如图 4.23(c)中的Ⅱ面。由于零件前后对称，故后侧也有一相同的平面。

④由“长对正”“宽相等”找出线框 3 在主视图和左视图中的对应投影 3′、3″，根据平面的投影特性可知它是正垂面，形状为下侧内凹的八边形，位于夹铁的左侧，如图 4.23(d)中的Ⅲ面。由于零件左右对称，故右侧也有一相同的平面。

⑤分析面与面的交线，综合想象，可知夹铁的空间形状如图 4.23(e)所示。

微课
压板三视图识读
任务实施

(2)据压板三视图，物体可看作对长方体切割形成，可以采用切割法进行分析。具体过程可以根据切割的步骤一步步进行。

读图过程：

组合体切割前是一个长方体，首先在左上方用正垂面 P 切去一个角，此时正垂面 P 为矩形面，如图 4.24(a)所示。然后用铅垂面 Q 前后对称切去两角，此时正垂面 P 变为梯形面，其水平投影 p 和侧面投影 p'' 是两个类似的梯形线框。铅垂面 Q 为五边形面，如图 4.24(b)所示。然后用水平面 E 和正平面 F 切割前后两个角，此时铅垂面 Q 变为七边形面，其正面投影 q 和侧面投影 q'' 是两个类似的七边形封闭线框。由投影规律可知，水平面 E 的正面投影 e' 为水平线，水平投影 e 为梯形面；正平面 F 的正面投影 f' 为矩形，水平投影 f 为直线。最后挖孔，如图 4.24(c)所示。

AR:压板

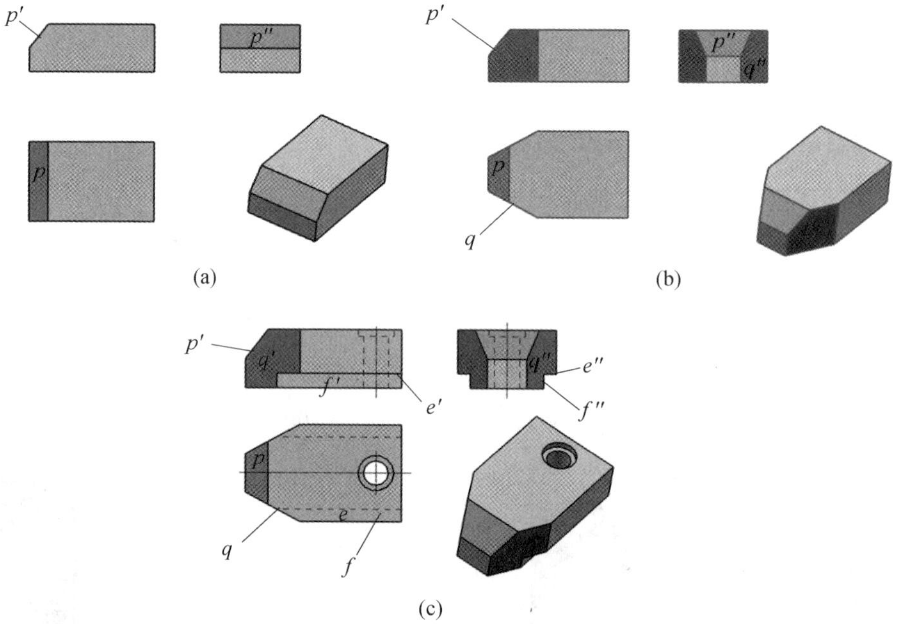

图 4.24 压板三视图线面分析法读图过程

总之，由上述分析，压板是在长方体的基础上左上方被正垂面切去一个角，然后由铅垂面前后对称切去两角，然后其下方被正平面和水平面各切去一块，最后分析中间挖去的圆柱形阶梯孔,综合想象,可知压板的空间形状如图 4.24 所示。

归纳总结

切割式组合体读图相对有一定难度,可以将线面分析法和切割法综合起来使用。在具体读图时,首先要对一个视图中的粗实线框进行编号,然后分别找出各线框在其他视图中的对应投影,分析各线框所表示平面的形状及位置,最后综合起来想象出整体形状。对于较为复杂的切割体,可以由切割前的形体入手,一步步进行切割,逐步分析整体形状。

活学活用

横看成岭侧成峰,远近高低各不同。切割体的分析中,截面的分析是关键,截面的投影在它垂直的这个投影面内的投影积聚成直线,其他面内的投影为反映平面边数或特征的类似形,即所谓"非积聚即类似"。抓住这个牛鼻子,切割体分析将由难变易。在我们处理疑难事物的时候,也要注意观察思考,抓住反映事物本质和规律的"牛鼻子",从而找到解决问题的金钥匙。

结合线面分析法"非积聚即类似",谈谈你对"种瓜得瓜,种豆得豆"的理解。

形体分析法和线面分析法是识读组合体的基本方法,要根据所要分析的组合体特征灵活选用分析方法。日常生活中,我们要学会灵活利用马克思主义的立场、观点分析解决问题。实事求是,具体问题具体分析是马克思主义活的灵魂。针对不同的问题,我们要采用不同的方法,一切从实际出发,而不能僵化、教条,犯教条主义错误。

模块 5

机械零件的表达

在工程实际中，机械零件的结构形状多种多样，有的用前面介绍的三个视图还不能表达清楚。为此，国家标准《技术制图》和《机械制图》中规定了视图、剖视图、断面图以及其他各种表达方法。在本模块中，将以阀体、压紧杆、泵盖、支架、模板、摇臂、阶梯轴共七个机件为载体来学习这些表达方法。

学习目标

1. 知识目标

（1）掌握各类视图、剖视图、断面图等表达方法的基本特点、适用条件、画法规定及标注方法；

（2）了解局部放大图及常用的简化画法。

2. 能力目标

（1）能识读采用不同方法表达的机件图样，想象出机件形状；

（2）能根据机件的形状特点恰当选择视图、剖视图、断面图等方法绘制图样并标注；

（3）能看懂采用局部放大、简化画法等特殊表达方法的图样。

3. 素养目标

（1）培养认真细致、严谨的工作作风和精益求精的工匠精神；

（2）培养多角度看待问题、抓主要矛盾等思维习惯，要不断地向周围的人学习。

任务一　阀体、压紧杆的表达

任务描述

(1)采用合适的表达方法绘制如图 5.1 所示的阀体。

用三视图表达时,按自然位置安放并选择比较能够全面反映其形状特征的方向为主视方向。如果用主、俯、左三个视图表达,由于阀体左右两侧形状不同,则在左视图中将会出现许多虚线,这将给画图和读图带来困难。那么到底应采用怎样的表达方法呢?

图 5.1　阀体的立体图

(2)压紧杆的立体图如图 5.2(a)所示,由于零件上存在倾斜结构,若采用三视图来表达它的形状,则倾斜部分在 H 和 W 面上的投影都不具有聚集性,如图 5.2(b)所示,这将给画图和读图带来不便。对于这种情况,压紧杆如何来表达更好呢?

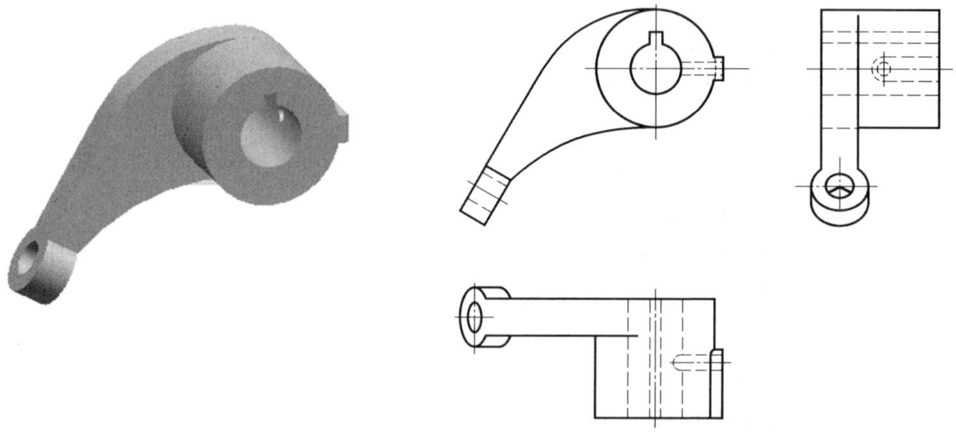

(a)　(b)

图 5.2　压紧杆及三视图

相关知识

视图是用正投影法将机件向投影面投射所得的图形,主要用于表达机件外部结构形状,一般只画出机件的可见部分,必要时才用虚线表达其不可见部分。视图包括基本视图、向视图、斜视图和局部视图四种。

1. 基本视图

机件向基本投影面投射所得的视图,称为基本视图。

在原有三个投影面的基础上,再增加三个互相垂直的投影面构成一个正六面体。正六面体的六个面称为基本投影面。将机件放在正六面体内,分别向各基本投影面投射,所得的视图称为基本视图。除主视图、俯视图和左视图外,还有右视图、仰视图、后视图。压板立体图如图 5.3 所示。六个基本投射方向、六个基本视图分别是:

微课
基本视图

由前向后投射—主视图;

由后向前投射—后视图;

由上向下投射—俯视图;

由下向上投射—仰视图;

由左向右投射—左视图;

由右向左投射—右视图。

就像三视图的形成过程一样,六个基本投影面需要展开。展开时,正面仍然保持不动,其余各投影面按图 5.4 所示展开到与正面在同一平面上。故六个基本视图之间仍保持“长对正、高平齐、宽相等”的投影关系,如图 5.5 所示。六个基本视图的配置如图 5.6 所示。

图 5.3　压板立体图

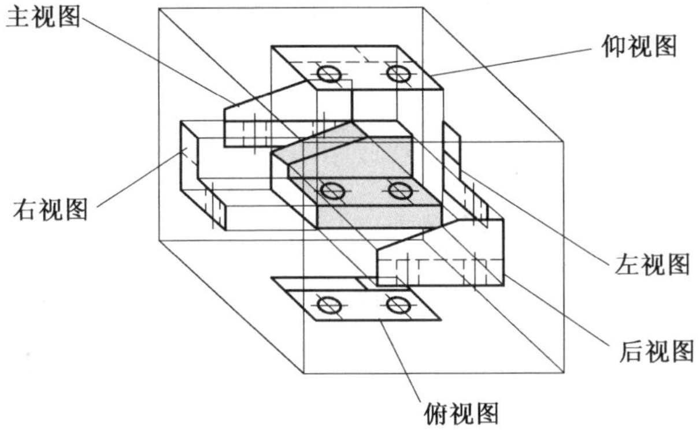

图 5.4　基本视图的形成

AR:基本视图形成

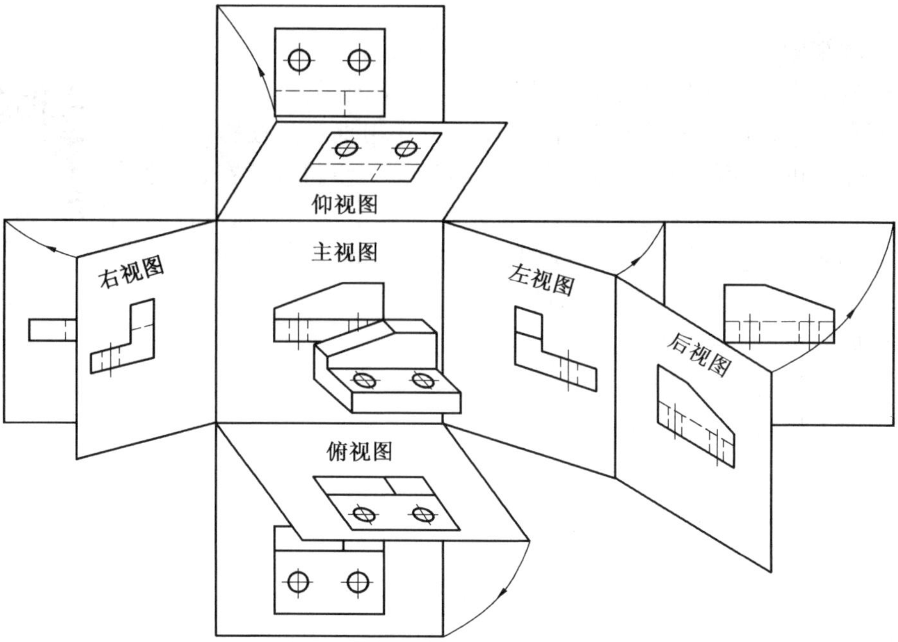

图 5.5　六个基本投影面的展开及视图名称

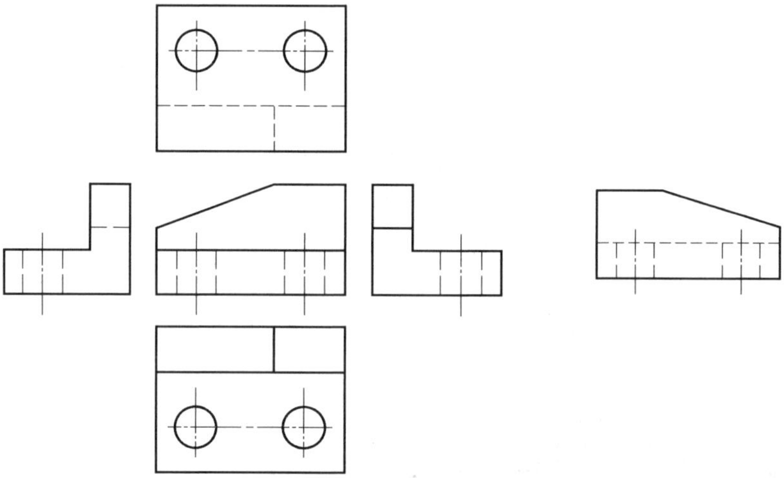

图 5.6　六个基本视图的配置

虽然机件可以用六个基本视图来表示，但是在实际使用时，根据机件的形状和结构特点，选择必要的几个基本视图，在完整清晰地表达机件形状和结构的前提下，力求视图数量少，绘图简便。

2. 向视图

当基本视图未按投影关系配置时，即产生了向视图，如图 5.7 所示。也就是说，向视图是可以自由配置的视图。

微课
向视图、斜视图

向视图在实际应用时应注意：

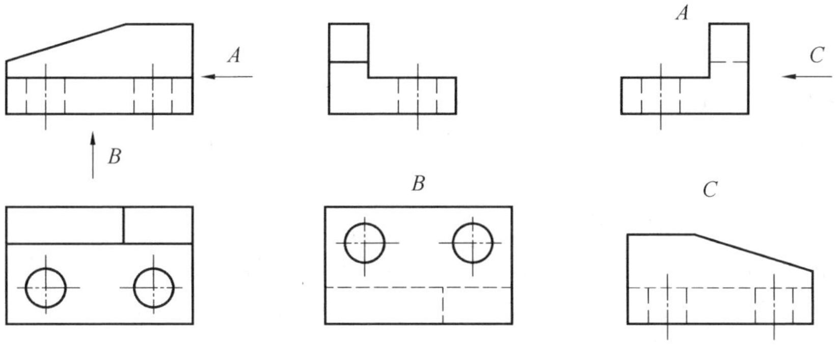

图 5.7 向视图配置

(1)由于向视图的位置可随意配置，为了便于读图，应在向视图的上方用大写的拉丁字母标出该向视图的名称，并在相应的视图附近用箭头指明投射方向，注上相同的字母，如图 5.7 所示。

(2)表示向视图名称的字母，书写方向应与读图方向一致。

(3)表示投射方向的箭头应尽可能配置在主视图，以使所得视图与基本视图一致。表示后视图的投射方向的箭头最好配置在左视图或右视图上。

3. 斜视图

当机件上有倾斜结构时，为了表达倾斜部分的真实形状，可设置一个平行于倾斜部分并垂直于某一基本投影面的辅助投影面，沿垂直于辅助投影面的方向投射，在辅助投影面上就得到倾斜部分的实形，如图 5.8 所示。这种将机件向不平行于基本投影面的平面投射所得的视图称为斜视图。

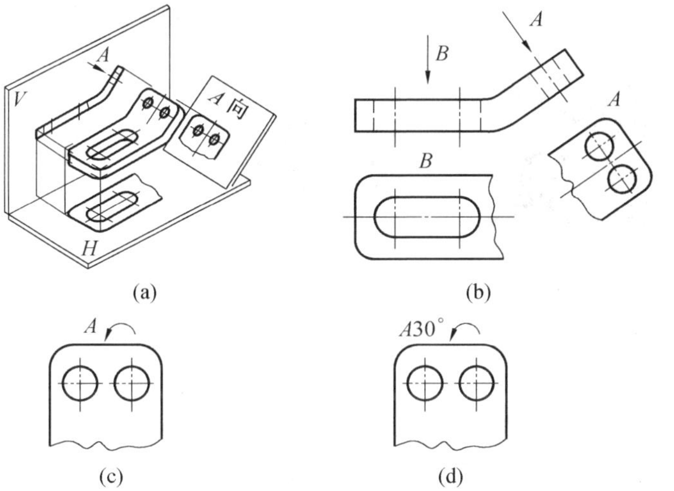

AR:斜视图形成

图 5.8 斜视图的形成

斜视图的画法、标注及配置如下：

(1)画斜视图时，首先应将辅助投影面向后翻转 90°，使它与 V 面重合。展开后得到的斜视图如图 5.8(b)中的 A 向视图，它与主视图的对应部分应在倾斜方向上保持对正。

斜视图常用于表达机件上倾斜结构的真实形状，其余部分省略不画，斜视图的断裂边界可用波浪线或双折线表示。

(2)斜视图必须进行标注，标注的方法是：首先在斜视图的正上方标一大写字母，然后在相应视图上标一个与倾斜轮廓垂直的箭头(表示投射方向)并写上相同的字母，如图5.8(b)所示。

(3)斜视图按向视图的配置形式进行配置。需要时，还允许将斜视图旋转配置，并加注旋转符号，如图5.8(c)所示。旋转符号为半径等于字体高度的半圆形，表示斜视图名称的字母应靠近旋转符号的箭头端，需给出旋转角度时，角度应注写在字母之后，如图5.8(d)所示。

4.局部视图

如图5.9所示的机件，采用主、俯视图两个基本视图，其主要结构已表达清楚，但左边凸台的形状不够明晰，若因此再画出左视图和右视图，则大部分属于重复表达。如果采用图5.9中(a)或(b)局部视图来表达，可使图形重点突出，凸台的形状更清晰。

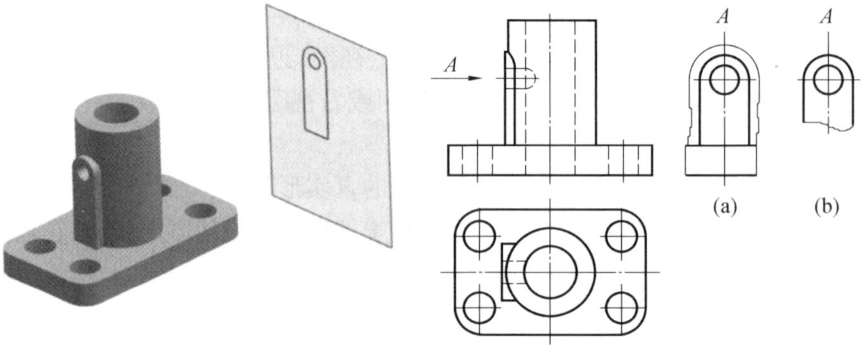

图5.9　局部视图

微课
局部视图

AR:局部视图

所谓局部视图，就是将机件的某一部分向基本投影面投射所得的视图。

(1)局部视图的画法。

与斜视图相同，局部视图的断裂边界也用波浪线或双折线表示，如图5.9中的*A*向视图。当局部视图所表达的结构是完整的，其图形的外轮廓线呈封闭时，波浪线可省略不画。

(2)局部视图的标注。

局部视图用带字母的箭头标明所表达的部位和投射方向，并在局部视图的上方标注相应的字母，如图5.9中的*A*向视图。但当局部视图按投影关系配置，中间又没有其他视图隔开时,可省略标注,故图 5.9 中的 *A* 向局部视图也可省略标注。

(3)局部视图的配置。

局部视图可按基本视图的形式配置,如图 5.9 中的 *A* 向视图;也可按向视图的形式配置。

为了节省绘图时间和图幅,对称零件的对称视图可只画一半或四分之一,这样的视图也是局部视图,但在对称中心线的两端要画出两条与其相垂直的平行的细实线,如图 5.10(a)所示为上下对称,图 5.10(b)所示为左右上下对称。

AR:对称零件局部视图

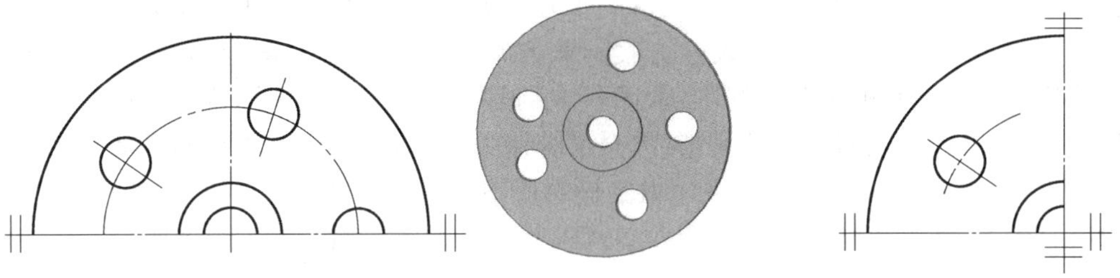

(a) 对称物体可只画一半　　(b) 左右上下对称物体可只画 1/4

图 5.10　对称零件局部视图

任务实施

微课 阀体表达 任务实施

(1)图 5.11 为阀体的表达。由于仅用三视图已无法将机件的形状全部表达清楚,故增加了一个向视图(*A* 向视图),它主要用来表达机件右侧的外形。由于用四个图已将机件的全部形状表达清楚,不仅左视图中的虚线,连同俯视图及 *A* 向视图中的虚线都可以不画。

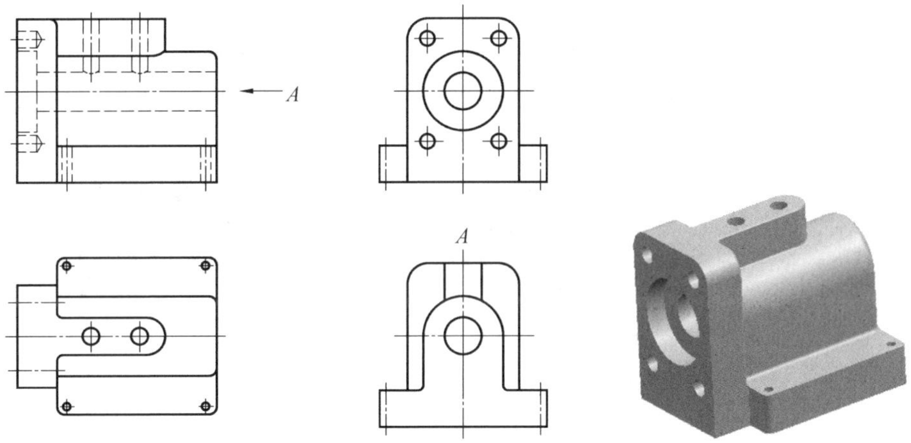

图 5.11　阀体的表达

AR:阀体

微课
压紧杆表达
任务实施

在上述阀体的表达方案中,请读者试想一下,如果将 A 向视图按投影关系配置,即将其配置在主视图的左侧,并与主视图保持高平齐的关系,则这个图是否需要标注?

(2) 图 5.12(a)是压紧杆的表达方案。该方案采用了四个图表达,保留了原三视图中的主视图,舍去了俯视图和左视图,取而代之的是一个斜视图和两个局部视图。其中,斜视图用表达机件上倾斜部分的实形,其余部分用 B 向局部视图表达;C 向局部视图用以表达机件右侧的 U 形凸台。这种表达方案显然比用三视图表达画图、读图更方便。

图 5.12(b)是压紧杆的另一表达方案。压紧杆的立体图如图 5.12(c)所示。请读者仔细比较两种表达方案在画图及标注方面的异同点。

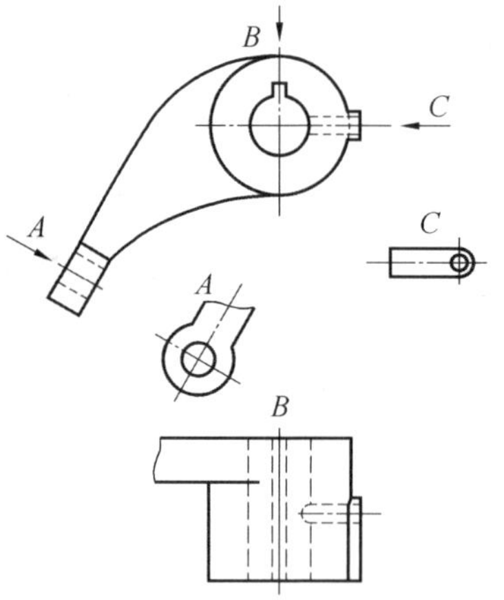

(a)

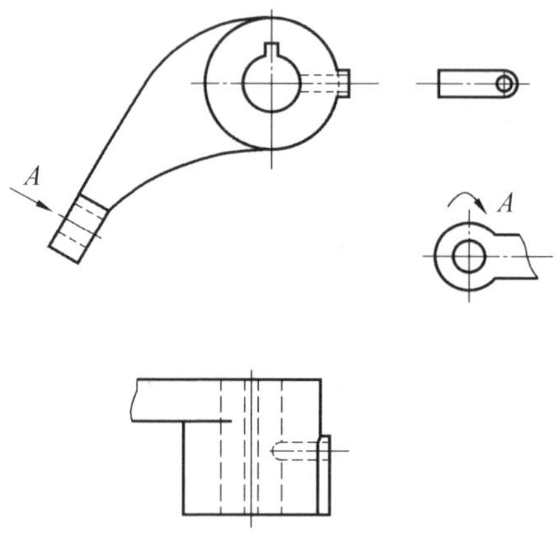

(b)

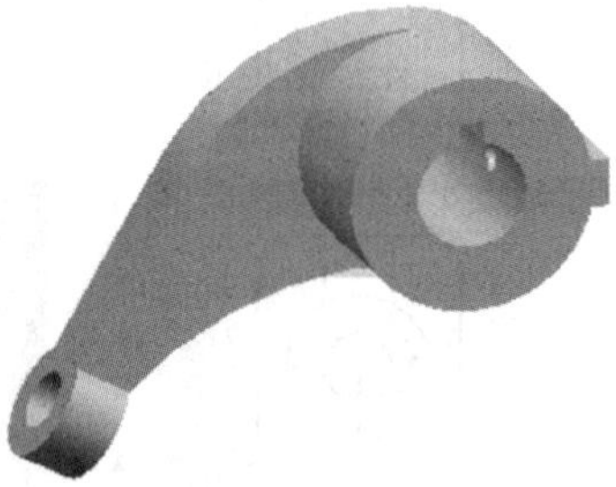

AR: 压紧杆

(c)

图 5.12 压紧杆表达方案

归纳总结

借助本任务，我们学习了基本视图、向视图、局部视图和斜视图，但在实际工程中，应根据实际零件的形状来灵活选用。一般来说，在完整、清晰表达零件内外结构的前提下，力求使视图的数量少，以减少绘图工作量。基本视图不需要标注，其他几个表达方法则需要标注。

活学活用

本任务学习了基本视图、向视图、斜视图等多种表达方法。这提醒我们，在观察和认识事物时，要注意换个角度看问题，不要钻牛角尖，换一个思路说不定会达到柳暗花明又一村的效果。为人处世中，既要坚持原则，也要有适当的灵活性。

谈谈你对“生活不是缺少美，而是缺少发现”这句话的理解。

任务二　泵盖的表达

任务描述

泵盖的立体图如图 5.13(a)所示，其内部的不可见结构较多，若采用两个视图来表达它的形状，则在主视图中会有较多的虚线，如图 5.13(b)所示。过多的虚线会影响图形的清晰度，不便于读图和标注尺寸。为了清晰地表达零件的内部形状，有没有更好的绘图方法呢？

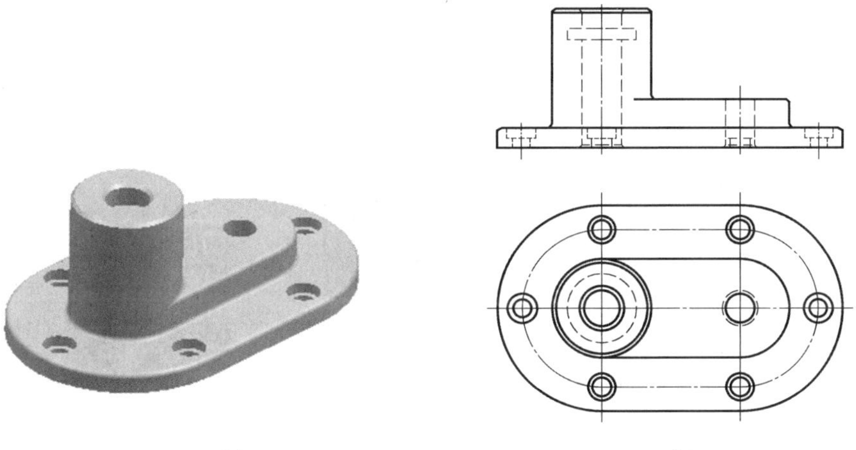

(a)　(b)

图 5.13　泵盖及其视图

相关知识

1. 剖视图的形成

假想用剖切面剖开机件,将处在观察者与剖切面之间的部分移去,将其余部分向投影面投射所得的图形称为剖视图,简称剖图。如图 5. 14(a)为某机件立体及其视图,图 5. 14(b)为剖视图形成过程:剖切、移走、投影。图 5.14(c)中的主视图即为该机件的剖视图。

微课
剖视图形成及画法

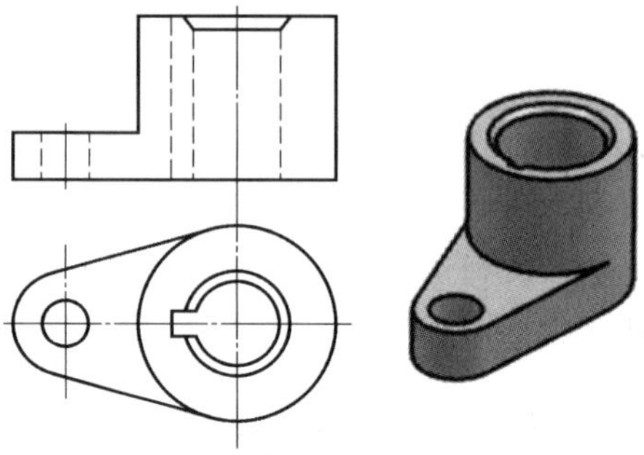

(a)

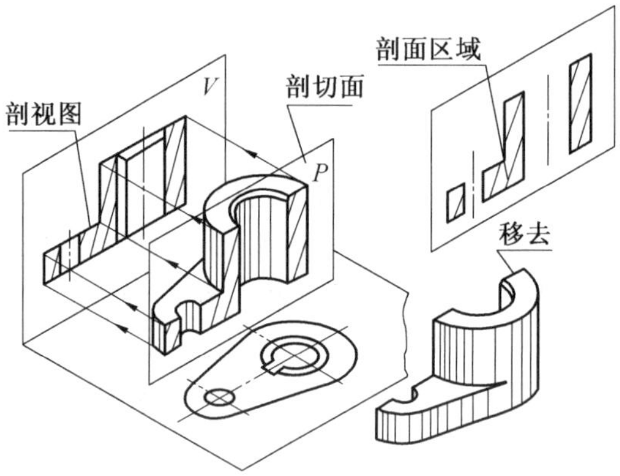

(b)

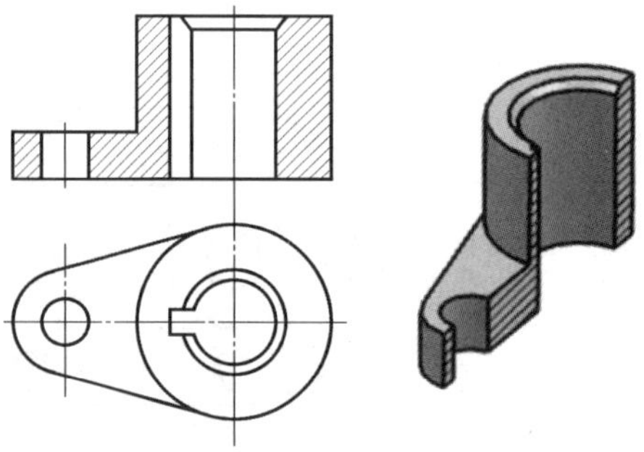

(c)

AR:剖视图

图 5. 14 剖视图的形成

2. 剖视图的画法

(1)确定剖切面的位置。

先确定在哪个视图作剖视,并在相关视图中确定剖切面的位置。如图 5.14(b)所示,选取平行于 *V* 面的对称面作为剖切面,主视图可画成剖视图。

(2)剖视图。

剖开零件,移走前半部分,将后半部分零件向 *V* 面投射,所得图形(虚线不画)即为剖视图,如图 5.14(c)中的主视图(不含阴影)。

(3)剖面符号。

剖切面与机件的接触部分称为剖面区域。剖面区域要画出与材料相应的剖面符号,材料不同,其剖面符号的画法也不同,国家标准规定了各种材料的剖面符号,见表 5.1。

表 5.1 剖面符号(GB/T 17453—2005)

材料名称	剖面符号	材料名称	剖面符号
金属材料(已有规定剖面符号者除外)	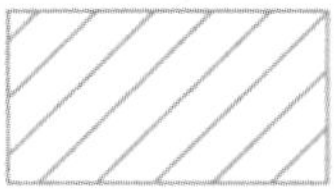	木质胶合板(不分层数)	
线围绕组元件	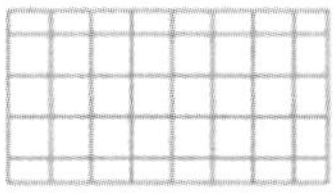	基础周围的泥土	
转子、电枢、变压器和电抗器等的透铜片	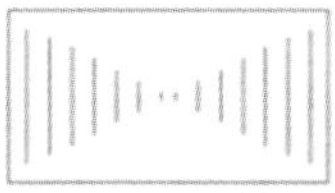	混凝土	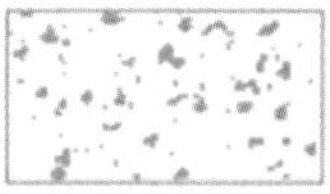
非金属材料(已有规定剖面符号者除外)	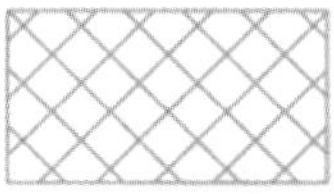	钢筋混凝土	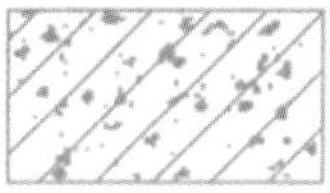
型砂、填砂、粉末冶金、砂轮、陶瓷刀片、硬质合金刀片等		砖	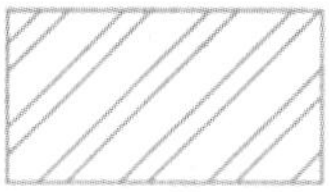
玻璃及供观察用的其他透明材料		格网(筛网、过滤网等)	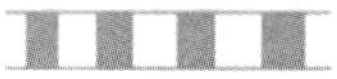

金属材料的剖面符号常称为剖面线,应画成间隔均匀的平行细实线,且与主要轮廓线或剖面区域的对称线成45°角(图 5.15)。同一零件各视图中的剖面线方向与间距必须一致。

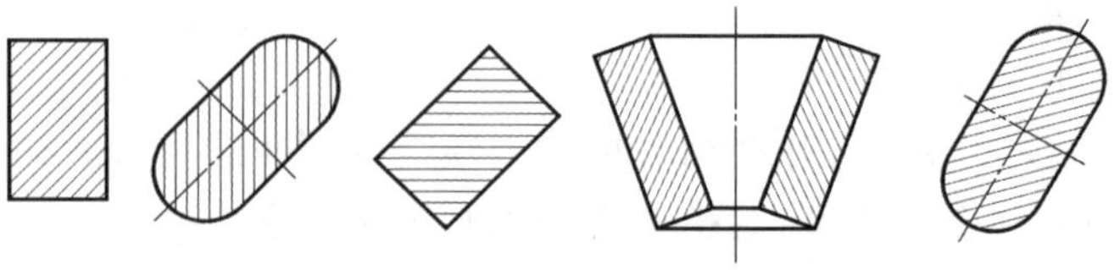

图 5.15　剖面线的画法

3. 剖视图的配置和标注

（1）配置。

剖视图应首先考虑按投影关系配置在相应的位置上，如图 5.14（c）中的主视图。必要时才考虑配置在其他适当位置。

微课
剖视图标注

（2）标注。

标注的方法是在剖视图的上方用大写字母标出剖视图的名称“X—X”，在相应的视图上用剖切符号表示剖切位置（用粗短画）和投影方向（用箭头表示），并标注相同的字母。

如图 5.16 所示为剖视图的标注。标注包括三个要素：

①剖切线：表示剖切面位置的线，用细点画线表示，画在剖切符号之间的剖切线可省略不画。

②剖切符号：表示剖切面起、止和转折位置（用粗短画表示，线宽（1 ~ 1.5）*d*，长 3 ~ 6 mm）及投射方向（用箭头表示，有时可省略）的符号，如图 5.16 中剖视图的标注。注意：剖切符号不要与图形轮廓相交。

③字母：注写在剖视图上方，用以表示剖视图名称的大写字母。为便于读图时查找，应在剖切符号的附近注上相同的字母，如图 5.16 所示。

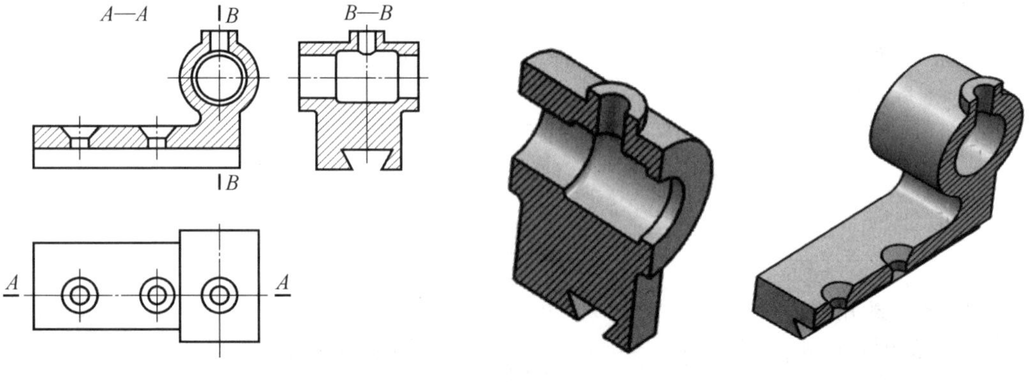

图 5.16　剖视图的标注

在下列情况中，剖视图的标注内容可简化或省略：

①当剖视图按投影关系配置，中间又无其他图形隔开时，可省略表示投射方向的箭头，如图 5.16 中的 *A*—*A*、*B*—*B* 剖视图。

②当单一剖切平面通过机件的对称面或基本对称平面，且剖视图按投影关系配置，中间又无其他图形隔开时，则不必标注，如图 5.14（c）中

AR：剖视图标注

的主视图。

4. 画剖视图应注意的问题

（1）画剖视图时，为了表达机件内部的真实形状，剖切平面一般应通过机件内部结构的对称平面或孔的轴线，如图 5.14 所示。

（2）由于剖视图是假想剖开机件得到的，因此当机件的一个视图画成剖视图时，其他视图仍应完整画出，如图 5.14 所示。

（3）为了使剖视图清晰，凡是在其他视图上已经表达清楚的结构形状，其虚线可省略不画。但当结构形状没有表达清楚时，允许在剖视图或其他视图上画出必要的虚线，如图 5.17 所示。

微课
剖视图注意事项

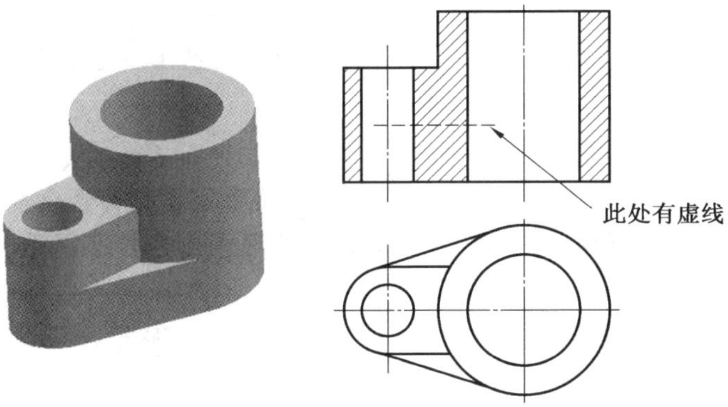

AR:画虚线的剖视

图 5.17 画虚线的剖视图

（4）不要漏画剖切平面后面的可见轮廓线，如图 5.18 所示。

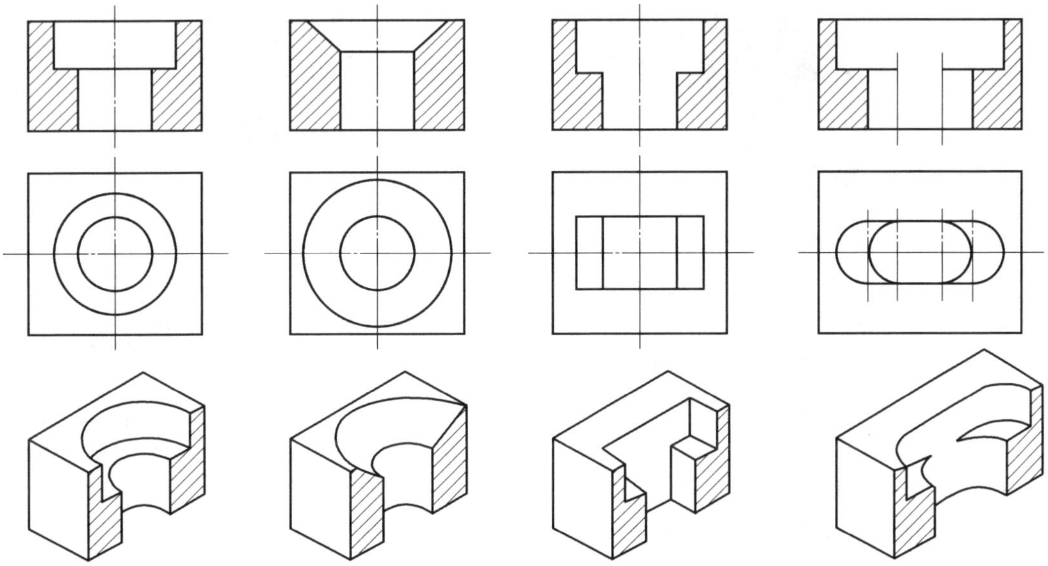

(a) 不要漏画平面积聚投影　(b) 不要漏画交线　(c) 不要多画投影　(d) 不要多画或少画线段

图 5.18 孔、槽的剖视图画法

任务实施

1. 泵盖表达方案

AR:孔槽剖视图画法

有了剖视图的知识，对于泵盖这样内部结构较复杂的机件，主视图若再用视图表达，显然已不合适，如图5.19(a)所示，应采用剖视图来表达，其正确的表达方案如图5.19(b)所示。剖切后的立体如图5.19(c)所示。

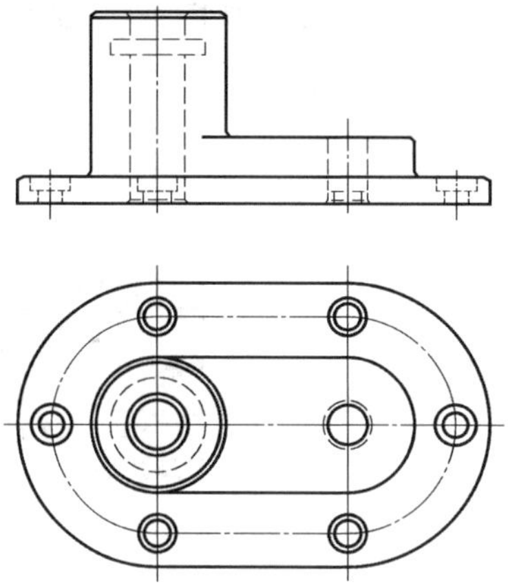

(a)

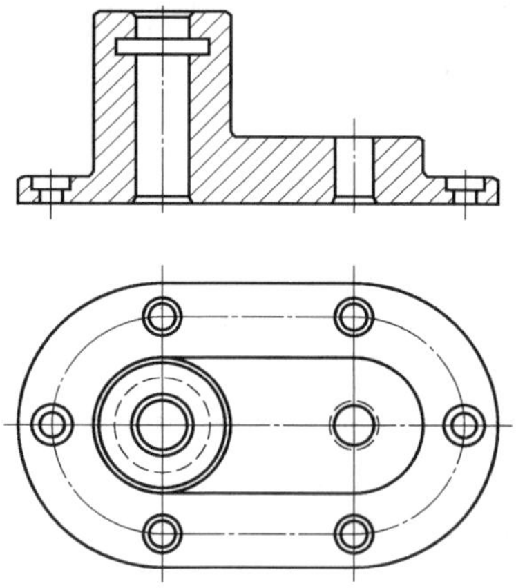

(b)

(c)

AR:泵盖

图5.19　泵盖的表达方案

2. 泵盖剖视图绘图步骤

(1)确定剖切面的位置，图5.19(a)上虚线较多，应画成剖视图，故应选取平行于正垂面的对称面作为剖切面，如图5.19(b)所示。

(2)移走前半部分将后半部分机件向正垂面投射，画出后半个机件的主视图(虚线一般不画，但当结构形状没有表达清楚时，允许在剖视图上画出必要的虚线)，如图5.19(b)所示(除去阴影)。

微课
泵盖表达
任务实施

(3)在剖切面切到的区域内画上剖面符号。如机件的材料为金属，则剖面符号为间隔均匀的平行细实线，且与主要轮廓线或剖面区域的对称线成45°角，如图5.19(b)所示。

(4)标注。在剖视图正上方写“*A*—*A*”(或*B*—*B*等字母)；在俯视图对称中心线的左右各画长 3 ~6 mm 的粗短画，并画上与粗短画相垂直的箭头；在两个箭头附近各写一个"*A*"（或 *B* 等字母）。

因剖切平面通过机件的对称面，且剖视图按投影关系配置，中间又无其他图形隔开，所以泵盖的剖视图不必标注。

归纳总结

视图主要用于表达机件的外部结构，而剖视图主要用于表达机件内部结构。在画剖视图时，首先应确定剖切面的位置，一般取机件内部结构的对称面。当图形画好之后，一定要考虑标注。只有满足一定的条件，剖视图的标注才能省略。

活学活用

有些时候，需要着重表达物体的内部。通过剖视，可以较为清楚地表达物体的内部结构，而对外形的表达则受到一定程度的影响。这启示我们看待事物时，要抓住主要矛盾，适当兼顾次要矛盾，而不要眉毛胡子一把抓。

在社会主义现代化建设中，明确我国社会主要矛盾是人民日益增长的美好生活需要和不平衡不充分的发展之间的矛盾，并紧紧围绕这个社会主要矛盾推进各项工作，不断丰富和发展人类文明新形态。

任务三　支架的表达

任务描述

图 5.20 为支架的立体图及两视图，通过读图可知道，支架由五部分构成：上、下两块长方板；中间为一圆柱；前后各有一 U 形凸台，并且内部有较多的孔结构。对于这种内外形状都较复杂的对称机件，既想表达外形又想表达内部结构，该如何表达呢？

微课
全剖、半剖视图

相关知识

根据剖切范围，剖视图可分为全剖视图、半剖视图和局部剖视图三种。

1. 全剖视图

用剖切面（剖切面可以是平面或柱面）将机件完全剖开所得到的剖视图称为全剖视图。全剖视图用于表达外形较简单、内部结构较复杂且不对称的机件，如图 5.19 所示泵盖的主视图。图 5.21 所示为发动机缸体及其全剖视图。

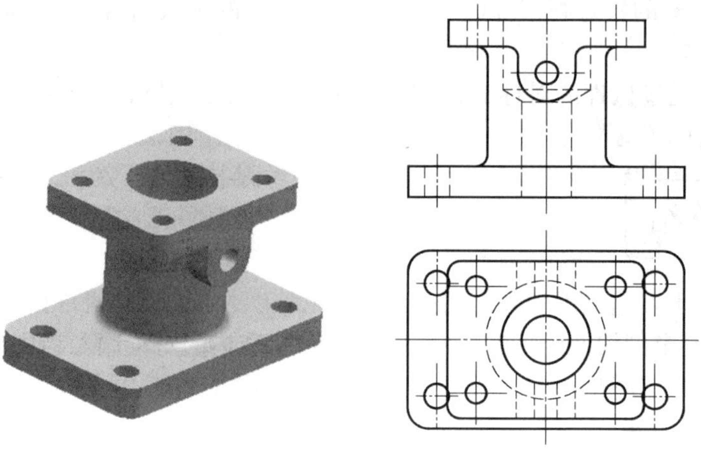

(a) (b)

图 5.20 支架及其视图

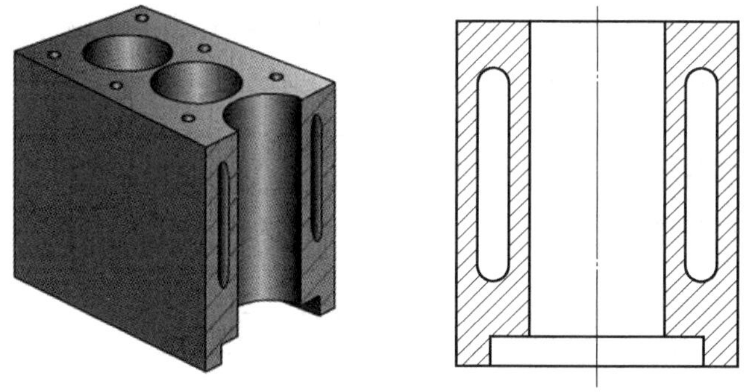

(a) (b)

图 5.21 发动机缸体及其全剖视图

2. 半剖视图

当机件具有对称平面时,在垂直于对称面的投影面上投射所得的图形,可以以对称中心线为界,一半画成剖视以表达内部结构,另一半画成视图以表达外形,这种视图称为半剖视图。

对于图 5.22(a)所示的发动机气门座圈由于其左右对称,所以主视图都可画成半剖视图,如图 5.22(b)所示。

半剖视图在同一图形中能同时反映机件的内部形状和外部形状,所以常用于表达内外形状都比较复杂的对称机件。

当机件的形状接近对称,且不对称部分已另有图形表达清楚时,也可画成半剖视图,如图 5.23 所示。

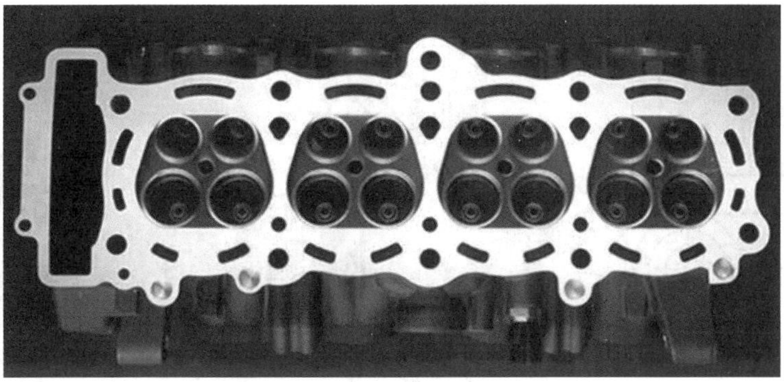

(a)

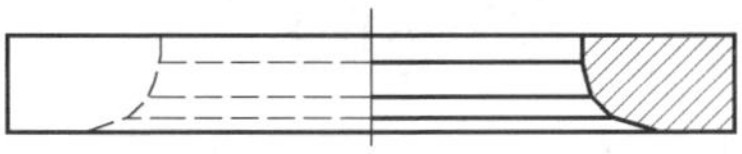

(b)

图 5.22　发动机气门座圈及其半剖视图

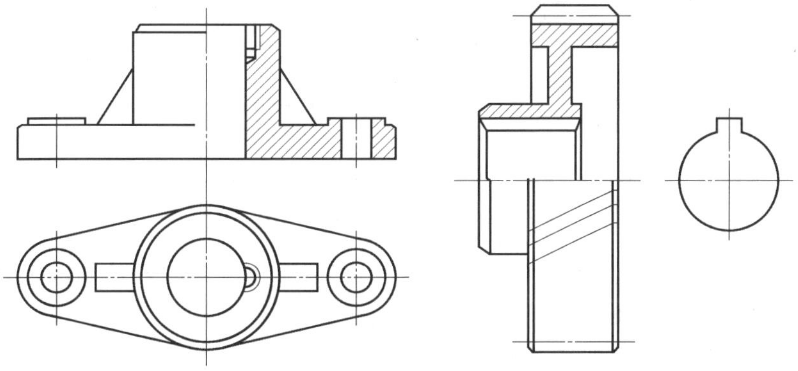

图 5.23　基本对称物体的半剖视图

画半剖视图时应注意：

(1)半个视图与半个视图的分界线应画细点画线。主视图一般将剖切的半个视图放在右边，左视图和俯视图剖切区域一般放前边。

(2)如果机件的内部形状在半剖视图中已表达清楚，则不必在另一半表达外形的视图中再画出虚线，但这些内部结构中的孔或槽的中心线仍应画出。

微课
局部剖视图

3. 局部剖视图

用剖切面将机件的局部剖开，并用波浪线或双折线表示剖切范围，所得的剖视图称为局部剖视图。如图 5.24 所示机件，其左右、上下、前后都不对称。为了表达内外结构形状，将主视图和俯视图画成两个不同剖切位置剖切的局部剖视图。

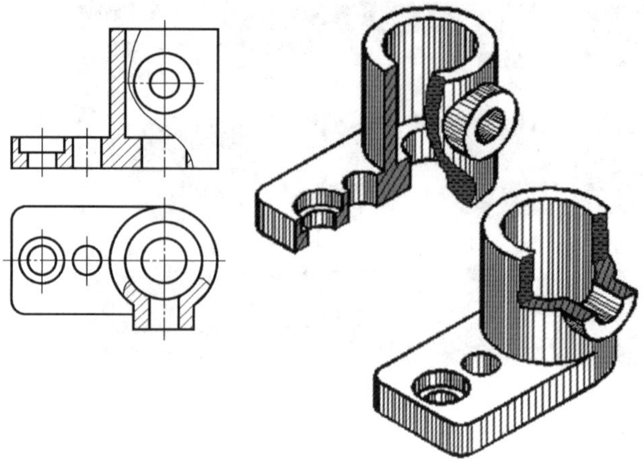

AR:局部剖视图

图 5.24　局部剖视图

局部剖视图的剖切位置和剖切范围根据需要而定,是一种比较灵活的表达方法。除了适用于以上情况外,还适用于以下两种情况:

(1)实心机件如轴、连杆等上面的孔或槽等局部结构需剖开表达时,如图 5.25 所示。

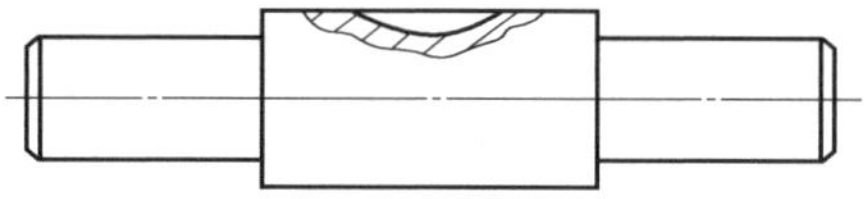

图 5.25　轴类零件的局部剖视图

(2)当对称机件的轮廓线与中心线重合,不宜采用半剖视图表达内部形状时,这类机件也常采用局部剖视,如图 5.26 所示。

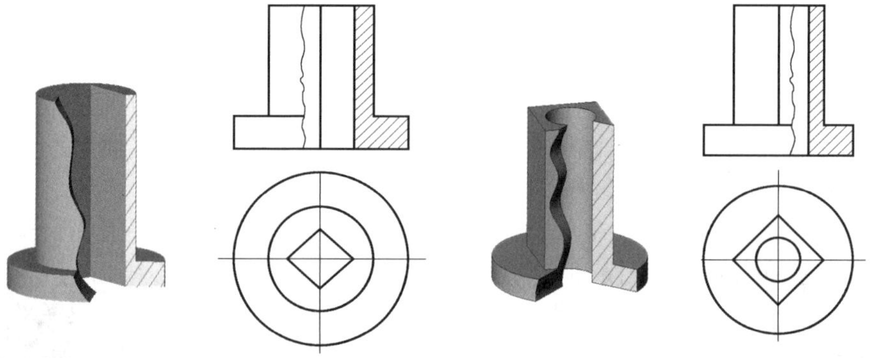

(a)　(b)

图 5.26　轮廓线与中心线重合时的局部剖视图

画局部剖视图时应注意以下几点:

(1)局部剖视图中剖开与未剖开部分的分界线画波浪线。波浪线只能画在机件表面。穿越孔或槽时必须断开,也不能超出实体的轮廓线之外,如图 5.27 所示。

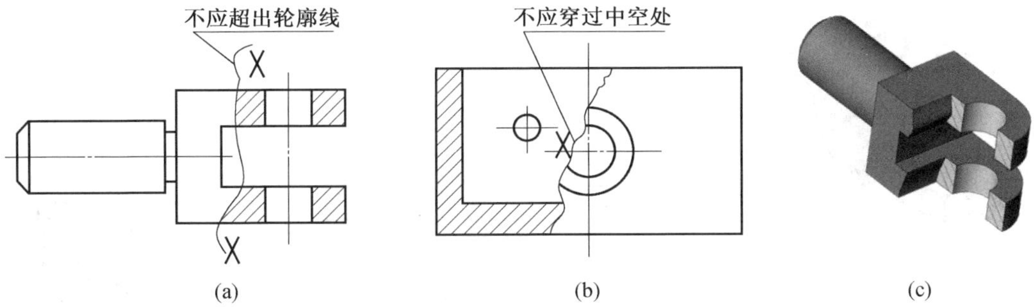

图 5.27　画局部剖视图的注意点

(2)波浪线不应画在轮廓线的延长线上,也不能以轮廓线代替波浪线,如图 5.28 所示。

(3)单一剖切平面且剖切位置明显时,局部剖视图的标注可以省略。

(4)在一个视图中,局部剖视的数量不宜过多,以免图形过于破碎。

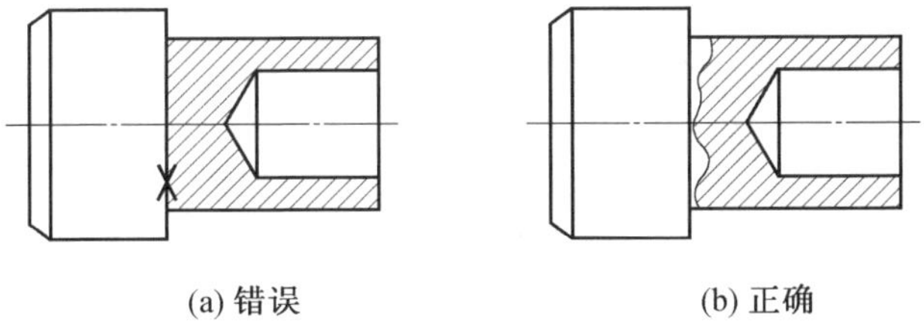

图 5.28　轮廓线不能与波浪线重合

任务实施

1. 支架表达方案

支架表达方案如图 5.29 所示,因机件左右对称,故主视图采用半剖视图表达;因前后对称,故俯视图亦采用半剖视图表达;对于尚未表达清楚的结构,如上下板上的孔,在主视图未剖开的一边采用了局部剖视图的表达方法。至此,机件的形状已全部表达清楚。

微课
支架表达
任务实施

2. 半剖视图绘图步骤

半剖视图的绘图步骤和全剖视图基本相同,可参考泵盖全剖视图的绘图步骤。只有一点不同:全剖视图是全切;半剖视图只切一半,切开的一半按剖视图来画,另一半只画外形。

值得一提的是,半剖视图的标注方法与全剖视图的标注方法是完全一样的,标注时只要把它当作全剖视图来标注即可。

在图 5.29 所示支架的表达方案中,主、俯视图的标注做了很多的省略,请读者想想为什么。

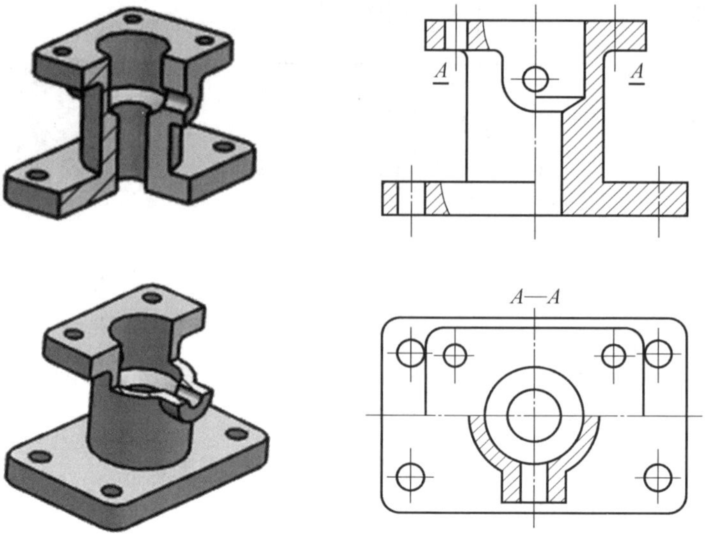

AR:支架

图 5.29　支架的半剖视图

3. 局部剖视图的绘图步骤

(1)用波浪线将要剖切的机件的局部在相应的视图上圈出。

(2)画出圈出部分被剖切后留下部分的投影。

(3)在切到的区域画上剖面符号。

归纳总结

半剖视图是一种内外兼顾的表达方法,特别适用于对称机件的表达。半剖视图中剖开的一半和未剖开的一半之间的分界线仍为细点画线,不能画成粗实线。

局部剖视图是一种较为灵活的表达方法,常用来表达机件上局部的内部结构,如孔、槽。

活学活用

半剖主要用于对称结构,一半画外形,一半画剖视,外形表达和内部结构兼顾,做到鱼与熊掌兼得。这启示人们在重视自身素质提高的同时,也要注意外部形象,做到心灵美与外在美的统一。

局部剖主要是剖切了某些局部结构,提示人们处理问题时,要关注重点、难点问题的解决,重难点的突破有可能带来整个疑难问题的解决。

谈谈你对“一屋不扫,何以扫天下?”的理解。

任务四 模板、摇臂的表达

任务描述

(1)图 5.30(a)为模板的两视图,通过读图不难想象它的形状,如图 5.30(b)所示。这个机件的特点是:外部形状简单,内部形状较复杂。若主视图画成剖视图,仅用一个剖切面是不够的。那如何来画剖视图呢?

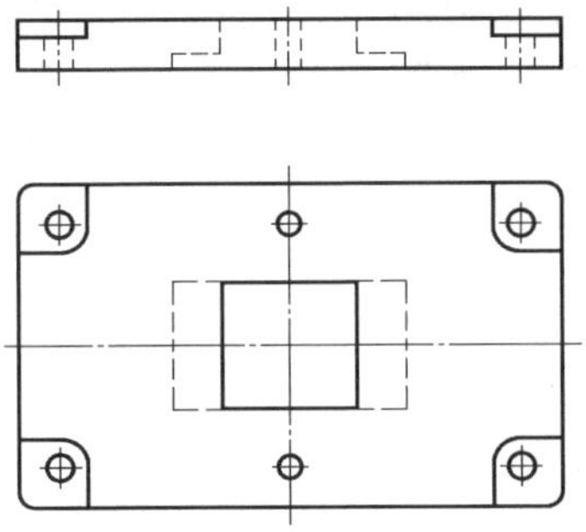

(a)

(b)

图 5.30 模板及其视图

(2)图 5.31 为摇臂的立体图和两视图,其结构特点是机件具有明显的回转轴。在表达内部结构时,采用单一剖切面或几个平行的剖切平面都不合适,那如何剖切合适呢?

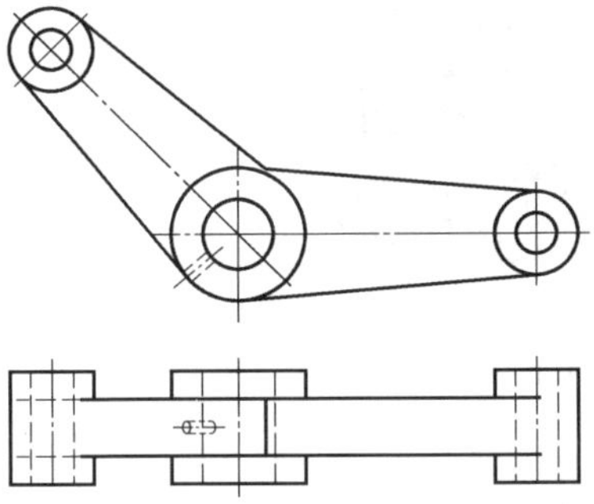

(a)

(b)

图 5.31 摇臂及其视图

相关知识

剖切面有三种类型,即单一剖切面、几个平行的剖切面、几个相交的剖切面。

1. 单一剖切面

剖视图是假想将机件剖开而得到的视图，前面叙述的全剖视图、半剖视图和局部剖视图，都是用平行于基本投影面的单一剖切平面剖切而得到的。由于机件内部结构的多样性和复杂性，常常需要选用不同数量和位置的剖切面来剖开机件，才能把机件的内部形状表达清楚。

微课
单一剖切面

单一剖切面是指用一个剖切面剖开机件，这个剖切面可以平行于基本投影面（如前所述各例，图 5.32 的 *B*—*B*），也可以不平行于基本投影面。

当机件需要表达具有倾斜结构的内部形状时，可以用一个与倾斜部分的主要平面平行且垂直于某一基本投影面的单一剖切平面剖切，再投射到与剖切平面平行的投影面上，即可得到该部分的内部结构实形，称为斜截剖切面，如图 5.32 左上方的 *A*—*A* 剖视图。对于这种剖视图，必要时允许将图形转正，并加注旋转符号、注写字母，如图 5.32 右侧的 ↷ *A*—*A*剖视图。

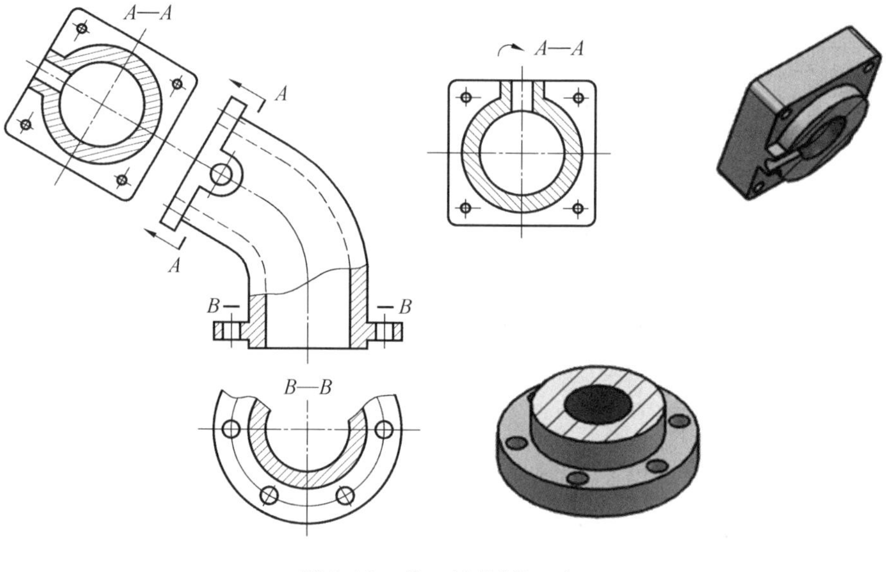

AR:斜截剖切面

图 5.32　单一斜截剖切面

2. 几个平行的剖切面

当机件上具有几种大小或形状不同的结构（如孔、槽），而它们的中心平面相互平行且在同一方向投影无重叠时，可用几个平行的平面剖开机件，如图 5.33 所示。

微课
平行剖切面

AR:平行剖切

画这种剖视图时应注意以下几点：

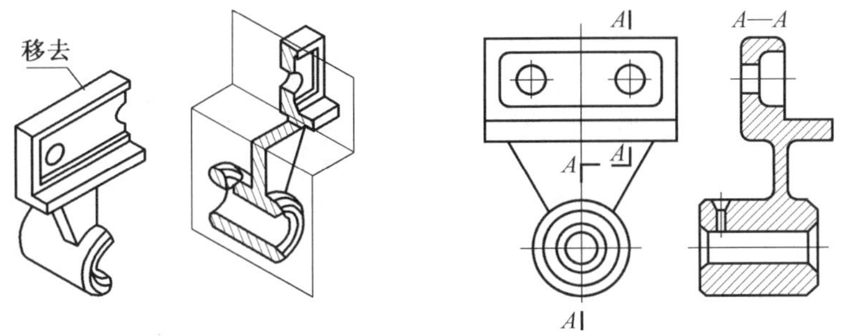

(a)　　(b)

图 5.33　两个平行剖切面的剖切

(1)必须在相应的视图上用剖切符号表示剖切平面的起止和转折位置,且必须是直角,并注写与剖视图名称相同的字母,如图 5.34 所示。

(2)因为剖切面是假想的,所以不应画出剖切平面转折处的投影,转折处也不应与视图中的轮廓线重合,如图 5.34(a)、(b)所示。

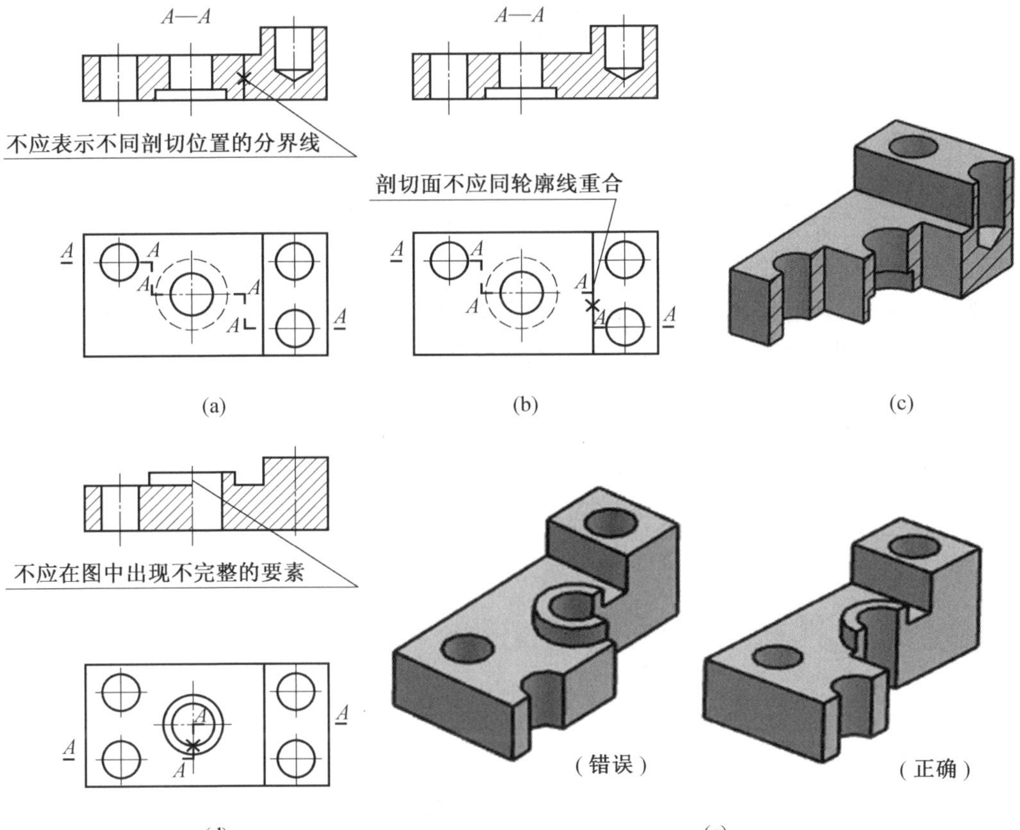

(a)　　(b)　　(c)

(d)　　(e)

图 5.34　几个平行剖切面的典型错误画法

AR：平行剖切 a、b　　AR：平行剖切 d

(3)剖视图中不应出现不完整的结构要素，如图 5.34(d)中右端的半个孔。仅当两个要素在图形上具有公共对称中心或轴线时，可以各画一半，此时应以对称中心线或轴线为界，如图 5.35 所示。

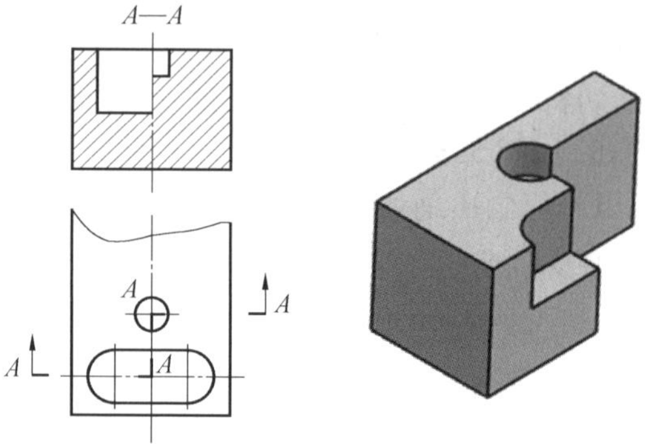

AR：有公共对称中心线的剖视图

图 5.35　有公共对称中心线的剖视图

3. 几个相交的剖切面

如图 5.36(a)所示，用两个相交的剖切平面(交线垂直于某一基本投影面，这里是正垂面)剖开机件，以表达具有回转轴机件的内部形状，两剖切平面的交线与回转轴重合。用这种方法画剖视图时，应将被倾斜剖切平面剖开的结构及其有关部分旋转到与选定的基本投影面(这里是侧面)平行，如图 5.36(a)所示，再进行投射，所得到的剖视图如图 5.36(b)所示。

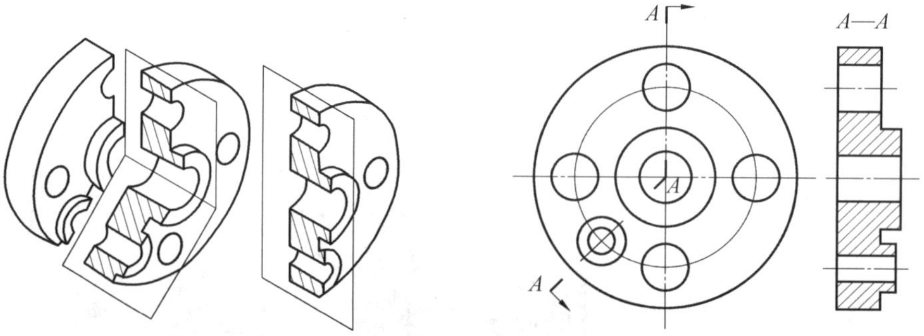

(a)　(b)

图 5.36　两相交剖切面

微课
几个相交的剖切面

AR：相交剖切面

画这种剖视图时应注意以下几点：

(1)“剖开”后应先旋转再投影。

(2)必须标注。剖切符号的起止和转折处应注写与剖视图名称相同的字母，但当转折处无法注写又不致引起误解时，允许省略字母。

(3)凡是没有被剖切面剖到的结构，应按原来的位置投射。

任务实施

(1)根据模板的两视图可知，在模板上有几种大小或形状不同的结构，可采用两个平行的剖切面剖开机件，如图 5.37(a)所示。虽然模板中部的小孔与方槽在正面的投影有重叠，出现不完整要素，但因它们具有公共对称中心线，故两剖切平面可选在该处转折。所得剖视图如图 5.37(b)所示。

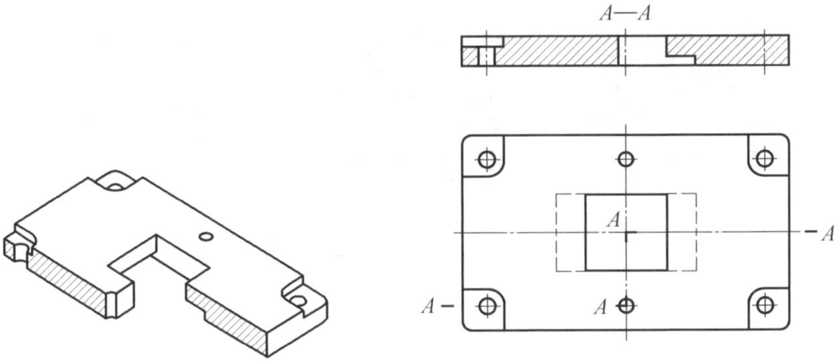

(a)　(b)

图 5.37　模板的表达方案

微课
模板
任务实施

AR:模板

(2)根据摇臂的两视图可知，摇臂具有明显的回转轴，表达其内部形状可用两个相交的剖切面剖开机件，如图 5.38(a)所示。注意：在摇臂中间圆筒的右下方有一小孔，画俯视图时仍按原来的位置投射。主视图中，为使小孔可见，采用了单一剖切面的局部剖视图，如图 5.38(b)所示。

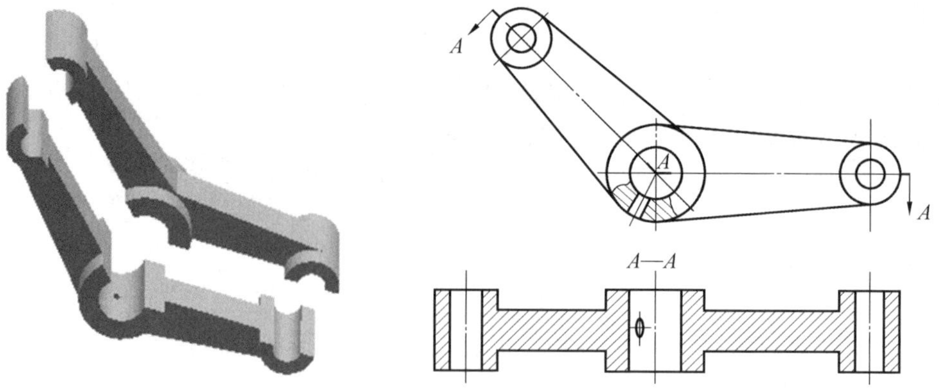

(a) (b)

图 5.38 摇臂的表达方案

AR:摇臂 1

AR:摇臂 2

微课
摇臂
任务实施

归纳总结

画几个平行平面的剖切机件形成的剖视图时,特别要注意两点:一是在剖切平面转折处不应画线;二是剖视图中不应出现不完整的结构要素(图形上具有公共对称中心线或轴线时除外)。

当机件上具有明显的回转轴时,可用几个相交的剖切面来表达其内部结构。画这种剖视图时,“剖开”机件后要先旋转再投影。没剖到的结构要按原来的位置投射后画图。

活学活用

用多个平行或相交的剖切面进行剖切相对单一剖切面剖切更为复杂,很多机器或零件的结构非常复杂,需要综合运用多种剖切方法才能表达其内部结构。大国重器——盾构机(图 5.39)就具有非常复杂的结构。我国基建享誉世界,盾构机是基建的核心装备,它的作用不可替代。由于技术复杂且价格昂贵,我国决定自主研发,在以李建斌为首的科研团队不断努力下,先后突破多个“卡脖子”技术,最终实现盾构机的国产化,打破了外国在该领域的垄断。现在我国自己的盾构机占据了国内 90% 的市场。不仅如此,我国盾构机占全球市场的三分之二,甚至在盾构机的“老家”欧洲,也在使用我国的盾构机。

图 5.39　盾构机在挖掘隧道

正如党的二十大报告所指出的，一些关键核心技术实现突破，战略性新兴产业发展壮大，载人航天、探月探火、深海深地探测、超级计算机、卫星导航、量子信息、核电技术、新能源技术、大飞机制造、生物医药等取得重大成果，进入创新型国家行列。我们在感到自豪的同时，也要感到“重任在肩”，要为实现中华民族伟大复兴而努力学习。

任务五　阶梯轴的表达

任务描述

如图 5.40 所示的阶梯轴，轴上的槽、孔结构较多。采用前面所讲的剖切方法都是不太合适的。在实际工程中，表达轴上的槽、孔等结构用的是断面图，那如何表达这个阶梯轴呢？

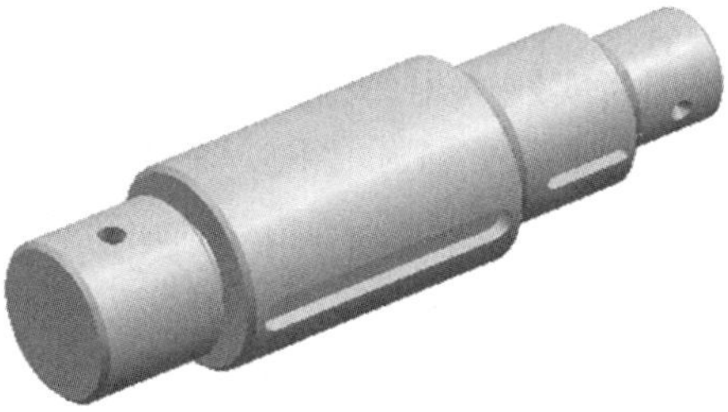

图 5.40　阶梯轴立体图

相关知识

假想用剖切面将机件的某处切断，仅画出剖切面与机件接触部分的图形，称为断面图，简称断面。对于图 5.41 所示的轴，为了表示键槽的深度和宽度，假想用一个垂直于轴线的剖切平面在键槽处将轴切断，如图 5.41(a)所示，只画出断面的图形，并画上剖画符号，如图 5.41(b)所示。

断面图与剖视图比较类似，两者的区别在于：断面图只画断面的投影，剖视图除画出断面投影外，还要画出机件剖断后其余部分的投影，如图 5.42 所示。

微课
断面图

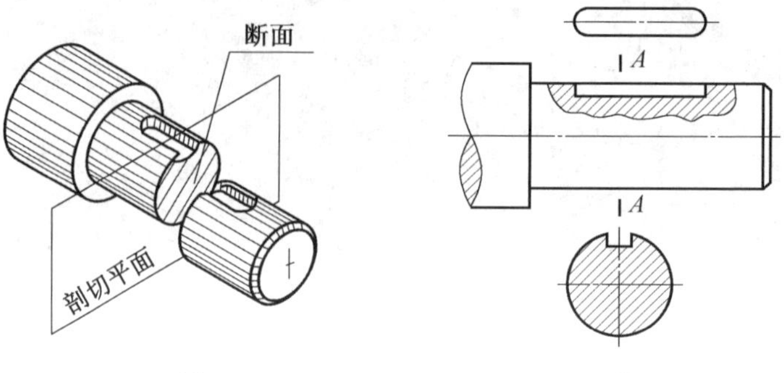

(a)　　(b)

图 5.41　轴断面图

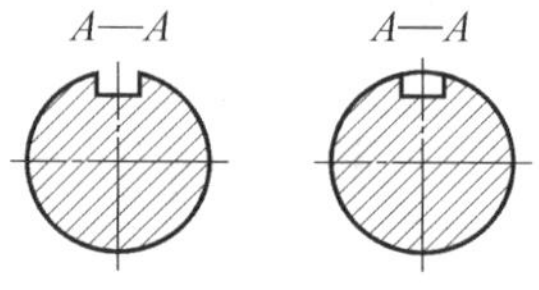

(a) 断面图　　(b) 剖视图

图 5.42　断面图与剖视图的区别

1. 移出断面图

画在视图轮廓线之外的断面图称为移出断面图。

(1) 移出断面图的画法。

画在视图之外，轮廓线用粗实线绘制。尽量配置在剖切线的延长线上，也可画在其他适当的位置。

①移出断面图的轮廓线用粗实线画出。当剖切面通过回转面形成孔或凹坑的轴线时，这些结构按剖视图绘制，如图 5.43 中的轴右端圆孔和凹坑的断面图画法。或者当剖切平面通过非圆孔导致出现完全分离的两个断面时，这些结构也应按剖视图绘制，如图 5.44 所示。

微课
移出断面图

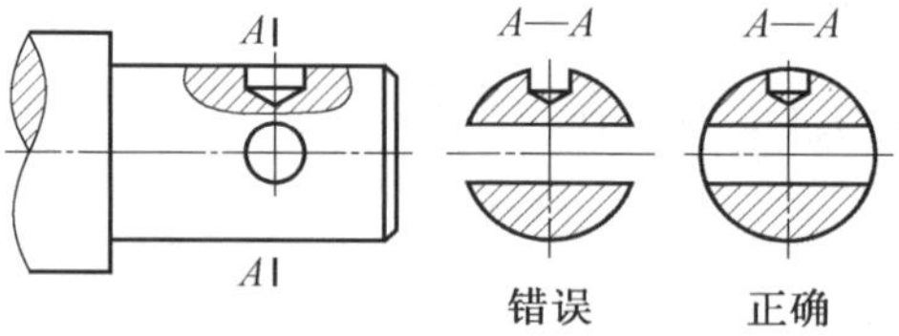

图 5.43　移出断面图的画法(1)

AR：移出断面图

②剖切平面一般应垂直于被剖切部分的主要轮廓线。如图 5.45 所示机件，由于左右轮廓不平行，要用两个相交的剖切平面分别垂直于左、右肋板进行剖切。这样画出的断面图，中间应用波浪线断开。

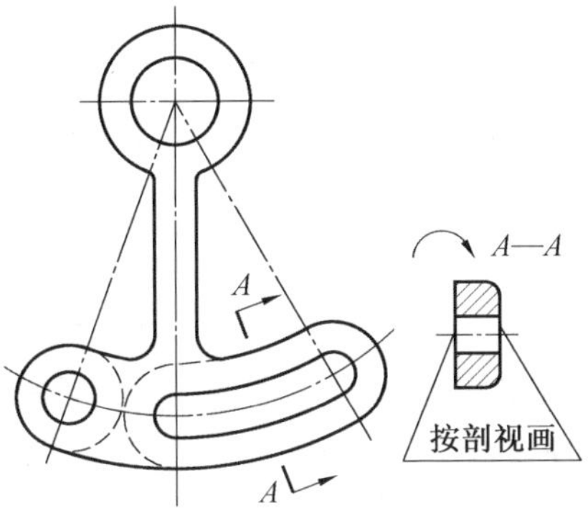

图 5.44　移出断面图的画法(2)

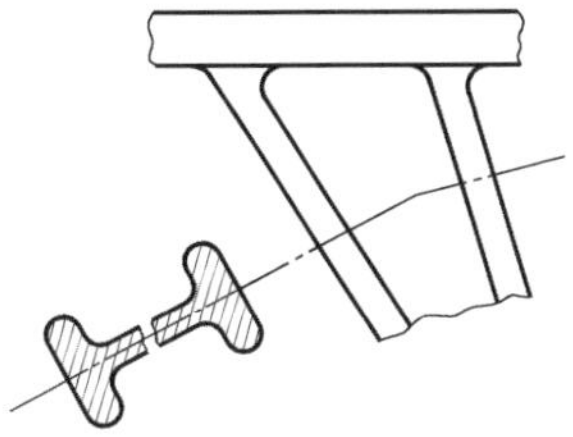

图 5.45　移出断面图的画法(3)

(2)移出断面图的配置与标注。

移出断面图共有四种配置情况,其标注规定随图形配置形式的变化而改变。某些情况下,标注可适当省略(表 5.2):

①配置在剖切符号的延长线上的,可省略名称(字母),若对称可不标注。

②配置不在剖切符号的延长线上的对称移出断面,可省略箭头。

③其余情况必须全部标注。

表 5.2　移出断面图的配置与标注

断面形状 配置	对称移出断面	不对称移出断面
配置在剖切符号的延长线上	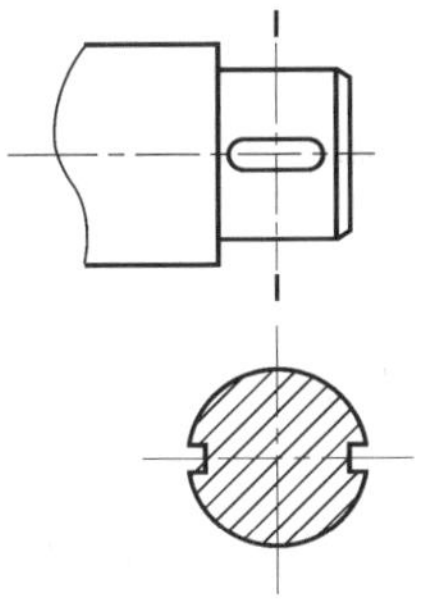	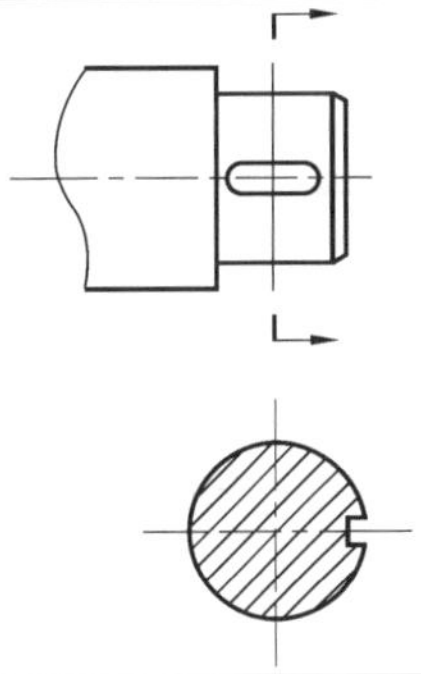
	省略字母和剖切符号	省略字母
按投影关系配置	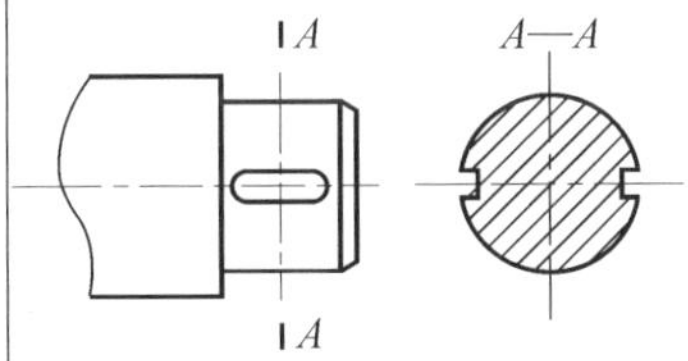	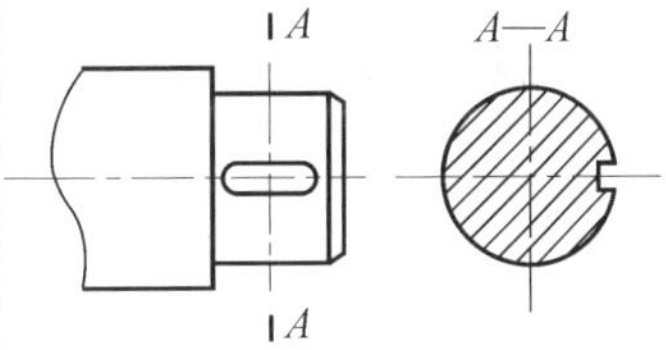
	省略箭头	省略箭头

续表 5.2

断面形状 配置	对称移出断面	不对称移出断面
配置在其他位置	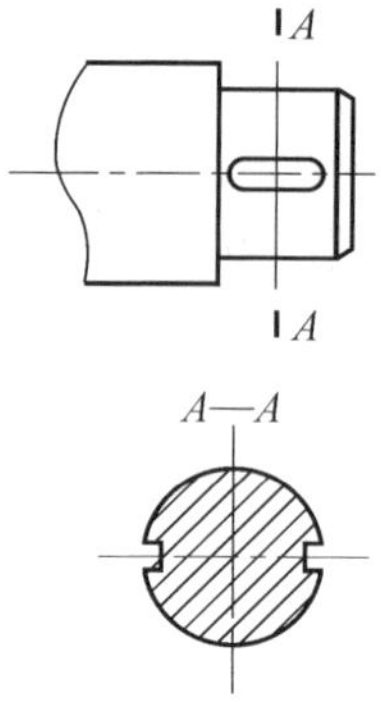	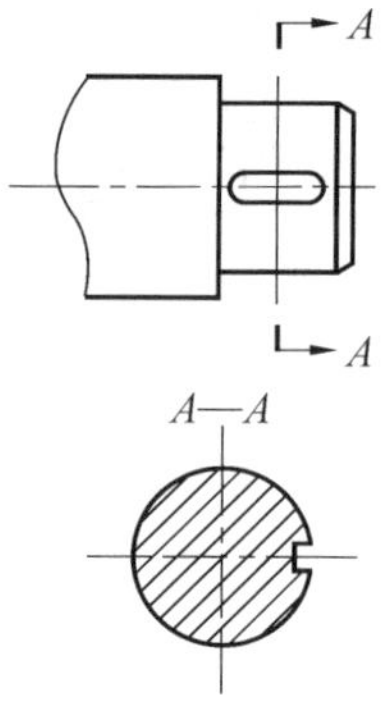
	省略箭头	标注剖切符号和箭头
配置在视图中断处	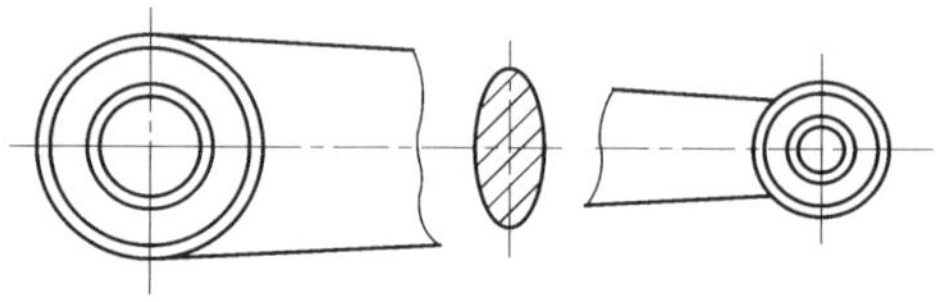	
	不必标注	图形不对称时，移出断面图 不得画在中断处

2. 重合断面图

画在视图轮廓之内的断面图称为重合断面图。

(1)重合断面图的画法。

重合断面的轮廓线用细实线绘制，断面上画出剖面符号。当视图中的轮廓线与重合断面的图形重合时，视图中的轮廓线仍应连续画出，不可间断，如图 5.46 所示。

微课
重合断面图

(2)重合断面图的标注。

对称的重合断面图不必标注，如图 5.46(a)、(c)所示；不对称的重合断面图标注如图 5.46(b)所示。在不致引起误解时，可省略标注，如图 5.46(b)中箭头可省略。

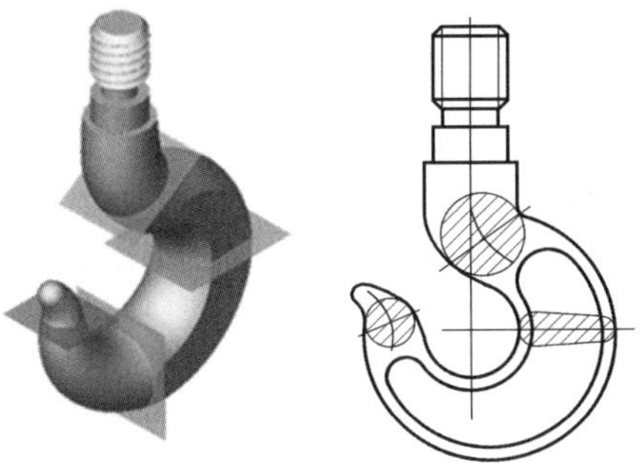
(a)

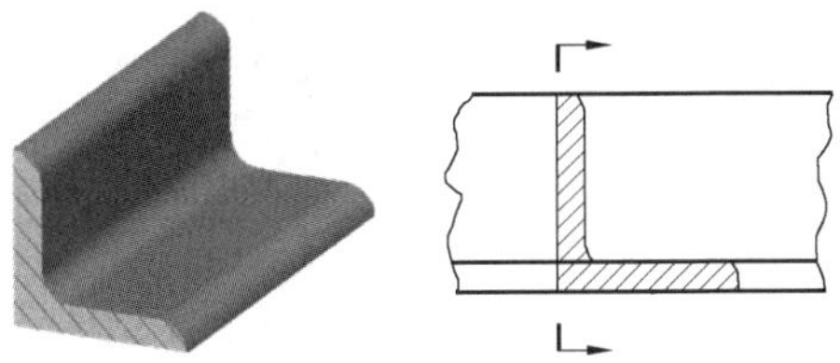
(b)

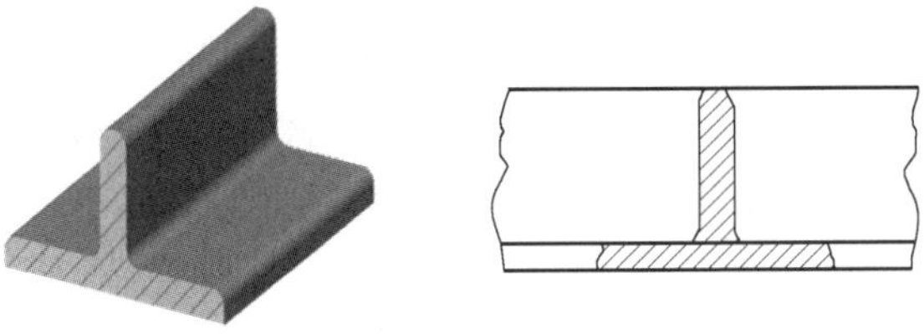
(c)

图 5.46 重合断面图的画法

任务实施

根据图 5.47(a),阶梯轴主视图如图 5.47(b)所示。为使轴上左侧的孔可见,采用局部剖视;轴上的键槽、孔等结构均采用断面图表达。

在图 5.47(b)阶梯轴的表达方案中,各断面图的标注不尽相同,请读者想想看,这是为什么?

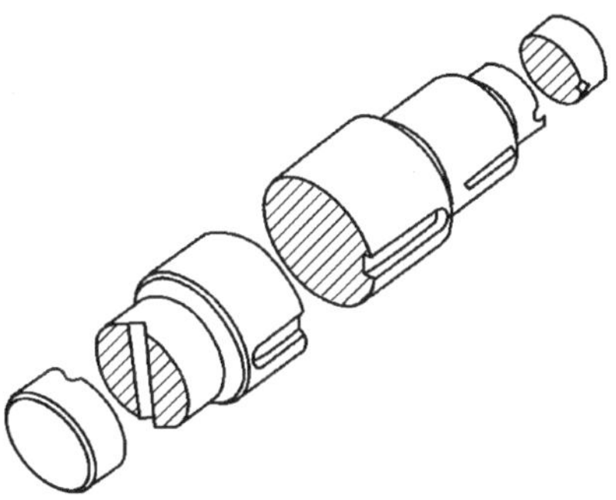
(a)

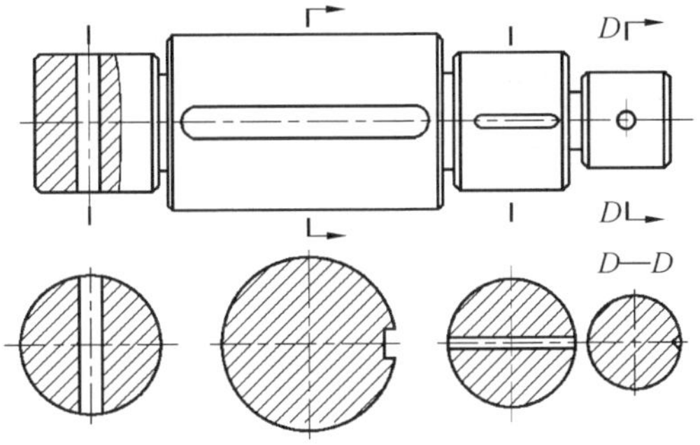

(b)

图 5.47 阶梯轴断面图的画法

微课
阶梯轴表达
任务实施

AR:阶梯轴断面图

归纳总结

断面图主要用于表达机件上某些结构的断面形状,如轴上的键槽、孔等。移出断面图标注有几种情况(表5.2),注意要在理解的基础上掌握。需要特别注意的是,当剖切面通过孔或凹坑的轴线,或者当断面图出现分离现象时,这些结构要按剖视图绘制。

活学活用

断面图虽然只是表达断面的形状,但这个形状是整体特征的表达,反映了事物的本质。这提示我们解决问题时要抓住问题的关键。另外,断面作为整体的一部分,离开了整体将不复存在,整体缺了局部也不能称为整体,两者相互依存,相互影响。我们要树立整体观念和全局思想,从整体出发,选择最优方案,实现最优目标。同时,要注意搞好整体和局部的关系,以使整体作用取得最大限度发挥。

谈谈你对"一叶落而知天下秋""皮之不存,毛将焉附"的理解。

任务六　轴承座的表达

任务描述

图5.48为我们前面遇到过的轴承座的立体图和三视图,从三视图可以看出,视图虚线较多,不利于读图。请采用合适的表达方法,表达轴承座的结构。

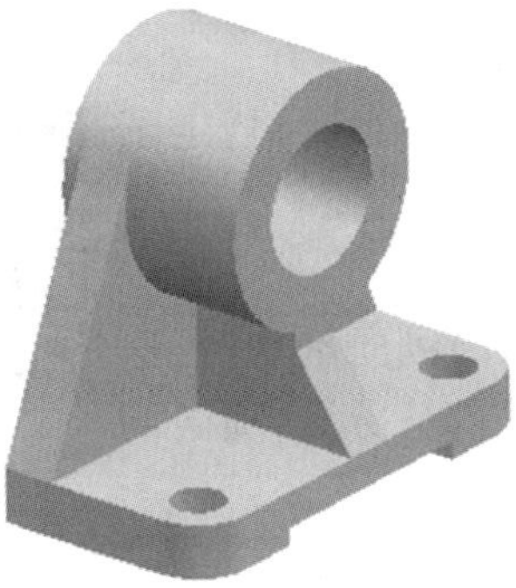

(a)

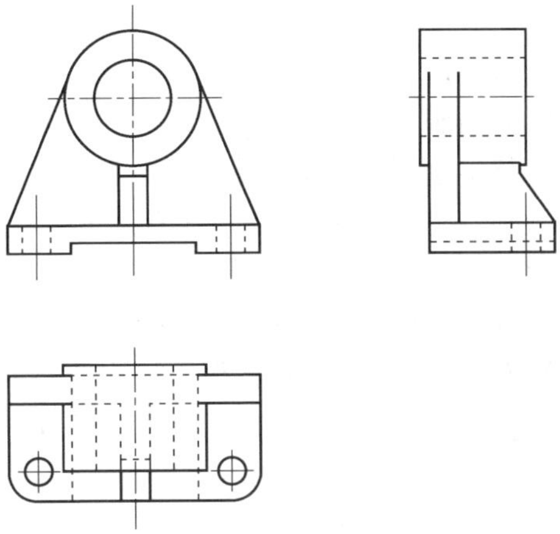

(b)

图 5.48 轴承座及其三视图

相关知识

1. 局部放大图

当机件上某些局部细小结构在视图上表达不清楚，或不便于标注尺寸时，可将该部分结构用大于原图的比例画出，这种图形称为局部放大图，如图 5.49 所示。

画局部放大图时应注意：

(1)需放大的部位用细实线圆或腰圆圈出，若有多处，则需用引出线引出，并用罗马数字标上序号，如图 5.49(a)所示；若只有一处，则无须标注序号，如图 5.49(b)所示。

微课
局部放大图

(2)画局部放大图时，先用细实线在放大部位的附近空白处画一个圆，然后在圆内放大绘制，并使其充满圆，也可不画圆，而用波浪线作为局部放大圆的边界，如图 5.49(b)所示。

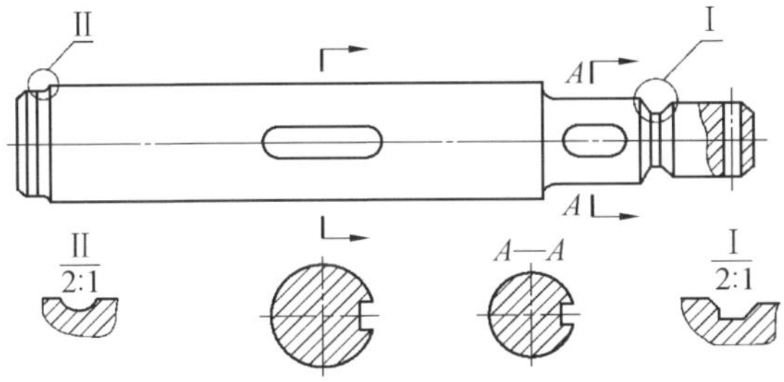

(a)

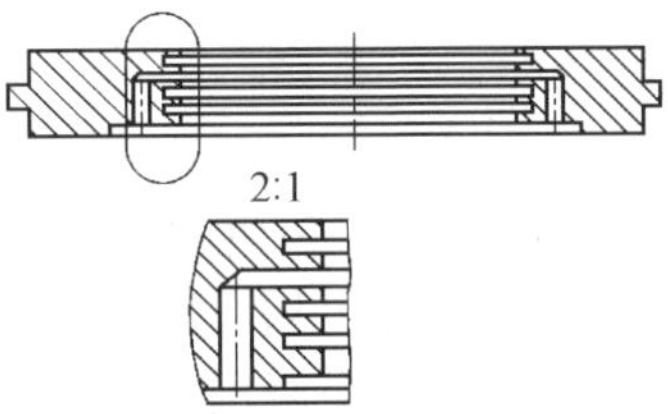

(b)

图 5.49 局部放大图

(3)局部放大图可以根据需要画成视图、剖视和断面图，与被放大部分的表达方式无关，如图 5.49(a)所示。

（4）只有一处放大时，只需在局部放大图的上方标出所采用的比例，如图 5.49（b）所示；多处放大时，则采用分数的形式标注，如图 5.49（a）所示。

2. 简化画法

为了节省绘图时间和图幅，国家标准（GB/T 16675.2—2012）规定了 43 条简化画法。下面只介绍一些常用的简化画法。

微课
简化画法

（1）机件上的肋板、轮辐等结构的简化画法。

对于机件上的肋板、轮辐及薄壁等结构，当剖切面沿纵向剖切时，这些结构都不画剖面符号，但必须用粗实线将它与其邻接部分分开，横向剖切时，画剖面符号。肋板的简化画法如图 5.50 所示。

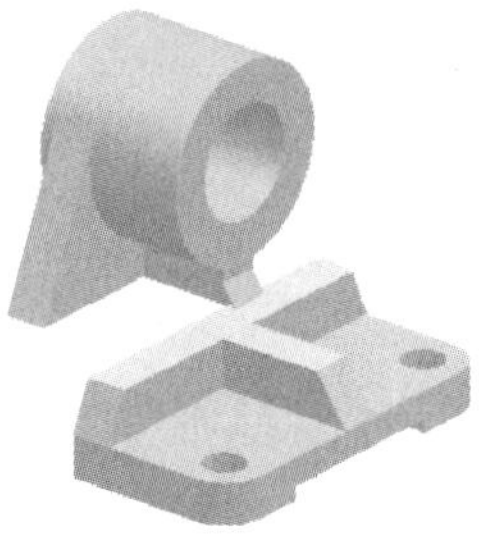

(a)

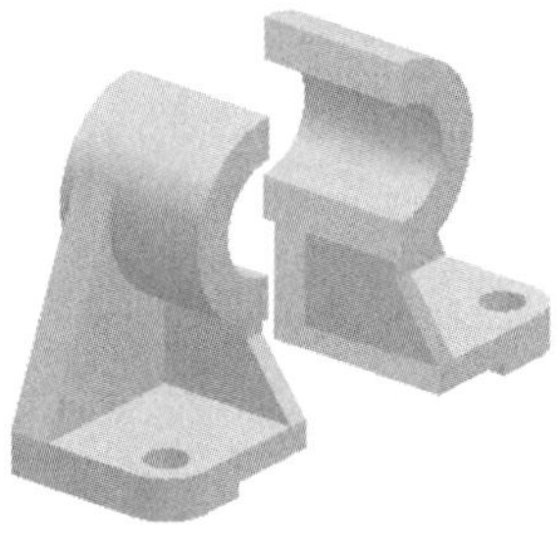

(b)

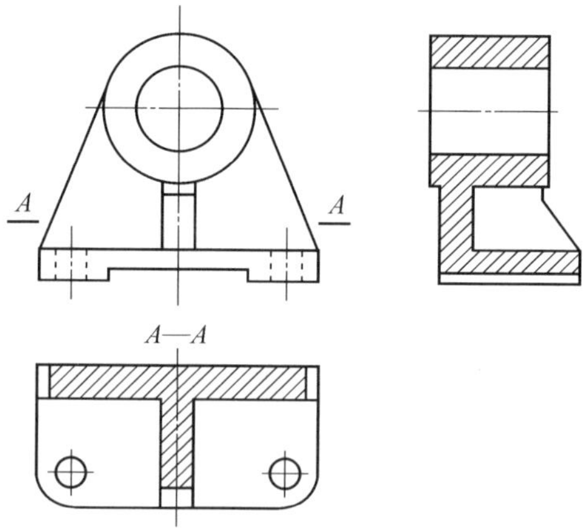

(c)

图 5.50　肋板的简化画法

（2）回转机件上均布结构的简单画法。

对于回转机件上均布的肋板、轮辐、孔等结构，当其不处于剖切平面上时，可将这些结构旋转到剖切平面上画出，如图 5.51 所示。

（3）相同结构要素的简单画法。

当机件上具有若干相同结构要素（如孔、槽等），并按一定规律分布时，可以仅画出几个完整结构，其余用细实线相连或表明中心位置，并注明总数，如图 5.52 所示。

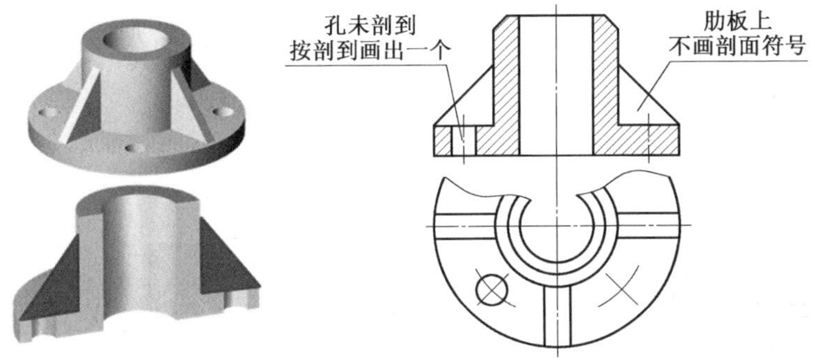

(a)

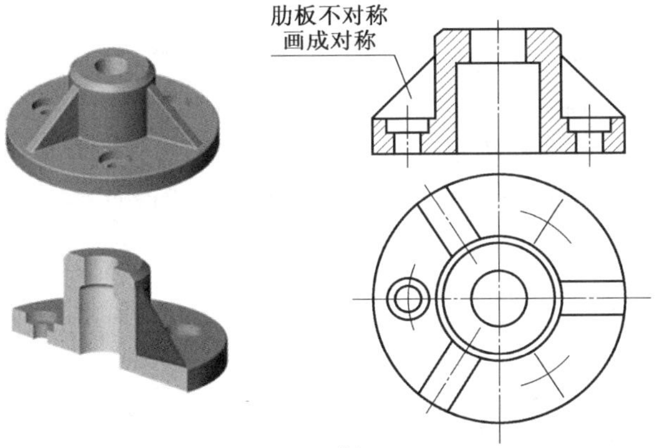

(b)

图 5.51　均布结构的简化画法

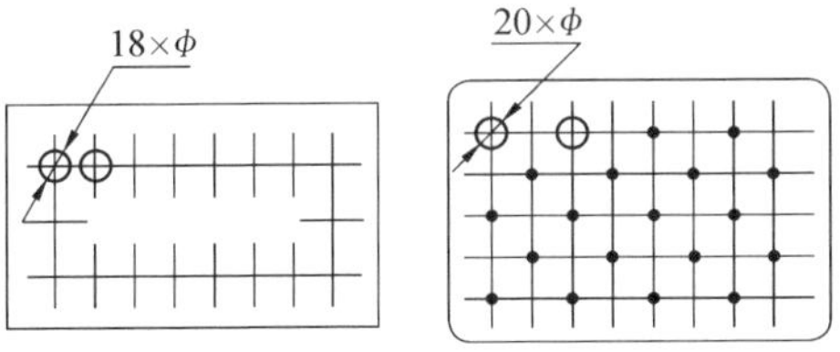

(a)

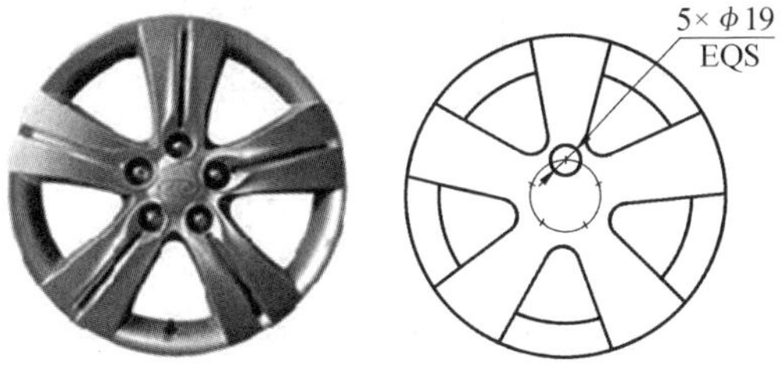

(b)

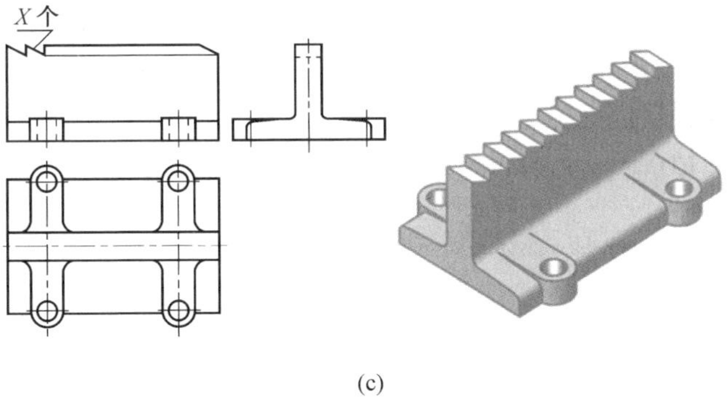

(c)

图 5.52　相同结构要素的简化画法

(4)回转体上的平面的简化画法。

当回转体零件上的平面在图形中不能充分表达时,可用两条相交的细实线表达这些平面,如图 5.53 所示。

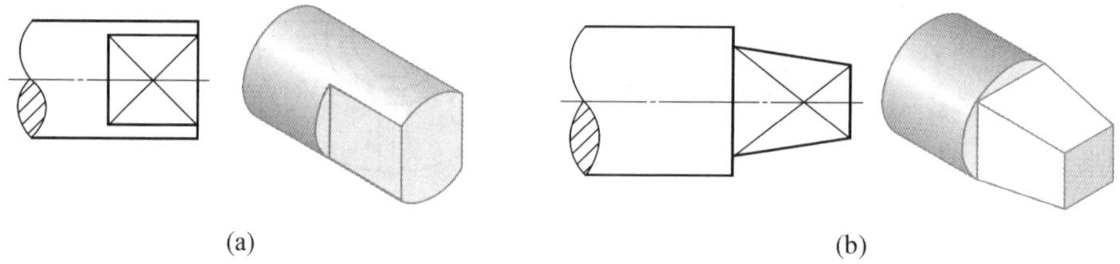

图 5.53　回转体上的平面简单画法

(5)较长机件的断开画法。

对于较长的机件(如轴、杆、型材、连杆等),当其沿长度方向的形状一致或按一定规律变化时,可将其断开后缩短绘制,但尺寸仍按机件的设计要求或实际长度标注,如图 5.54所示。

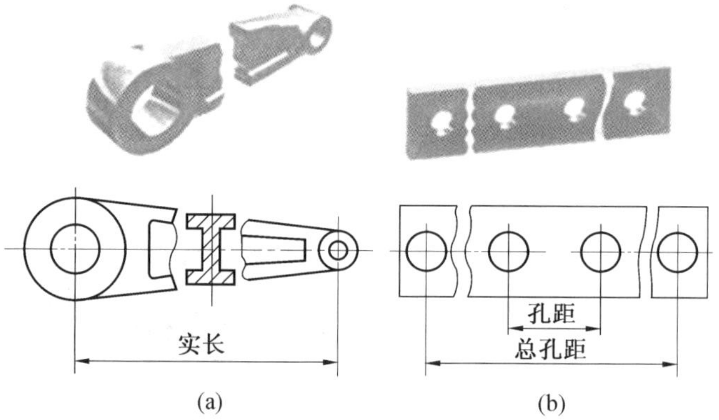

图 5.54　较长机件的断开画法

(6)过渡线、相贯线的简化画法。

在不致引起误解时,过渡线、相贯线允许简化,如用圆弧或直线代替非圆曲线,如图 5.55(a)、(b)所示,并可采用模糊画法表示相贯线,如图 5.55(c)所示。

(7)剖面符号的简化画法。

在不致误解的情况下,剖面符号可以省略,也可以用涂色或点阵代替剖面符号,如图 5.56 所示。

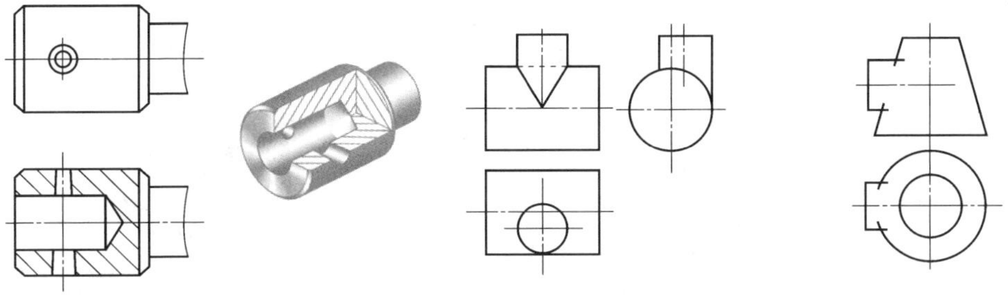

(a)　　(b)　　(c)

图 5.55　过渡线、相贯线的简化画法

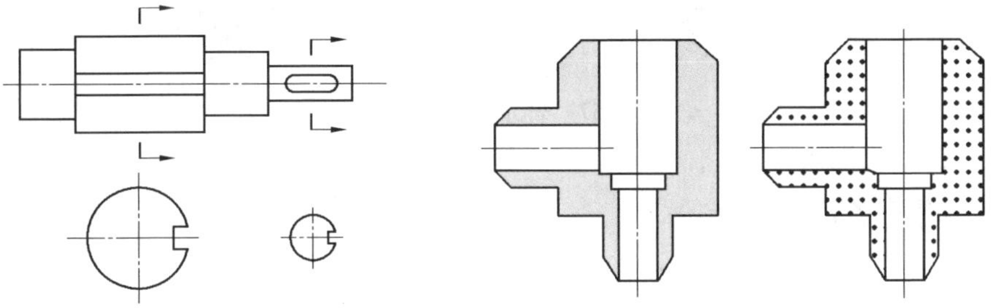

(a) 省略剖面符号　　(b) 涂色与点阵

图 5.56　剖面符号的简化画法

任务实施

根据分析，轴承座存在肋板结构，当剖切面沿纵向剖切时，这些结构都不画剖面符号，但必须用粗实线将它与其邻接部分分开，横向剖切时，画剖面符号。轴承座左视图和俯视图均采用全剖画法，以表达其内部结构，如图 5.57 所示。按照此种方式表达，相对于原有三视图，表达大大简化，视图也更清晰。

微课
轴承座表达
任务实施

AR：轴承座 1

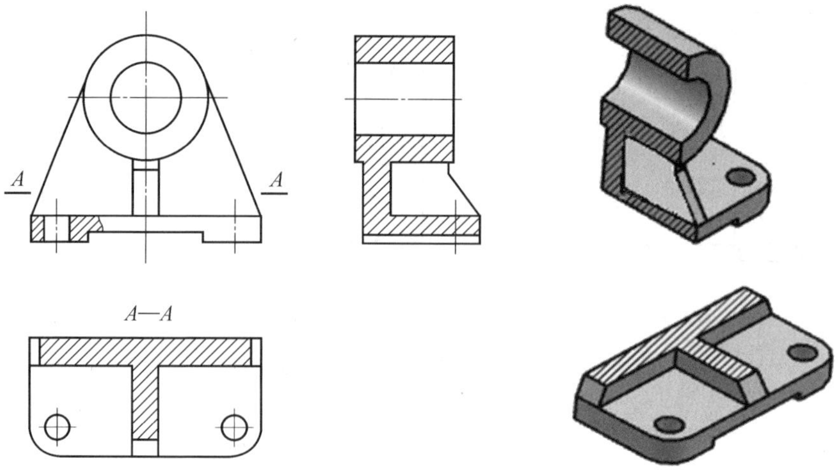

图 5.57　轴承座的表达方案

归纳总结

对于有些结构，为了表达方便和绘图简便，制图中规定了一些简化画法和特殊画法，如局部放大图、简化画法等，使表达方法更丰富。其中对于肋板、轮辐及薄壁等结构的剖切，可描述为“横剖纵不剖”，即当剖切面沿纵向剖切时，这些结构都不画剖面符号，但必须用粗实线将它与其邻接部分分开，横向剖切时，画剖面符号。

活学活用

画局部放大图有点类似于挖掘人和事物的闪光点，尺有所短，寸有所长，要勇于学习别人的长处，克服自己的缺点。在观察和分析事物时，除了要抓住主要部分，也要注意蛛丝马迹，好多问题的解决线索就隐藏在蛛丝马迹之中。

结合本任务，谈谈你对“三人行，必有我师焉”“勿以恶小而为之，勿以善小而不为”“它山之石，可以攻玉”等的理解。

模块 6

标准件与常用件的识读

在机器或部件的装配和安装中，广泛使用螺纹紧固件及其他连接件。同时，在机械传动、支承、减震等方面，也广泛使用齿轮、轴承、弹簧等零件。由于这些零件应用广泛，需求量大，为了便于专业化生产，提高生产效率，国家标准将它们的结构、型式、画法、尺寸精度等进行了标准化。有的在结构、尺寸、画法等各方面都已标准化，称为标准件，如后续任务讲到的螺纹连接件、键、销、滚动轴承等；有的已将部分重要参数标准化、系列化，一般称为常用件，如齿轮、弹簧等。

学习目标

1. 知识目标

(1)了解标准件、常用件类型及其功用；

(2)掌握螺纹、螺纹紧固件及其连接的规定画法和标注方法；

(3)掌握齿轮的基本知识、圆柱齿轮基本参数的计算以及规定画法；

(4)熟悉键、销连接画法；

(5)熟悉滚动轴承、弹簧等的连接画法。

2. 能力目标

(1)能完成螺纹、螺纹紧固件的连接画法；

(2)能完成直齿圆柱齿轮及其啮合的画法，会进行相关参数计算；

(3)掌握标准件、常用件的主要参数，能按标准规定查阅相关参数；

(4)能根据画法要求看懂装配图中的标准件、常用件。

3. 素养目标

(1)培养认真细致、严谨的工作作风和精益求精的工匠精神；

(2)培养学生甘于奉献、勇于面对困难的工作和学习态度。

任务一　识读螺纹连接及其画法

螺纹紧固件的连接形式有三种,分别为螺钉连接、螺柱连接和螺栓连接。它们的作用是将两个零件连接在一起。根据零件被连接处的厚度和使用要求选用不同的连接形式。

螺纹连接件一般为标准件,被汽车等各行各业广泛应用。如图 6.1 所示为在汽车上应用实例。图 6.1(a)所示为发动机曲柄连杆机构中的螺栓连接;图 6.1(b)所示为连接气缸体和气缸盖的双头螺柱连接;图 6.1(c)所示为发动机摇臂轴上的螺钉连接。

(a)　(b)　(c)

图 6.1　汽车螺纹连接举例

任务描述

(1)采用适当的方法,根据制图标准,表达图 6.2 所示普通螺栓连接,弄懂螺栓连接的相关参数。

(2)根据制图标准,表达图 6.3 所示螺钉连接。

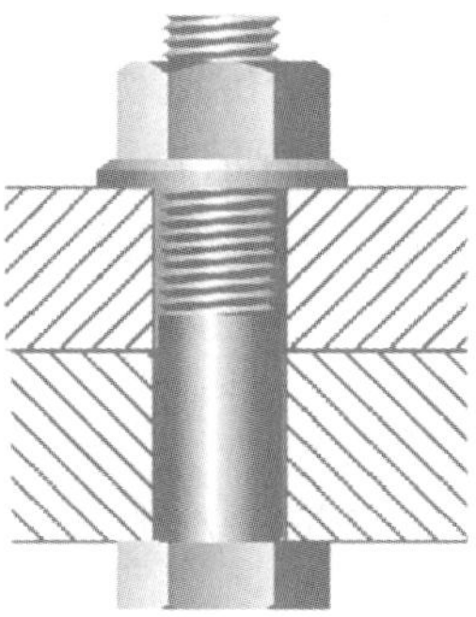

图 6.2 螺栓连接示意图

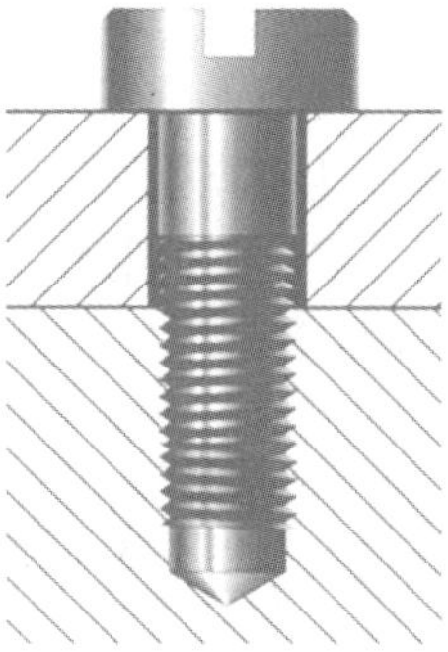

图 6.3 螺钉连接示意图

相关知识

1. 螺纹

(1)螺纹的加工。

螺纹是在圆柱或圆锥表面上,经过机械加工而形成的具有规定牙型的螺旋线沟槽(又称丝扣)。在圆柱或圆锥外表面上所形成的螺纹称为外螺纹,如图 6.4(a)所示,在圆柱或圆锥内表面上所形成的螺纹称为内螺纹,如图 6.4(b)所示。

微课
螺纹

螺纹的加工方法很多,除了在车床上加工之外,直径较小的内螺纹(即螺孔)加工时,先用钻头钻孔(由于钻头的顶角为 118°,故钻孔的底部按 120°简画出),再用丝锥攻螺纹(图 6.4(b))。

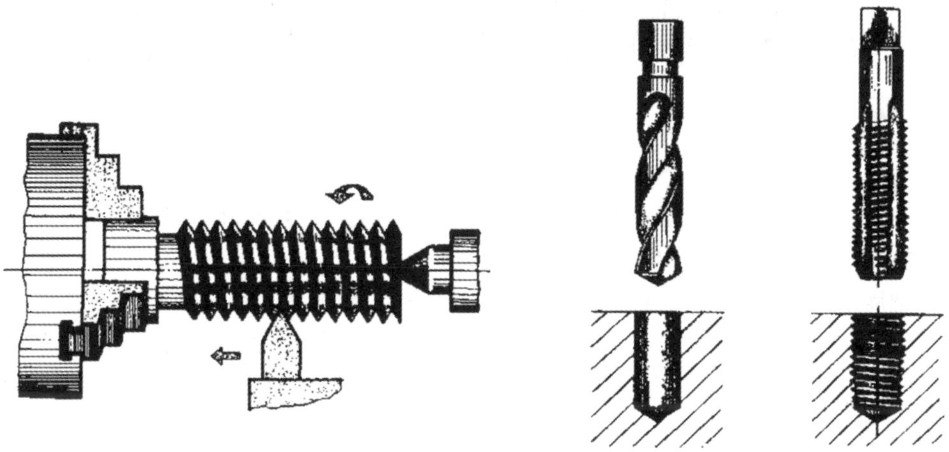

(a) (b)

图 6.4 螺纹的加工方法

(2)螺纹的要素。

①牙型。通过螺纹轴线的断面上的螺纹轮廓形状,称为螺纹的牙型。常见的螺纹牙型有三角形、梯形、锯齿形、矩(方)形等,如图 6.5 所示。

普通螺纹:牙型为三角形(齿形角为60°),一般起连接作用。

梯形螺纹:牙型为等腰梯形(齿形角为30°),一般用于传递动力。

锯齿形螺纹:牙型为不等腰三角形(齿形角如图6.5所示),用于单向传递动力。

管螺纹:牙型为三角形(齿形角为55°),用于管路连接,可起连接或密封作用。

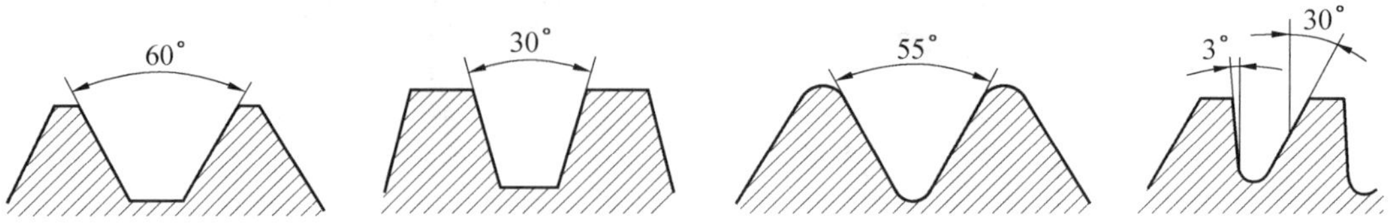

图6.5 螺纹的牙型

②直径。螺纹的直径有三种,即大径、小径和中径,如图6.6所示。

大径是指与外螺纹牙顶或内螺纹牙底相切的假想圆柱或圆锥的直径(即螺纹的最大直径)。内、外螺纹的大径分别用 D 和 d 表示,是螺纹的公称直径。

小径是指与外螺纹牙底或内螺纹牙顶相切的假想圆柱或圆锥的直径(即螺纹的最小直径)。内、外螺纹的小径分别用 D_1 和 d_1 表示。

中径是指通过牙型上沟槽和凸起宽度相等处的一个假想圆柱或圆锥的直径。内、外螺纹的中径分别用 D_2 和 d_2 表示。

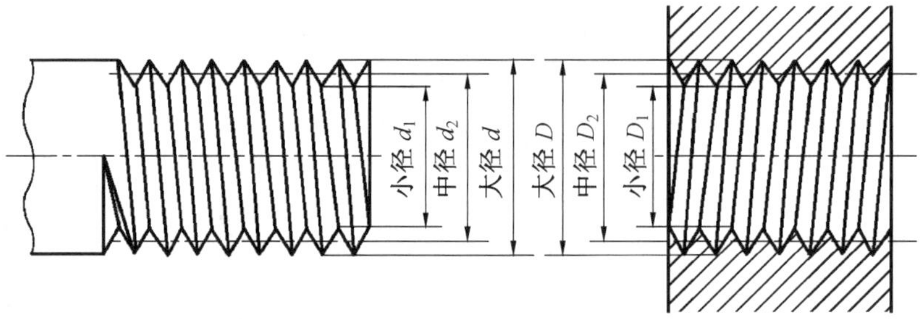

图6.6 螺纹的直径

③线数。螺纹有单线和多线之分。沿一条螺旋线形成的螺旋为单线螺纹;沿两条及以上螺旋线形成的螺纹为多线螺纹,如图6.7所示。螺纹的线数用 n 表示。

④螺距和导程。螺纹上的相邻两牙在中径线上对应两点间的轴向距离为螺距,用 P 表示;同一条螺旋线上的相邻两牙在中径线上对应两点间的轴向距离称为导程,用 P_h 表示。如图6.7所示,单线螺纹的导程等于螺距($P_h = P$);多线螺纹的导程等于 n 倍螺距($P_h = nP$)。

⑤旋向。螺纹有右旋和左旋两种。顺时针旋入的螺纹为右旋螺纹,逆时针旋入的螺纹为左旋螺纹。螺纹的旋向可用以下方法进行判定:将外螺纹的轴线垂直放置,螺纹的可见部分若右高为右旋,若左高则为左旋,如图6.8所示。工程上常用右旋螺纹。

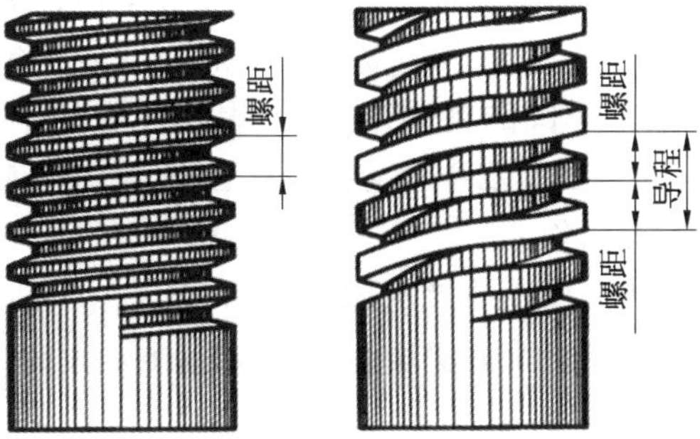

图 6.7　螺纹的螺距和导程

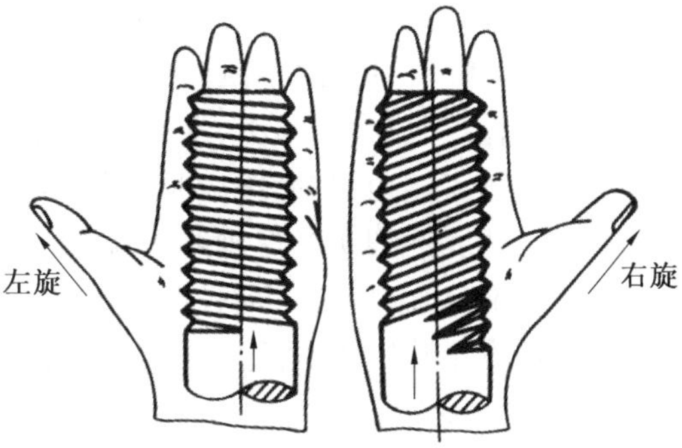

图 6.8　螺纹旋向的判定

外螺纹和内螺纹总是成对使用的。但只有当上述五个要素完全相同时，它们才能旋合在一起。

（3）螺纹的画法。

①外螺纹的画法。如图 6.9 所示，螺纹牙顶（大径）和螺纹终止线画粗实线；牙底（小径）画细实线，小径通常按大径乘以 0.85 画出，即 $d_1 \approx 0.85d$。在投影为非圆的视图中，表示螺纹牙底的细实线应画入倒角或倒圆内。在投影为圆的视图中，表示螺纹牙底的细实线只画约 3/4 圈，倒角圆的投影省略。当需要表示螺纹收尾时，螺纹尾部的小径用与轴线成 30° 的细实线绘制，如图 6.9（b）所示。

微课
螺纹画法及标记

在螺纹的剖视图中，剖面线应画到粗实线（即剖面线画到牙顶），如图 6.9（c）所示。

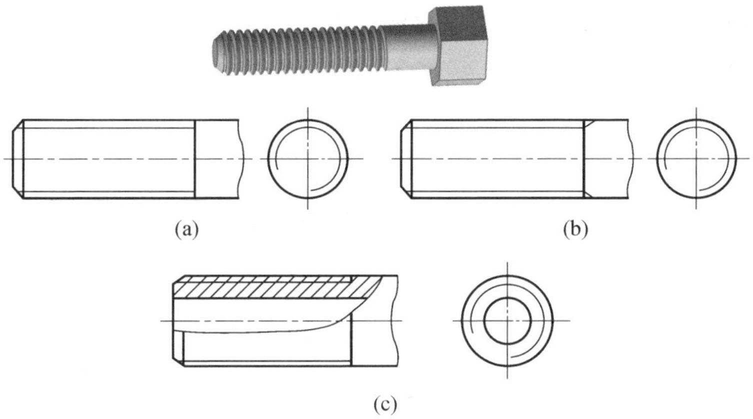

图 6.9　外螺纹的画法

AR：螺栓

AR：螺母

②内螺纹的画法。由于内螺纹不可见，故投影为非圆的视图常用剖视图表达，如图6.10(a)所示。螺纹牙顶(小径)和螺纹终止线画粗实线；牙底(大径)画细实线，小径通常按大径乘以0.85画出，即$D_1 \approx 0.85D$。在投影为非圆的视图中，表示螺纹牙底的细实线不应画入倒角，剖面线应画到粗实线(即剖面线画到牙顶)。在投影为圆的视图中，表示螺纹牙底的细实线只画约3/4圈，倒角圆的投影省略。

对于不穿通的螺孔(即不通孔，也称盲孔)，螺纹钻孔深度比螺孔深度大$0.5D$。由于钻头的顶角约等于120°，因此，钻孔底部的圆锥凹坑的锥角应画成120°，如图6.10(b)所示。

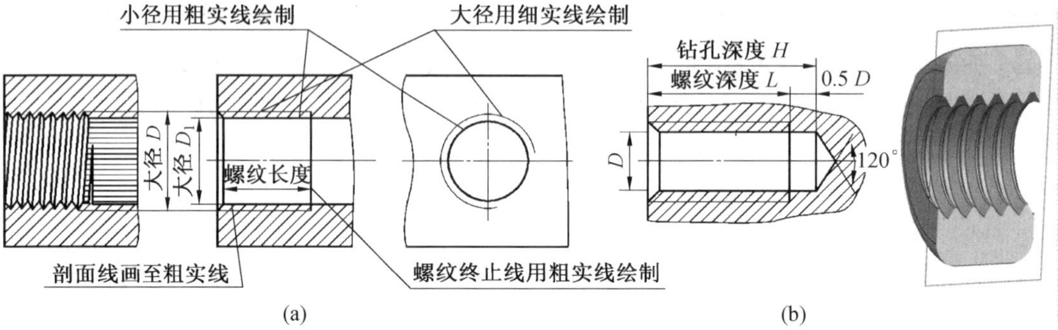

图6.10　内螺纹的画法

(4)螺纹的标记。

螺纹采用规定画法后，在图上看不出它的牙型、螺距、线数和旋向等结构要素，需要通过标记来说明。

①普通螺纹的标记。牙型角为60°的三角形螺纹主要用于螺纹连接，应用非常普遍，故称为普通螺纹。其完整的标记由螺纹特征代号、尺寸代号、公差带代号、旋合长度代号和旋向代号组成。标记示例如下：

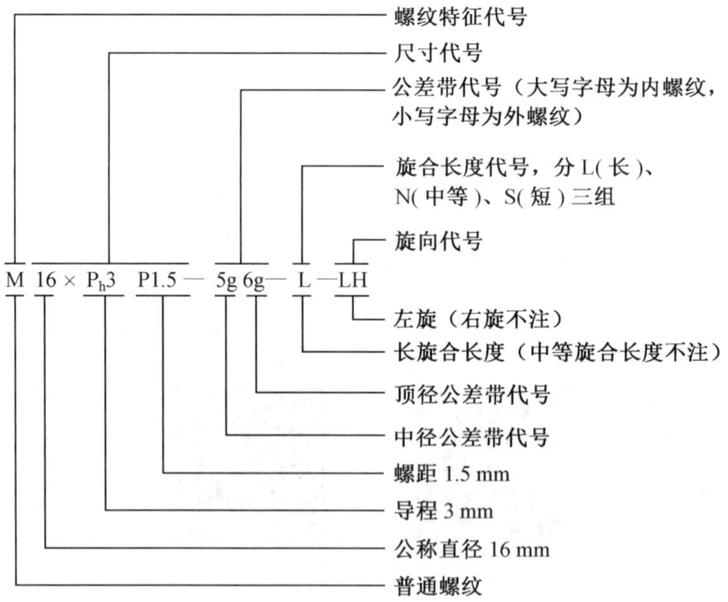

当遇到以下情况，其标记可以简化：

a. 单线螺纹的尺寸代号为“公称直径×螺距”，此时不必注写“P_h”和“P”字样。普通螺纹（其标准见附表 1）的螺距有粗牙和细牙两种，当为粗牙螺纹时不注螺距。

b. 中径与顶径公差带代号相同时，只标注一个代号。有关公差带的内容，将在后面叙述。

c. 最常用的中等公差精度螺纹（公称直径≤1.4 mm 的 5H、6h 和公称直径≥1.6 mm 的 6H、6g）不标注公差带代号。

d. 普通螺纹的旋合长度规定为短（S）、中等（N）、长（L）三组，中等旋合长度（N）不必标注。

e. 左旋螺纹要注写 LH，右旋螺纹不注。

普通螺纹在图样上的标注方法见表 6.1。

表 6.1　常用螺纹标注方法和示例

螺纹种类		牙型放大图	特征代号	标记示例		说明
连接螺纹	普通螺纹	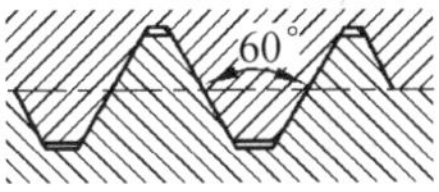	M	粗牙	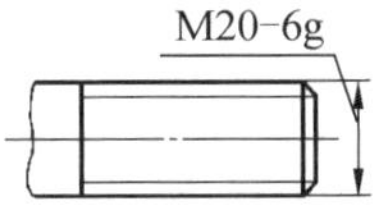	粗牙普通螺纹，公称直径 20 mm，右旋，中径、大径螺纹公差带均为 6g，旋合长度属中等（不标注 N）的一组（按规定 6g 不注）
				细牙	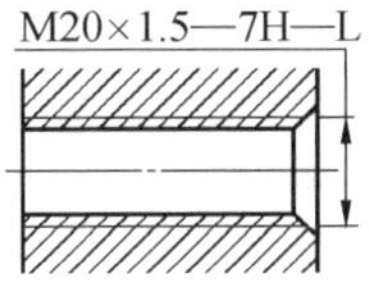	细牙普通螺纹，公称直 20 mm，螺距为 1.5 mm，右旋，中径、小径螺纹公差带均为 7H，旋合长度属长的一组
	管螺纹	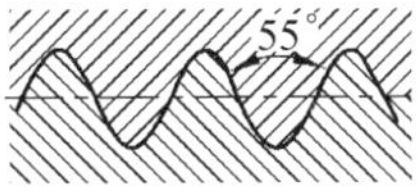	G	55°非密封管螺纹	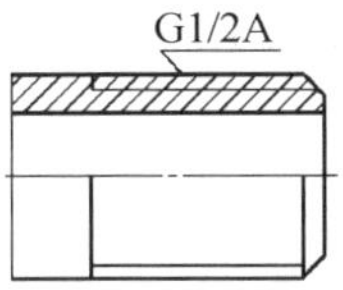	55°非密封圆柱外螺纹，尺寸代号 1/2，公差等级为 A 级，右旋，用引出标注

续表 6.1

螺纹种类		牙型放大图	特征代号	标记示例		说明
连接螺纹	管螺纹	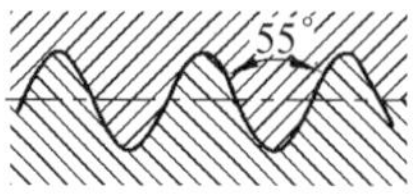	R_p R_1 R_c R_2	55°密封管螺纹	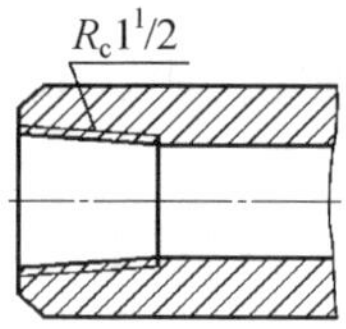	55°密封的、与圆锥外螺纹旋合的圆锥内螺纹，尺寸代号 $1\frac{1}{2}$，右旋，用引出标注与圆锥内螺纹旋合的圆锥外螺纹的特征代号为 R_2，圆柱内螺纹与圆柱外螺纹旋合时，前者和后者的特征代号分别为 R_p 和 R_1
传动螺纹	梯形螺纹	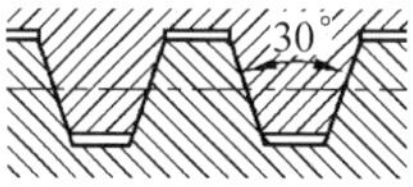	Tr		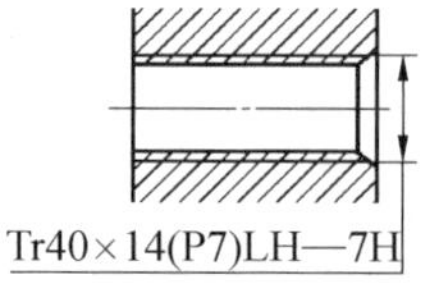	梯形螺纹，公称直径 40 mm，双线螺纹，导程 14 mm，螺距 7 mm，左旋（代号为 LH）。螺纹公差带：中径为 7H，旋合长度属中等的一组
	锯齿形螺纹	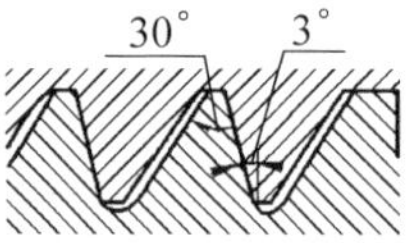	B		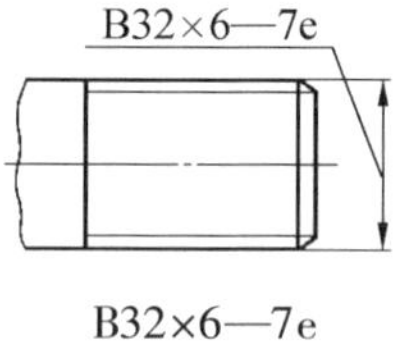	锯齿形螺纹，公称直径 32 mm，单线螺纹，螺距 6 mm，右旋。螺纹公差带：中径为 7e，旋合长度属中等的一组

②管螺纹的标记。

管螺纹完整的标记示例如下：

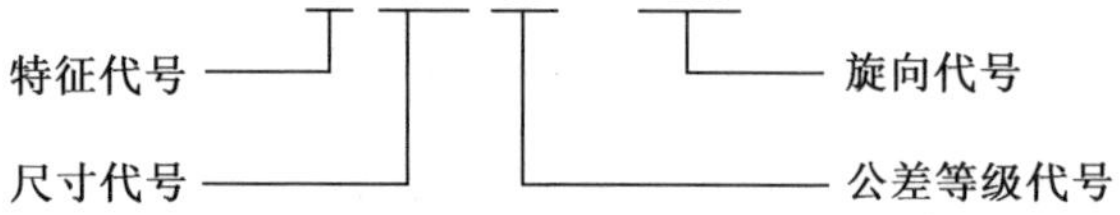

a. 55°管螺纹有两种，即非密封管螺纹和密封管螺纹。前者无论内、外螺纹，特征代号均为 G；后者有四种特征代号，分别为 R_p（圆柱内螺纹）、R_1（圆柱外螺纹）、R_c（圆锥内螺纹）、R_2（圆锥外螺纹）。使用时，R_c 和 R_2 相配。

AR:管螺纹-1　AR:管螺纹-2　AR:管螺纹-3　AR:梯形内螺纹

b. 60°圆锥管螺纹的特征的代号为 NPT 。

c. 管螺纹中的“尺寸代号”并非大径数值，而是指管螺纹的管子孔径尺寸，单位为英寸，因而这类螺纹在图样上标注时需用指引线在大径线上引出标注（表 6.1）。若需管螺纹的大、中、小径，则需查询相关标准。

55°非密封管螺纹的外螺纹公差等级有 A、B 两级，需注出。其余管螺纹均只有一种公差带，无须注出。

e. 管螺纹若为左旋，则应在尺寸代号后加“-LH”。

③梯形及锯齿形螺纹的标记。

梯形螺纹完整的标记示例如下：

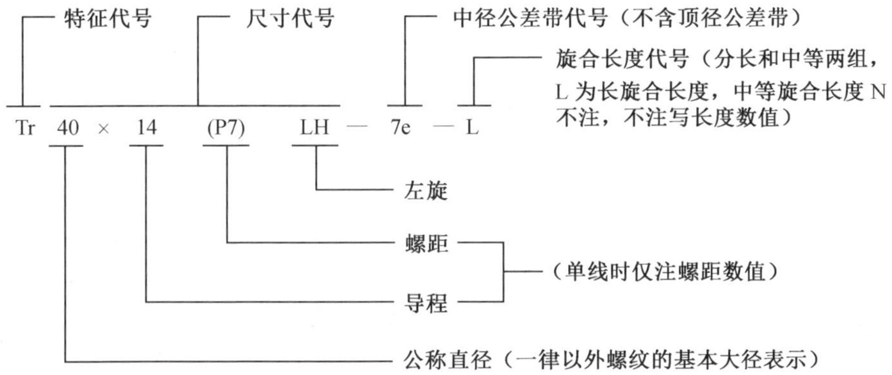

锯齿形螺纹的标记格式与梯形螺纹相同，只是将特征代号换为“B”即可。

梯形及锯齿形螺纹在图样上的标注方法与普通螺纹相同，见表 6.1。

微课
常用螺纹紧固件及
内外螺纹连接画法

AR:开槽圆柱头螺钉

（5）常用螺纹紧固件及其标记。

常用螺纹紧固件有螺钉、螺栓、螺柱、螺母、垫圈等，如图 6.11 所示。由于螺纹紧固件的结构、尺寸均已标准化，故它们都属于标准件。使用时按规定标记直接外购即可。

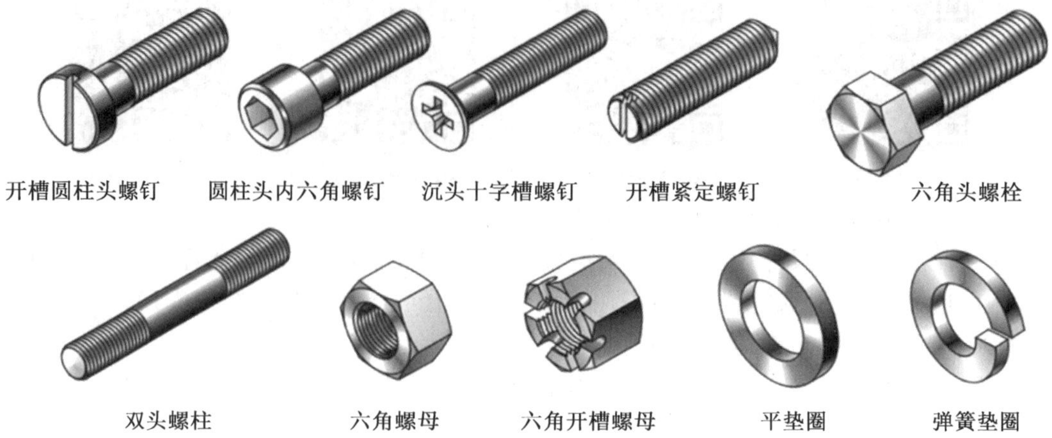

图 6.11　常用螺纹紧固件

本书后面的附录(附表 1 ~9)给出了常用螺纹紧固件的一些标准,用时可查阅。螺纹紧固件的结构形式及尺寸已标准化。各紧固件均有相应规定的标记,其完整的标记由名称、标准编号、螺纹规格或公称尺寸、公称长度(必要时)、性能等级或材料等级、热处理、表面处理组成,一般主要标记前四项。表 6.2 列出了常用螺纹紧固件及其标记和画法,在装配图中也可采用简化画法。螺纹紧固件的详细结构尺寸见附录。

表 6.2　常用螺纹紧固件及其标记和画法

名称及标准编号	图例	简化画法	标记及说明
六角头螺栓-A 和 B 级 GB/T 5782—2016	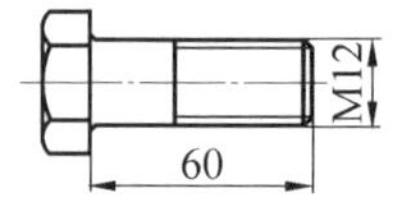	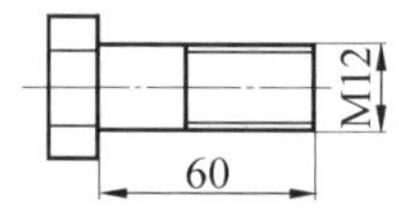	螺栓 GB/T 5782 M12×60 表示 A 级六角头螺栓,螺纹规格 d =M12,公称长度 l =60 mm
双头螺柱 ($b_m=1.25d$) GB 898—1988	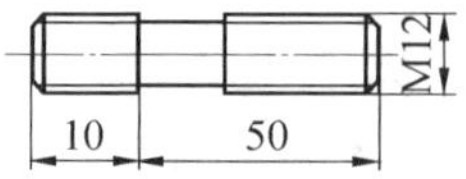	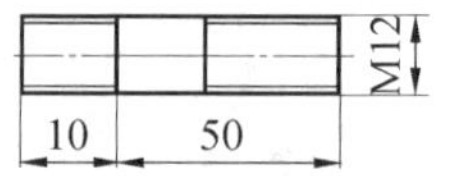	螺柱 GB 898 M12×50 表示 B 型双头螺柱,两端均为粗牙普通螺纹,螺纹规格 d=M12,公称长度 l=50 mm
开槽沉头螺钉 GB/T 68—2016	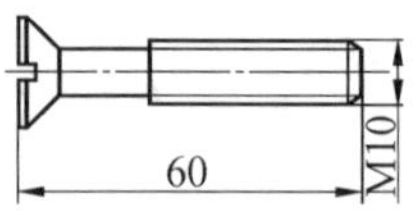	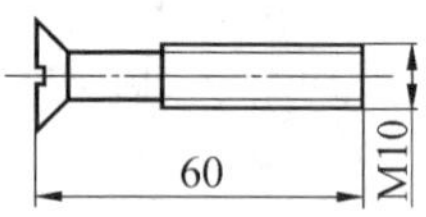	螺钉 GB/T 68 M10×60 表示开槽沉头螺钉,螺纹规格 d=M10,公称长度 l=60 mm
开槽长圆柱端紧定螺钉 GB/T 75—2018	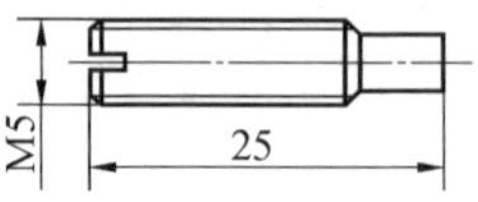	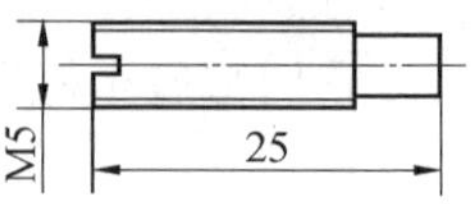	螺钉 GB/T 75 M5×25 表示长圆柱端紧定螺钉,螺纹规格 d=M5,公称长度 l=25 mm

续表 6.2

名称及标准编号	图例	简化画法	标记及说明
1 型六角螺母 -A 和 B 级 GB/T 6170—2015	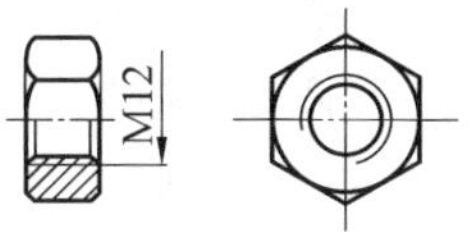	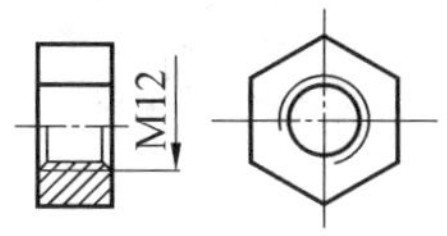	螺母 GB/T 6170 M12 表示 A 级 1 型六角螺母,螺纹规格 $D=$ M12
1 型六角开槽螺母 -A 和 B 级 GB/T 6178—1986	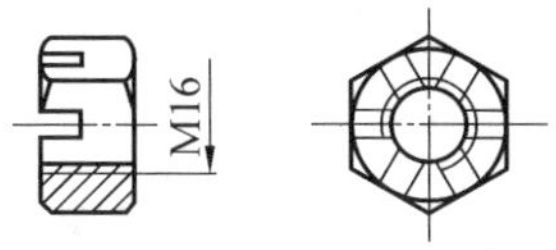		螺母 GB/T 6178 M16 表示 A 级 1 型六角开槽螺母,螺纹规格 $D=$ M16
平垫圈 -A 级 GB/T 97.1—2002	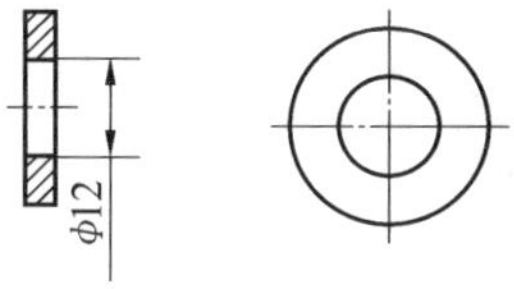		垫圈 GB/T 97.1-12-140HV 表示 A 级平垫圈,公称尺寸(螺纹规格)$d=12$ mm,性能等级为 140 HV 级
标准型弹簧垫圈 GB/T 93—1987	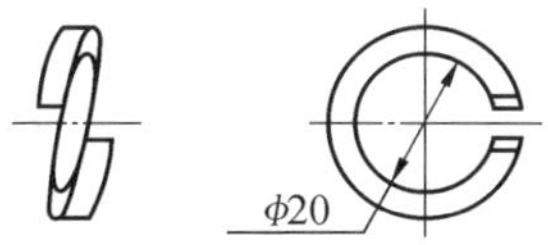		垫圈 GB/T 93 20 表示标准型弹簧垫圈,规格(螺纹大径)为 20 mm

2. 内外螺纹连接画法

如图 6.12 所示,在绘制螺纹连接的剖视图时,按国家标准规定,内、外螺纹的旋合部分应按外螺纹的画法绘制,其余部分仍按各自的画法绘制。必须注意:表示大、小径的粗实线和细实线应分别对齐。

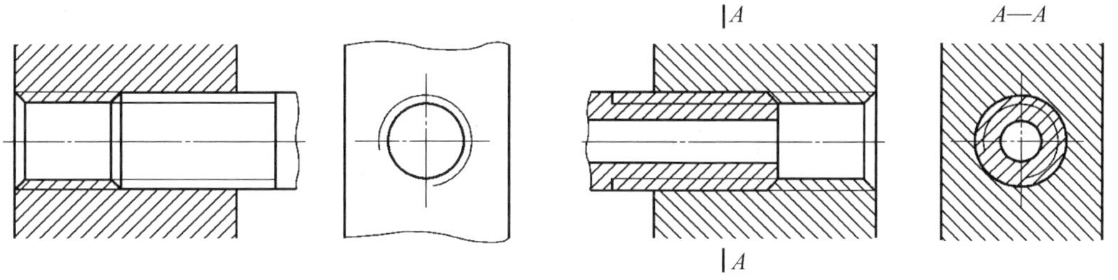

图 6.12　内外螺纹连接画法

任务实施

(1)螺栓用来连接两个不太厚并钻成通孔的零件。连接时,将螺栓穿过两被连接件的通孔,套上垫圈,再拧紧螺母。画图时可按连接工序进行,如图 6.13 所示。

微课

螺栓、螺钉连接

任务实施

AR:螺栓连接

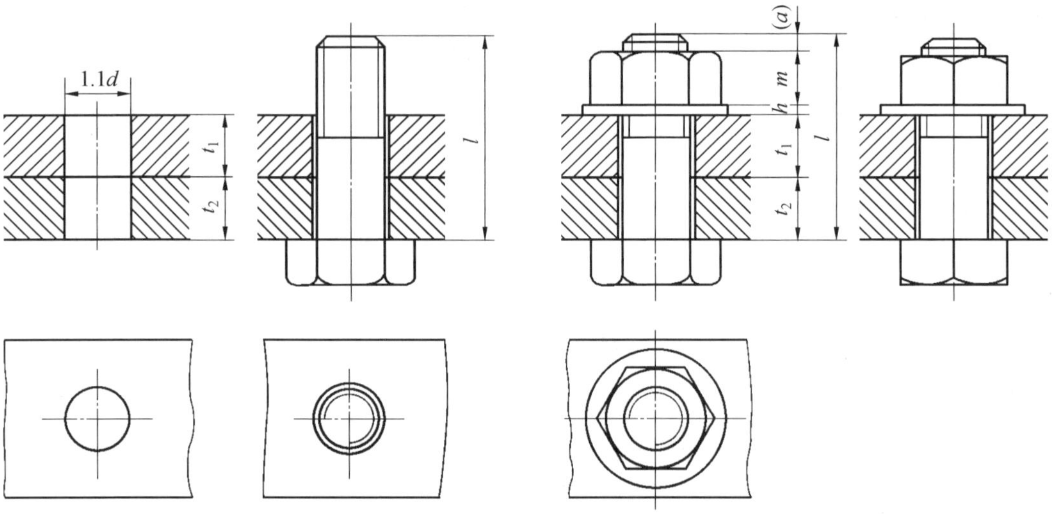

(a) (b) (c)

图 6.13 螺栓连接画法

采用比例画法画螺栓连接图时,螺栓连接各部分尺寸通常是根据公称直径 d 按图 6.14所示的比例关系,定出各部分尺寸。确定螺栓的公称长度 l 时,可按 $l=\delta_1+\delta_2+h+m+a$

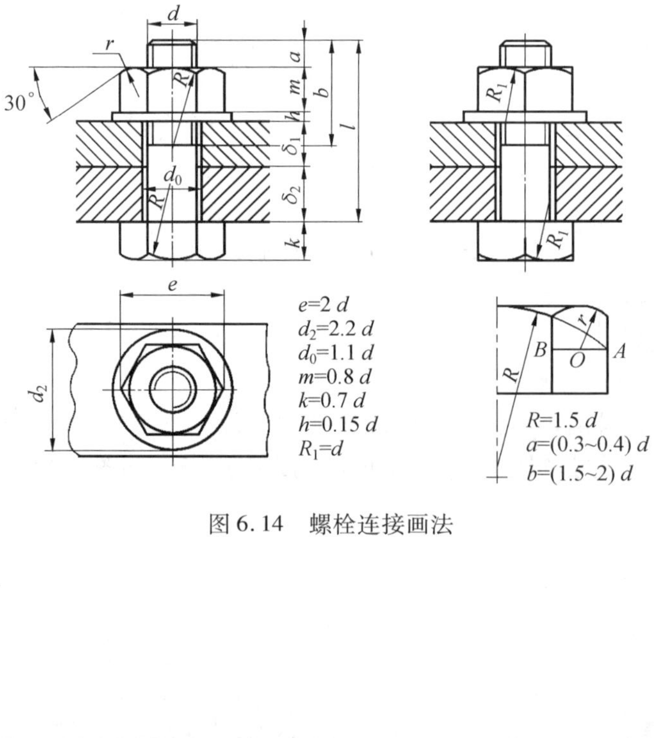

图 6.14 螺栓连接画法

计算，式中，δ_1、δ_2表示被连接件厚度；h 为垫圈厚度；m 为螺母厚度；a 为露头长度。式中，a 一般取(0.3～0.4)d，再由 l 的初算值在螺栓的标准 l 公称系列值中，选取一个最接近的标准值。

螺栓连接可以采用简化画法，螺栓与螺母中的倒角都省略不画。最终简化后的螺栓连接如图 6.15 所示。螺栓连接装配图画法注意事项如图 6.16 所示。

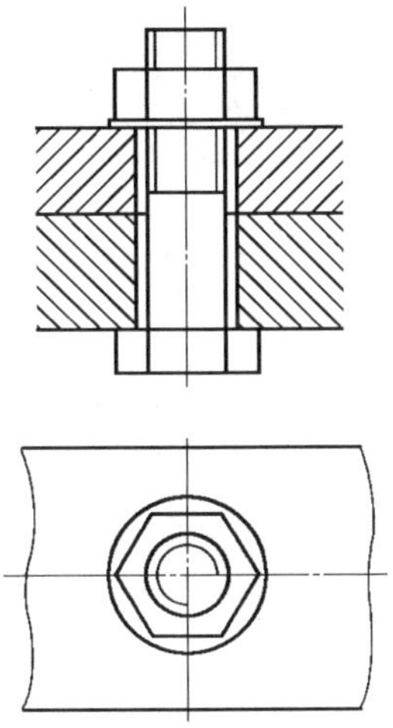

图 6.15　螺栓连接的简化画法

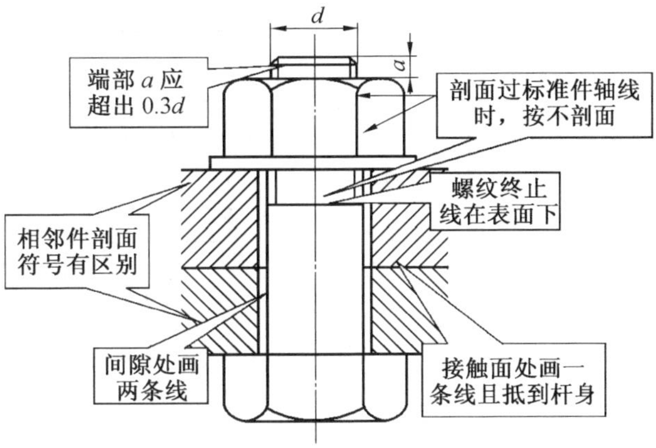

图 6.16　螺栓连接的注意点

(2)螺钉连接画法。

螺钉连接多用于受力不大的零件之间的连接。被连接件中，较薄的一个打通孔，较厚的一个一般为不通的螺纹孔。图 6.17 为螺钉连接的示意图。

画螺钉连接图时应按连接工序进行，其具体过程如下：

①在薄板上钻通孔，直径为 1.1d；在厚板上钻不通孔，直径为 0.85d。深度为 b_m+d，b_m 由被连接零件的材料决定(钢或青铜：$b_m=d$；铸铁：$b_m=1.25d$ 或 $b_m=1.5d$；铝合金：$b_m=1.5d$ 或 $b_m=2d$)，如图 6.18(a)所示。

②在厚板上加工螺纹，公称直径为 d，如图 6.18(b)所示。

③将两被连接件的孔对准，面对面结合，如图 6.18(c)所示。

④拧紧螺钉。螺钉头部按比例画法绘制，螺钉的公称长度 $l=b_m+\delta$。算出结果后在开槽圆柱头螺钉的标准(GB/T 65—2016)中的 l 系列取一个接近的标准值，如图 6.18(d)所示。

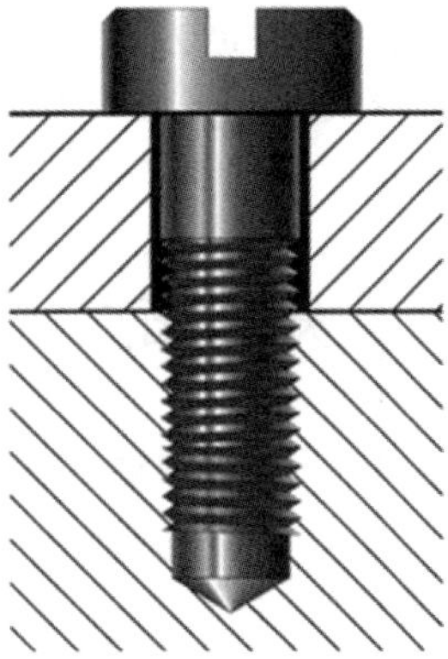

图 6.17　螺钉连接的示意图

画螺钉连接图时应注意以下几点：当剖切平面通过螺纹紧固件的轴线时，均按不剖绘制；螺纹紧固件的工艺结构，如倒角等均可省略不画；相邻两零件接触面只画一条线；相邻两零件剖面线方向相反；薄板的孔径必须大于螺钉大径(约 1.1d)，否则在连接时螺钉装不进通孔；螺钉的螺纹终止线必须画到两零件接触面的上方，否则螺钉可能拧不紧。

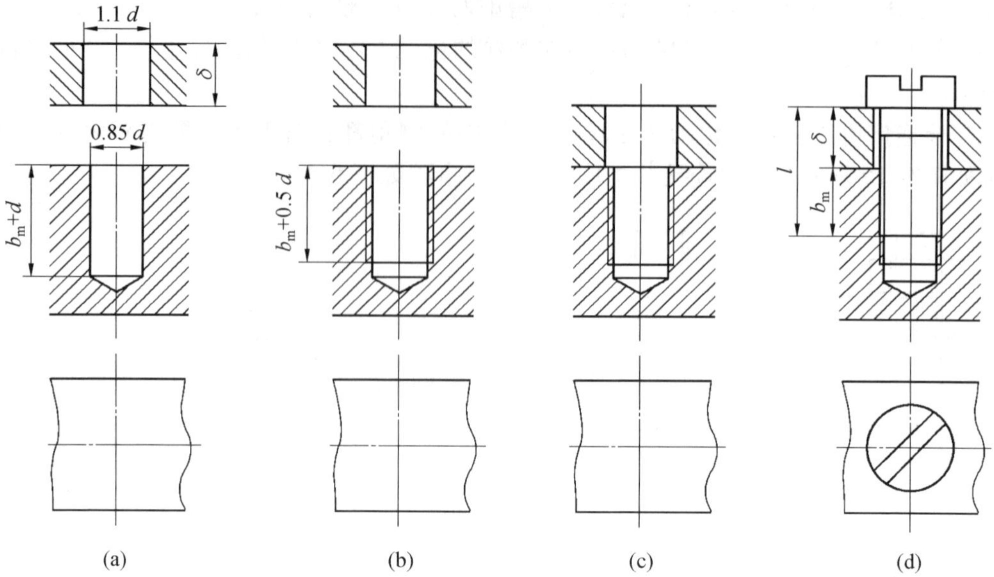

图 6.18　螺钉连接画法

归纳总结

螺纹连接画法属于装配图范畴，应符合装配图画法要求。对于内螺纹、外螺纹的画法，顶径为粗线，底径为细线。粗线画整圆，细线画 3/4 圆。

被连接件的孔径必须大于螺栓的大径，$d_0=1.1d$，否则成组装配时，会由于孔间距有误差而装不进去。

在螺栓连接的剖视图中，两被连接零件的剖面线应不同，被连接零件接触面（投影图上为粗实线）画到螺栓的大径处，如图 6.15 所示。

知识拓展

1. 双头螺柱连接画法

螺柱连接和螺钉连接相比，能够承受相对较大的力。螺柱两端均加工有螺纹，连接时，一端（旋入端）全部旋入被连接件之一的螺孔内，另一端（紧固端）穿过另一个被连接件的通孔，套上垫圈，再拧紧螺母。

图 6.19 为螺柱连接装配图画图过程。图 6.19(d) 为螺柱连接画法。

螺柱连接画图时的注意点同螺钉连接，此外还应注意以下两点。

微课

双头螺柱、沉头螺钉连接画法

(1) 为了保证连接牢靠，应使旋入端完全旋入螺纹孔中，即在图中旋入端的终止线应与螺纹孔口的端面平齐。

(2) 螺柱的公称长度 $l \geqslant \delta+0.15d$（垫圈厚度）$+0.8d$（螺母厚度）$+0.3d$。初算的数值在螺柱标准（附表 3）的公称系列值中选取相等或略大的标准值。

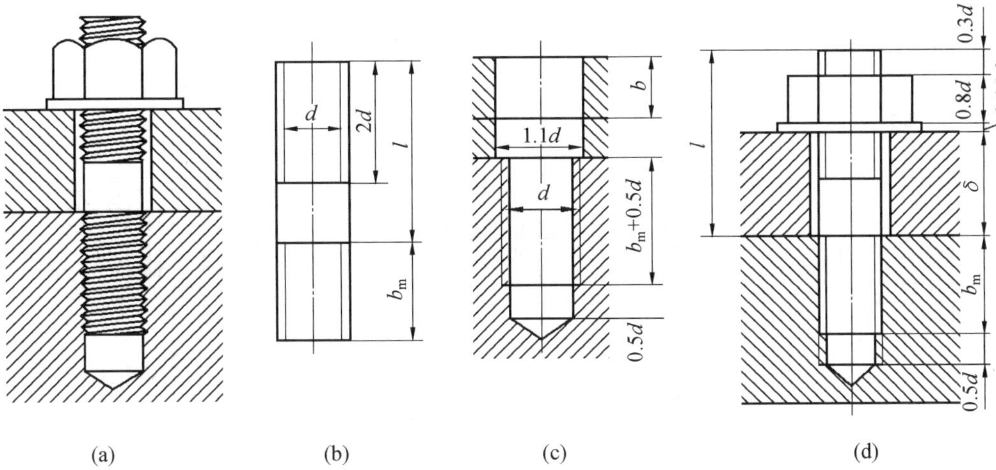

图 6.19　双头螺柱连接

2. 开槽沉头螺钉和紧定螺钉连接画法

图 6.20(a)为开槽沉头螺钉连接示意图,图 6.20(b)为开槽沉头螺钉连接画法。当开槽螺钉的槽宽很窄时,其投影可用宽度为 2 倍于粗实线的特粗线表示,在俯视图中,槽与水平成 45°向右上倾斜,如图 6.20(c)所示(注意:在主视图中,螺孔的末端采用了简化画法,即螺孔深度和钻孔深度相等)。

微课
紧定螺钉连接

AR:紧定螺钉

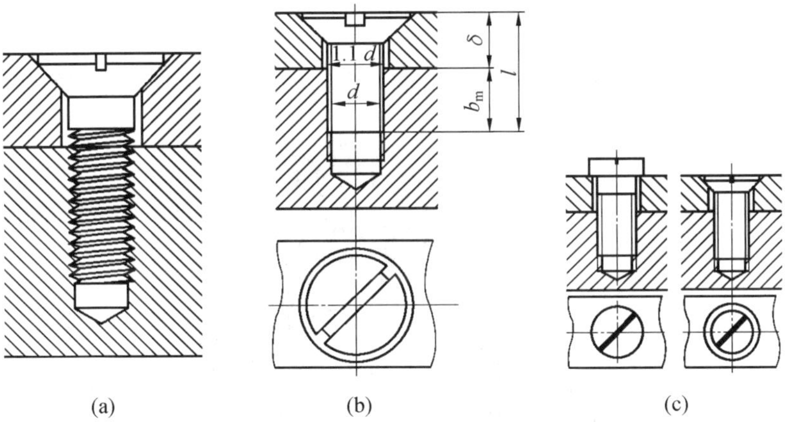

图 6.20　开槽螺钉连接画法

紧定螺钉也是机器上经常使用的一种螺钉,常用来防止两个相互配合的零件产生相对运动。连接前应先在轴上打一个锥坑，在轮毂上加工一个螺孔。装配时将轴装入孔中后再将紧定螺钉拧紧。紧定螺钉连接画法如图 6.21 所示。

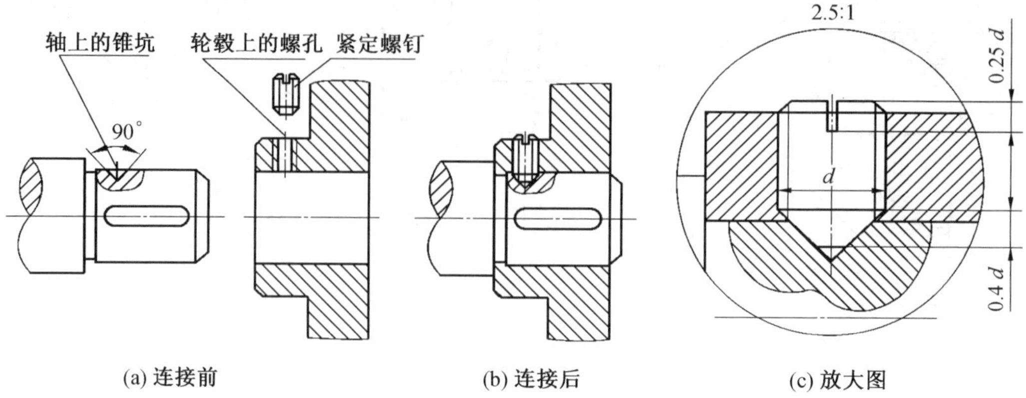

图 6.21　紧定螺钉连接画法

活学活用

雷锋说，一个人的作用，对于革命事业来说，就如一架机器上的一颗螺丝钉。螺丝钉虽小，其作用是不可低估的。一分耕耘，一分收获，我们要继承和发扬这种甘于平凡、默默无闻、无私奉献的螺丝钉精神，从点滴做起，从小事做起，在平凡的岗位上奉献自己的青春和力量。

任务二　键连接的画法

任务描述

已知图 6.22 中轴的直径为 60 mm，请选用合适的键，并完成键连接的装配图。

图 6.22　键连接示意图

相关知识

键和键槽

键通常用来连接轴和装在轴上的转动零件,并使之一起转动。例如,铣刀头中的轴和 V 带轮就是用键来连接的。

键是标准件,常用的键有普通平键、半圆键和钩头楔键等,如图 6.23 所示。

微课
键和键槽

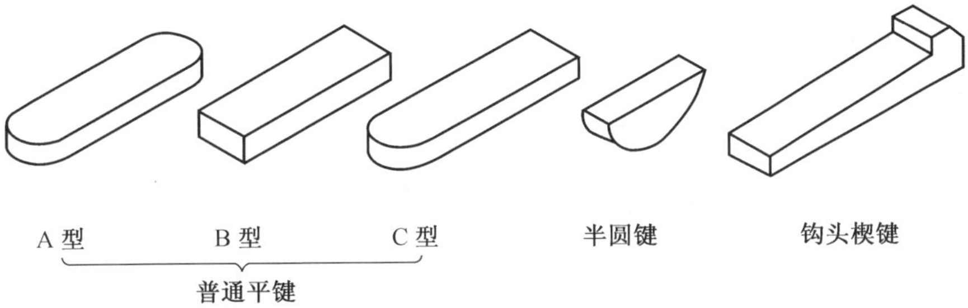

图 6.23　常用的键

普通平键有三种结构形式:A 型(圆头)、B 型(平头)、C 型(单圆头),如图 6.24 所示。

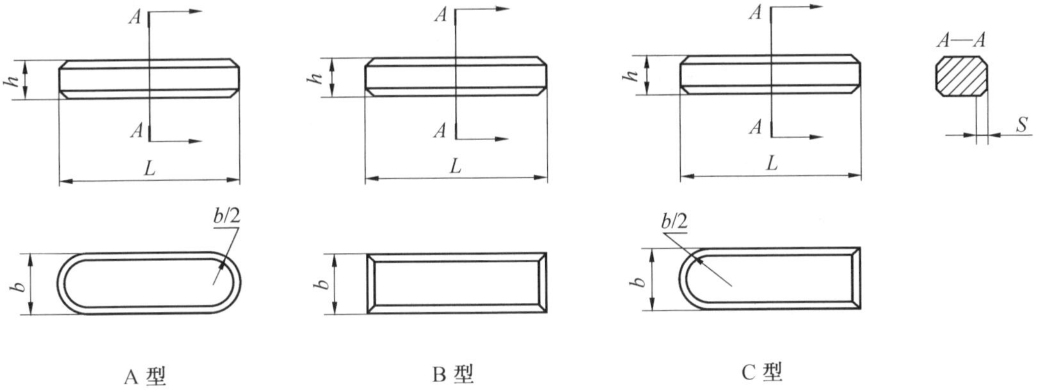

图 6.24　普通平键

要想用键连接(图 6.22),首先应在轴上和轮毂上分别加工出键槽,装配时先将键嵌入轴的键槽内,再将轮毂上的键槽对准轴上的键,把轮子装在轴上。这样,轴和轮子便一起转动。

普通平键的公称尺寸 $b \times h$(键宽×键高)可根据轴的直径 d 从附表 10 中直接查到,键的长度 L 一般比轮毂长度 B 小 5 ~ 10 mm,并取标准值。

任务实施

根据轴的直径 $d=60$ mm，采用圆头普通平键连接，则从附表 10 查得：$b=18$ mm，$h=11$ mm。若长度 $L=100$ mm，则标记为：GB/T 1096—2003 键 18×11×100。

键槽的画法和尺寸标注如图 6.25(a)、(b) 所示，图中 t_1 和 t_2 可从附表 10 中查得，$t_1=7.0$ mm，$t_2=4.4$ mm。

微课
键连接
任务实施

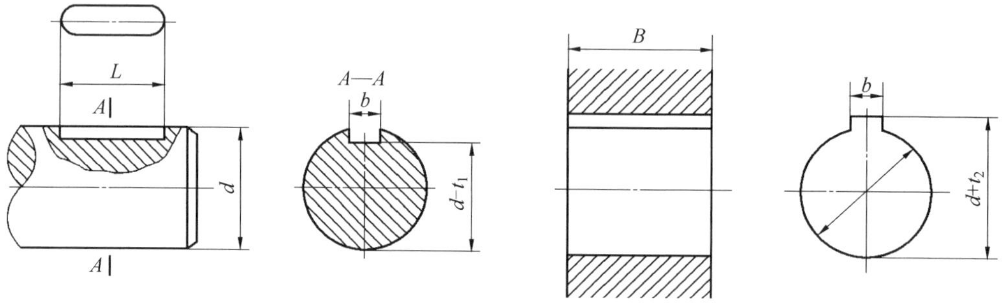

(a) (b)

图 6.25　键槽的画法

图 6.26(a) 为键连接装配过程的轴测分解图。图 6.26(b) 为键连接后的轴测图。

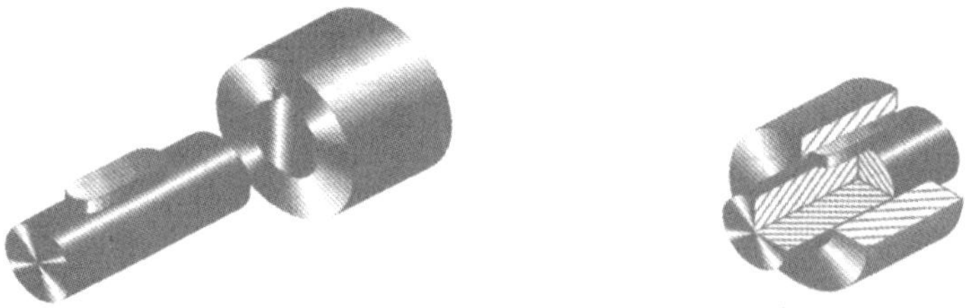

(a) (b)

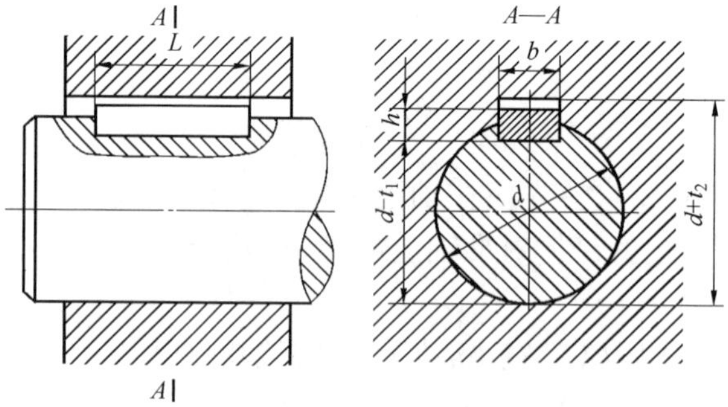

(c)

图 6.26　普通平键联结图

AR:轴上键槽　　AR:孔上键槽　　AR:键连接

图 6.26(c)为普通平键连接图,主视图为通过轴的轴线和键的纵向对称平面剖切后画出的,键和轴均按不剖绘制。为了表示键在轴上的装配情况,采用了局部剖视。左视图为全剖视,键的两侧面和下底面分别与轴槽两侧面和轴槽底面相接触,应画一条线。而键的顶面与轮毂槽的底面之间留有空隙,应画两条线。

归纳总结

键连接的种类较多,画图时要分清键的类型。键的表面接触部分画一条线,不接触表面画两条线。

知识拓展

1. 半圆键和钩头楔键连接画法

半圆键连接画法与平键连接类似,如图 6.27 所示。钩头楔键连接画法如图 6.28 所示。钩头楔键的顶面有 1∶100 的斜度,装配后其顶面与底面为接触面,画成一条线,侧面应留有一定间隙,画两条线。

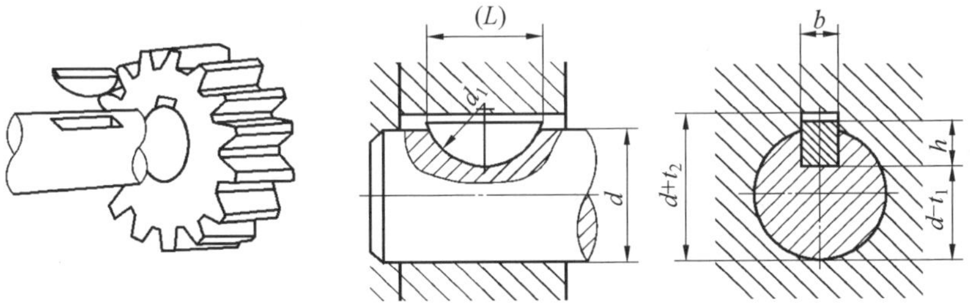

图 6.27　半圆键连接画法

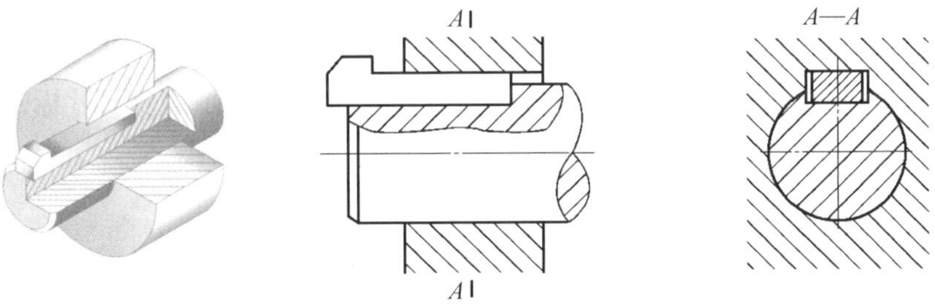

图 6.28　钩头楔键连接画法

微课 半圆键和钩头楔键连接画法

微课 花键及其连接画法

2. 花键

手动挡汽车同步器结构中花键毂与接合套的连接属于花键连接,如图 6.29(a)所示。花键连接同轴度较好,连接可靠,能传递较大的扭矩。在轴上制出的花键称为外花键,这种轴称为花键轴(图 6.29(b));在孔内制出的花键称为内花键,这种孔称为花键孔。内、外花键装配在一起就是花键连接。花键的齿形有矩形、渐开线形、三角形等,其中矩形花键应用最广。

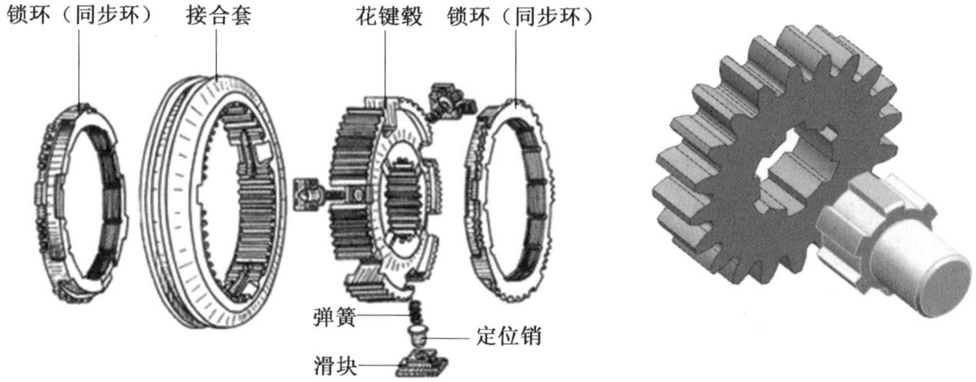

(a)　　　(b)

图 6.29　花键

内、外花键用代号标注时,其标记为:

齿数×小径　小径公差带代号×大径　大径公差带代号×齿宽　齿宽公差带代号

其中,外花键公差带代号用小写字母表示,内花键公差带代号用大写字母表示(图 6.30)。

例:齿数 $N=6$　小径 $d=23$ mm　大径 $D=28$ mm　齿宽 $B=6$ mm 的内、外花键分别标注为:

6×23H7×28H10×6H11 和 6×23f7×28a11×6d10

内、外花键的画法及尺寸标注如图 6.30 所示。花键连接的画法及尺寸标注如图6.31 所示。

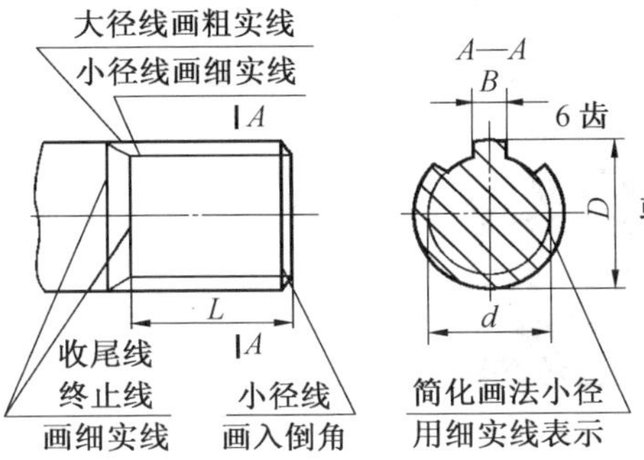

(a) 外花键画法

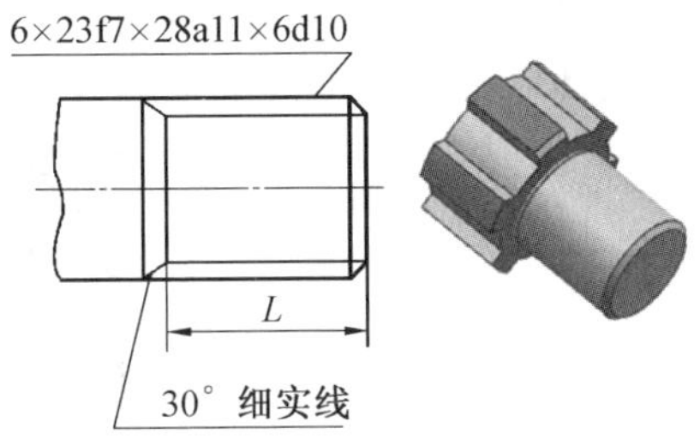

(b) 外花键标注

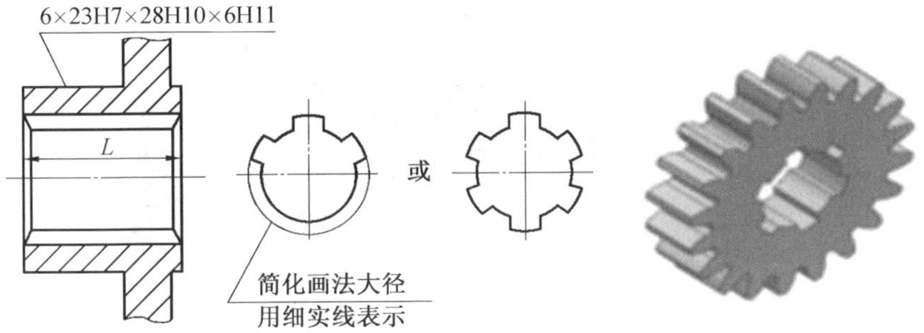

(c) 花键孔画法

图 6.30　内、外花键的画法及尺寸标注

AR:内、外花键 1　　AR:内、外花键 2

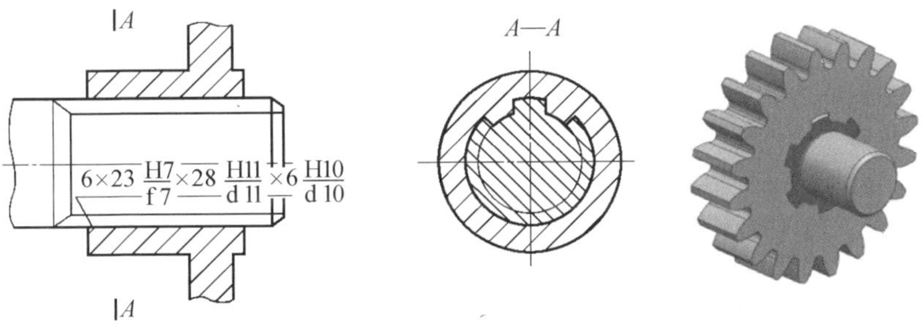

图 6.31　花键连接的画法及尺寸标注

3. 销连接

销的种类较多，通常用于零件间的连接与定位。常用的销有圆锥销、圆柱销、开口销

等。开口销与槽型螺母配合使用,起防松作用。销还可作为安全装置中的过载剪断元件。销也是标准键,其标准见附表 11。图 6.32 中,连杆盖和连杆之间的正确位置可以通过定位销插入定位孔进行定位。

AR:花键连接

微课
销连接及画法

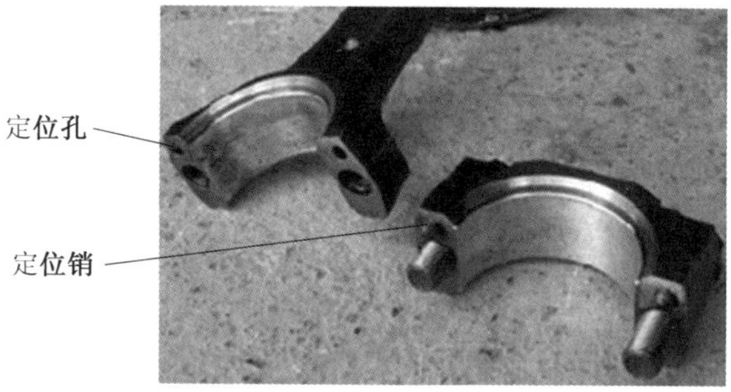

图 6.32　连杆盖的定位

销的种类、形式和标记见表 6.3。

表 6.3　销的种类、形式和标记

名称	主要尺寸	标记
圆柱销	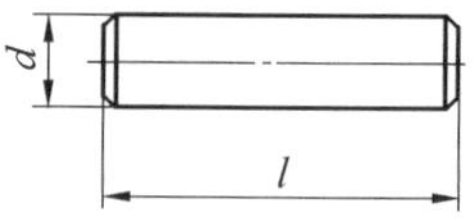	销 GB/T 119.1—2000 $d\times l$
圆锥销	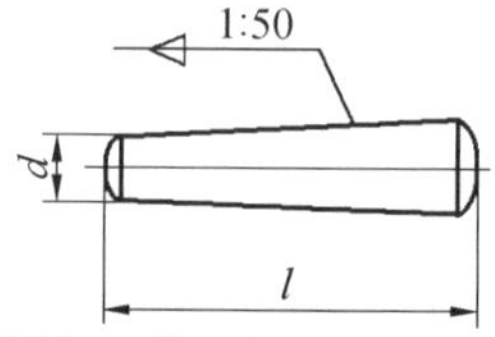	销 GB/T 117—2000 $d\times l$
开口销	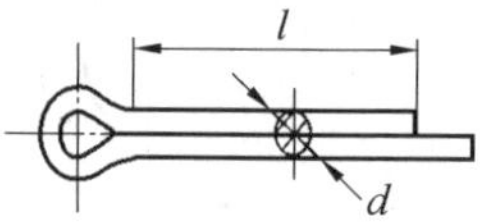	销 GB/T 91—2000 $d\times l$

若两个零件用销来定位,则在装配时应先将两被连接件的装配位置摆好,接着一起加工出销孔,最后将销装入,称为“配作”。销孔的加工方法、尺寸注法如图 6.33 所示。

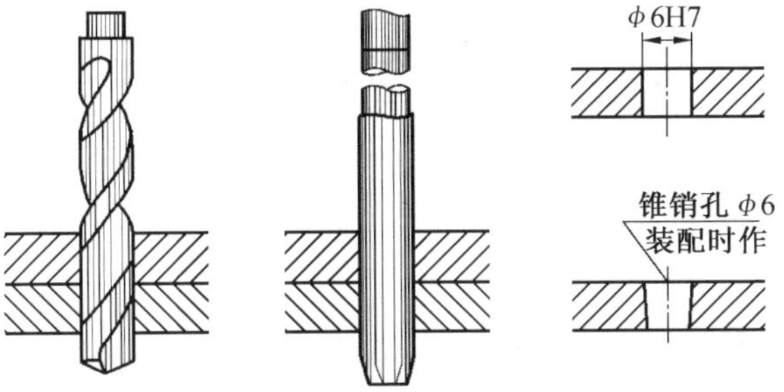

AR:销连接

图 6.33　销孔的加工方法、尺寸注法

销连接的画法如图 6.34 所示。图 6.34(a)所示为圆柱销连接,图 6.34(b)所示为圆锥销连接,图 6.34(c)所示为开口销连接。开口销常与带孔螺栓和槽形螺母配合使用,将开口销插入槽型螺母的槽口并穿过带孔螺栓的孔,并将销的尾部叉开,以防止螺母与螺栓松脱。

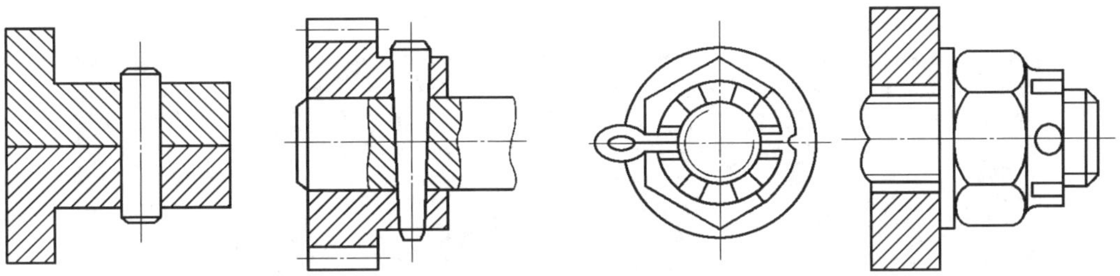

(a)　(b)　(c)

图 6.34　销连接的画法

活学活用

键的结构非常简单。但是小零件大作用,缺少了键的连接,其他物体将无法连接在一起,更无法实现其功能。同理,在一个集体中,任何人都有自己的价值和作用,没有高低贵贱之分,一个都不能少。

销具有定位作用。我们的人生也需要定位,要有明确的人生目标,沿着这个目标去努力,不断奋进,才会不迷茫,少走弯路。

结合本任务,谈谈刘少奇同志对掏粪工人时传祥说的“你掏大粪是人民的勤务员,我当主席也是人民的勤务员,这只是革命分工的不同,都是革命事业中不可缺少的一部分”的理解。

任务三　完成齿轮啮合的画法

任务描述

完成一对啮合的直齿圆柱齿轮（$z_1=19, z_2=37, m=2$）的两视图。

相关知识

齿轮是广泛用于机器中的传动零件，用来传递动力、改变转速和回转方向。齿轮在汽车上的应用很多，典型实例如图 6.35 所示。图 6.35(a)为齿轮正时机构；图 6.35(b)为手动变速器机构；图 6.35(c)为行星齿轮式自动变速器机构；图 6.35(d)为差速器。齿轮的轮齿部分已标准化。

(a)　(b)　(c)　(d)

图 6.35　齿轮在汽车上的应用

图 6.36 所示为三种常见的齿轮传动形式。圆柱齿轮用于两平行轴之间的传动，如图 6.36(a)所示，包括直齿轮和斜齿轮两种；圆锥齿轮用于两相交轴之间的传动，如图 6.36(b)所示；蜗轮蜗杆用于两垂直交叉轴之间的传动，如图 6.36(c)所示。

(a) 圆柱齿轮 (b) 圆锥齿轮 (c) 蜗轮蜗杆

图 6.36 齿轮传动的常见类型

1. 直齿圆柱齿轮各部分的名称及参数(图 6.37)

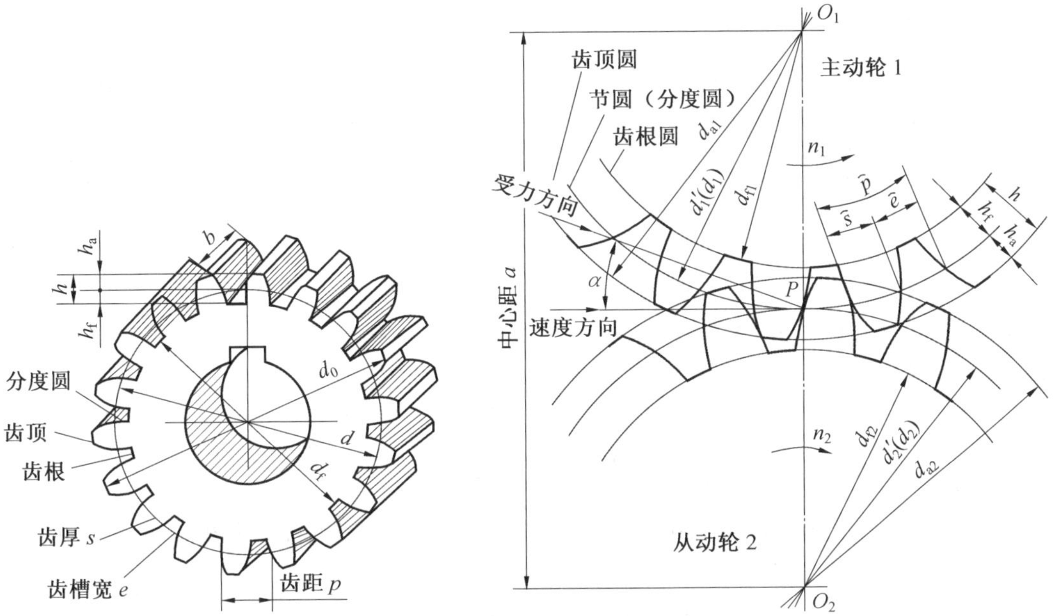

图 6.37 齿轮的几何要素及其代号

微课
齿轮及其画法

AR:直齿圆柱齿轮

齿数 z—齿轮上轮齿的个数。

齿顶圆直径 d_a—通过齿顶的圆柱面直径。

齿根圆直径 d_f—通过齿根的圆柱面直径。

分度圆直径 d —齿轮设计和加工时的重要参数。分度圆是一个假想的圆,在该圆上齿厚 s 与槽宽 e 相等,它的直径称为分度圆直径。

齿高 h—齿顶圆和齿根圆之间的径向距离。

齿顶高 h_a—齿顶圆和分度圆之间的径向距离。

齿根高 h_f—分度圆与齿根圆之间的径向距离。

齿高：$h=h_a+h_f$。

齿距 p—在分度圆上，相邻两齿对应齿廓之间的弧长。

齿厚 s—在分度圆上，一个齿的两侧对应齿廓之间的弧长。

槽宽 e—在分度圆上，一个齿槽的两侧相应齿廓之间的弧长。

中心距 a—两啮合齿轮轴线之间的距离。

2. 直齿圆柱齿轮的基本参数和尺寸计算

(1)模数 m。

由于分度圆的周长 $\pi d = p \cdot z$，所以 $d = \frac{p}{\pi} \cdot z$，$\frac{p}{\pi}$就称为齿轮的模数。模数以 mm 为单位，它是齿轮设计和制造的重要参数。为便于齿轮的设计和制造，减少齿轮成形刀具的规格及数量，国家标准对模数规定了标准值。渐开线圆柱齿轮模数系列见表 6.4。

表 6.4　渐开线圆柱齿轮模数系列(GB/T 1357—2008)　mm

第一系列	1,1.25,1.5,2,2.5,3,4,5,6,8,10,12,16,20,25,32,40,50
第二系列	1.75,2.25,2.75,(3.25),3.5,4.5,5.5,(6.5),7,9,(11),14,18,22,28,36,45

注：选用模数时，优先选用第一系列。

(2)压力角 α。

相互啮合的一对齿轮，其受力方向(齿廓曲线的公法线方向)与运动方向之间所夹的锐角，称为压力角。同一齿廓的不同点上的压力角是不同的，在分度圆上的压力角，称为标准压力角。国家标准规定，标准压力角为 20°。

设计齿轮时，先确定模数和齿数，其他各部分尺寸均可根据模数和齿数计算求出。

标准直齿圆柱齿轮各基本尺寸计算公式见表 6.5。

表 6.5　标准直齿圆柱齿轮各基本尺寸计算公式

基本参数：模数 m 和齿数 z			
序号	名称	代号	计算公式
1	齿距	p	$p=\pi m$
2	齿顶高	h_a	$h_a=m$
3	齿根高	h_f	$h_f=1.25m$
4	齿高	h	$h=2.25m$
5	分度圆直径	d	$d=mz$
6	齿顶圆直径	d_a	$d_a=m(z+2)$
7	齿根圆直径	d_f	$d_f=m(z-2.5)$
8	中心距	a	$a=m(z_1+z_2)/2$

3. 直齿圆柱齿轮的规定画法

(1)单个圆柱齿轮的画法。

单个齿轮一般用两个视图表示。国家标准 GB/T 4459.2—2003 规定齿顶圆和齿顶线用粗实线绘制,分度圆和分度线用细点画线表示,齿根圆和齿根线用细实线绘制(齿根线也可以省略不画)。在剖视图中,齿根线用粗实线绘制,并不能省略。轮齿一律按不剖绘制。对于斜齿或人字齿的圆柱齿轮,可用三条与齿线方向一致的细实线表示旋向。

AR:圆柱齿轮啮合

单个圆柱齿轮的画法如图 6.38 所示。

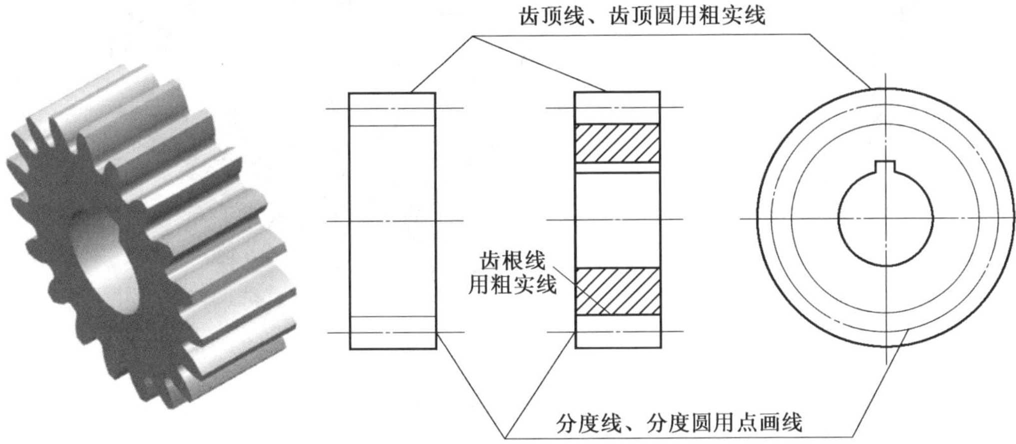

图 6.38　单个圆柱齿轮的画法

(2)两个圆柱齿轮啮合的画法(图 6.39)。

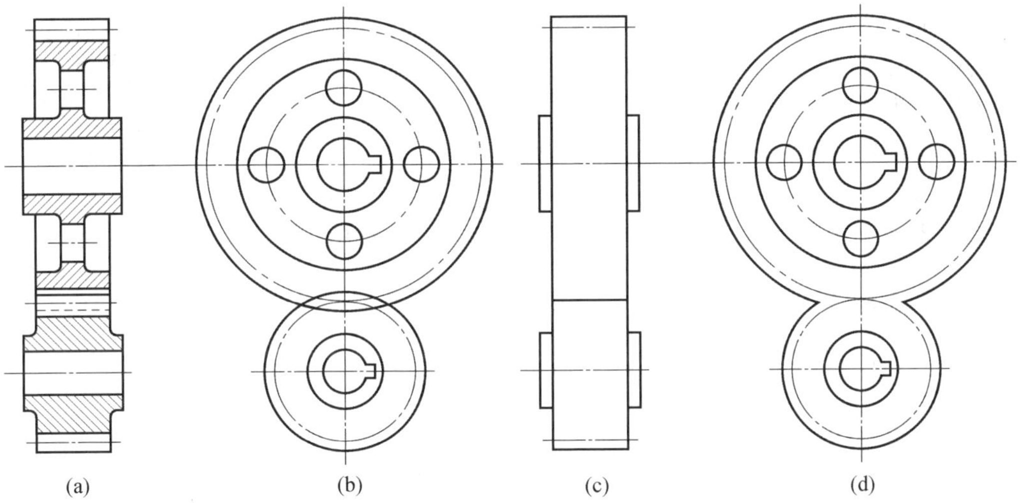

图 6.39　圆柱齿轮啮合的画法

根据国家标准,一对齿轮的啮合图,一般可以采用两个视图表达,在垂直于圆柱齿轮轴线的投影面的视图中(反映为圆的视图),啮合区内的齿顶圆均用粗实线绘制,分度圆相切，如图 6.39(b)所示。也可用省略画法如图 6.39(d)所示。在不反映圆的视图上，啮合区的齿顶线不需要画出，分度线用粗实线绘制，如图 6.39(c)所示。采用剖视图表达时，在啮合区内将主动齿轮的齿顶线用粗实线绘制，从动齿轮的轮齿被遮挡，其齿顶线用虚线绘制，如图 6.39(a)所示。轮齿啮合区在剖视图中的画法如图 6.40 所示。

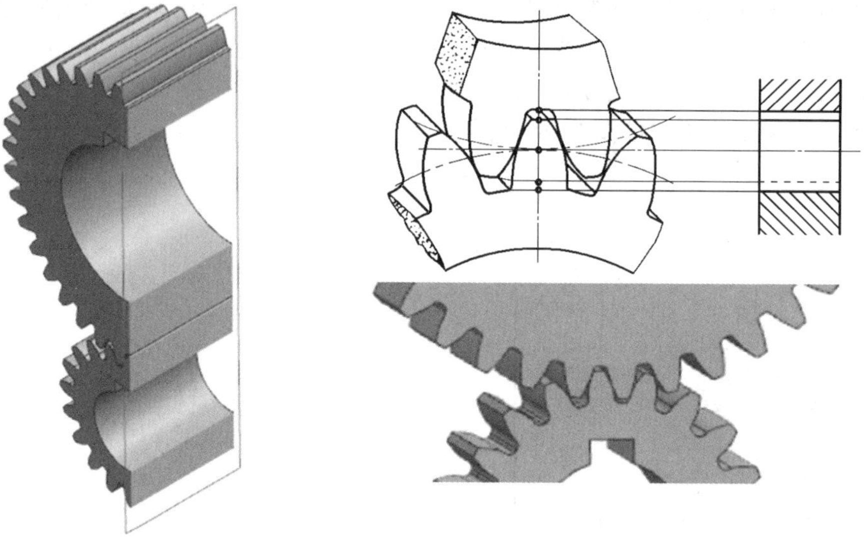

图 6.40　轮齿啮合区在剖视图中的画法

任务实施

(1)根据任务要求，计算齿轮参数。

齿轮 1 分度圆直径 $d_1 = mz_1 = 19\times2 = 38(\mathrm{mm})$。

齿轮 2 分度圆直径 $d_2 = mz_2 = 37\times2 = 74(\mathrm{mm})$。

齿轮 1 齿顶圆直径 $d_{a1} = m(z_1+2) = 21\times2 = 42(\mathrm{mm})$。

齿轮 2 齿顶圆直径 $d_{a2} = m(z_2+2) = 39\times2 = 78(\mathrm{mm})$。

齿轮 1 齿根圆直径 $d_{f1} = m(z_1-2.5) = 16.5\times2 = 33(\mathrm{mm})$。

齿轮 2 齿根圆直径 $d_{f2} = m(z_2-2.5) = 34.5\times2 = 69(\mathrm{mm})$。

中心距 $a = \dfrac{d_1+d_2}{2} = 56(\mathrm{mm})$。

微课
齿轮啮合
任务实施

(2)画圆柱齿轮啮合图，如图 6.39(a)、(b)所示。

归纳总结

齿轮的尺寸一般要根据齿数和模数通过计算获得。一对标准齿轮要能正常啮合，其模数和压力角要相等。正常啮合时，分度圆相切。齿轮啮合的剖视图，其啮合区图线比较复杂，有如下规律：啮合区内五条线，两条齿根粗实线，主动齿顶粗实线，从动齿顶细虚线，分度重合点画线。

知识拓展

1. 直齿圆锥齿轮

由于圆锥齿轮的轮齿加工在圆锥面上，所以圆锥齿轮在齿宽范围内有大、小端之分，如图 6.41(a)所示。为了计算和制造方便，国家标准规定以大端为准。在圆锥齿轮上，有关的名称和术语有：齿顶圆锥面(顶锥)、齿根圆锥面(根锥)、分度圆锥面(分锥)、背锥面(背锥)、前锥面(前锥)、分度圆锥角 δ、齿高 h、齿顶高 h_a 及齿根高 h_f 等，如图 6.41(b)所示。圆锥齿轮啮合图的画法如图 6.42 所示。

微课
直齿圆锥齿轮、蜗轮蜗杆画法

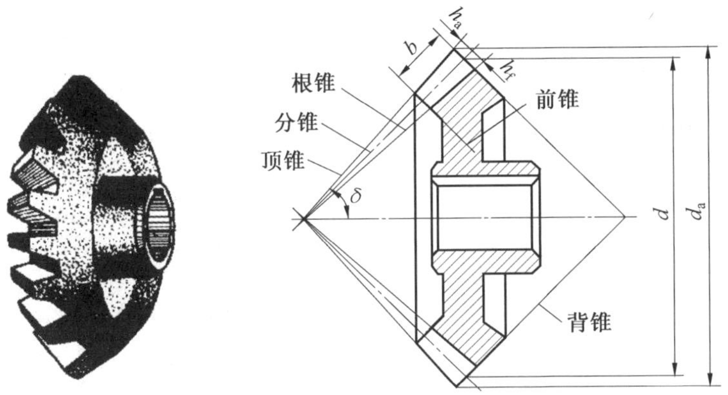

(a)　(b)

图 6.41　圆锥齿轮各部分名称

AR:圆锥齿轮

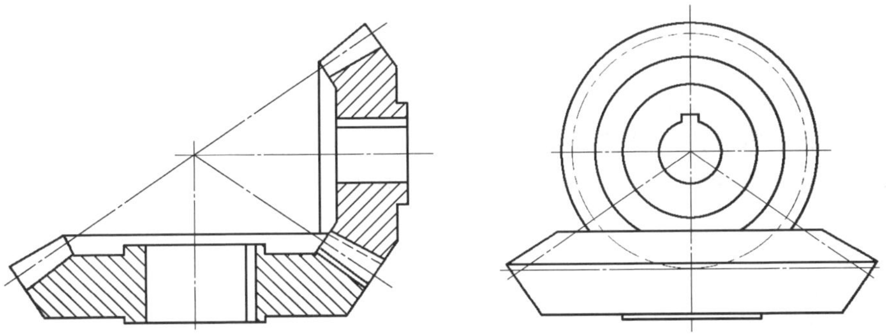

图 6.42　圆锥齿轮啮合图的画法

2. 蜗杆、蜗轮简介

(1)蜗杆的规定画法。

蜗杆的形状如梯形螺杆，轴向剖面齿形为梯形，顶角为 40°，一般用一个视图表达。它的齿顶线、分度线、齿根线画法与圆柱齿轮相同，牙型可用局部剖视或局部放大图画出。蜗杆的规定画法如图 6.43 所示。

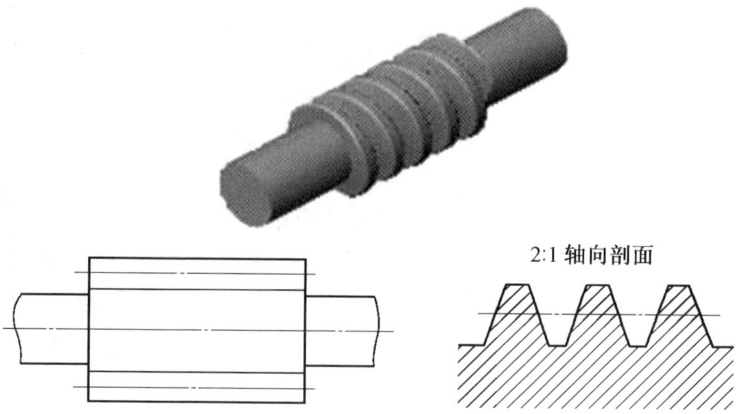

图 6.43　蜗杆的规定画法

(2)蜗轮的规定画法。

蜗轮的画法与圆柱齿轮基本相同,如图 6.44 所示。在投影为圆的视图中,轮齿部分只需画出分度圆和齿顶圆,其他圆可省略不画,其他结构形状按投影绘制。

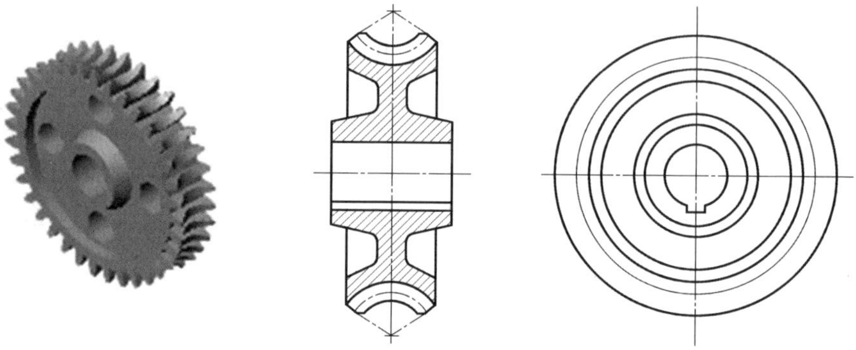

图 6.44　蜗轮的规定画法

(3)蜗杆、蜗轮的啮合画法。

蜗杆、蜗轮的啮合画法如图 6.45 所示。在主视图中,蜗轮被蜗杆遮住的部分不必画出。在左视图中,蜗轮的分度圆与蜗杆的分度线应相切。

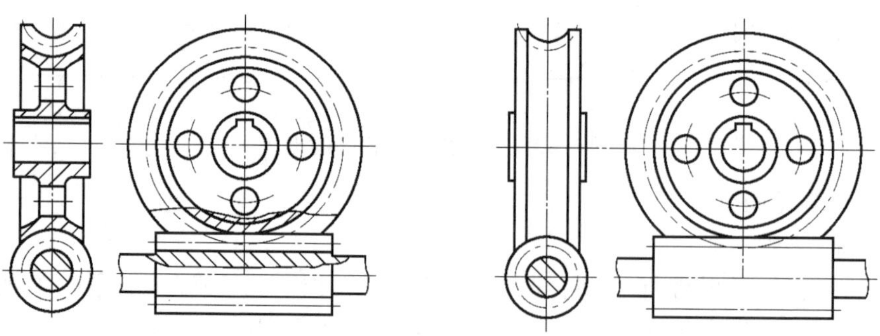

图 6.45　蜗杆、蜗轮的啮合画法

活学活用

在公元前 100 年，古希腊亚历山大的发明家赫伦发明了里程计，在里程计中使用了齿轮。公元 1 世纪时，罗马的建筑家毕多毕斯制作的水车式制粉机上也使用了齿轮传动装置。到 14 世纪，开始在钟表上使用齿轮。我国三国时期出现的指南车和记里鼓车已采用齿轮传动系统。

齿轮作为常用件，模数标准化了，必须按照国家标准进行选用。齿数则可以根据实际需要灵活选用。对我们的启示是：在牵涉重大原则性问题上，我们必须坚持原则，如四项基本原则是我们无论何时何地都必须遵守的。在一些非原则的问题上，也要具有一定的灵活性，以便能实事求是地解决存在的问题。拿当前我们的经济制度为例，我们要构建高水平社会主义市场经济体制。坚持和完善社会主义基本经济制度，毫不动摇巩固和发展公有制经济，毫不动摇鼓励、支持、引导非公有制经济发展，充分发挥市场在资源配置中的决定性作用，更好发挥政府作用。

任务四　完成滚动轴承的画法

任务描述

在机器中，滚动轴承广泛应用于各种机械设备中，如图 6.46 所示。在机械图样中，如何表达滚动轴承？

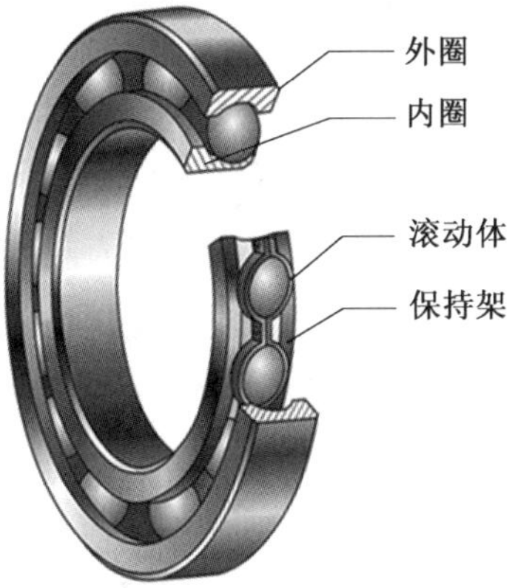

图 6.46　滚动轴承

相关知识

1. 轴承概述

轴承按照运动元件的摩擦性质不同可分为滑动轴承和滚动轴承。滑动轴承在汽车上的应用实例如图 6.47 所示。图 6.47(a)为连杆轴承,俗称小瓦;图 6.47(b)主要为主轴轴承,俗称大瓦;图 6.47(a)、(b)为滑动轴承。图 6.47(c)为变速器中间轴轴承;图 6.47(d)为后驱车辆传动轴中间支承;图 6.47(e)为 AT 自动变速器中常用的滚针轴承;图 6.47(c)、(d)、(e)为滚动轴承。本任务主要讲解滚动轴承。

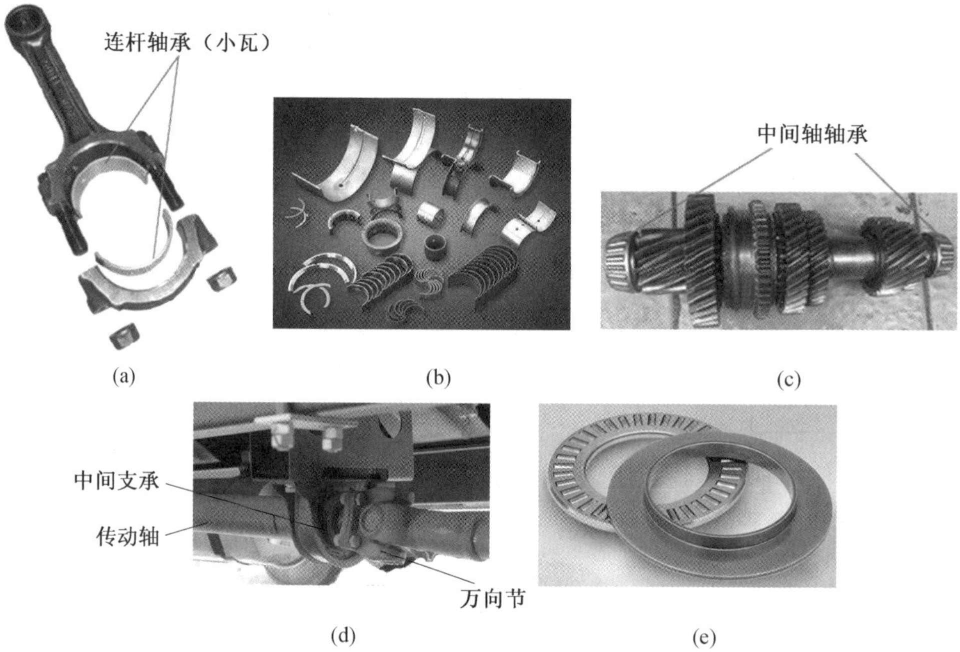

图 6.47　轴承在汽车上的应用实例

2. 滚动轴承

滚动轴承是支承轴的标准组件,像铣刀头中的轴就是用两个滚动轴承支承的。由于滚动轴承可以大大地减小轴与孔相对旋转时的摩擦力,且具有机械效率高、结构紧凑等优点,因此应用广泛 。

微课
滚动轴承

AR:深沟球轴承

(1)滚动轴承的结构及分类。

滚动轴承的种类很多,但结构大体相同,一般由外圈、内圈、滚动体和保持架组成,如

图 6.46 所示。外圈装在轴承座内，一般固定不动；滚动体安装在内外圈之间的滚道中，内圈转动时，它们在滚道内滚动；保持架用来隔离滚动体。

滚动轴承按受力方向可分为三类(图 6.48)。

向心轴承：主要承受径向力，如深沟球轴承。

推力轴承：只承受轴向载荷，如推力球轴承。

向心推力轴承：同时承受径向和轴向载荷，如圆锥滚子轴承。

(a) 向心轴承　(b) 推力轴承　(c) 向心推力轴承

AR：圆锥滚子轴承

图 6.48　滚动轴承分类

(2)滚动轴承的标记。

滚动轴承的标记由名称、代号、标准编号三部分组成。滚动轴承的代号由前置代号、基本代号、后置代号构成。

①基本代号。基本代号由轴承类型代号、尺寸系列代号和内径代号组成。

轴承类型代号用数字或字母表示，见表 6.6。

表 6.6　滚动轴承类型代号

代 号	轴承类型	代 号	轴承类型
0	双列角接触球轴承	6	深沟球轴承
1	调心球轴承	7	角接触球轴承
2	调心滚子轴承和推力滚子轴承	8	推力圆柱滚子轴承
3	圆锥滚子轴承	N	圆柱滚子轴承
4	双列深沟球轴承	U	外球面轴承
5	推力球轴承	QJ	四点接触球轴承

尺寸系列代号由轴承的宽(高)度系列代号和直径系列代号组成，用两位阿拉伯数字来表示。它的主要作用是区别内径相同而宽度和外径不同的轴承。

内径代号表示轴承的公称内径，用两位数字表示。代号数字为 00、01、02、03 时，分别表示轴承内径 $d=10$ mm、12 mm、15 mm、17 mm；代号数字为 04 ~ 99 时，代号数字乘 5，即为轴承内径。

② 前置代号和后置代号。当轴承在形状结构、尺寸、公差、技术要求等有改变时，可使用前置代号或后置代号。在基本代号前添加的代号称为前置代号，在基本代号后添加

的代号称为后置代号，前置代号和后置代号的有关规定可查阅有关手册。

轴承代号示例：

5　　12　　05

- 05 —— 表示内径：$d = 05 \times 5$ mm = 25 mm
- 12 —— 表示宽度系列（相同内径、外径尺寸的轴承有不同的宽度尺寸）和直径系列（指相同内径尺寸的轴承有不同的外径尺寸）：宽度系列代号1，直径系列代号2。
- 5 —— 表示类型：“6”— 深沟球轴承，“3”— 圆锥滚子轴承，“5”— 推力球轴承

例如：轴承型号为51205，它所表示的意义为：内径为25 mm的推力球轴承，尺寸系列代号12，查附表15可知，该轴承外径47 mm，宽度15 mm。

任务实施

滚动轴承是标准组件，不必画出各组成部分的零件图。在装配图中，只需根据轴承的几个主要外形尺寸——外径 D、内径 d、宽度 B（可从附表13～15中查出），画出外形轮廓，轮廓内通常采用规定画法绘制，见表6.7。

微课
滚动轴承画法
任务实施

表6.7　常用滚动轴承的规定画法和特征画法

轴承类型和代号	名称和标准号	查表得主要数据	规定画法	特征画法
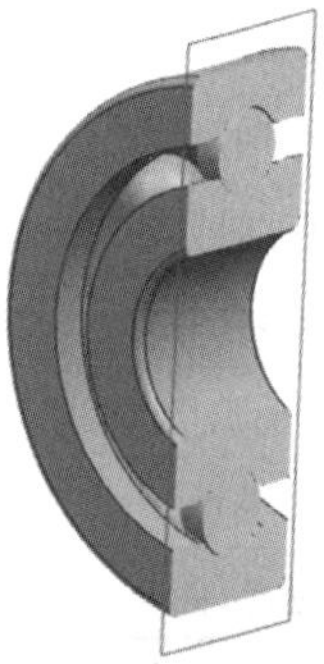	深沟球轴承 GB/T 276—2013	D D B	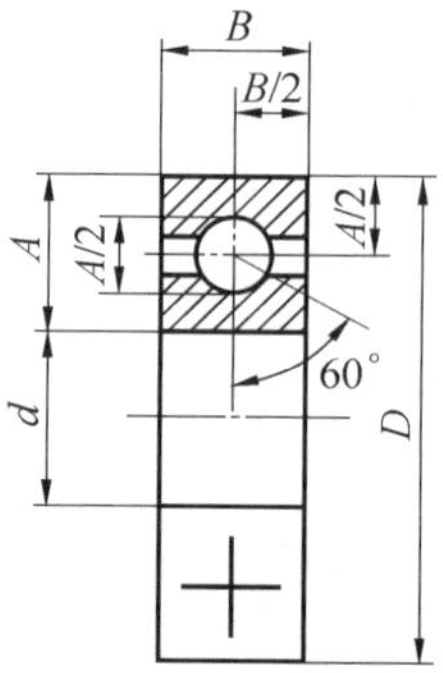	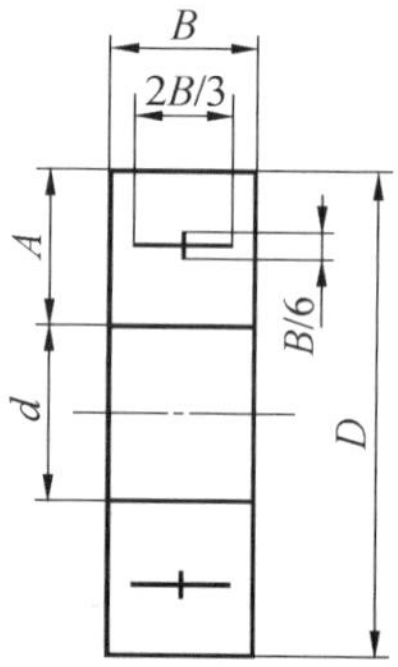
60000 型				

续表 6.7

轴承类型和代号	名称和标准号	查表得主要数据	规定画法	特征画法
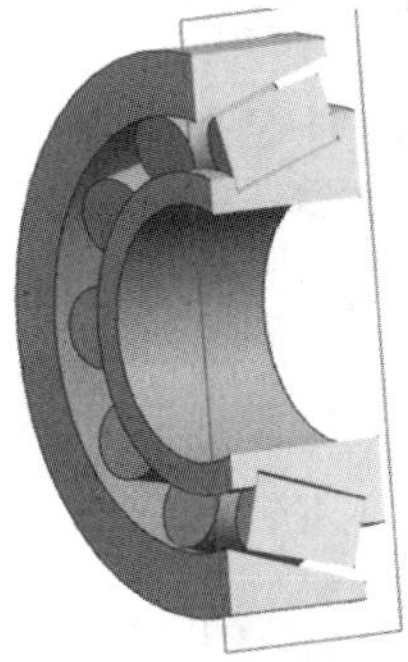 30000 型	圆锥滚子轴承 GB/T 297—2015	*D* *d* *T* *C* *B*	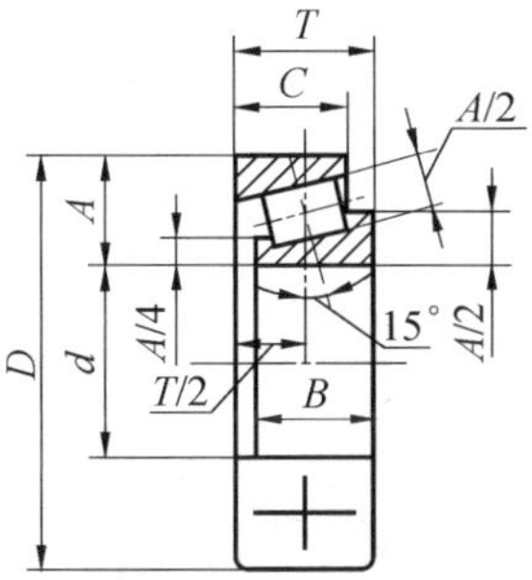	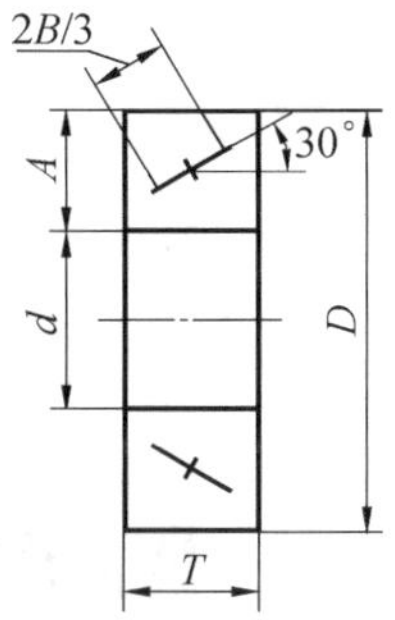
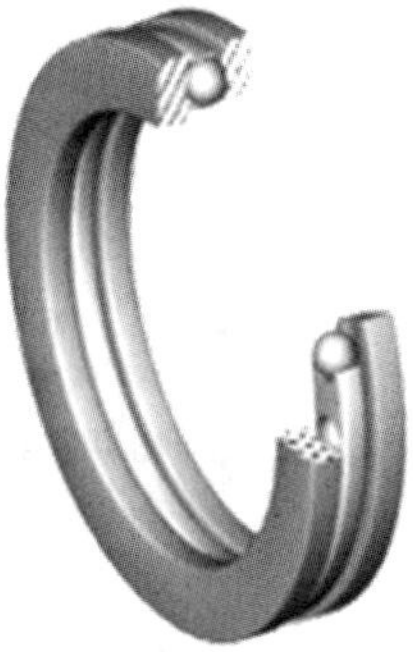	单向推力球轴承 GB/T 301—2015	*D* *d* *T*	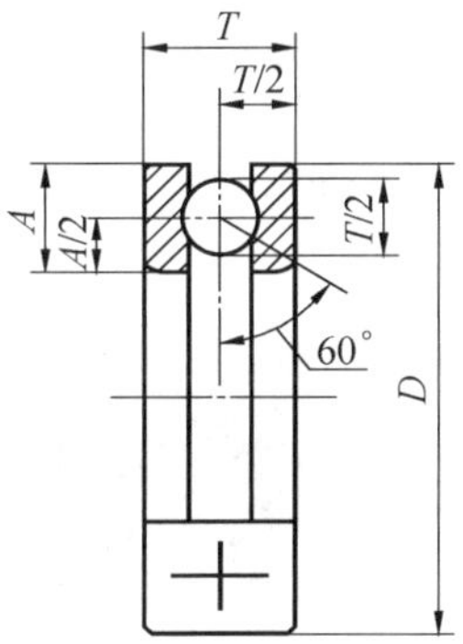	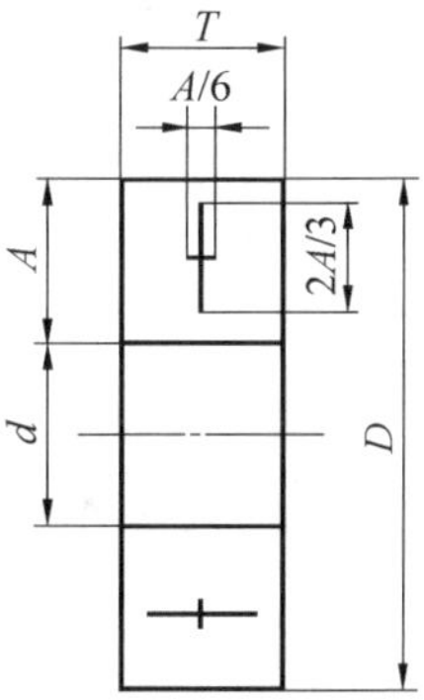

知识拓展

弹簧在汽车上的用途很广，如压紧气门的气门弹簧（图 6.49(a)），离合器从动盘、汽车悬架的减震弹簧（图 6.49(b)、(c)），货车的板簧（图 6.49(d)）等。它主要用于减震、夹紧、储存能量和测力等方面。弹簧的特点是：去除外力后，弹簧能立即恢复原状。常用的弹簧如图 6.50 所示。这里只介绍普通圆柱螺旋压缩弹簧的画法和尺寸计算。

微课
弹簧及其画法

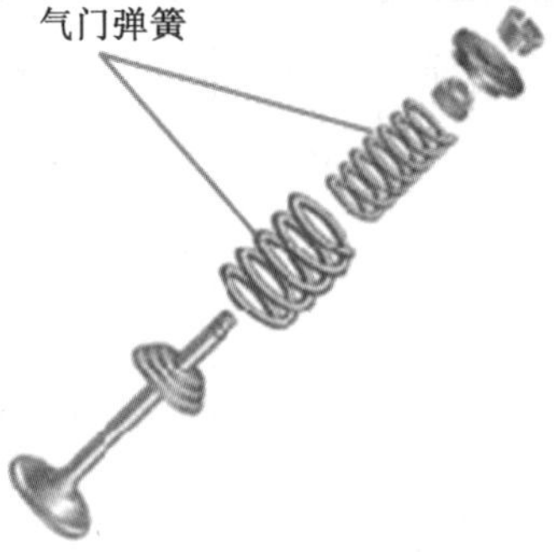

(a) 气门弹簧

(b) 膜片弹簧离合器

(c) 减震弹簧

(d) 板簧

图 6.49　弹簧在汽车上的应用实例

(a) 平面涡卷弹簧

(b) 拉伸弹簧

(c) 扭转弹簧

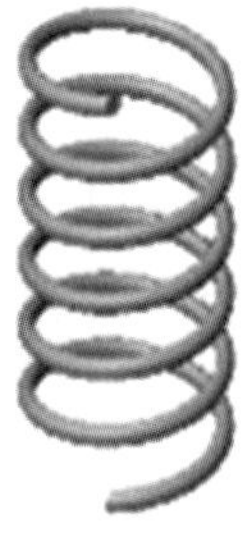

(d) 压缩弹簧

图 6.50　常用的弹簧

1. 圆柱螺旋压缩弹簧各部分的名称及尺寸关系

如图 6.51 所示，圆柱螺旋压缩弹簧的术语、代号以及有关计算如下：

①簧丝直径 d：弹簧钢丝的直径。

②弹簧外径 D：弹簧的最大直径。

弹簧内径 D_1：弹簧的最小直径，$D_1=D-2d$。

弹簧中径 D_2：弹簧的内径和外径的平均值，$D_2=\frac{D+D_1}{2}=D_1+d=D-d$。

③节距 t：除支承圈外，相邻两圈的轴向距离。

④有效圈数 n、支承圈数 n_2 和总圈数 n_1：为了使螺旋压缩工作时受力均匀，增加弹簧

的平稳性，弹簧的两端并紧、磨平。并紧、磨平的各圈仅起支承作用，称为支承圈。如图 6.51所示的弹簧，两端各有 $1\frac{1}{4}$圈为支承圈，即 $n_2=2.5$。保持相等节距的圈数，称为有效圈数。有效圈数与支承圈数之和，称为总圈数，即 $n_1=n+n_2$。

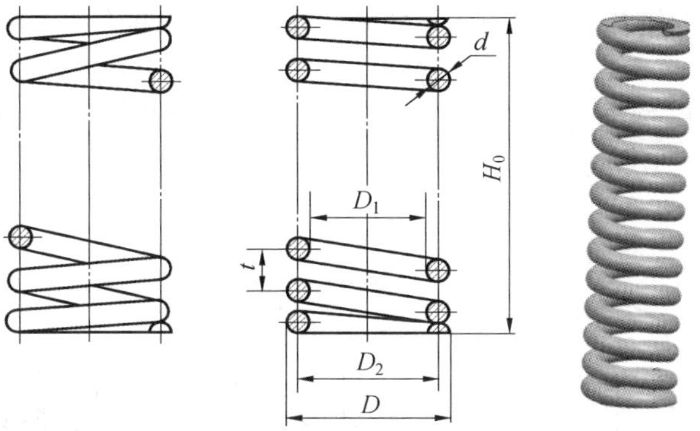

AR：弹簧

图 6.51　压缩弹簧各部分尺寸

⑤自由高度 H_0：弹簧在不受外力作用时的高度（或长度），$H_0=nt+(n_2-0.5)d$。

⑥展开高度 L：制造弹簧时坯料的长度。

2. 圆柱螺旋压缩弹簧的规定画法

①弹簧在平行于轴线的投影面上的视图中，其各圈的轮廓线应画成直线，如图 6.52 所示。

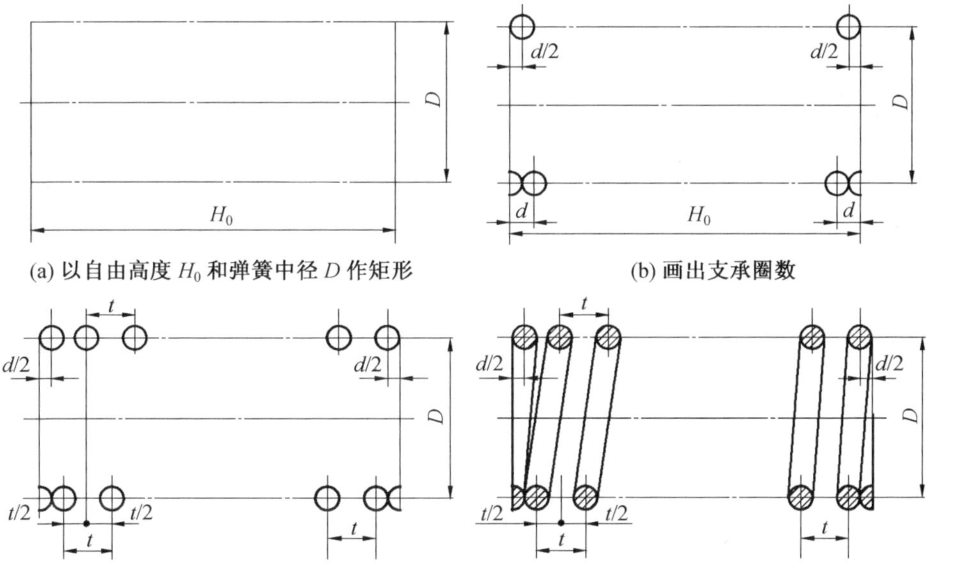

(a) 以自由高度 H_0 和弹簧中径 D 作矩形　(b) 画出支承圈数

(c) 根据节距作簧丝断面　(d) 按旋向作簧丝断面的切线，校对、加深，画剖面线

图 6.52　圆柱螺旋压缩弹簧的画法

②有效圈数在四圈以上的弹簧，中间各圈可省略不画。当中间部分省略后，可适当缩短图形的长度，如图 6.52 所示。

③在图样上，螺旋弹簧均可画成右旋（弹簧旋向的定义和螺旋线旋向的定义相同）。左旋螺旋弹簧不论左旋或右旋，一律要注出旋向“左”字。

对于两端并紧、磨平的圆柱螺旋压缩弹簧，其剖视图的作图步骤如图 6.52 所示。

3. 圆柱螺旋压缩弹簧在装配图中的画法

在装配图中，被弹簧挡住的结构一般不画出，可见部分应从弹簧的外轮廓线或从弹簧钢丝剖面的中心线画起，如图 6.53（a）所示。当弹簧被剖切时，如弹簧钢丝剖面的直径，在图形上等于或小于 2 mm 时，剖面可以涂黑表示，如图 6.53（b）所示。也可用示意画法，如图 6.53（c）所示。

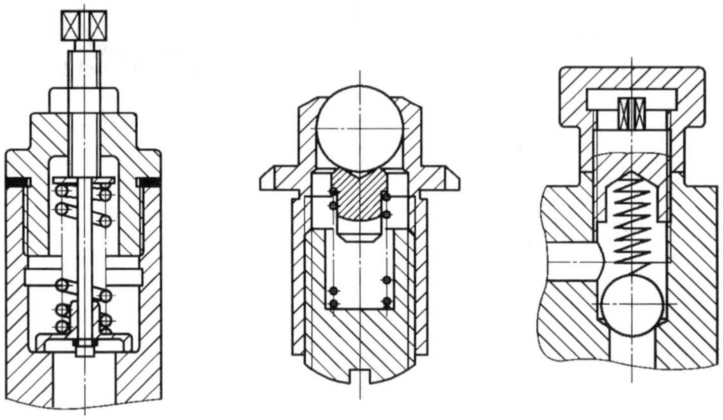

(a) (b) (c)

AR：止回阀装配

图 6.53　在装配图中圆柱螺旋压缩弹簧的画法

活学活用

作为标准件和常用件，国家标准规定了其画法，比完全采用投影画法更简洁、更容易。但绘图时必须遵守标准规定，不可随意简化。日常工作生活中，我们要遵守国家法规和行业标准，只有遵守了相关法规制度，才能真正做到“海阔凭鱼跃，天高任鸟飞”。

文武之道，一张一弛。困难像弹簧，你弱它就强。人生大舞台，你是选择勇敢面对困难，还是选择逃避？

模块 7

汽车类机械零件图的识读

汽车上的零件复杂多样，形状千变万化，一般按其结构形状特点，可分为轴套类、轮盘类、叉架类和箱体类。本模块分为四个任务：油泵柱塞套零件的识读（轴套类），轴承密封盖零件图的识读（轮盘类），汽车刹车脚踏零件图的识读（叉架类），铣刀头座体零件图的识读（箱体类）。如图 7.1 所示为汽车发动机内部部分主要零件。在学习中，掌握各类零件的形状结构和表达特点，从而提高识图能力。

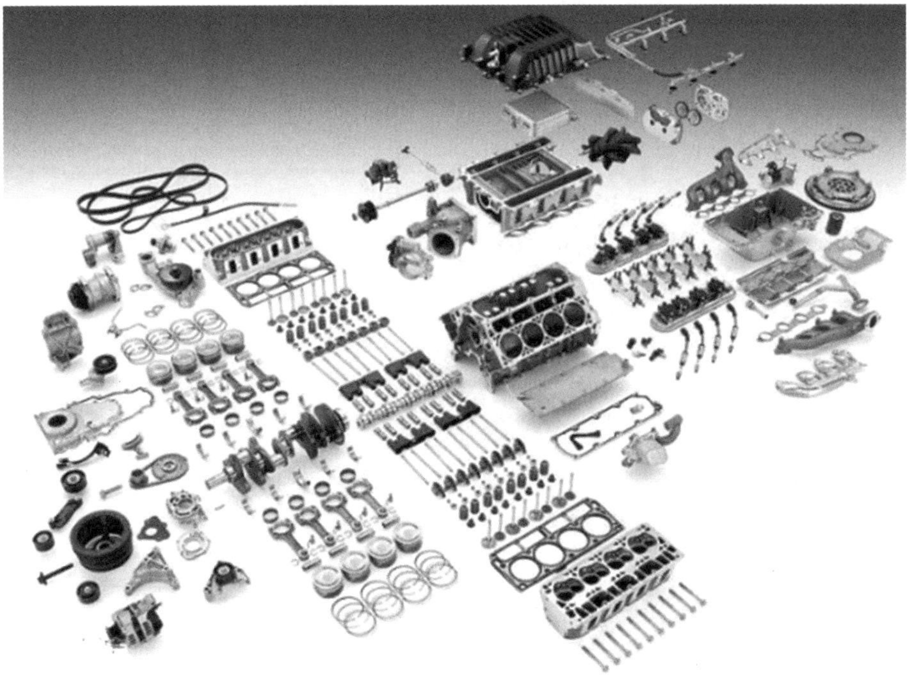

图 7.1　汽车发动机内部部分主要零件

学习目标

1. 知识目标

(1)掌握读零件图的方法;

(2)掌握轴套类、轮盘类、叉架类、箱体类零件的结构特点及常用表达方法;

(3)了解尺寸公差、形位公差、粗糙度等相关概念;

(4)了解相关工艺结构知识。

2. 能力目标

(1)能够识读中等复杂程度的零件图及尺寸标注,根据零件图获知零件结构、大小、技术要求等相关信息;

(2)能选择合适的表达方法绘制中等复杂零件的图样并标注尺寸。

3. 素养目标

(1)培养认真细致、一丝不苟、严谨的工作作风,遵守制图国家标准的规定,严格按标准执行;

(2)工作学习中加强质量意识、成本意识、保密意识、实践意识的培养。

任务一 油泵柱塞套零件图的识读

任务描述

读懂图 7.2 所示柴油机油泵柱塞套零件图，想象出零件形状，读懂尺寸及相关技术要求。

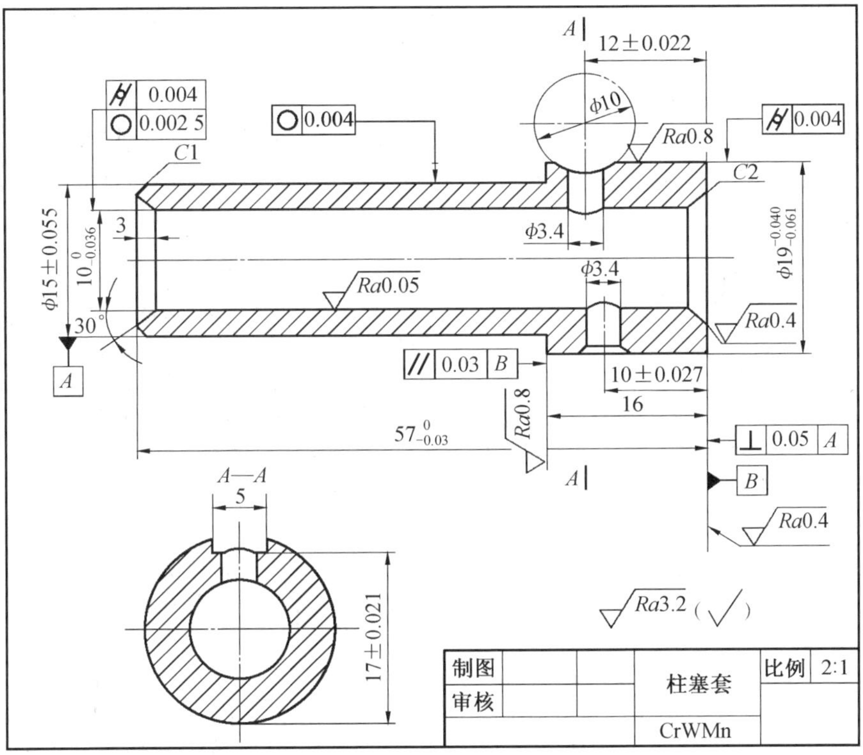

图 7.2 柴油机油泵柱塞套零件图

相关知识

1. 零件图的作用和内容

任何机器或部件，都是由若干零件按照一定的装配关系和技术要求装配而成的。表示零件结构、大小及技术要求的图样称为零件图。

零件图是制造零件的主要依据。它反映设计者的设计意图，是设计部门提交给生产部门的重要技术文件，也是零件进行检验的依据。

微课
零件图

一张完整的零件图包括下列内容（图 7.2）。

（1）一组图形。选用视图、剖视图、断面图等适当的机件表达方法，用一组图形将零件的内、外结构形状正确、完整、清晰地表达出来。

(2)完整的尺寸。正确、齐全、清晰、合理地标注零件在制造和检验时所需要的全部尺寸。

(3)技术要求。用规定的符号、代号、标记和文字等简明地表达出对零件制造和检验时所应达到的各项技术要求，如表面粗糙度、尺寸公差、形位公差、表面处理等。

(4)标题栏。填写零件的名称、材料、质量、画图比例以及制图审核人员责任签字等。

2. 零件图的尺寸标注

零件图中的尺寸标注，要满足“正确”“齐全”“清晰”，还要考虑尺寸标注的合理性。所谓合理性，是指所注尺寸既要满足设计使用要求，又要符合工艺要求，便于零件的加工和检验。

(1)主要尺寸应直接注出。

为避免由于加工过程中造成的误差累积，零件上的主要尺寸应直接从基准注出。如图 7.3 所示轴承座，其中主要尺寸为 l_1 和 h_1，从基准直接注出，如图 7.3(a)所示。图 7.3(b)所示 l_3 和 h_3 是错误的。

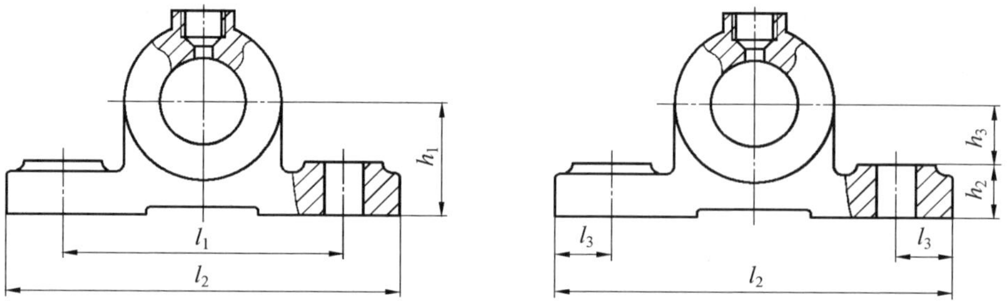

(a) 正确 (b) 错误

图 7.3 主要尺寸应直接标出

(2)要避免出现封闭尺寸链。

封闭尺寸链是指尺寸线首尾相接，绕成一整圈的一组尺寸。如图 7.4 所示，在几个尺寸构成的尺寸链中，应选一个不重要的尺寸空出不标注，以便使所有的尺寸误差都累积到这一段，从而保证重要尺寸的精度要求。

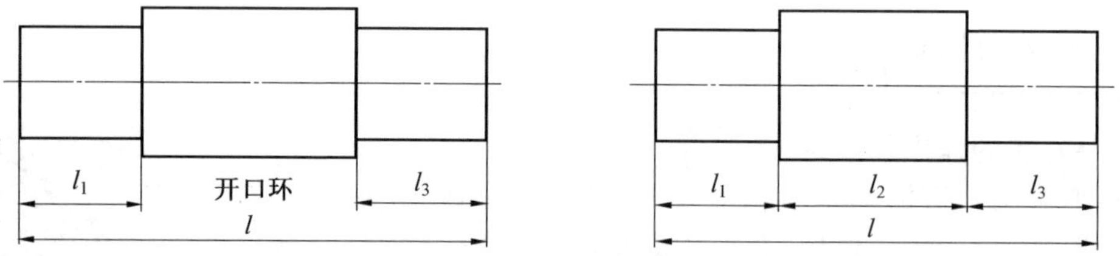

(a) 正确 (b) 错误

图 7.4 要避免出现封闭尺寸链

(3)要符合加工顺序和便于测量。

按零件的加工顺序标注尺寸，便于看图和测量，有利于保证加工精度。

如图 7.5 所示尺寸标注，应标注成 7.5(a)所示，测量方便。

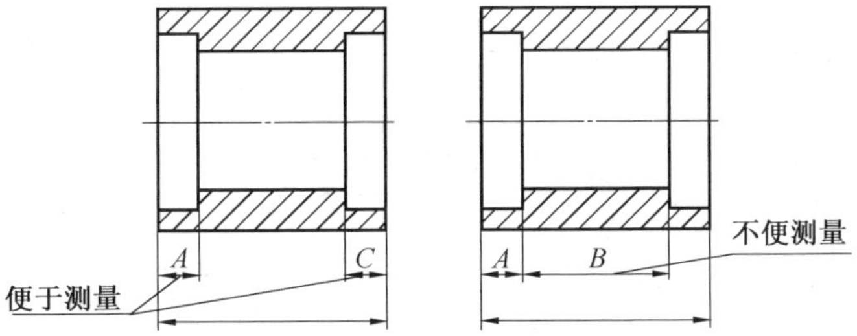

(a) 正确　　(b) 错误

图 7.5　标注尺寸要便于测量

(4)对于一些常见孔的标注，可按照表 7.1 所示方法标注。

表 7.1　各种孔的尺寸标注

零件结构类型		简化注法	一般注法	说明
光孔	一般孔	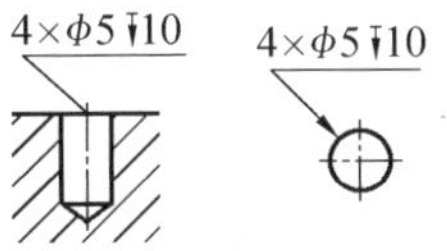	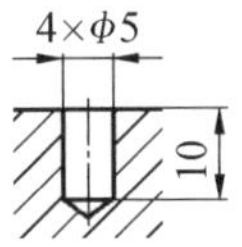	4×ϕ5 表示直径为 5 mm 的四个光孔，孔深可与孔径连注
	精加工孔	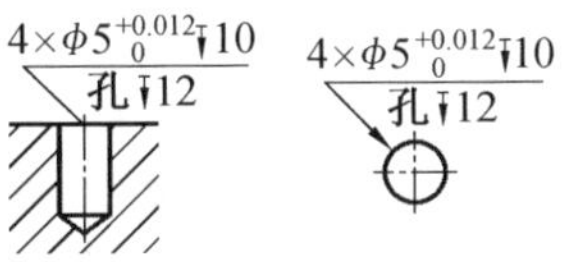	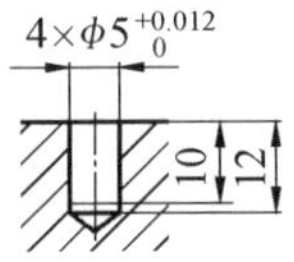	光孔深为 12 mm，钻孔后需精加工至$\phi 5^{+0.012}_{0}$ mm，深度为 10 mm
	锥孔	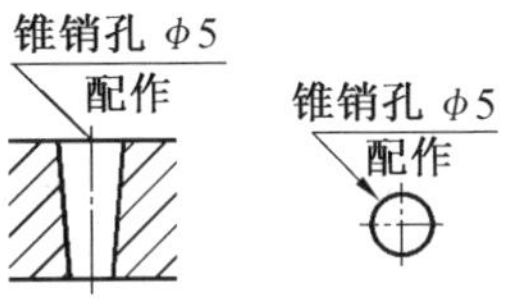	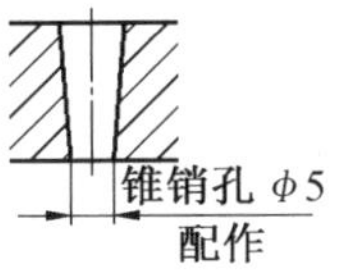	ϕ5 mm 为与锥销孔相配的圆锥销小头直径(公称直径)。锥销孔通常是两零件装在一起后加工的，故应注明“配作”

续表 7.1

零件结构类型		简化注法	一般注法	说明
沉孔	锥形沉孔	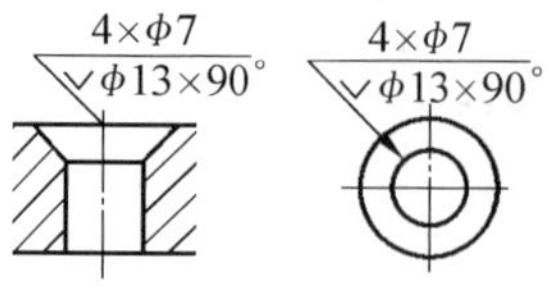	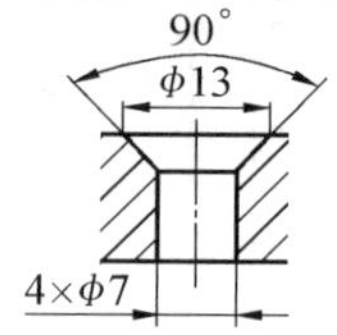	4×φ7 表示直径为 7 mm 的四个孔。90° 锥形沉孔的最大直径为 φ13 mm
	柱形沉孔	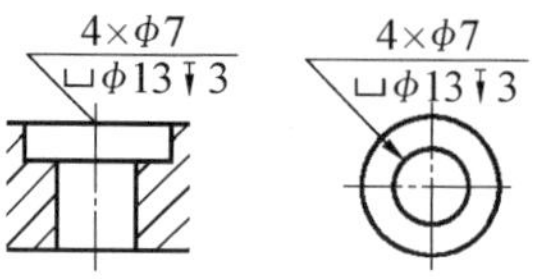	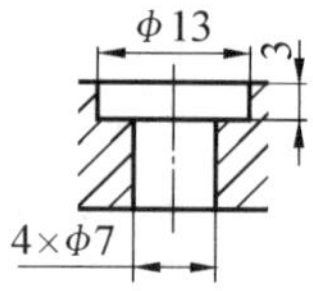	四个柱形沉孔的直径为 φ13 mm，深度为 3 mm
	锪平沉孔	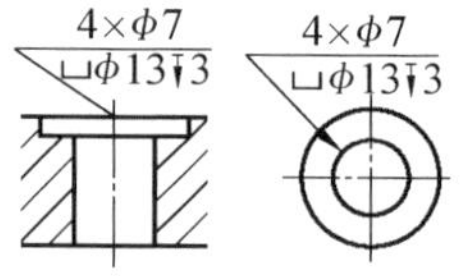	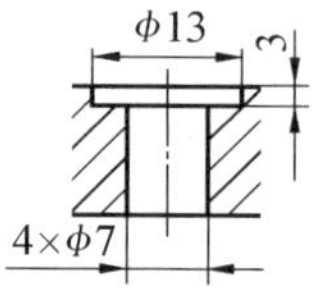	锪孔，φ13 mm 的深度不必标注，一般平到不出现毛面为止
螺孔	通孔	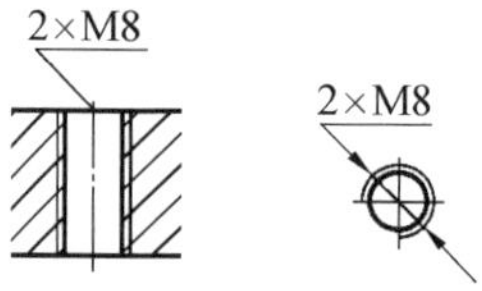	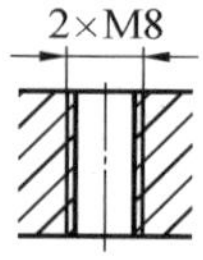	2×M8 表示公称直径为 8 mm 的两个螺孔
	不通孔	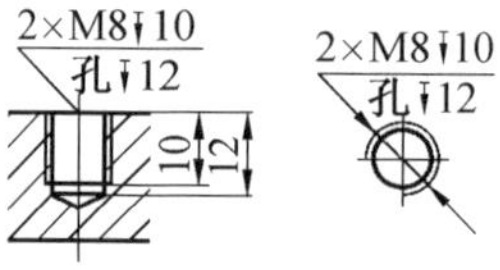	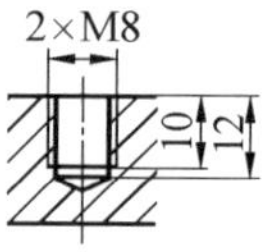	表示两个螺孔 M8 的螺纹长度为 10 mm，钻孔深度为12 mm

3. 轴套类零件的主要特点

汽车上的半轴、发动机曲轴（图 7.6(a)）、气门（图 7.6(b)）、凸轮轴（图 7.6(c)）、变速器输入轴和输出轴（图 7.6(d)）、钢板销、空气压缩机曲轴、柱塞泵柱塞、柱塞套等均属于轴套类零件。其主要作用是与传动件等结合传递动力。其主要结构形状是由直径不等的圆柱体、圆锥体组成，呈阶梯状，且轴向尺寸长，径向尺寸短，从总体上看，是细而长的回转体。零件一般在车床和磨床上加工。根据用途要求，其上可能有键槽、螺纹、退刀槽、砂轮越程槽、孔、圆角、倒角和中心孔等结构。为去除金属锐边，并便于轴上零件装配，轴的两端均有倒角。

微课
轴套类零件特点

为了加工时看图方便，轴套类零件的主视图按其加工位置选择，一般将轴线水平放

(a)

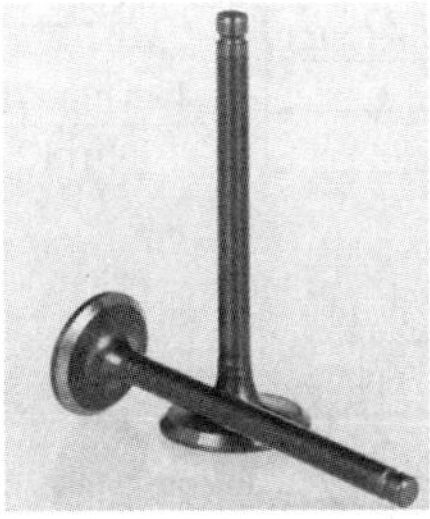

(b)

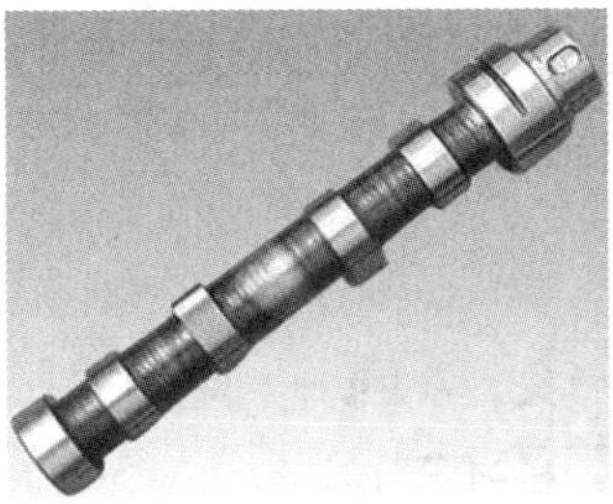

(c)

(d)

图 7.6　汽车上部分典型轴套类零件

置。轴上的局部及结构一般采用断面图、局部剖视图、局部放大图、局部视图表达。下面以图 7.7 铣刀头轴零件图为例进行分析。

铣刀轴由主视图和若干辅助视图表达:轴的两端用局部剖视表示键槽和螺孔、销孔;中间轴段采用折断画法;用两个断面图分别表示单键和双键的宽度和深度;用局部视图的简化画法表达键槽的形状;用局部放大图表示砂轮越程槽的结构,其实体图如图 7.8 所示。

AR:铣刀轴

对于轴、套、盘、盖等回转类零件,由于大部分工序是在车床或磨床上加工的,为考虑加工和测量方便,径向尺寸基准为轴线,轴向尺寸基准常选择某一端面或轴肩。图 7.7 中,水平轴线为径向尺寸基准,注出了有配合要求的轴段尺寸,如 $\phi28k7$、$\phi35k6$、$\phi25h6$ 等。以中间段 $\phi44$ 的任一端面为轴向主要尺寸基准,注出 23、$194_{-0.046}^{\ 0}$ 和 95。以轴的左右端面为辅助基准,注出$32_{-0.021}^{\ 0}$、4、20、55。尺寸 95 是长度方向主要基准与辅助基准之间的联系尺寸。轴上与标准件连接的结构,如键槽、销孔、螺纹孔的尺寸,按标准查表查出。

技术要求标注中,与其他零件有配合要求的轴段,注有公差带尺寸、表面粗糙度。如 $\phi28k7$、$\phi35k6$、$\phi25h6$ 的轴段,Ra 的上限值为 1.6 μm 或 0.8 μm。安装铣刀头的轴段 $\phi25h6$ 标注出了形位公差代号,表示 $\phi25h6$ 轴线对公共基准轴线 A—B 的同轴度误差不大于 0.06。轴应经调质处理(220 ~ 250HBW),以提高材料的韧性和强度。

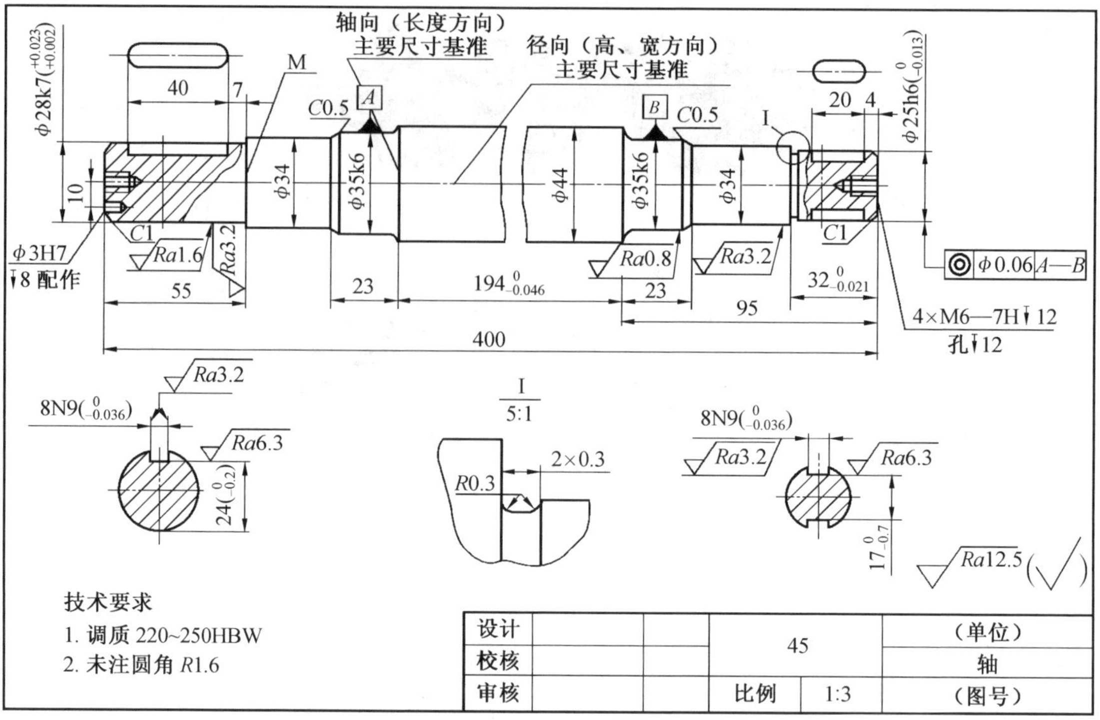

图 7.7　铣刀头轴零件图

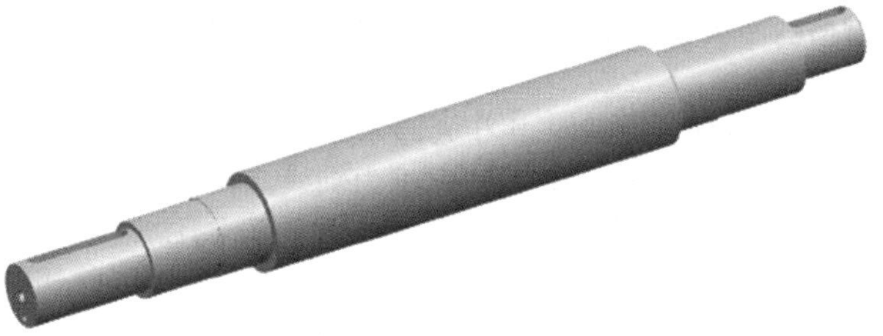

图 7.8　铣刀头轴实体图

任务实施

根据看零件图的一般顺序，柱塞套零件见图 7.2，读图的过程如下。

1. 看标题栏

该零件为柱塞套，材料为合金钢 CrWMn，比例为 2∶1，数量 1 件，说明喷油泵总成中只有 1 个柱塞套。根据分析，柱塞套为轴套类零件。

2. 看视图

该零件选用了两个图形，主视图为全剖视图，表达了套的内外结构形状。*A*—*A* 移出断面表达 $\phi 3.4$ 孔及宽 5 mm 的圆弧槽的形状和位置。该

微课
柱塞套零件读图
任务实施

柱塞套外形由两同轴不等径的圆柱组成。内部为 $\phi10$ 的通孔，距右端 10 mm 处正下方有一个 $\phi3.4$ 的圆通孔；距右端 12 mm 处正上方也有一个 $\phi3.4$ 的圆通孔，且与宽 5 mm、直径为 10 mm 的圆弧槽相通。柱塞套剖开图如图 7.9 所示。

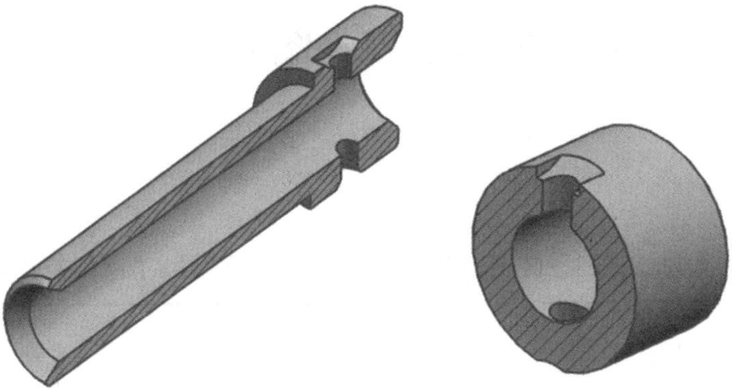

AR：柱塞套

图 7.9　柱塞套剖开图

3. 分析尺寸标注

该零件的径向基准为内外圆柱的轴线。长度基准为右端面，尺寸 10、12、16、57 均从该端面注出。图中定位尺寸有 12±0.022、10±0.027、17±0.021，其余均为定形尺寸。倒角 *C*1、*C*2 分别表示为 1×45°、2×45°的倒角，双点画圆表示直径为 10 mm 的铣刀。

4. 看技术要求

表面粗糙程度参数 *Ra* 值最高要求是 0.05 μm，最低要求是 3.2 μm。标有尺寸公差的是：$\phi15\pm0.055$、$\phi10_{-0.036}^{\ 0}$、$\phi19_{-0.061}^{-0.040}$、12±0.022、17±0.021、$57_{-0.03}^{\ 0}$。标有形位公差的是：圆柱度公差、圆度公差、垂直度公差、平行度公差。

通过以上分析可以看出，该零件结构尺寸不大，但尺寸精度、形位精度及表面要求很高，材料性能要求也较高，是柱塞喷油泵中的一个较重要的零件。

归纳总结

识读零件图的步骤为：一看标题栏，了解零件概貌，即了解零件的名称、材料、数量、比例等，从而了解零件的功用。二看视图，明确表达目的，想象零件的形状。三分析尺寸标注，对尺寸进行分析，明确零件各类部分的大小。四看技术要求，掌握技术指标。最后总结，看懂全图。

活学活用

零件图中的视图用于描述表达对象的几何形状，而其大小则必须通过尺寸来确定，对于机件而言，尺寸是加工、生产的重要依据。图样和零件尺寸必须要符合国家标准。

中央广播电视总台 3·15 晚会曾播出云南稻农断指的惨痛例子，经分析产生人身伤害的原因是农机生产企业不按国家标准设计送料器，为节约成本，其长度小于人体手臂长度，从而使农民深受其害，教训深刻。另外，零件图标题栏也有国家标准要求，图纸在定稿前必须经过设计、校核、审核等流程，相关责任人要签名。确保工程图样的严谨性、科学性和正确性。

任务二　轴承密封盖零件图的识读

任务描述

读懂如图 7.10 所示轴承密封盖零件图，想象出零件形状，读懂尺寸及相关技术要求。

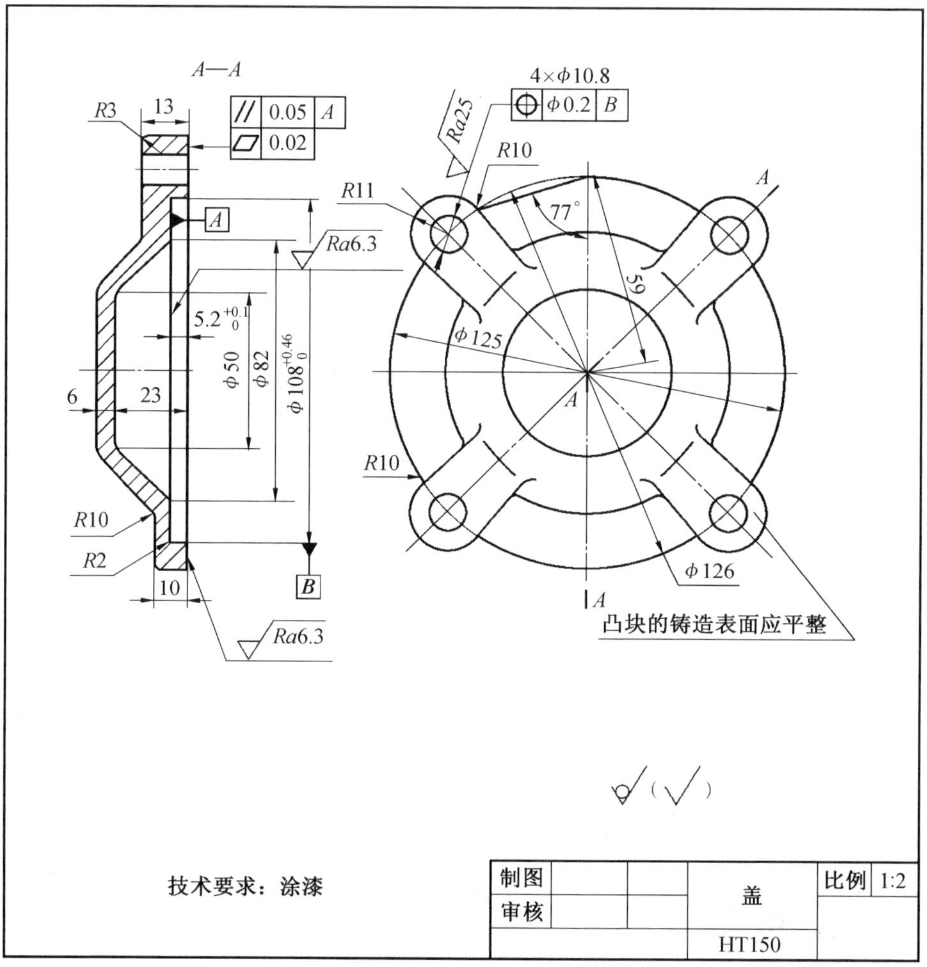

图 7.10　轴承密封盖零件图

相关知识

1. 尺寸公差

在成批或大量生产中，要求零件具有互换性。互换性是指从加工完的一批规格相同的零件中任取一件，不经修配就能立即装配到机器或部件上，并能保证使用要求。零件具有互换性，不仅给机器的装配、维修带来方便，而且满足生产各部门广泛的协作要求，为大批量生产、流水作业提供条件，从而缩短生产周期，提高劳动效率和经济效益。

微课
尺寸公差

零件在制造过程中，由于加工或测量等因素的影响，完工后一批零件的实际尺寸总存在一定的误差。为保证零件的互换性，必须将零件的实际尺寸控制在允许的变动范围内，这个允许的尺寸变动量称为尺寸公差，简称公差。

在机械设备中，经常会遇到轴与孔的配合。下面就以轴孔配合为例来学习公差与配合的相关知识。

(1)公差的有关术语。

尺寸为 $\phi80^{+0.065}_{+0.020}$ 的孔与尺寸为 $\phi80^{-0.03}_{-0.06}$ 的轴安装在一起(图 7.11)，孔、轴相关尺寸参数如下。

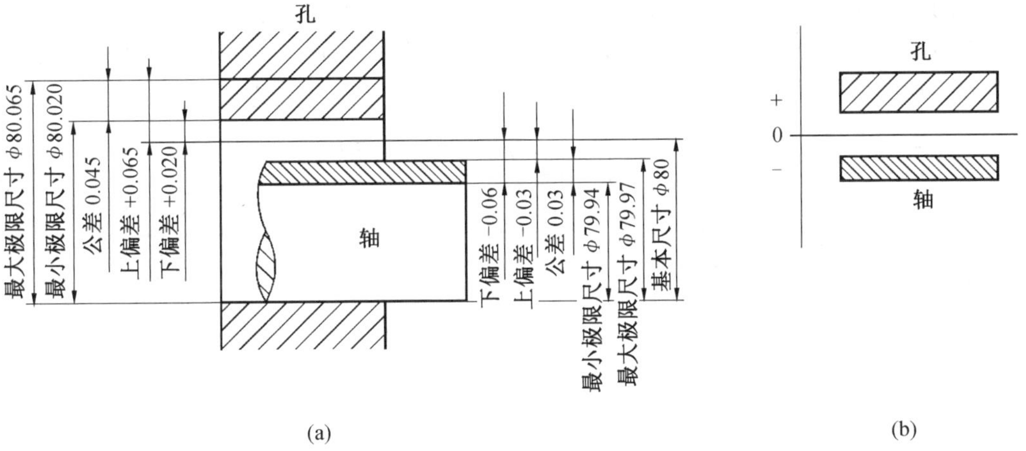

图 7.11　公差术语及公差带图

基本尺寸：设计时给定的尺寸，如图 7.11(a)中的 $\phi80$。

极限尺寸：允许尺寸变动的两个极限值。

孔或轴允许的最大尺寸，称为最大极限尺寸，即孔为 80.065，轴为 79.97。

孔或轴允许的最小尺寸，称为最小极限尺寸，即孔为 80.020，轴为 79.94。

极限偏差：极限尺寸减基本尺寸所得的代数差称为极限偏差。

最大极限尺寸减基本尺寸所得的代数差，称为上偏差。

最小极限尺寸减基本尺寸所得的代数差，称为下偏差。

图 7.11(a)中，孔和轴的上、下偏差计算如下：

孔的上偏差=80.065−80=+0.065,孔的下偏差=80.020−80=+0.020;

轴的上偏差=79.97−80=−0.03,轴的下偏差=79.99−80=−0.06。

尺寸公差:简称公差,它是允许尺寸的变动量,即最大极限尺寸减最小极限尺寸,也等于上偏差减下偏差。

图7.11(a)中,孔和轴的公差计算如下:

孔的公差=80.065−80.02=+0.065−(+0.02)=0.045;

轴的公差=79.97−79.99=−0.03−(−0.06)=0.03。

由此可知,公差用于限制尺寸误差,是尺寸精度的一种度量。公差越小,尺寸的精度越高,实际尺寸的允许变动量就越小,越难加工;反之,公差越大,尺寸的精度越低,越容易加工。

公差带:由代表上偏差和下偏差或最大极限尺寸和最小极限尺寸的两条直线所限定的一个区域,称为公差带,如图7.11(b)所示。其中,表示基本尺寸的直线称为零线。

(2)配合。

配合是指基本尺寸相同的相互结合的孔、轴公差带之间的关系。根据使用要求不同,孔与轴之间的配合有松有紧。例如轴承座、轴套和轴三者之间的配合,轴套与轴承座之间不允许相对运动,应选择紧的配合,而轴在轴套内要求能转动,应选择松动的配合。为此,国家标准规定配合分为三类:间隙配合、过盈配合、过渡配合。

孔的实际尺寸总比轴的实际尺寸大,装配在一起后,轴和孔之间存在间隙(包括最小间隙为零的情况),轴在孔中能相对运动,这种配合称为间隙配合。在间隙配合中,孔的公差带在轴的公差带上方,如图7.12(a)所示。孔的实际尺寸总比轴的实际尺寸小,在装

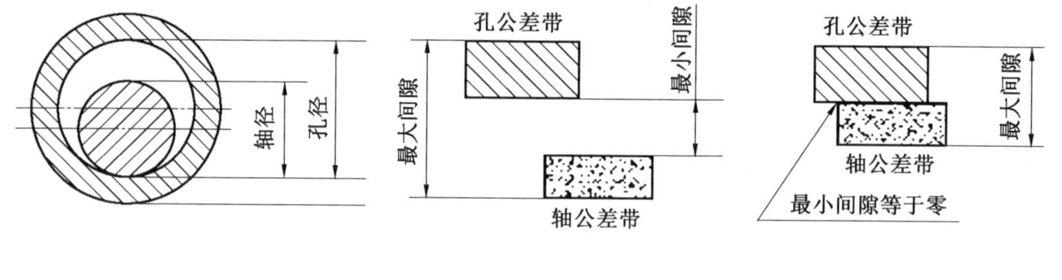

(a) 间隙配合

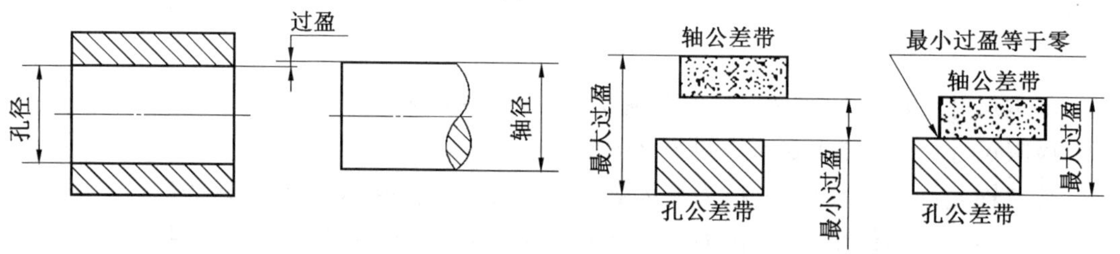

(b) 过盈配合

图7.12　三种配合关系

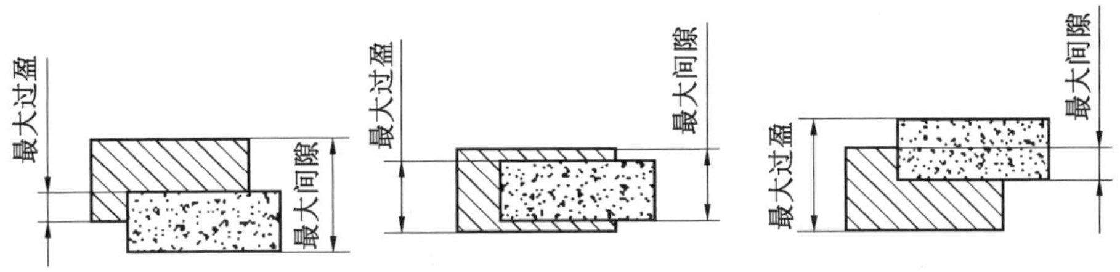

(c) 过渡配合

续图 7.12

配时,需要一定的外力才能把轴压入孔中,所以轴在孔中不能产生相对运动,这种配合称为过盈配合。在过盈配合中,孔的公差带在轴的公差带下方,如图 7.12(b)所示。轴的实际尺寸比孔的实际尺寸有时大有时小,它们装在一起后,可能出现间隙,也可能出现过盈,这种配合称为过渡配合。在过渡配合中,孔的公差带和轴的公差带有相互重叠的部分,如图 7.12(c)所示。

(3)标准公差与基本偏差。

为了便于生产,实现零件的互换性和满足不同的使用要求,国家标准《极限与配合》规定了公差带由标准公差和基本偏差两个要素组成。标准公差确定公差带大小,基本偏差(上、下偏差中靠近零线的偏差称为基本偏差)确定公差带位置。公差带大小及位置如图 7.13 所示。

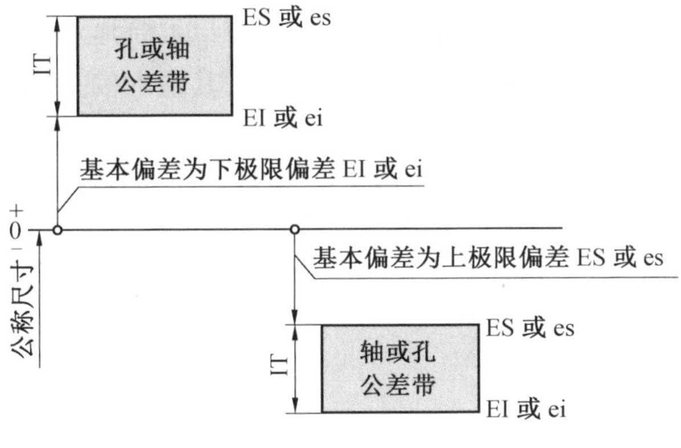

图 7.13　公差带大小及位置

标准公差分为 20 级,即 IT01,IT0,IT1,…,IT18。IT 表示公差,数字表示公差等级。IT01 公差值最小,精度最高。各级标准公差的数值可查阅相关标准。

国家标准对孔和轴分别规定了 28 种基本偏差,并且用字母表示,其中孔的基本偏差用大写英文字母表示,轴的基本偏差用小写英文字母表示。孔、轴的基本偏差如图 7.14 所示。基本偏差数值可查阅附表 16 ~ 17。

既然公差带由标准公差和基本偏差决定,公差带代号也就由两项构成,即基本偏差代号+标准公差等级。如孔的尺寸若为 ϕ18H8,则说明孔的公差带代号为 H8,其中,“H”为基本偏差代号,“8”为标准公差等级。轴的尺寸若为 ϕ18f7,则说明轴的公差带代号为 f7,

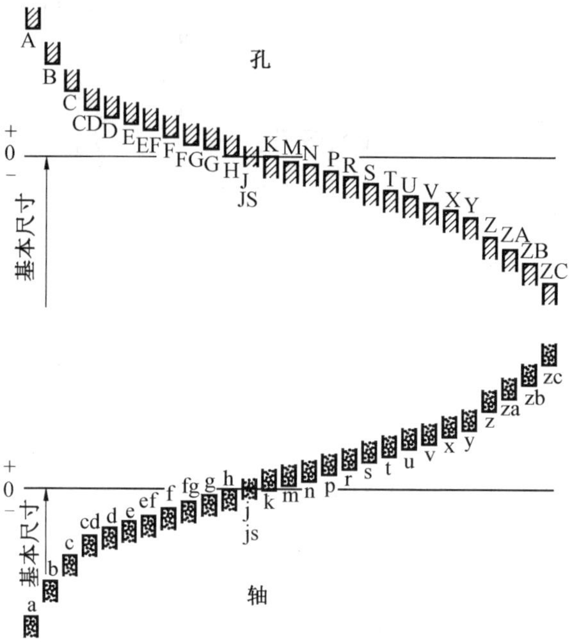

图 7.14　孔、轴的基本偏差

其中,“f”为基本偏差代号,“7”为标准公差等级。

(4)配合制度。

① 基孔制配合。基本偏差为一定的孔的公差带与不同基本偏差的轴的公差带形成各种配合的一种制度。基孔制配合的孔称为基准孔,其基本偏差代号为 H,下偏差为零。基孔制配合如图 7.15 所示。

② 基轴制配合。基本偏差为一定的轴的公差带,与不同基本偏差的孔的公差带形成各种配合的一种制度。基轴制配合的轴称为基准轴,其基本偏差代号为 h,其上偏差为零。基轴制配合如图 7.16 所示。

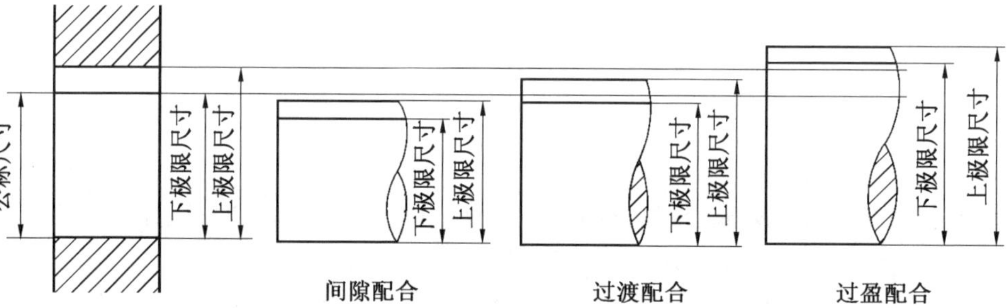

图 7.15　基孔制配合

(5)极限与配合的标注与查表。

①在装配图上的标注。在装配图上标注配合代号时,采用组合式注法,如图 7.17(a)所示,即在基本尺寸后面分别用一分式表示,分子为孔的公差带代号。通常分子中含 H 的为基孔制配合,分母中含 h 的为基轴制配合。

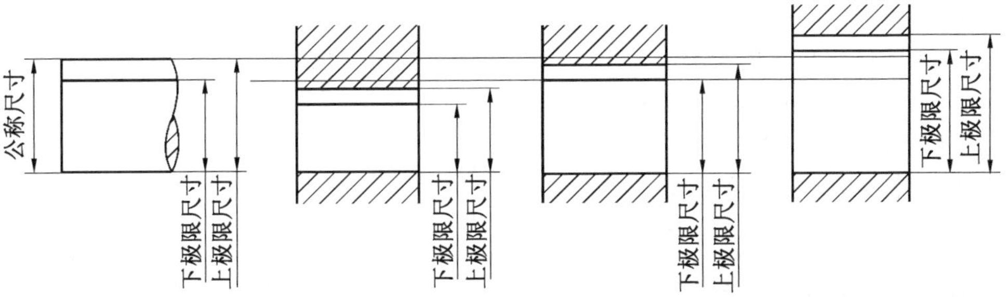

图 7.16 基轴制配合

②在零件图上的标注。在零件图上标准公差有三种形式：在基本尺寸后只注公差带代号，如图 7.17(b)所示；只注极限偏差，如图 7.17(c)所示；公差带代号与极限偏差一起注，如图 7.17(d)所示。

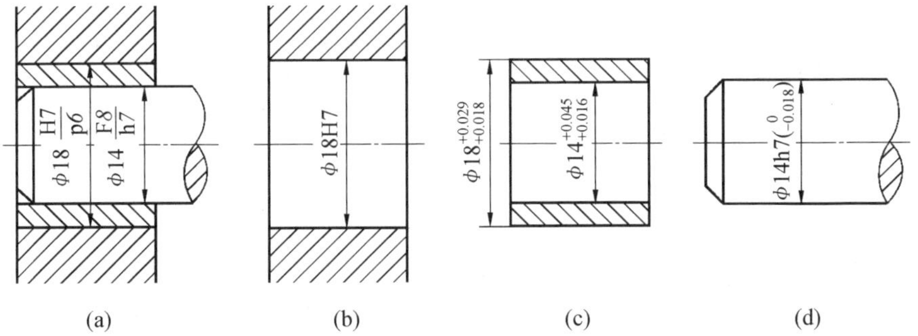

图 7.17 在图样上极限与配合的标注

③查表。

［例］查表写出 ϕ18H8/f7 的极限偏差值。

对照配合代号可知，H8/f7 是基孔制配合，其中 H8 是基孔制的公差代号。

由 H8 可查出基准孔的极限偏差，在附表 17 中查得。在表中由基本尺寸从大于 14 至 18 的行和公差带 H8 的列相交处查得$^{+27}_{0}$(即$^{+0.027}_{0}$ mm)，这就是基准孔的上下偏差，所以 ϕ18H8 可写成 $\phi 18^{+0.027}_{0}$。

由 f7 可查出配合轴的极限偏差，在附表 16 中查得。在表中由基本尺寸从大于 14 至 18 的行和代号 f7 的列相交处查得$^{-16}_{-34}$(即$^{-0.016}_{-0.034}$ mm)，就是配合轴的上偏差的下偏差，所以 ϕ18f7 可写成 $\phi 18^{-0.016}_{-0.034}$。

2. 形位公差

(1)形状公差的概念。

在生产实践中，经过加工的零件，不但会产生尺寸误差，而且会产生形状和位置误差。

微课
形位公差

例如图 7.18(a)所示为一理想形状的销轴，而加工后的实际形状则是轴线变弯了(图 7.18(b))，因而产生了直线度误差。

又如图 7.19(a)所示为一个要求严格的四棱柱，加工后的实际位置却是表面倾斜了(图 7.19(b)),因此产生了平行度误差。

如果零件存在较大的形状和位置误差,将使其装配困难,影响机器的质量,因此,对于精确度要求较高的零件,除给出尺寸公差外,还应根据设计要求,合理地确定出形状和位置误差的最大允许值,如图 7.20(a)中的 ϕ0.08,即表示销轴轴线必须位于直径为公差值 ϕ0.08 的圆柱面内,如图 7.20(b)所示。

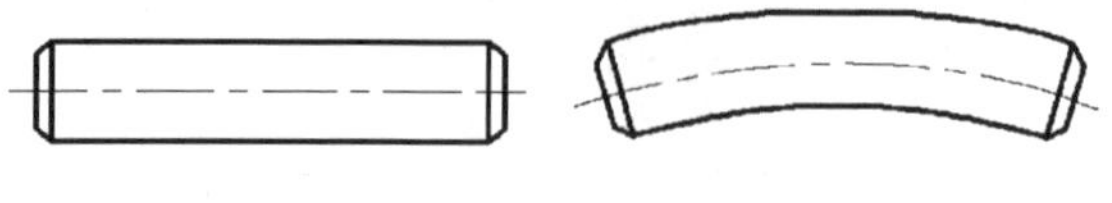

图 7.18　形状误差

图 7.19　位置误差

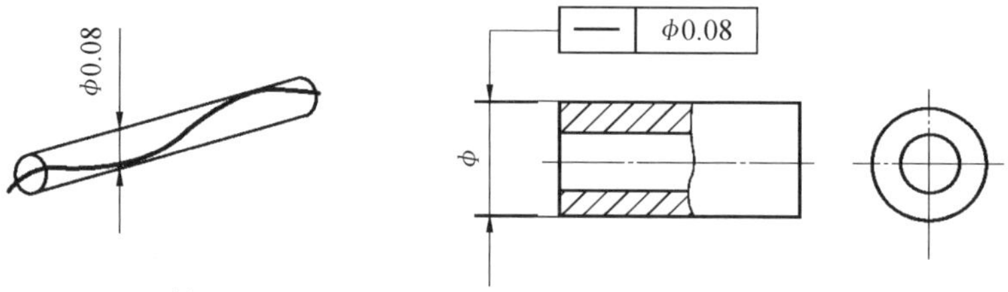

图 7.20　直线度公差

只有这样,才能将其误差控制在一个合理的范围之内。为此,国家标准又规定了一项保证零件加工质量的技术指标——形状公差和位置公差(简称形位公差)。

国家标准中规定了 14 项形位公差,其项目及符号见表 7.2。

表 7.2　形位公差项目及符号

项目	直线度	平面度	圆度	圆柱度	线轮廓度	面轮廓度	平行度
符号	—	⏥	○	⌭	⌒	⌓	//
项目	垂直度	倾斜度	同轴度	对称度	位置度	圆跳动	全跳动
符号	⊥	∠	◎	⌯	⌖	↗	⌰

(2)形位公差的代号。

在图样中,形位公差是以代号的形式进行标注的。形位公差的代号包括:形位公差特征项目符号、形位公差框格及指引线、形位公差数值和其他有关符号等,如图 7.21 所示。

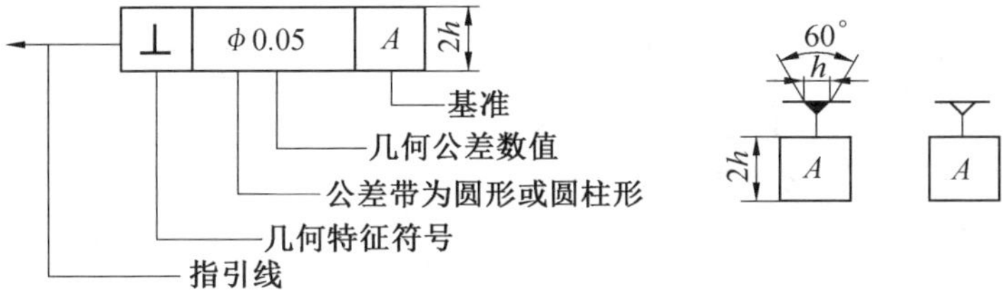

(a)　　(b)

图 7.21　形位公差代号及基准符号

(3)形位公差的标注与识读。

①被测要素的标注。当被测要素是轮廓线或表面时,指引线的箭头指向该要素的轮廓线或其延长线上(与尺寸线错开),箭头也可指向指引线的水平线,指引线引自被测面。被测要素与公差框格如图 7.22 所示。

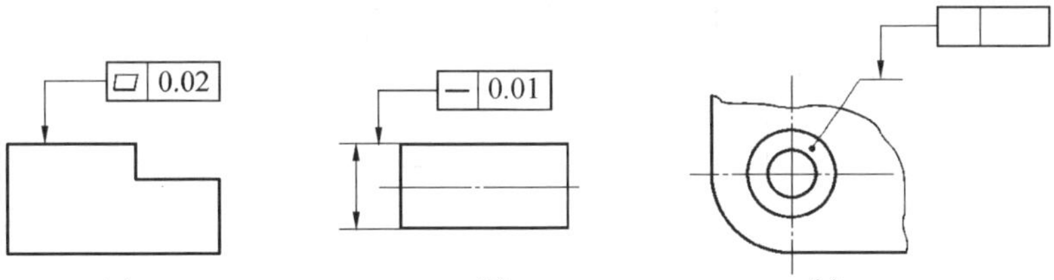

(a)　　(b)　　(c)

图 7.22　被测要素与公差框格

当被测要素为轴线或中心平面时,箭头应位于尺寸线的延长线上。若公差值前加注 ϕ,表示给定的公差带为圆形或圆柱形,如图 7.23(a)所示。

②基准要素的标注。基准要素是零件上用于确定被测要素的方向和位置的点、线或面,用基准符号表示,表示基准的字母也应注写在公差框格内,如图 7.23(b)所示。

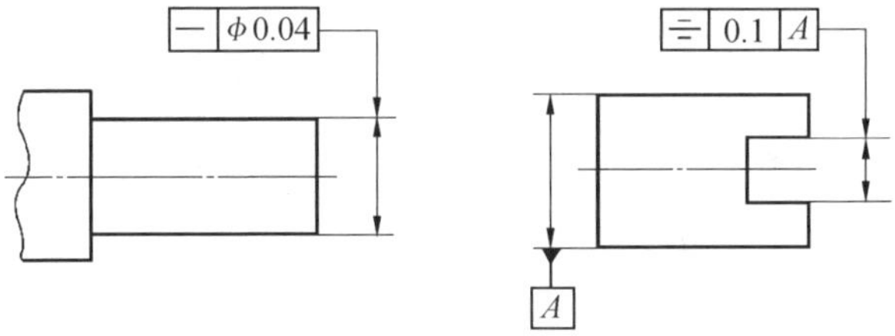

(a)　　(b)

图 7.23　被测要素为轴线或中心平面时的注法

当基准要素是轮廓线或轮廓面时,基准三角形放置在要素的轮廓线或其延长线上,如图 7.24 所示。

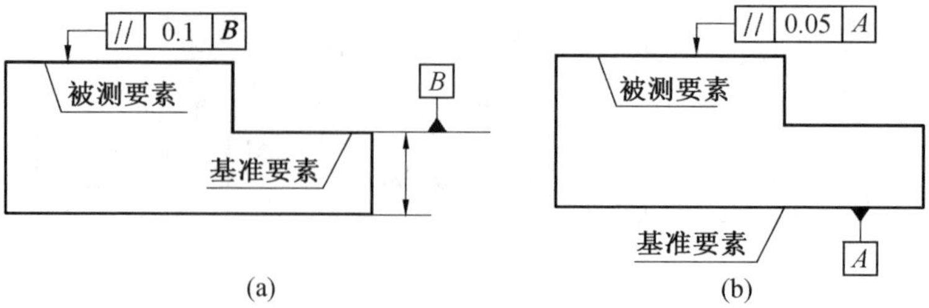

图 7.24　当基准要素是轮廓线或轮廓面时的注法

当基准要素是轴线或中心平面时,基准三角形应放置在该尺寸线的延长线上,如图 7.25所示。

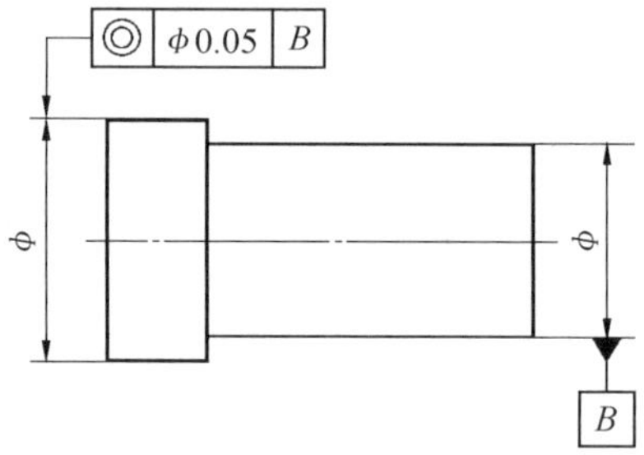

图 7.25　基准要素是轴线或中心平面时的注法

(4)形位公差标注示例。

图 7.26 为气门阀杆形位公差标注示例。读者可以自行分析。

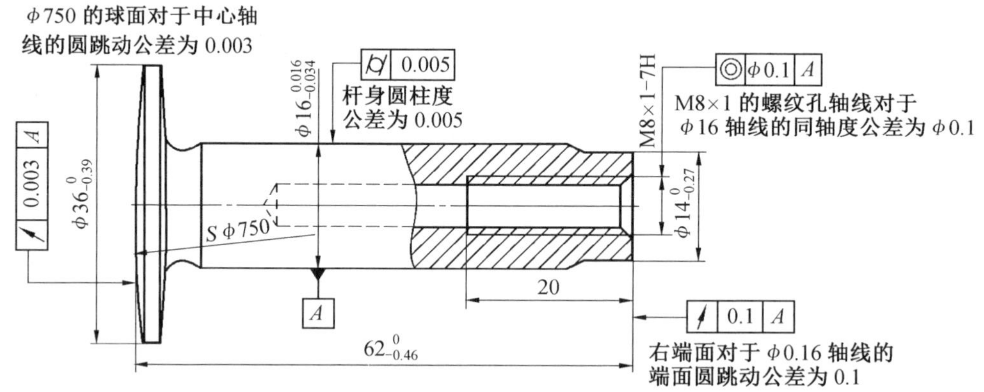

图 7.26　气门阀杆形位公差标注示例

3. 表面结构

在工程实际中,为保证零件能够正常使用,需要根据产品功能对零件的表面结构提出要求。表面结构是表面粗糙度、表面波纹度、表面缺陷、表面纹理和表面几何形状的总称。GB/T 131—2006 中对技术产品图样中表面结构的表示法做了具体规定。

(1)基本概念。

①表面粗糙度。在机械加工过程中,由于刀具或砂轮切削后留下刀痕,切削过程中切屑分离时产生的塑性变形,会使被加工零件的表面产生微小的峰谷。零件的表面无论加

工得多么精细，在放大镜或显微镜下观察都能看到凹凸不平的痕迹，这些微小峰谷的高低程度和间距大小综合起来称为表面粗糙度，如图 7.27 所示。

微课
表面结构

表面粗糙度是评定零件表面质量的一项重要技术指标，对零件的使用、外观和零件的加工成本都有重要影响。

②表面波纹度。在机械加工过程中，由于机床、工件和刀具系统的振动，在工件表面所形成的间距比表面粗糙度大得多的表面不平度称为表面波纹度，如图 7.27 所示。零件表面波纹度是影响零件使用寿命和引起振动的重要因素。

表面粗糙度、表面波纹度以及表面几何形状总是同时生成并存在于同一表面，如图 7.27 所示。

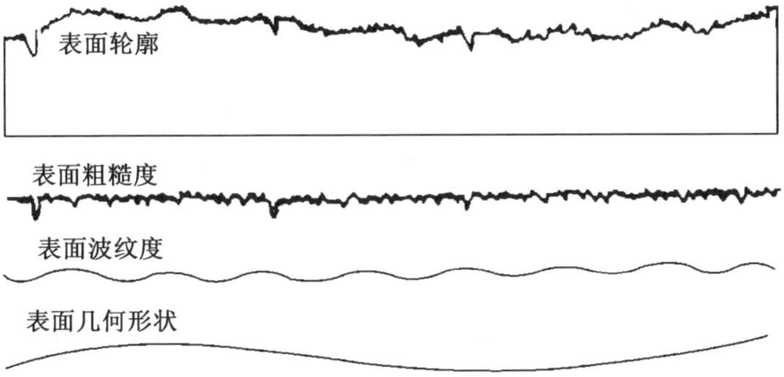

图 7.27 表面粗糙度、表面波纹度和表面几何形状误差综合影响的表面轮廓

(2)表面结构参数。

对于零件表面结构的状况，可由轮廓参数（由 GB/T 3505—2009 定义）、图形参数（由 GB/T 18618—2009 定义）、支承率曲线参数（由 GB/T 18778.2—2009 和 GB/T 18778.3—2006 定义）三大类参数加以评定。其中，轮廓参数是我国机械图样中目前最常用的评定参数，它包括表面粗糙度轮廓（R 轮廓）、表面波纹度轮廓（W 轮廓）和原始轮廓（P 轮廓）。

本节仅介绍评定表面粗糙度轮廓（R 轮廓）中的两个高度参数 Ra 和 Rz。

轮廓算术平均偏差 Ra 是指在一个取样长度内纵坐标值 $Z(x)$ 绝对值的算术平均值，如图 7.28 所示。

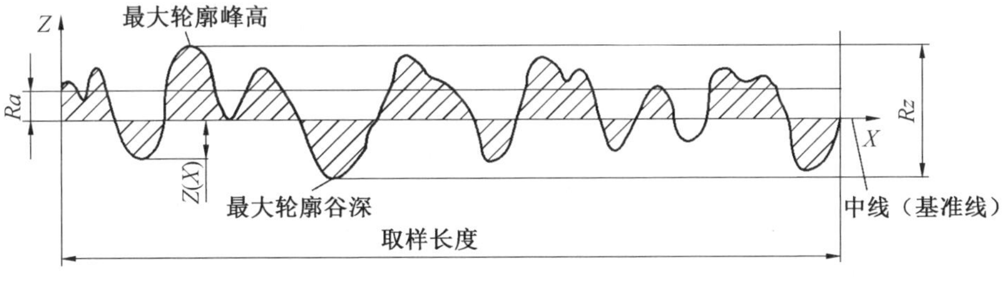

图 7.28 轮廓算术平均偏差 Ra 和轮廓最大高度 Rz

轮廓最大高度 Rz 是指在同一取样长度内，最大轮廓峰高和最大轮廓谷深之和的高

度，如图 7.28 所示。

Ra 应用较为广泛，可用电动轮廓仪测量，运算过程由仪器自动完成。*Ra* 的数值越小，表面质量越高，但加工成本也越高。因此，在满足使用要求的前提下，应尽量选用较大的 *Ra* 值，以降低成本。

(3)表面结构图形符号。

表面结构符号、名称及其含义见表 7.3。

(4)表面结构要求在图形符号中的注写位置。

为了明确表面结构的各项要求，除了在表面结构符号中需注出参数和其数值外，有时还需要注出其他方面的要求，如取样长度、加工工艺、表面纹理方向、加工余量等，它们在表面结构图形符号中的注写位置如图 7.29 所示。

表 7.3　表面结构符号及意义

符号名称	符号	含义
基本图形符号		由两条不等长的与标注表面成 60°夹角的直线构成，仅用于简化代号标注，没有补充说明时不能单独使用
扩展图形符号		在基本图形符号上加一短横，表示指定表面用去除材料的方法获得，如通过机械加工获得的表面
		在基本图形符号上加一圆圈，表示指定表面用非去除材料的方法获得
完整图形符号		当要求标注表面结构特征的补充信息时，应在图形符号的长边上加一横线

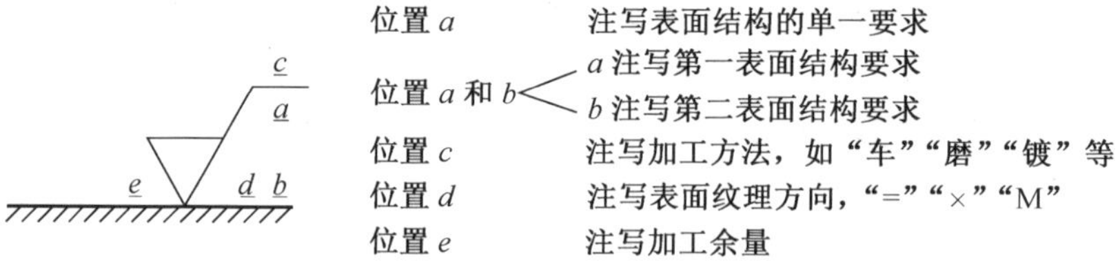

图 7.29　表面结构要求在图形符号中的注写位置

(5)表面结构代号示例。

表面结构符号中注写了具体参数代号及数值等要求后即为表面结构代号。常见的表面结构代号类型见表 7.4。

表 7.4　常见的表面结构代号类型

代 号	含　义	代 号	含　义
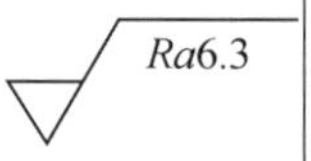	表示用去除材料的方法获得的表面，*Ra* 的上限值为 6.3 μm	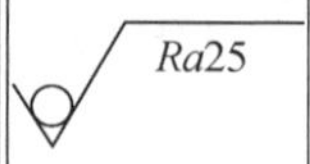	表示用不去除材料的方法获得的表面，*Ra* 的上限值为 25 μm

续表 7.4

代号	含义	代号	含义
Rz3.2	表示用去除材料的方法获得的表面，*Rz* 的上限值为 3.2 μm	Ra12.5	表示用任何方法获得的表面，*Ra* 的上限值为 12.5 μm

注:表中各表面结构代号的含义为不完全解释。详细解释可参阅有关书籍。

(6)表面结构要求在图样中的注法。

表面结构要求对每一表面一般只注一次,并尽可能注在相应的尺寸及其公差的统一视图上。除非另有说明,所标注的表面结构要求是对完工零件表面的要求。

①表面结构的注写和读取方向与尺寸的注写和读取方向一致。表面结构要求可标注在轮廓线上,其符号应从材料外指向被接触表面(图 7.30)。必要时,表面结构也可用带箭头或黑点的指引线引出标注(图 7.31)。

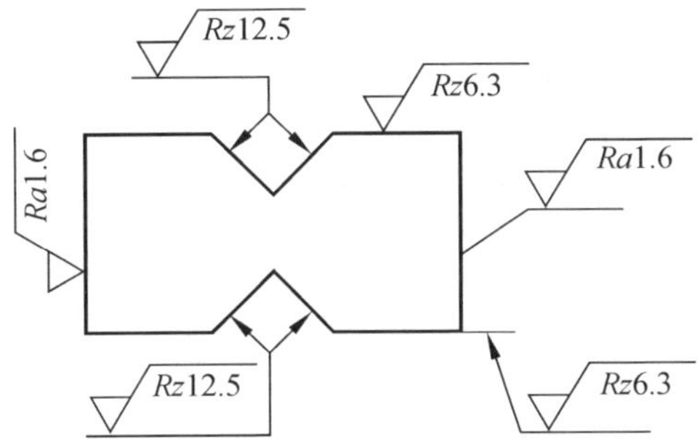

图 7.30　表面结构要求在轮廓上的标注

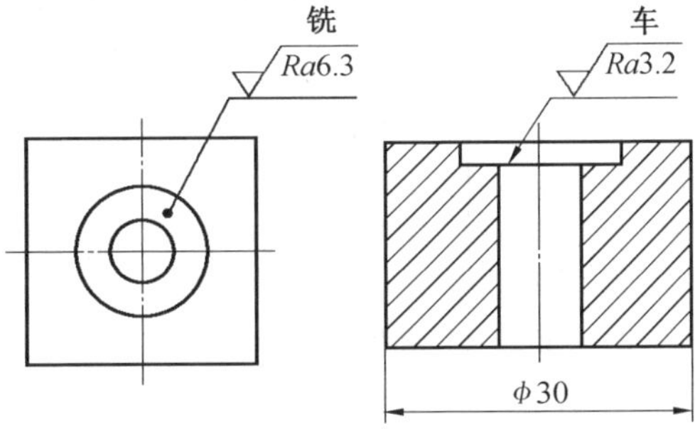

图 7.31　用指引线引出标注表面结构要求

②在不致引起误解时,表面结构要求可以标注在给定的尺寸线上(图 7.32)。

③表面结构要求可标注在形位公差框格的上方(图 7.33)。

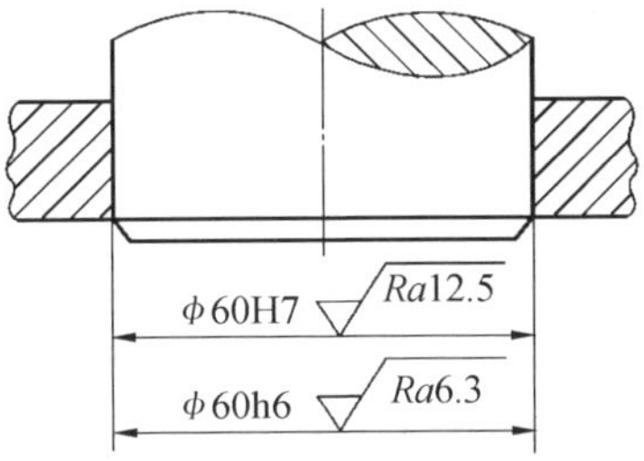

图 7.32　表面结构要求标注

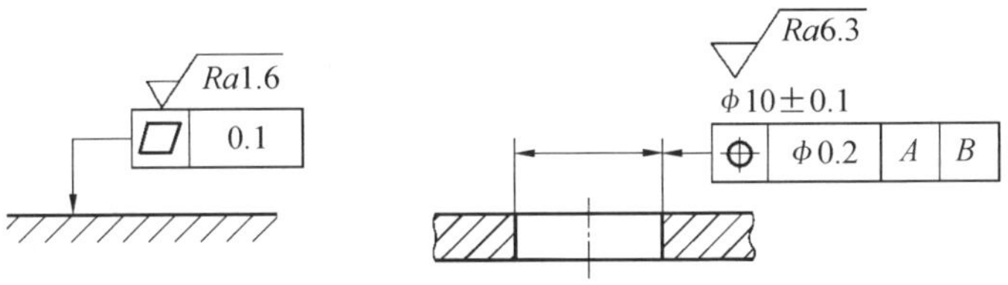

图 7.33　表面结构要求标注在形位公差框格的上方

④圆柱和棱柱表面的表面结构要求只标注一次(图 7.34)。如果每个棱柱表面有不同的表面结构要求,则应分别单独标注(图 7.35)。

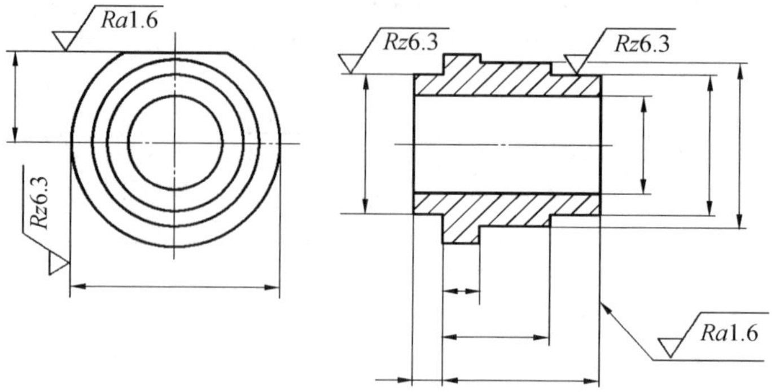

图 7.34　表面结构要求标注在圆柱特征的延长线上

⑤简化注法。所有表面有相同的表面结构要求，如图 7.36 所示。

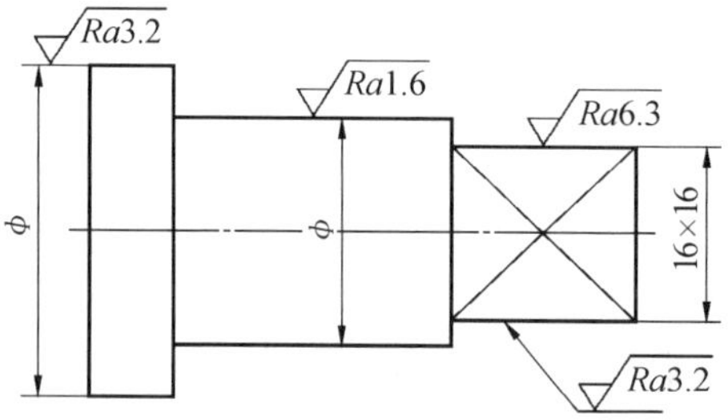

图 7.35　圆柱和棱柱的表面结构要求的注法

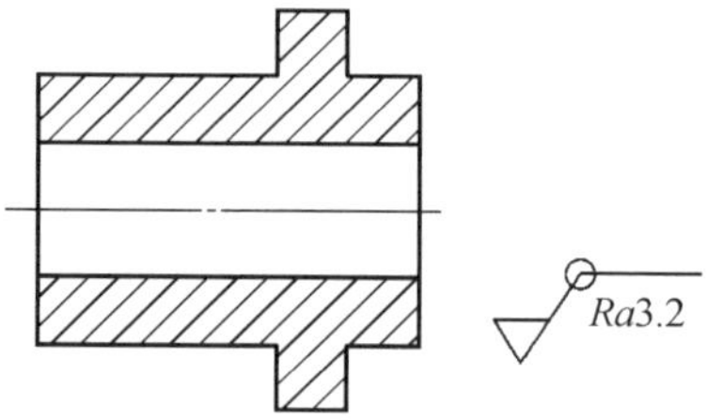

图 7.36　所有表面有相同要求的注法

全周表面有相同的表面结构要求。当在图样某个视图上构成封闭轮廓的各表面有相同的表面结构要求时，在完整图形符号上加一圆圈，标注在图样中工件的封闭轮廓线上，如图 7.37 所示。

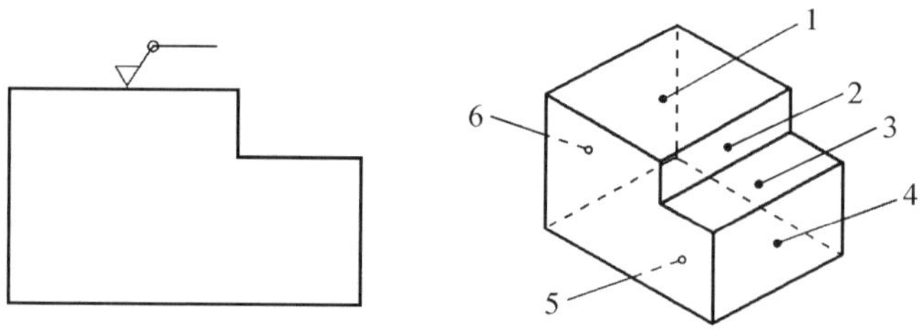

图 7.37　全周表面有相同要求的注法(不包括前后面)

多数表面有相同的表面结构要求。如果在工件的多数表面有相同的表面结构要求，则其表面结构要求可统一标注在图样的标题栏附近。此时，表面结构要求的符号后面应有：

在圆括号内给出无任何其他标注的基本符号，如图 7.38(a)所示。

在圆括号内给出不同的表面结构要求，如图 7.38(b)所示。

不同的表面结构要求应直接标注在图形中，如图 7.38(a)、(b)所示。

在图纸空间有限时的简化注法。用带字母的完整符号的简化注法，如图 7.39 所示，用带字母的完整符号，以等式的形式，在图形或标题栏附近，对有相同表面结构要求的表

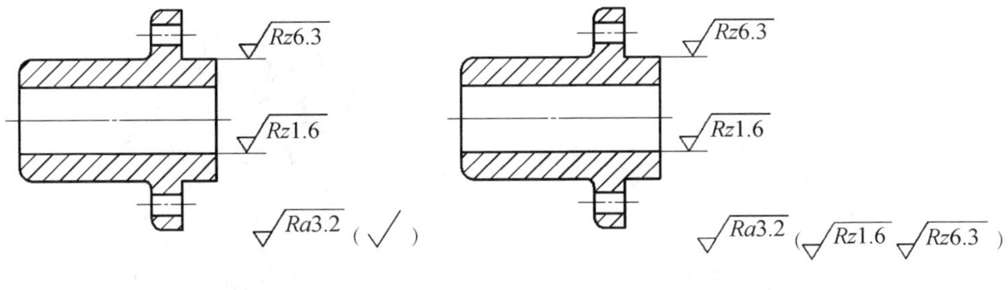

(a) (b)

图 7.38 多数表面有相同要求的注法

面进行简化标注。

只用表面结构符号的简化注法。如图 7.40 所示，用表面结构符号，以等式的形式给出对多个表面共同的表面结构要求。

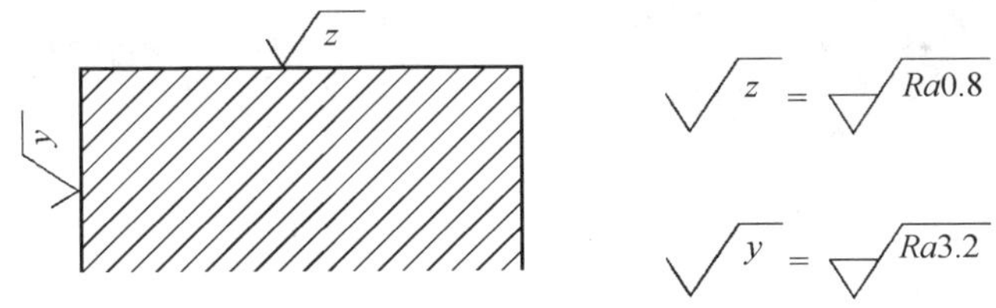

图 7.39 图纸空间有限时的简化注法

(a) 未指定工艺方法 (b) 要求去除材料 (c) 不允许去除材料

图 7.40 只用表面结构符号的简化注法

4. 轮盘类零件特点

汽车上离合器的压盘、飞轮(图 7.41(a))、从动盘(图 7.41(b))、法兰盘、带轮(图 7.41(c))、气泵盖、端盖（图 7.41(d))等均属于轮盘类零件。

微课
轮盘类零件特点

轮盘类零件主体部分常由回转体组成，轴向尺寸小，径向尺寸大，一般有一个端面是与其他零件连接的重要接触面。也有与壳体仿形的薄板状构件，为了与其他零件连接，常设有光孔、键槽、螺孔、止口、凸台等结构，其中有些结构为标准规定尺寸，如键槽。

(a)

(b)

(c)

(d)

图 7.41 汽车上部分典型轮盘类零件

根据轮盘类零件的特点,常用表达方案如下:圆盘形盘盖主要在车床上加工,选择主视图时一般按加工位置原则将轴线水平放置。对于加工时并不以车削为主的箱盖,可按工作位置放置。通常采用两个视图,主视图常用剖视图表示孔槽等结构,另一视图表示外形轮廓和各组成部分如孔,轮辐等的相对位置,如图 7.42 ~7.44 所示。

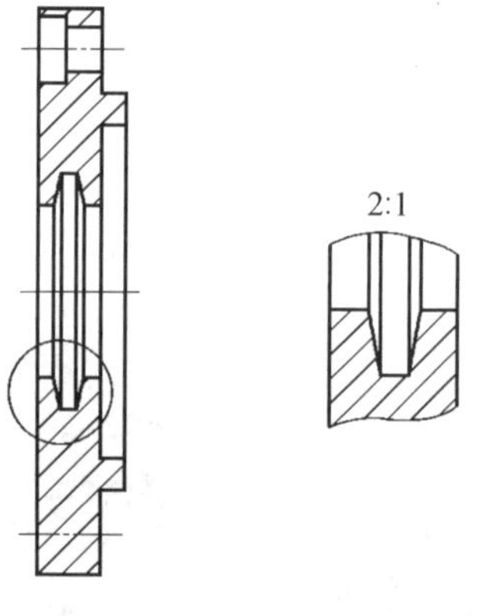

图 7.42 端盖视图

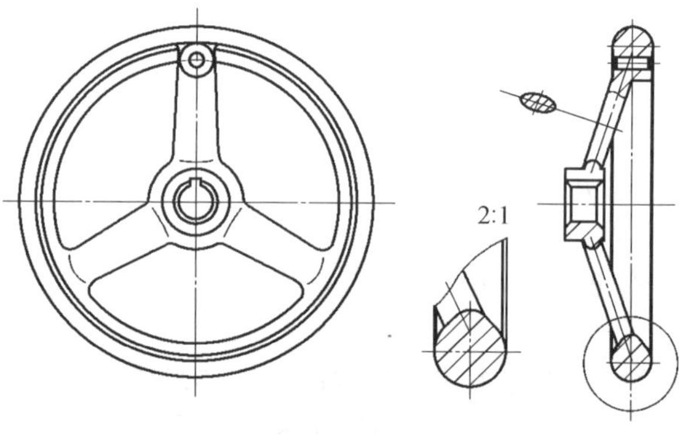

图 7.43 手轮视图

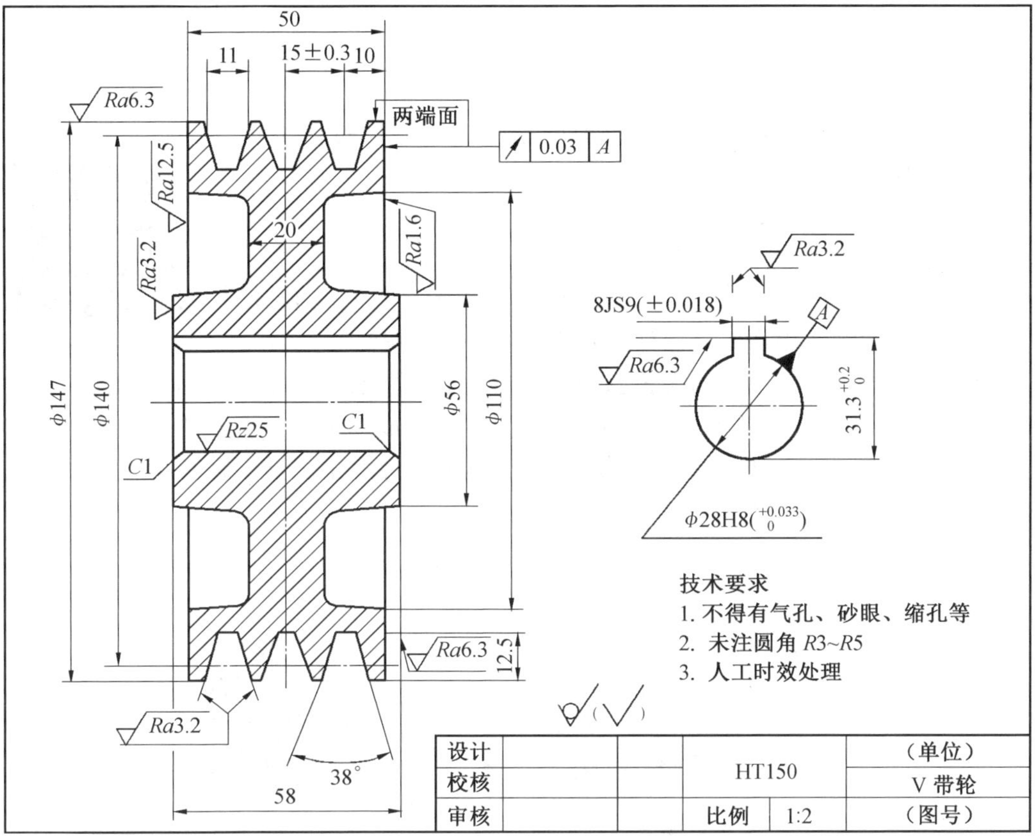

图 7.44　V 带轮零件图

轮盘类零件尺寸标注，如图 7.44 所示，V 带轮轴孔的轴线为径向尺寸基准，注出 ϕ140 和 ϕ28H8。V 带轮左右对称面为轴向尺寸基准，注出 50、11、10、15±0.3 等。轮槽和轴孔键槽为标准结构要素，必须按标准查表，标注标准数值。外圆 ϕ147 表面及轮缘两端面对于孔 ϕ28 轴线的圆跳动公差为 0.03，V 带轮实体图如图 7.45 所示。

微课
V 带轮零件读图

AR：V 带轮

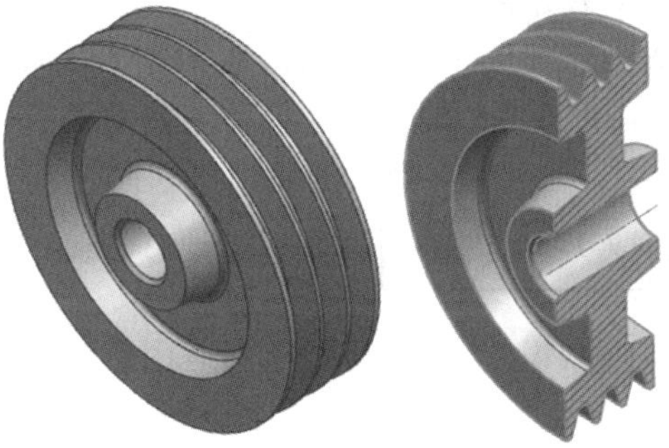

图 7.45　V 带轮实体图

任务实施

由图 7.10,汽车变速箱中间轴球轴承密封盖零件读图过程如下。

1. 看标题栏

该零件材料为灰铸铁 HT150,比例 1∶2。

微课
轴承密封盖
零件读图
任务实施

2. 看视图

该零件用两个图形表达,*A—A* 旋转剖为主视图,反映盖内部结构形状及连接孔。左视图表达左端面外形及连接孔分布情况。

该零件右端光洁、平整,为密封面,有一直径$\phi108^{+0.46}_{0}$深为$5.2^{+0.1}_{0}$的凹部,与球轴承外圆配合。盖上均布四条加强肋,并加工成四个连接孔。盖在左上方离中心 59 mm 处削平一块,以避免与其他零件发生干涉。轴承密封盖立体图如图 7.46 所示。

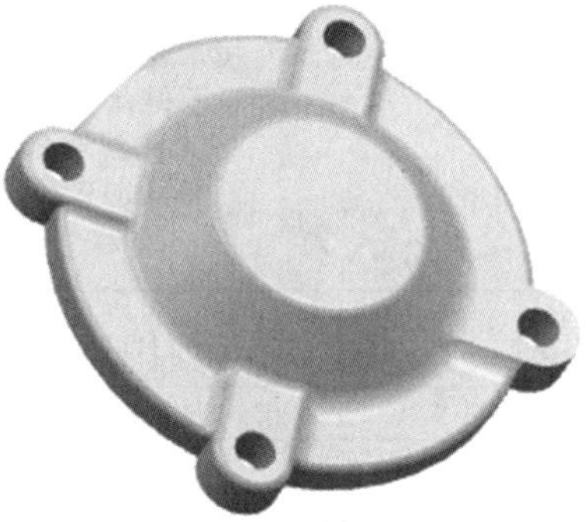

AR:轴承密封盖

图 7.46 轴承密封盖立体图

3. 分析尺寸标注

该盖以$\phi108^{+0.46}_{0}$孔轴线为径向基准,长度方向以右端面为基准。尺寸 59 和 77°为定位尺寸和定位角度,其余尺寸为定形尺寸。*R*2、*R*3、*R*10 表示铸件不同的铸造圆角。

4. 看技术要求

表面粗糙度参数 *Ra* 值最小为 6.3 μm,最大值铸造后的不加工表面。标有尺寸公差的有:$\phi108^{+0.46}_{0}$、$5.2^{+0.1}_{0}$。标有几何公差的有:平行公差、平面度公差和位置度公差等。

归纳总结

零件图识读,关键是要学会运用形体分析法结合线面分析法读懂零件各部分结构,想想零件形状。读图的一般顺序是:先整体后局部,先主体结构后局部结构,先读懂简单部分再分析复杂部分,解决难点。

活学活用

永不松动的螺母

高铁,这个我们耳熟能详的交通工具,承载着无数人的出行梦想。它以其高速、便捷、舒适的特点,成为现代社会不可或缺的一部分。在高铁这个庞大的"钢铁之躯"中,每一个零部件都需要精心设计和严格把关。而在众多零部件中,螺母虽然个头不大,却肩负着至关重要的使命。它们就像高铁的"关节",将各个部件牢牢地连接在一起,确保列车在高速运行中的安全与稳定。高铁上"永不松动的螺母"如图 7.47 所示。

图 7.47 高铁上"永不松动的螺母"

说到螺母,就不得不提到日本制造。日本素来以精湛的工艺和严苛的质量控制而闻名于世,而这一点在螺母的制造上体现得淋漓尽致。日本螺母之所以能够"永不松动",背后有着诸多精妙的"玄机"。

首先,日本螺母的材料选择十分讲究。它们通常采用优质的合金钢。这些材料具有优异的强度、韧性和耐磨性,能够承受高速运行中的巨大压力和振动。同时,日本还特别注重材料的纯度和均匀性,确保每一批螺母的品质如一。其次,日本螺母的制造工艺可谓是"精雕细琢"。它们采用冷锻、热处理等先进技术,使螺母的内部组织更加致密,强度和硬度大大提高。在加工过程中,日本工匠们对尺寸公差的控制达到了令人叹为观止的地步。他们使用高精度的数控机床和专用刃具,将螺母的螺纹加工得非常光滑和规则。日本螺母的精密度可以达到头发丝直径的 1/10。除了精湛的制造工艺,日本螺母还经过了严格的质量检测。每一批螺母在出厂前,都要经过多道检验关卡。只有通过层层把关的螺母,才能被装配到高铁上,成为这个钢铁巨兽的"骨骼"。

正是凭借着这些过硬的品质,日本螺母在高铁领域得到了广泛的应用。世界各地的高铁都离不开日本螺母的身影。它们以其优异的性能和可靠的品质,为高铁的安全运行提供了坚实的保障。

从引进技术到自主创新,中国高铁在短短几十年内实现了跨越式发展。

随着中国高铁事业的蓬勃发展,对螺母的需求也与日俱增。为了满足高铁建设的需要,中国开始与日本开展技术合作。双方的工程师们携手攻关,共同研发出更加优良的螺母产品。

在引进和学习日本技术的基础上,中国开始了螺母制造的自主探索。中国工程师们攻克了一个个技术难关,掌握了螺母制造的核心工艺。如今,中国已经能够生产出品质媲美日本的高铁螺母,为高铁运行提供了可靠的保障。

中国螺母制造的成功,不仅降低了高铁建设的成本,也提高了中国高铁的自主化水平,为中国制造业的转型升级提供了宝贵的经验。这种自主创新的精神,正是中国高铁不断突破、不断超越的源动力。

任务三　汽车刹车脚踏零件图的识读

任务描述

读懂图7.48汽车刹车脚踏零件图,想象出零件形状,读懂尺寸及相关技术要求。

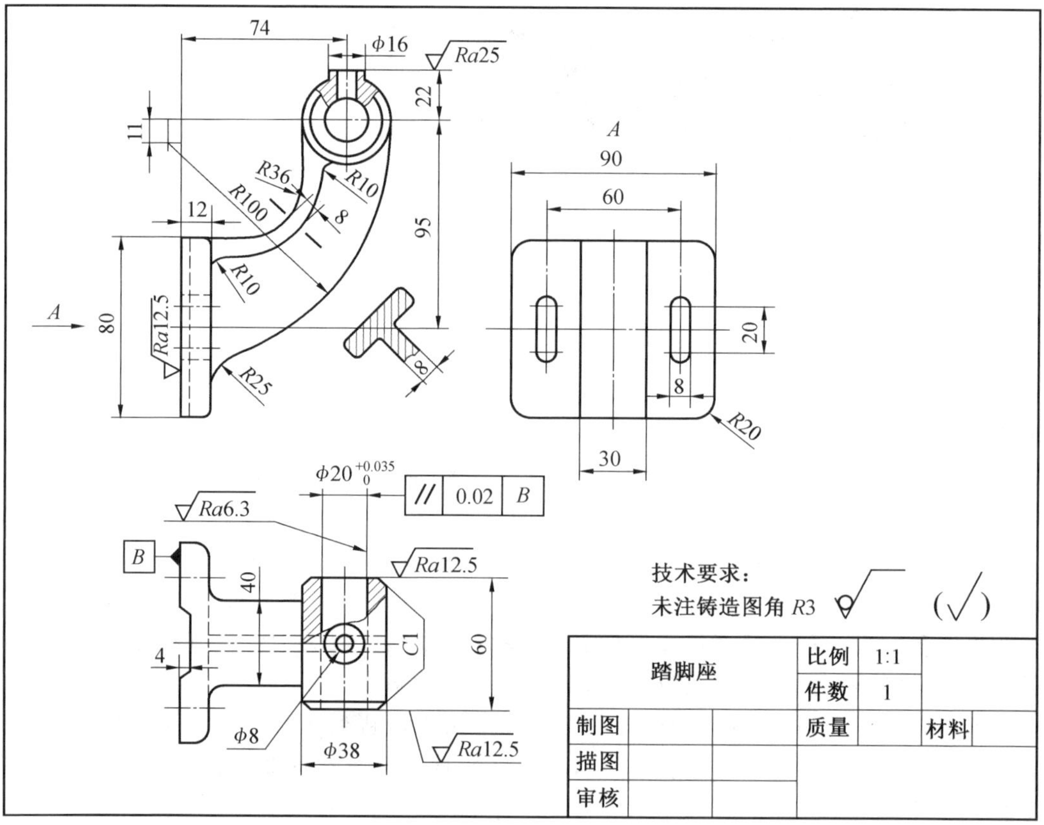

图7.48　汽车刹车脚踏零件图

相关知识

1. 铸造工艺结构

为了在零件制造过程中便于加工而特意设计出来的零件上的一些较小的结构，称工艺结构。

微课
铸造工艺结构

(1)拔模斜度。

用铸造方法制造零件的毛坯时，为了便于将木模从沙箱中取出，一般沿木模拔模的方向作成约 1∶20 的斜度，称为拔模斜度，如图 7.49 所示。因而铸件上也有相应的斜度，如图 7.50(a)所示。这种斜度在图上可以不标注，也可不画出，如图 7.50(b)所示。必要时，可在技术要求中注明。

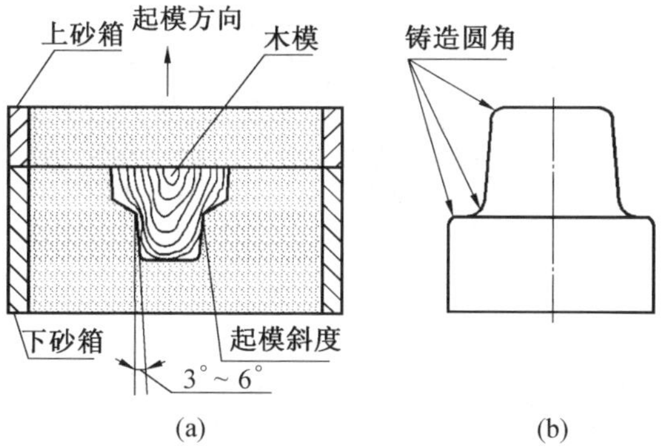

图 7.49　拔模斜度

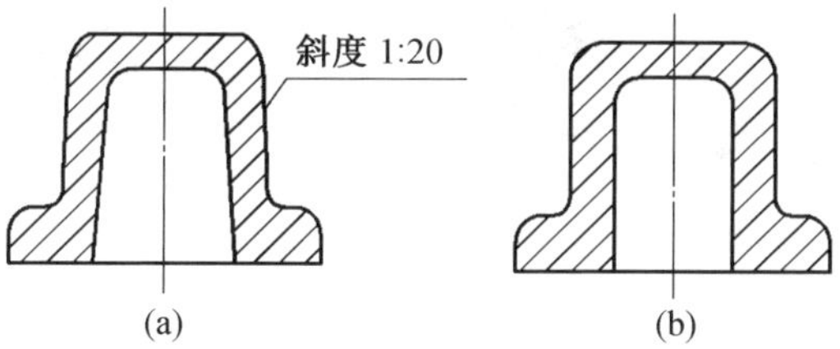

图 7.50　拔模斜度标注

(2)铸造圆角。

在铸件毛坯各表面的相交处，都有铸造圆角，如图 7.51 所示。这样既便于起模，又能防止在浇铸时铁水将砂型转角处冲坏，还可避免铸件在冷却时产生裂纹或缩孔。铸造圆角半径在图上一般不注出，而写在技术要求中。铸件毛坯底面(作安装面)常需经切削加工，这时铸造圆角被削平，如图 7.51 所示。

在铸件和锻造零件上，两表面相交处一般都有小圆角光滑过渡。由于这个原因，零件表面之间的交线消失了，使图形表达的零件结构显得含糊不清。为了方便看图，画图时按照没有圆角时的交线位置，示意地画出消失的交线，称为过渡线。由于零件的结构形状和尺寸大小不同，过渡线的画法也不相同。过渡线画法如图 7.52 所示。

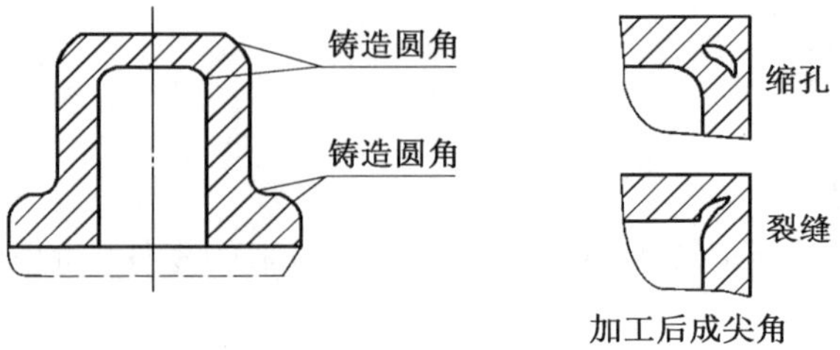

图 7.51　铸造圆角

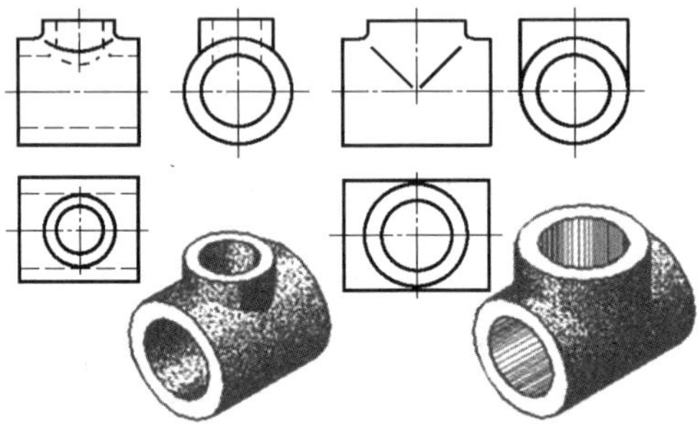

(a)

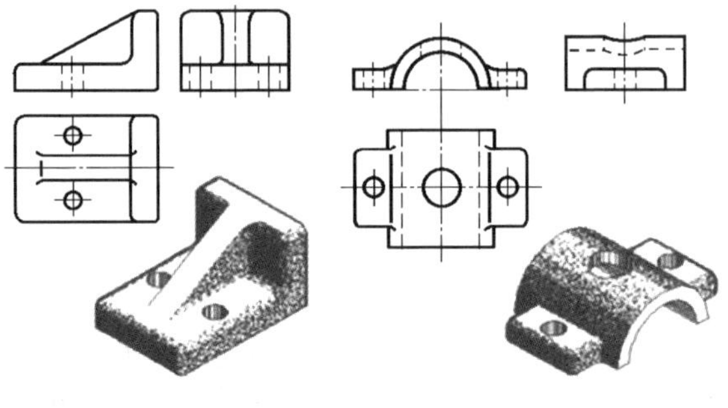

(b)

图 7.52　过渡线画法

(3)铸件壁厚。

在浇铸零件时,为了避免各部分因冷却速度不同而产生缩孔或裂纹,铸件的壁厚应保持大致均匀,或采用渐变的方法,并尽量保持壁厚均匀,如图 7.53 所示。

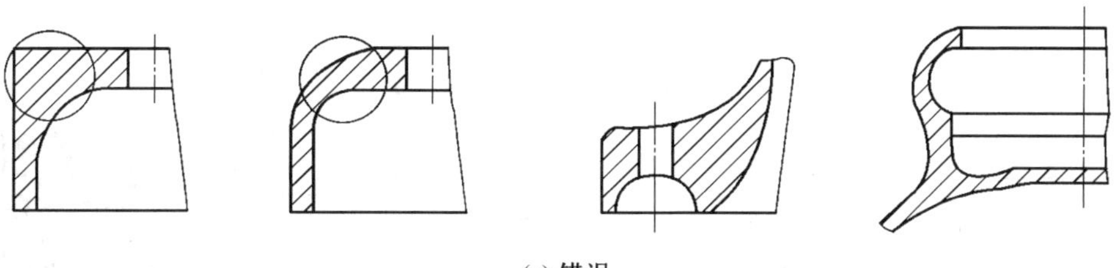

(a) 错误

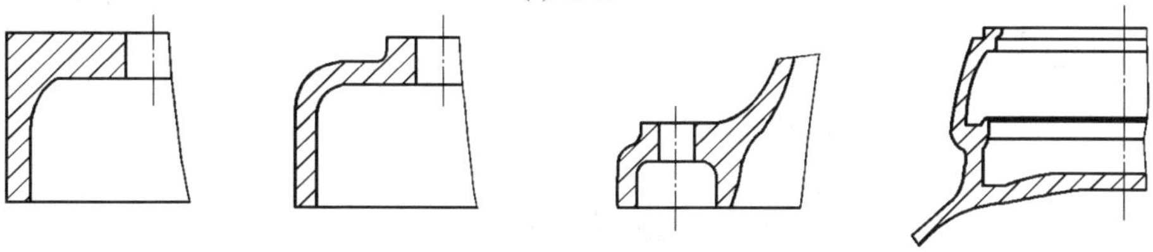

(b) 正确

图 7.53　铸件壁厚的变化

2. 机械加工工艺结构

(1)倒角与倒圆。

为便于装配,且保护零件表面不受损伤,一般在轴端、孔口、台肩、和拐角处加工出倒角或倒圆,如图 7.54 所示。

(2)退刀槽和越程槽。

在车削零件上的螺纹或进行磨削加工时,为便于退刀,且在装配时与相邻零件保证靠紧,在台肩处应加工出退刀槽或越程槽,如图 7.55 所示。

微课
机械加工工艺结构

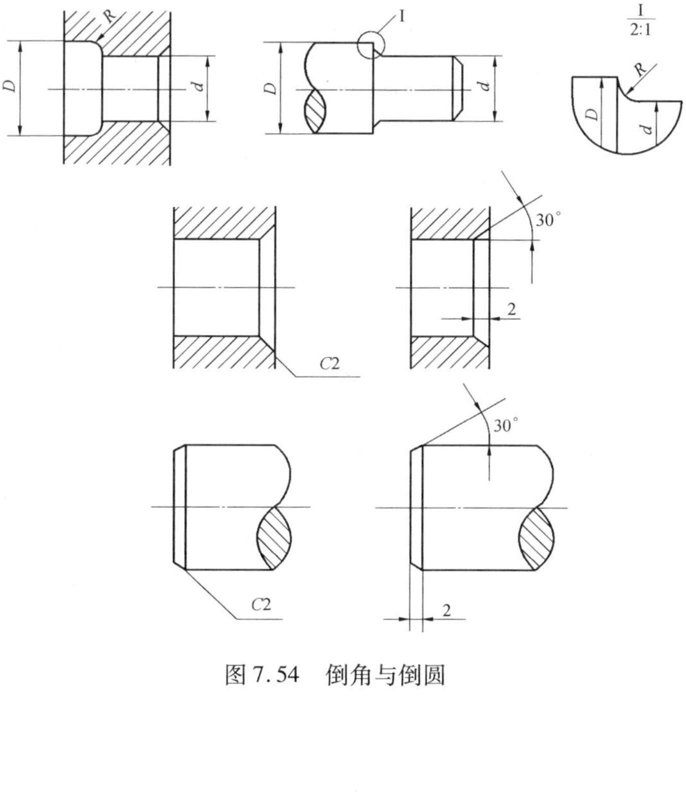

图 7.54　倒角与倒圆

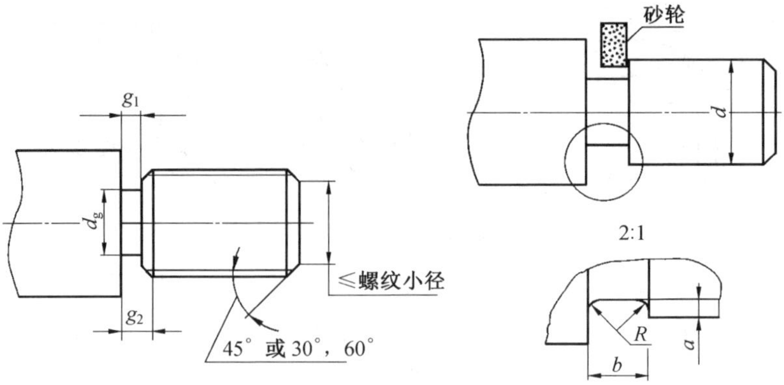

AR:退刀槽

图 7.55 退刀槽和越程槽

(3)凸台和凹坑。

为了保证加工表面的质量，节省材料，降低制造成本，应尽量减少加工面。常在零件上设计出凸台、凹槽、凹坑或沉孔，如图 7.56 所示。

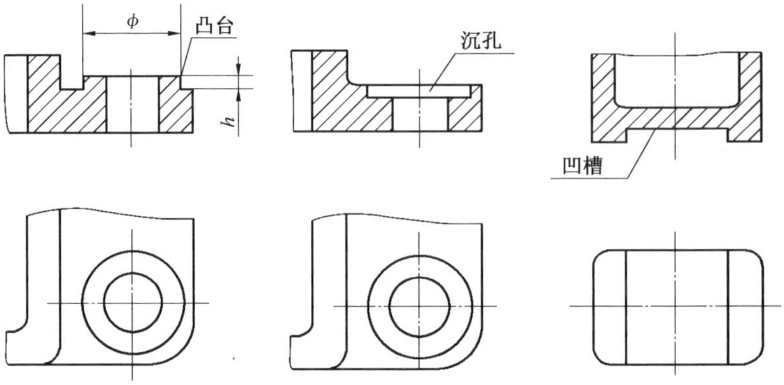

图 7.56 凸台和凹坑

(4)钻孔结构。

钻孔时，应尽可能使轴线与钻孔表面垂直，以保证孔的精度和避免钻头弯曲折断。图 7.57为正确结构。

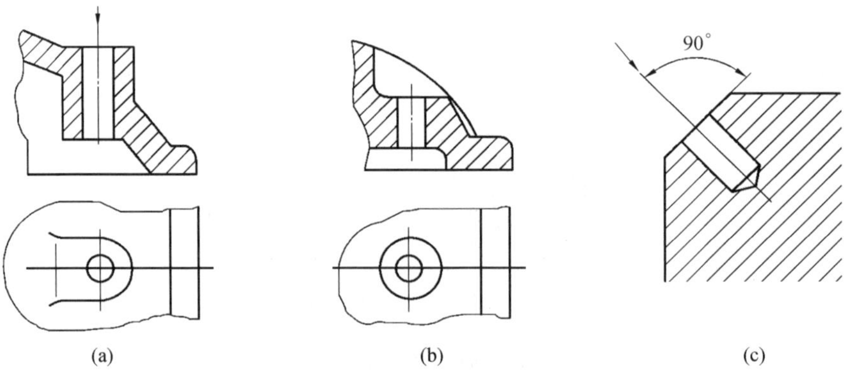

图 7.57 钻孔端面

3. 叉架类零件特点

叉架类零件包括各种用途的拨叉和支架。拨叉主要用在机床、内燃机等各种机器的操纵机构上，用以操纵机器，调节速度等。汽车上的零件支架、拨叉(图 7.58(a))、连杆(图 7.58(b))、刹车踏脚(图 7.57(c))、制动杠杆(图 7.58(d))、支架(图 7.58(e))、气门摇臂(图 7.58(f))等均属于此类零件。叉、杆零件多为运动零件，通常起传动、连接、调节或制动作用。支架主要起支承和连接作用，其结构形状虽然千差万别，但其形状结构按其功能可分为工作、支持和连接三个部分，常为铸件和锻件。

微课
叉架类零件特点

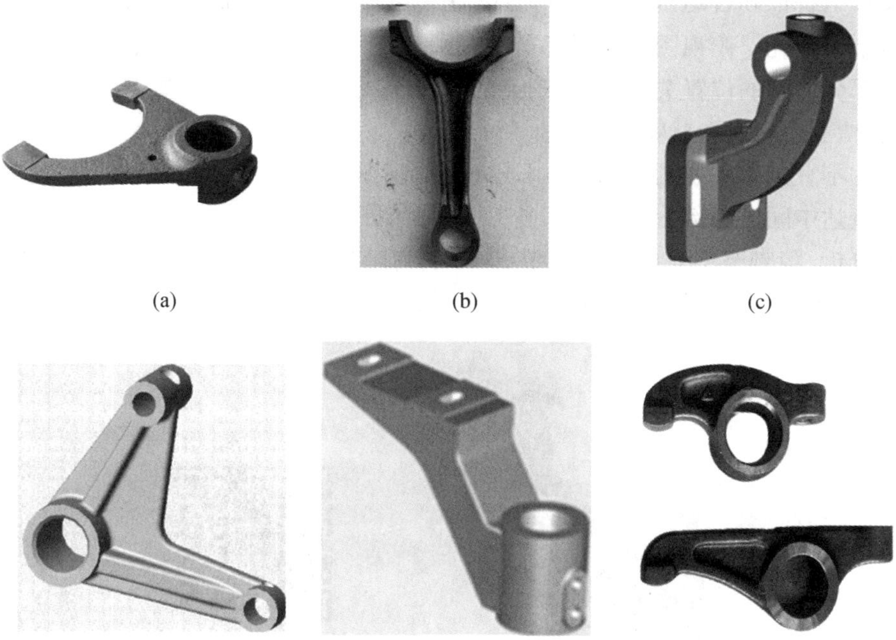

(a) (b) (c) (d) (e) (f)

图 7.58　汽车上部分典型叉架类零件

叉架类零件视图表达常以工作位置放置或将其放正，主视图常根据结构特征选择，以表达它的形状特征、主要结构和各组成部分的相互位置关系。叉架类零件的结构形状较复杂，视图数量多在两个以上，根据其具体结构常选用移出断面、局部视图、斜视图等表达方式。

叉架类零件长、宽、高主要基准一般为孔的中心线、轴线、对称平面或较大加工平面。

任务实施

根据图 7.48,汽车刹车脚踏零件读图过程如下:

1. 看标题栏

该零件名称为踏脚座,比例 1 ∶ 1,先铸造后机械加工而成。数量 1 件。

微课
刹车脚踏零件读图
任务实施

2. 看视图

零件图采用了主、俯两个基本视图。主视图为局部剖视图,表达了踏板的主要形状特征和各组成部分之间的位置关系。上方的局部剖视,表达了凸台上的通孔。俯视图也是局部剖视图,表达了踏板连接板的形状及尺寸,补充表达了各组成部分之间的位置关系;俯视图上的局部剖视图是为了表达踏脚座右上方圆筒内的通孔,保留了凸台的形状特征。

该零件不宜采用左视图,为此采用 A 向局部视图,以表达踏板的形状。

为了表达中间连接部分形状和尺寸,采用移出断面图。

经过分析,踏脚座主要由三部分组成,分别为踏板(工作部分)、圆筒(支持部分)、连接板。图 7.58(c)、图 7.59 为刹车踏脚立体图。

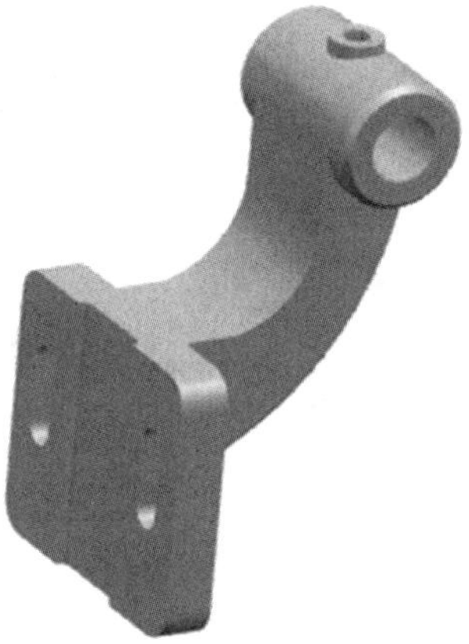

AR:刹车脚踏

图 7.59 刹车脚踏立体图

3. 分析尺寸标注

不同的叉架类零件结构差别较大,且较为复杂。尺寸标注时应按形体分析法标注定形尺寸,并考虑按长、宽、高三个方向标注定位尺寸。一般选择安装基面、工作轴孔轴线、零件的对称面等作为尺寸基准。

踏脚座以左端面为长度方向主要基准,标出 $\phi 20$ 轴承孔长度方向上定位尺寸 74,左侧踏板厚度 12,凹槽深度 4 等。左侧踏板高度方向的对称面为高度方向主要尺寸基准,标出 $\phi 20$ 轴承孔高度方向上定位尺寸 95,踏板高度 80,其上 $d8$ 圆弧高度方向定位尺寸 20 等;零件前后对称,宽度方向尺寸基准为踏脚座前后方向对称面,标出总宽 90,两个安装孔宽度方向定位尺寸 60 等。

该零件主要定形尺寸包括:右上角圆筒外圆尺寸 $\phi38$、轴向尺寸 60,内孔尺寸 $\phi20$,凸台尺寸 $\phi16$、22,凸台内孔尺寸 $\phi8$;左侧脚踏的定形尺寸包括 80、90、12 等。

4. 看技术要求

表面粗糙度要求最高的 $\phi20$ 圆筒轴承孔内表面,参数 Ra 值要求不超过 6.3 μm,圆筒轴承孔前后表面要求 Ra 值不超过 12.5 μm,左侧脚踏表面要求 Ra 值不超过 12.5 μm 等。

归纳总结

叉架类零件一般结构不规则,想象起来难度较大。分析起来要先易后难,逐步展开。零件上常见的铸造工艺结构主要有拔模斜度、铸造圆角、铸造壁厚、过渡线等。机械加工工艺结构主要有:倒角倒圆、退刀槽或越程槽、凸台凹坑、钻孔结构等。

活学活用

某工程公司在岗员工与离职员工聊天时分享了正在开发阶段的产品设计图纸,被指泄密,造成公司损失近 200 万元。同学们在工作和学习过程中,也要具有保密意识。技术图纸作为产品及工程技术的核心,对待有保密要求的图纸,一定要遵守相关的保密管理规定,不可大意。如不慎泄露技术图纸信息,则可能给工作单位造成经济损失,甚至会泄露国家机密。

任务四　铣刀头座体零件图的识读

任务描述

读懂图 7.60 铣刀头座体零件图,想象出零件形状,读懂尺寸及相关技术要求。

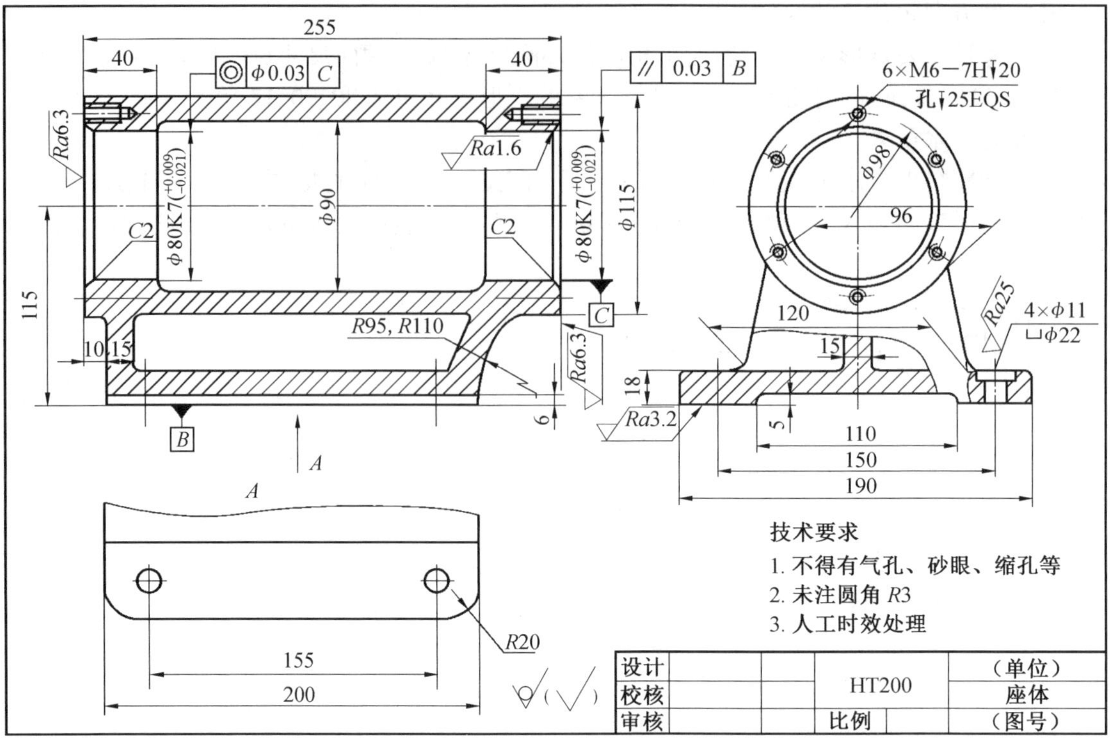

图 7.60 铣刀头座体零件图

相关知识

箱体类零件特点

汽车上的气缸体(图 7.61(a))、涡轮减速箱箱体（图 7.61(b))、差速器壳(图 7.61(c))、变速器壳体(图 7.61(d)、(e))、转向器壳体、泵体(图 7.61(f))、等均属于箱体类零件。箱体类零件一般为汽车部件的主体,体积较大,常有较大的内腔、轴承孔、凸台和肋等结构,主要作用是容纳、支承传动件,也起定位、密封和保护等作用。

微课
箱体类零件特点

如图 7.61 所示,箱体类零件形状较复杂,常为铸件,也有焊接件。为了将箱体类零件安装在机座上,将箱盖、轴承盖等安装在箱体上,常有安装底板、安装孔、安装平面、螺孔、凸台、销孔等。为了使运动得到良好的润滑,箱体类零件常设有储油池、注油孔、排油孔、各种油槽等。

箱体类零件常用的表达方法:常按工作位置放置,以最能反映形状特征、主要结构和各组成部分相互关系的方向作为主视图的投射方向。根据结构的复杂程度,应遵守选用视图数量最少的原则。但通常要采用三个或三个以上视图,并适当选用剖视图、局部视图、断面等多种表达方式,每个视图都应有表达的重点内容。

(a)

(b)

(c)

(d)

(e)

(f)

图 7.61　汽车上部分典型叉架类零件

任务实施

根据图 7.60，铣刀头座体零件图读图过程如下：

1. 概括了解

由标题栏可知该零件为座体，材料为 HT200 铸铁。该零件图共采用三个视图。

2. 视图表达与结构形状分析

座体的主视图按工作位置放置，如图 7.62 所示。主视图采用全剖视图，表达座体外形和内部空腔。左视图采用局部剖视图，表示底板和肋板厚度、底板上的沉孔和槽的形状。座体前后对称，采用了 *A* 向局部视图，表示底板的圆角和安装孔。

座体上部为圆筒状，两端的轴孔支承轴承，中间孔的直径大于两端孔的直径，可直接铸造出来。下部为带圆角的方形底板，通过四个安装孔将铣刀头座体安装在铣床上。底板下面做成通槽，以减少加工面。座体的上下两部分用支承板和肋板连接。支承板和肋板厚度相同，主视图肋板按不剖绘制。为了安装端盖，左右两边加工有 6 个 M6 的螺纹孔。立体图如图 7.62 所示。

微课
铣刀头座体读图
任务实施

AR：铣刀头座体

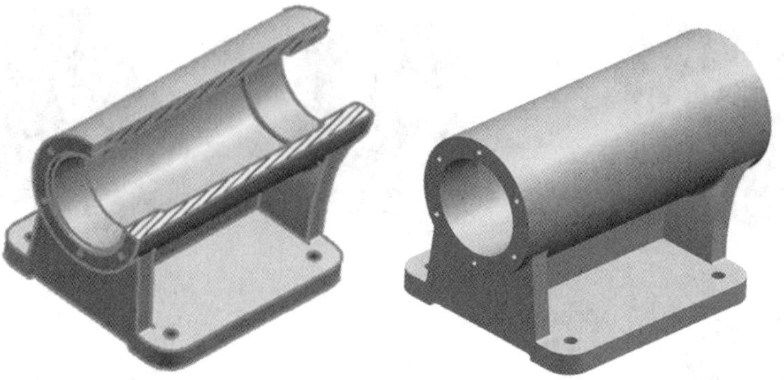

图 7.62　铣刀头壳体

3. 分析尺寸和技术要求

座体底面为高度方向的主要尺寸基准,直接注出圆筒中心高 115;长度方向上座体的左、右端面都是重要的接触面,选择左端面为长度方向主要尺寸基准,直接注出圆筒长度尺寸 255 和轴孔的长度尺寸 40,右端面为长度方向辅助基准,标注 40;座体前后对称,因此宽度方向选择对称平面作为尺寸基准,直接注出定位尺寸 150 及 96、120、110、190 等定形尺寸。

ϕ80K7 是与轴承配合的尺寸。座体安装底面的表面粗糙度要求较高,*Ra* 的上限值为 3.2 μm。座体两端的轴孔与轴承形成过渡配合,公差带代号为 K7,其表面粗糙度 *Ra* 的上限值为 1.6 μm。圆筒左右两端面在装配时与端盖接触,具有较高的表面粗糙度要求,*Ra* 的上限值为 6.3 μm。

归纳总结

箱体类零件相对比较复杂,读图时要善于利用形体分析法,将复杂零件分解成若干简单几何体,然后由易到难进行读图。要注意肋板的"横剖纵不剖"的画法特点。

活学活用

零件图的绘制是前面整个图形学知识的综合运用,是对最合适零件表达方案的选择,是视图知识在实践中的实际运用。我们在学习和工作中,要坚持理论联系实际,以理论指导实践,在实践中应用理论、验证理论、发展理论。

谈谈你对"实践是检验真理的唯一标准""问渠哪得清如许,为有源头活水来"等名言警句的理解。

模块 8

汽车装配图的识读与拆画

装配图是用来表达机器或部件的图样。表示一台完整机器的图样,称为总装配图;表示一个部件的图样,称为部件装配图。

在机器设计过程中,通常先按设计要求画出装配图以表达机器或部件的工作原理、传动路线和零件间的装配关系,并通过装配图表达各零件的作用、主要结构形状、它们之间的相对位置和连接方式,以便拆画出零件图。在装配过程中,也要根据装配图把零件装配成部件或机器。此外,在机器或部件的使用及维修时也都需要使用装配图。因此,装配图是生产中的重要技术文件之一。本模块通过识读汽车上常用的活塞连杆装配图和齿轮油泵装配图以便掌握装配图的相关知识,并对齿轮油泵泵体进行拆画。

学习目标

1. 知识目标

(1)知道装配图的概念、内容和作用;

(2)掌握装配图的常用表达方法;

(3)掌握识读装配图的步骤。

2. 能力目标

(1)能看懂中等复杂的汽车装配图及尺寸标注;

(2)能根据装配图拆画零件图。

3. 素养目标

(1)培养认真细致、一丝不苟的工作作风和精益求精的工匠精神;

(2)培养集体意识,重视团结合作,能主动与学习小组成员沟通,与教师和同学建立良好的人际关系。

任务一 活塞连杆装配图的识读

任务描述

读懂图 8.1 活塞连杆装配图,读懂尺寸及相关技术要求。

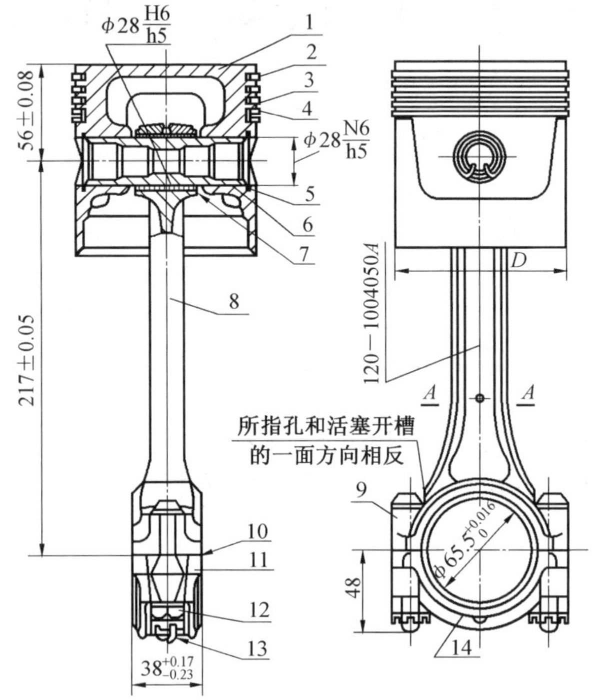

技术要求

按说明书 NO.120-3902122 进行装配

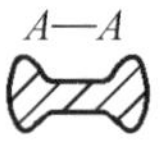

14	连杆轴瓦	2	巴氏合金	
13	开口销	2	45	GB/T 91
12	连杆螺母 M10	2	35	GB/T 6178
11	连杆盖	1	40	
10	调整垫片		08	数量视需要
9	连杆螺栓 M10×70	2	40Cr	GB/T 5782
8	连杆	1	40	
7	连杆衬套	1	QSn4-4-2.5	
6	活塞销	1	40Cr	渗碳
5	锁环	2	65Mn	
4	轴环	1	Qt700-2	
3	中活塞环	2	Qt700-2	
2	上活塞环	1	Qt700-2	
1	活塞	1	ZL7	
序号	名称	数量	材料	备注

活塞连杆总成		比例 1:1 / 件数		(图号)
班级	(学号)	共 张 第 张	成绩	
制图	(日期)	(校名)		
审核	(日期)			

图 8.1 活塞连杆装配图

相关知识

1. 装配图的内容

微课

装配图内容

微课

滑动轴承装配图

滑动轴承的组成如图 8.2 所示。图 8.3 为图 8.2 所示滑动轴承的装配图,从该图中可以看出,一张完整的装配图应具有下列内容:

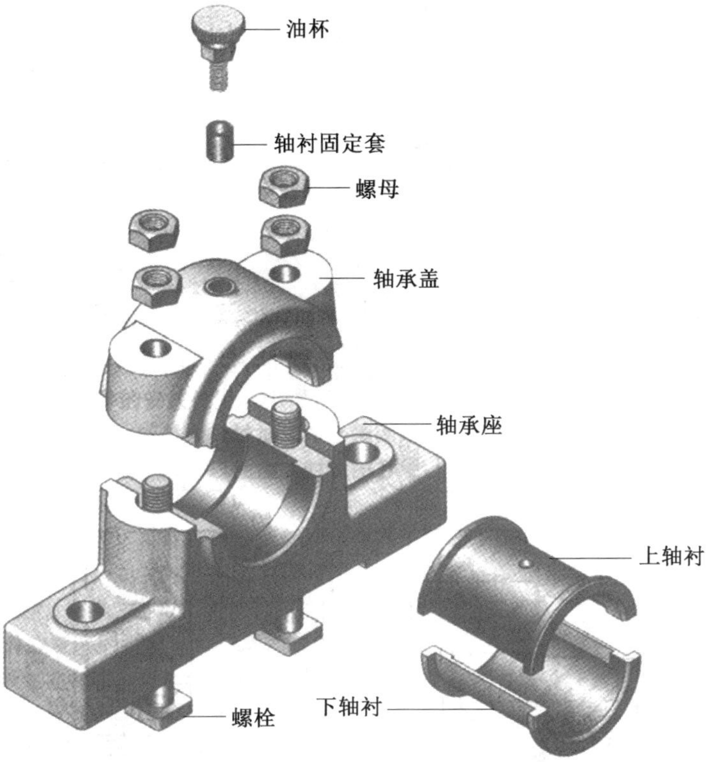

图 8.2　滑动轴承的组成

一组图形:表达装配体的工作原理、传动路线、装配关系以及主要零件的结构形状。

必要的尺寸:标注出装配体的规格性能及装配、检验、安装时所必需的尺寸。

技术要求:用符号、代号、标记和文字说明装配体在装配、检验、调试、使用等方面的要求。

零件序号、明细栏和标题栏:序号是对装配体上的每一种零件按顺序所编的号。明细栏用来说明对应各零件的序号、代号、名称、数量、材料等。装配图的标题栏与零件图的标题栏相同。

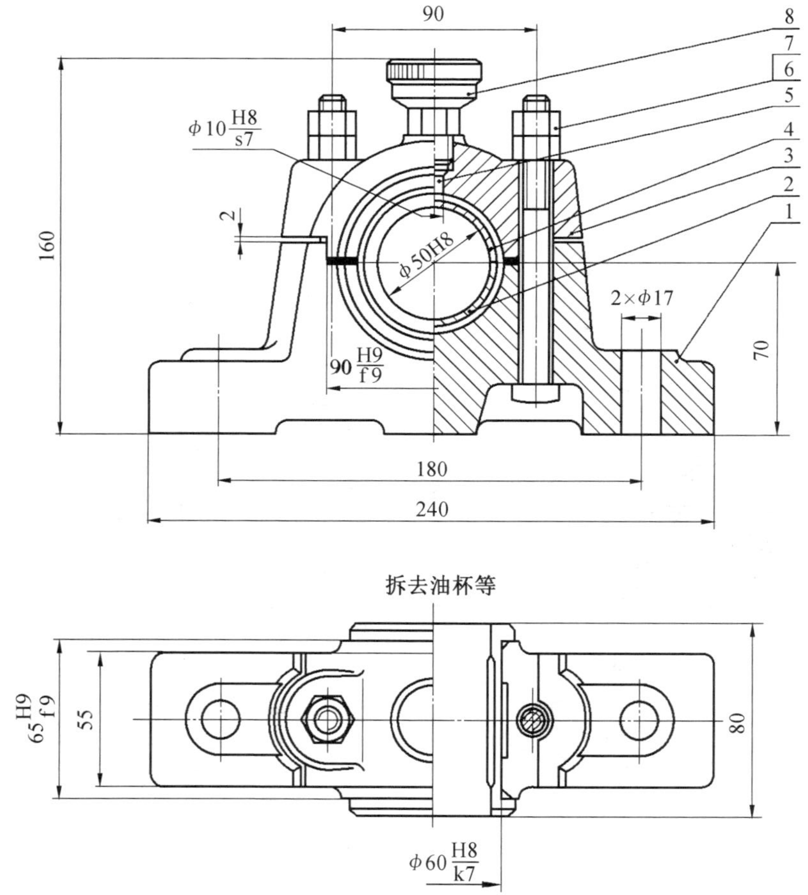

技术要求

1. 上、下轴衬与轴承座及轴承盖之间应保证接触良好
2. 轴衬最大压力 $p \leqslant 3\times10^7$ Pa
3. 轴衬与轴颈最大线速度 $v \leqslant 8$ m/s
4. 轴承温度低于 120 ℃

8	油杯 M12	1		JB/T 7940.3
7	螺母 M12	4	Q235	GB/T 6170
6	螺栓 M12×130	2	Q235	GB/T 5782
5	轴衬固定套	1	Q235	
4	上轴衬	1	ZQAL9-4	
3	轴承盖	1	HT150	
2	下轴衬	1	ZQAL9-4	
1	轴承座	1	HT150	
序号	名称	数量	材料	备注
制图	年月日			（单位）
校核		比例	1:3	滑动轴承
审核		共 张 第 张		（图号）

图 8.3 滑动轴承装配图

2. 装配图的表达方法

装配图以表达工作原理、装配关系、零件主要结构为主，力求做到表达正确、完整、清晰和简练。在前面各章中介绍的各种表达方法和它们的选用原则，都可以用来表达机器或部件。此外，在装配图中还有一些规定画法和特殊画法。

微课
装配图的表达方法

(1)装配图的规定画法。

①接触面和配合面画法。两相邻零件的接触面和配合面只用一条线表示。而非接触两平面即使间隙很小，也必须画出两条线。如图 8.3 中主视图轴承盖与轴承座的接触面画一条线。而螺栓与轴承盖的光孔是非接触面，因此画两条线。

②剖面线画法。相邻两个(或两个以上)金属零件的剖面线的倾斜方向应相反，或者方向一致、间隔不等。同一零件各视图上的剖面线倾斜方向和间隔应保持一致，如图 8.3 中轴承盖与轴承座的剖面线画法。剖面厚度在 2 mm 以下的图形允许以涂黑来代替剖面符号。

③实心杆件和某些标准件画法。对于紧固件以及实心轴、手柄、连杆、拉杆、球、钩子、键、销等实心零件，若剖切平面通过其基本轴线或对称面时，则这些零件均按不剖绘制，如图 8.3 中的螺栓和螺母。

AR:转子泵装配图

微课
转子泵装配图

(2)装配图的特殊画法。

①拆卸画法。在装配图中，某些零件遮挡住被表达零件装配关系或其他零件时，可假想将这些零件拆卸后绘制，称为拆卸画法。为避免读图产生误解，拆卸画法在图上注写“拆去 XX 等”(如图 8.3 中的俯视图)。

②沿结合面剖切画法。在装配图中，为表达某些结构，可假想沿零件的结合面剖切后进行投影，称为沿结合面剖切画法。此时，零件的结合面不画剖画线，其他被剖切的零件画剖面线(如图 8.3 中的俯视图)。

③单件画法。装配图中，当某个零件主要结构形状未表达清楚且对理解装配关系有重要影响时，可以另外单独画出该零件的某一视图，但必须在所画视图上方注出该零件名称，在相应视图附近用箭头指明投射方向，如图 8.4 所示摆线转子泵装配图。表 8.1 为摆线转子泵装配实体及部分主要零件。

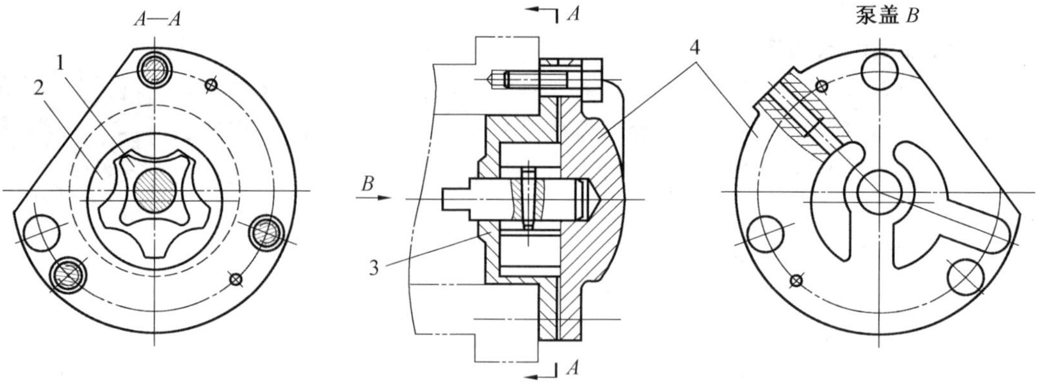

图 8.4　摆线转子泵装配图

表 8.1　摆线转子泵装配实体及部分主要零件

	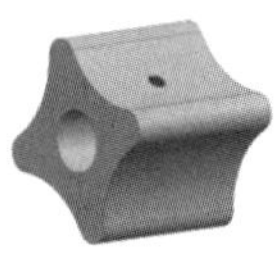		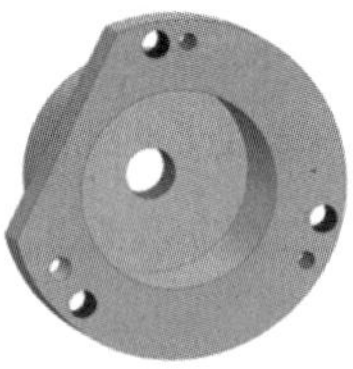	
摆线转子泵装配实体	1. 内转子	2. 外转子	3. 泵体	4. 泵盖

④简化画法。装配图中若干相同的零件组与螺栓连接等，可仅详细地画出一处，其余则以点画线表示中心位置即可(图 8.5)。装配图中的滚动轴承允许采用图 8.5 所示的规定画法和特征画法。在同一轴上相同型号的轴承，在不致引起误解时可只完整地画出一个。装配图中零件的工艺结构如圆角、倒角、退刀槽等允许不画。如螺栓头部、螺母的倒角及因倒角产生的曲线允许省略(图 8.3)。装配图中，当剖切平面通过的某些组合件为标准产品(如油杯、油标、管接头等)或该组合件已有其他图形表示清楚时，则可以只画出其外形，如图 8.3 中的油杯。

⑤假想画法。在装配图中，当需要表示某些零件的运动范围和极限位置时，可用双点画线画出这些零件的极限位置。如图 8.6 中的主视图所示交换齿轮架。图中手柄工作的两个极限位置Ⅱ、Ⅲ均用双点画线表示。当手柄处于Ⅰ位置时，齿轮 2、3 均不与齿轮 4 啮合；当手柄处于Ⅱ位置时，齿轮 2 与齿轮 4 啮合，传动路线为 1—2—4；当手柄处于Ⅲ位置时，齿轮 3 与齿轮 4 啮合，传动路线为 1—2—3—4。手柄位置不同，齿轮 4 转向不同。

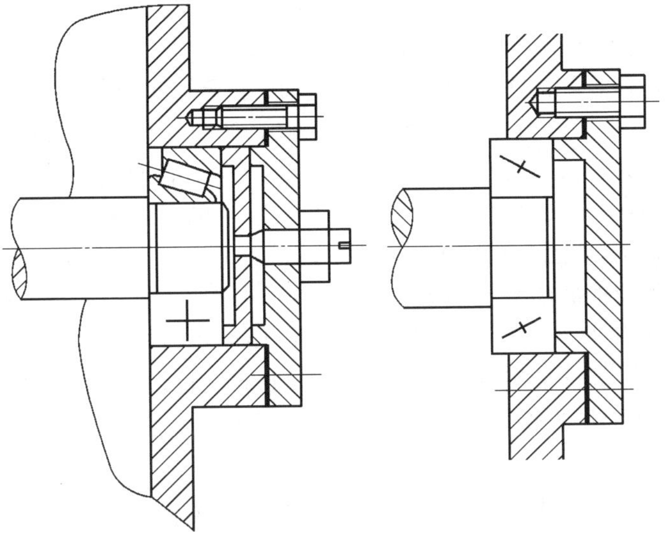

图 8.5　装配图中轴承画法

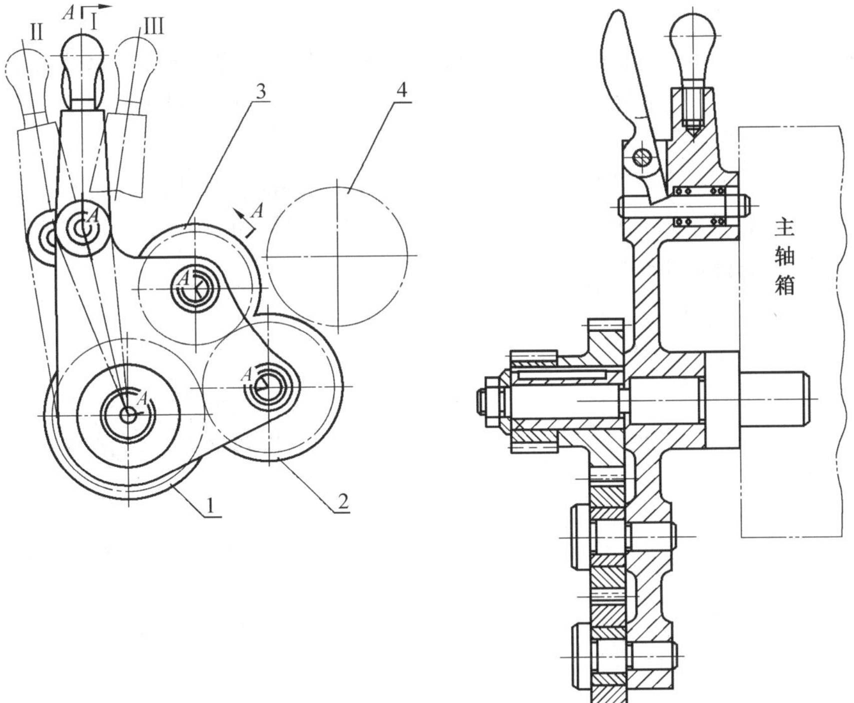

图 8.6　交换齿轮架的展开画法

在装配图中，当需要表达本部件与相邻零部件的装配关系时，可用双点画线画出相邻部分的轮廓线，如图 8.6 中主轴箱的画法。

⑥夸大画法。在装配图中，如绘制直径或厚度小于 2 mm 的孔或薄片、小间隙以及较小的斜度和锥度，允许该部分不按比例而夸大画出，如图 8.5 中垫片的画法。

⑦展开画法。为了表示传动机构的传动路线和零件间的装配关系，可假想按传动顺序沿轴线剖切，然后依次展开，使剖切面摊平并与选定的投影面平行再画出它的剖视图，这种画法称展开画法，如图 8.6 所示。

3. 装配图中零部件的序号和明细栏

装配图中所有零件、部件一般都必须编号，以便读图时根据编号对照明细栏，找出各零件、部件的名称、材料以及在图上的位置，同时也为图样管理、生产准备工作提供方便。

微课
装配图零件序号
和明细栏

(1)序号。

序号是装配图中对各零件或部件按一定顺序的编号。

①装配图上编写序号时应遵守以下规定：装配图中所有的零、部件都须编写序号，并且每一种相同的零、部件只编一个序号。零件序号标注方法如图 8.7 所示。

②装配图中零、部件序号的编写方法：在指引线的水平线（细实线）上或圆（细实线）内注写序号，序号字高比该装配图中所注尺寸数字高度大一号或两号（图 8.7(a)）；在指引线附近注写序号，序号字高比该装配图上所注尺寸数字高度大两号（图 8.7(b)）。

③同一装配图编注序号的形式应一致。

④指引线应自所指部分的可见轮廓内引出，并在起始端画一圆点，如图 8.7 所示。若所指部分（很薄的零件或涂黑的剖面）内部不便画圆点时，可在指引线起始端画出箭头，并指向该部分的轮廓（图 8.8）。

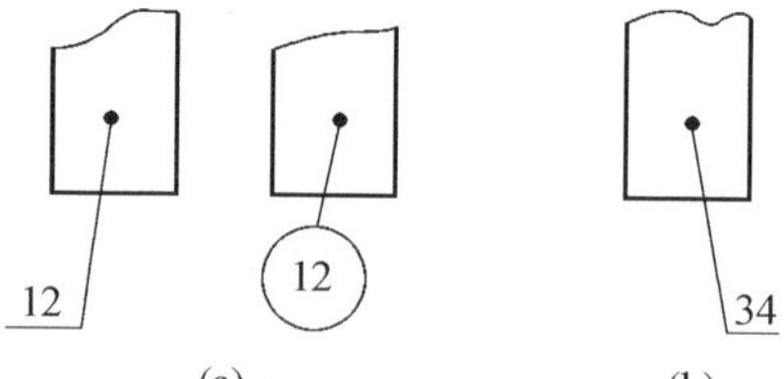

(a) (b)

图 8.7 零件序号标注方法

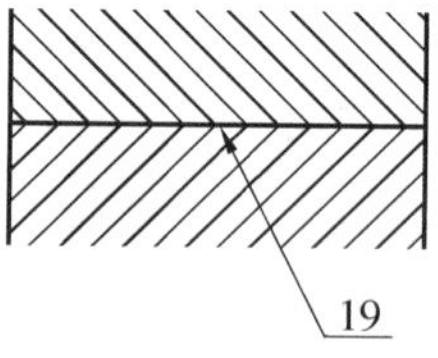

图 8.8 指引线的端部画箭头

⑤指引线相互不能相交，当通过剖面线的区域时，指引线不应与剖面线平行。必要时指引线允许画成折线，但只允许曲折一次（图 8.9）。

⑥对于一组紧固件或装配关系清楚的零件组，可以采用公共指引线（图 8.10）。

⑦序号应标注在视图的外面，并应按顺时针或逆时针方向水平或垂直的顺序排列整齐。在整个图上无法连续时，可只在每个水平或垂直方向顺序排列。

⑧标准化的部件（如滚动轴承、电动机、油杯等）在装配图上只注写一个序号。

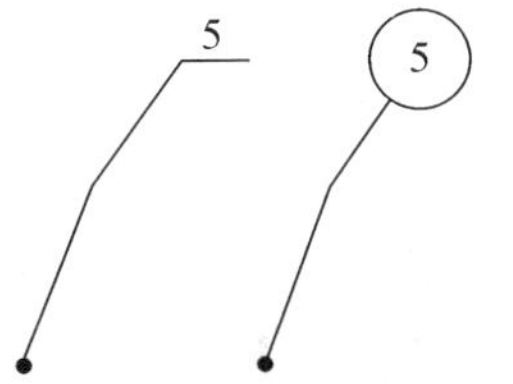

图 8.9　指引线可曲折一次

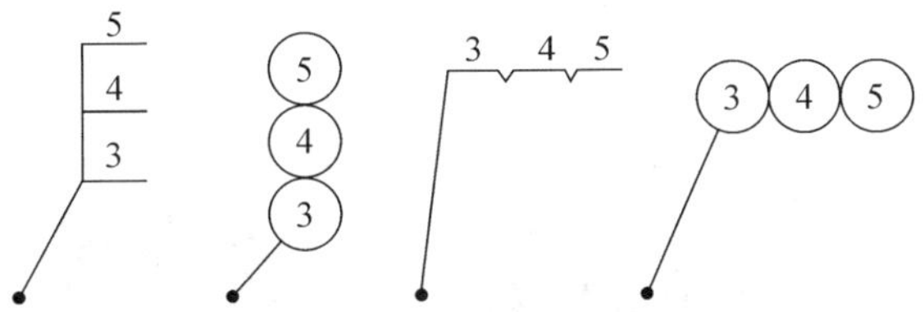

图 8.10　公共指引线

(2)明细栏。

明细栏是机器或部件中全部零件、部件的详细目录。其内容一般有序号、代号、名称、数量、材料以及备注项目。应注意明细栏中序号必须与图中所注序号一致。

明细栏一般配置在装配图中，紧接在标题栏上方，位置限制时可紧靠在标题栏左方接着画明细栏。零件序号按自下而上填写。明细栏外框一般为粗实线，其余各线为细实线，最上方(最末)的边线一般用细实线绘制。备注栏中，一般填写该项的附加说明或其他有关内容。如常用件的主要参数：齿轮的模数、齿数，弹簧的内径或外径、簧丝直径、有效圈数、自由长度等。螺栓、螺母、垫圈、键、销等标准件，其标记通常分两部分填入明细栏中。将标准代号填入代号栏内，其余规格尺寸等填在名称栏内(图 8.11)。

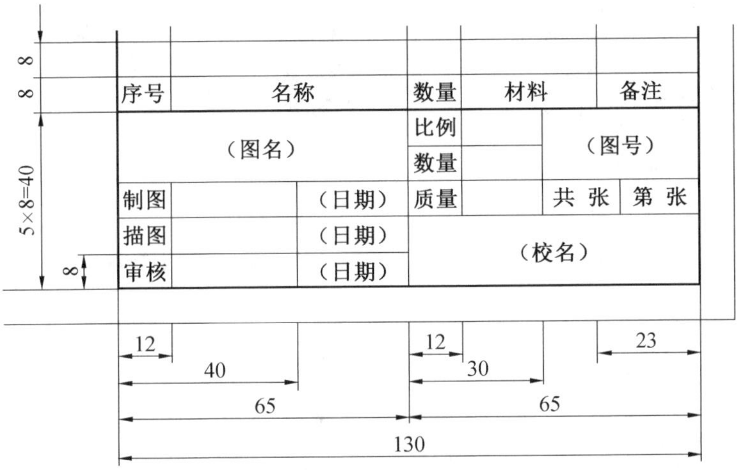

图 8.11　装配图上标题栏及明细栏图

学习时推荐使用的简化标题栏及明细栏格式，如图 8.11 所示，本书中装配图例采用的就是简化的标题栏和明细栏格式。

4. 装配图的尺寸标注和技术要求

(1)尺寸标注。

在装配图上,一般只标注以下几类尺寸。

微课 装配图的尺寸标注 和技术要求	微课 铣刀头装配图识读	AR:铣刀头装配图

①性能(或规格)尺寸。它是设计装配体时确定的尺寸,用以表明装配体的性能和规格。铣刀头装配实体及其组成零件库见表8.2。如图8.12所示,铣刀头装配图中的轴高度尺寸115,铣刀头直径尺寸$\phi120$。

表8.2 铣刀头装配实体及其组成零件库

铣刀头装配实体			1. 挡圈 A35	2. 螺钉 M6× 18	3. 销 3× 12
	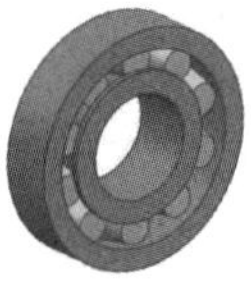				
4. V 带轮	6. 轴承 30307	7. 轴	8. 座体	9. 调整环	10. 螺钉 M6×20
			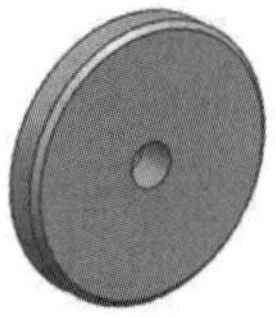		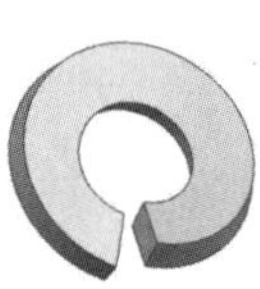
11. 端盖	12. 毛毡 25	13. 键 6 ×6× 20	14. 挡圈 B32	15. 螺栓 M6 ×20	16. 垫圈

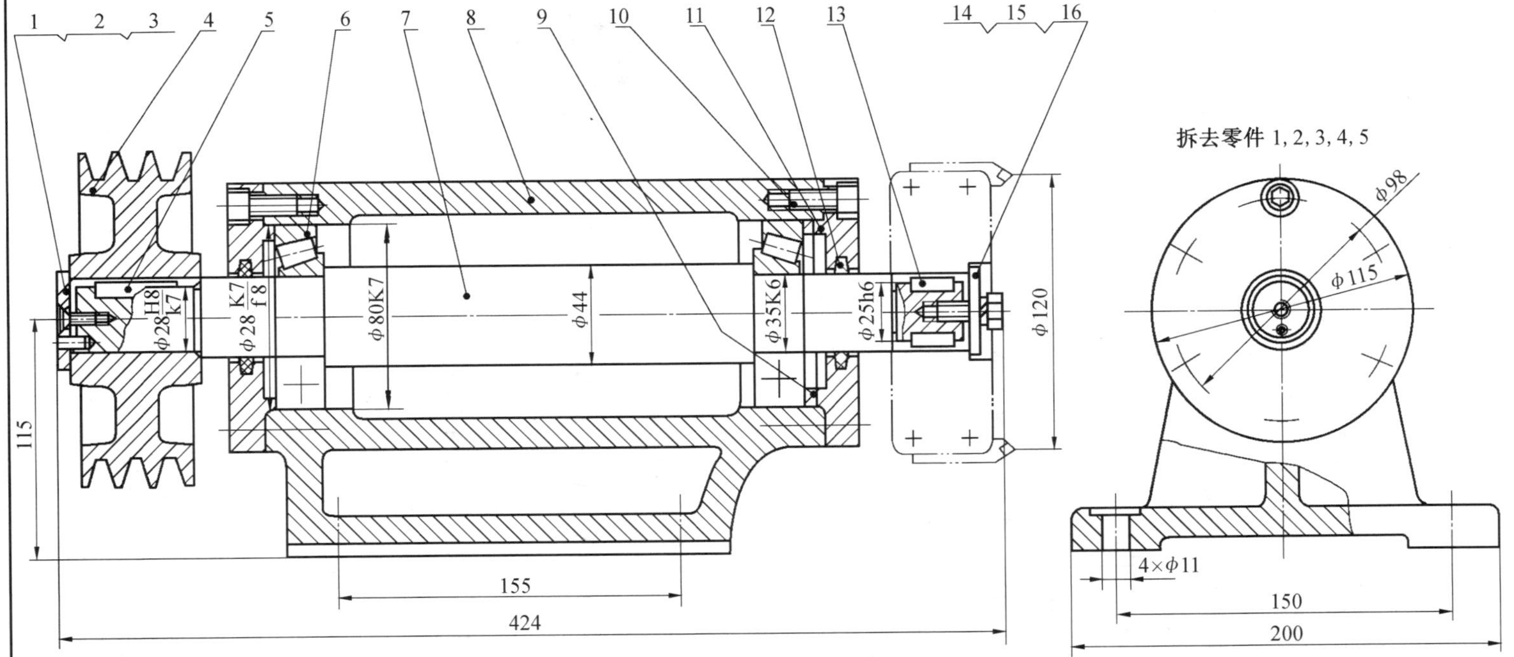

16	垫圈	1	65Mn	GB/T 93	6	轴承 30307	2		GB/T 297
15	螺栓 M6×20	1	Q235A	GB/T 5783	5	键 8×7×40	1	45	GB/T 1096
14	挡圈 B32	1	35	GB/T 892	4	V 带轮	1	HT150	
13	键 6×6×20	2	45	GB/T 1096	3	销 3×12	1	35	GB/T 119.2
12	毛毡 25	2	222-36		2	螺钉 M6×18	1	Q235A	GB/T 68
11	端盖	2	HT200		1	挡圈 A35	1	Q235A	GB/T 891
10	螺钉 M6×20	12	Q235A	GB/T 70.1	序号	名称	数量	材料	备注
9	调整环	1	35		设计			铣刀头	（单位）
8	座体	1	HT200		校核				
7	轴	1	45		审核			比例	（图号）

图 8.12 铣刀头装配图

②装配尺寸。指零件之间的配合尺寸及其相对位置尺寸。如图 8.12 中 V 带轮与轴的配合尺寸 $\phi28\dfrac{H8}{k7}$;轴与轴承内圈的配合尺寸 $\phi35k6$;轴承外圈与孔的配合尺寸 $\phi80K7$ 等。

③安装尺寸。指机器或部件安装到其他设备或地基上所需要的尺寸。如图 8.12 中铣刀头安装孔尺寸 $4\times\phi11$ 和它们的孔距尺寸 155、150。

④外形尺寸。指装配体的总长、总宽、总高,为部件的包装、运输和安装提供方便。如图 8.12 中总长 424,总宽 200 等。

⑤其他重要尺寸。指设计时根据计算或需要而确定的,但又不属于上述尺寸的尺寸。

注意:并不是每个装配图上都具有以上五类尺寸,要根据装配体的结构特点具体分析。此外,有些尺寸同时具有多种作用。

(2)技术要求。

装配图上一般应注写以下几方面的技术要求:

①装配要求。指装配过程中的注意事项,装配后应达到的要求。比如“装配后须转动灵活,各密封处不得有漏油现象”。

②检验要求。指对装配体基本性能的检验、试验、验收方法的说明等。

③使用要求。对装配体的性能、安装、调试、使用、维护等的要求。

装配图上的技术要求一般用文字注写在图纸下方空白处。

任务实施

根据图 8.1,活塞连杆总成装配图的读图过程如下:

1. 概况了解

由标题栏可知,该部件的名称为活塞连杆总成,是汽车上所用部件。其作用是利用它维持曲轴旋转。

微课
活塞连杆装配图读图
任务实施

2. 视图分析

活塞连杆总成采用了两个基本视图,此外还采用了 *A—A* 剖视。各视图分析如下:

主视图采用了局部剖视,表达活塞部位的结构形状以及活塞 1、活塞销 6、连杆衬套 7 和连杆 8 的相对位置和装配关系。左视图表达了活塞连杆总成的部分外形。*A—A* 断面图表达了连杆杆身为“工”字形断面。

3. 分析工作原理和装配关系

(1)工作原理。

活塞连杆组装入气缸内,连杆大头与曲轴的轴颈相连接,活塞销在连杆小头衬套套孔和活塞销座孔内做自由转动。因此,当活塞在气缸内做往复运动时,通过连杆的平面运动带动曲轴做旋转运动。

(2)配合关系。

由图 8.1 中尺寸 $\phi28\ \frac{N6}{h5}$可知,活塞销与座孔的配合为基轴制过渡配合。$\phi28\ \frac{H6}{h5}$为活塞销与连杆小头衬套孔的配合为基轴制配合,其配合要求较高,拆卸时应注意保护孔的表面。连杆大头尺寸$38^{+0.17}_{-0.23}$、$\phi\ 65.5^{+0.016}_{0}$为重要尺寸。技术要求提出"按说明书 NO. 120-3902122 进行装配",因此装配前必须查阅说明书,并按说明书的技术要求进行装配。

4. 分析零件的结构形状和作用

(1)活塞。

活塞为上部的杯形零件,顶部与气缸盖、气缸壁共同组成燃烧室,活塞顶至最下面一道活塞环槽之间的部分为活塞头部,其作用是承受气体压力、防止漏气。活塞头部切有若干环槽,用来装活塞环,上面的 2 ~3 道槽来安装气环,下面的一道环用来安装油环。

活塞环槽以下的所有部分称为活塞裙,其作用是引导活塞在气缸中做往复运动,并承受侧压力。活塞的主要作用是承受气缸中的燃烧压力,并将此力通过活塞销和连杆传给曲轴。

(2)活塞环。

活塞环有气环和油环。气环的作用是密封气缸中的高温、高压燃气。油环的作用是刮除气缸壁上的多余机油,并在气缸壁上布上一层均匀的油膜。

(3)活塞销。

活塞销的作用是连接活塞和连杆小头,将活塞所承受的气体压力传给连杆。

(4)连杆。

连杆分为连杆小头、杆身和连杆大头三部分。连杆小头用来安装活塞销以连接活塞,连杆小头内装有青铜衬套(图 8.1);连杆杆身采用了"工"字形断面(图 8.1 中的 *A*—*A* 剖视图),抗弯强度高。

连杆大头与曲轴的轴颈相连接,为便于安装,将连杆大头沿着与杆身轴线垂直的方向切开(直切口,多用于汽油机),作为剖分式,上半部分与杆身一体,下半部分即连杆盖,二者通过螺栓连接。连杆轴瓦 14 装在连杆大头孔内,用以保护连杆大头孔和曲轴轴颈。

为了配合要求,在连杆和连杆剖分面装有调整垫片 10。

连杆的作用是将活塞承受的力传给曲轴,带动曲轴转动,将活塞的往复运动转变为曲轴的旋转运动。

5. 综合归纳、想象整体

实际读图时,上述四个步骤是不能截然分开的,常常是边了解、边分析、边综合地进行。随着各个零件分析完毕,装配体也就阅读清楚了。

经过上述分析、综合归纳,想象出装配体的整体形状。如图 8.13(a)所示为活塞连杆结构形状图,图 8.13(b)所示为活塞连杆分解立体图。

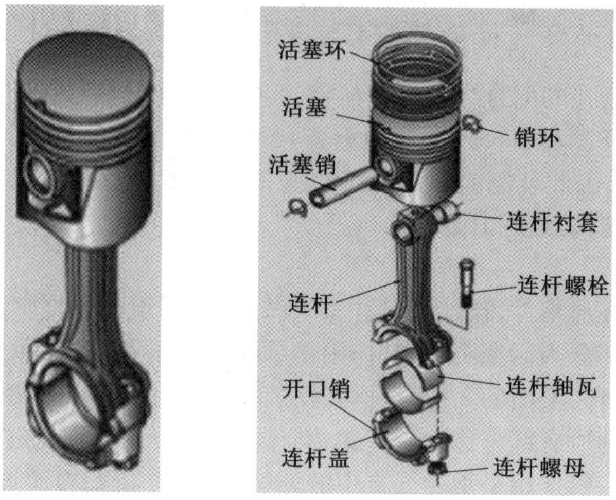

(a) (b)

图 8.13 活塞连杆轴测图

归纳总结

读装配图的步骤见表 8.3。

表 8.3 读装配图的步骤

步骤	(1)概括了解	(2)分析工作原理及装配关系	(3)分离零件	(4)看懂全图
具体要求	对照说明书等资料了解部件或机器的名称、用途,各零件的名称、数量和在图上的大致轮廓。了解图中采用哪些表示方法,找出剖视,断面的剖切位置,明确它们的投影方向	按各条装配干线分析部件的装配关系、工作原理,搞清各零件的定位关系、连接方式、配合要求、运动关系、密封结构等	根据零件编号,投影关系,剖面线的倾斜方向和间隔等,分离出零件。用形体分析、线面分析等分析方法,想清楚各零件形状	在得出总体形状和各零件的形状后结合分析图上所注尺寸,技术要求,对全图有一综合认识

活学活用

若干个零件经过装配、组合，形成了具有实现某种特定功能的“机器”，体现了集体的力量，实现了单个个体不能实现的功能。党的二十大指出，团结就是力量，团结才能胜利。我们要培养集体意识，形成团队合作，共同克服工作学习中的困难。

学唱歌曲《众人划桨开大船》(节选)，谈谈你对集体合作的体会。

一支竹篙耶，难渡汪洋海；众人划桨哟，开动大帆船。

一棵小树耶，弱不禁风雨；百里森林哟，并肩耐岁寒，耐岁寒。

一加十，十加百，百加千千万；你加我，我加你，大家心相连。

同舟嘛共济，海让路；号子嘛一喊，浪靠边；百舸嘛争流，千帆进；波涛在后，岸在前！

一根筷子轻轻被折断，十双筷子牢牢抱成团；一个巴掌拍也拍不响，万人鼓掌声耶声震天。

任务二　齿轮油泵装配图的识读

读装配图的目的不同，对所看的内容有不同的侧重和要求。有时仅需了解机器部件的工作原理和用途；有时为了维修而必须了解部件中各零件间的装配关系、连接关系、装拆顺序；有时对设备修复、革新改造需要拆画部件中某个零件，需要进一步分析并看懂该零件的结构形状及有关技术要求等。

任务描述

齿轮油泵是机器中用来输送润滑油的一个部件，识读齿轮油泵装配(图 8.14)。

了解各零件在部件中的工作原理和使用性能；弄清各零件在部件中的功能、零件间的装配关系和连接方式；读懂部件中主要零件的结构形状；了解装配图中标注的尺寸及技术要求。

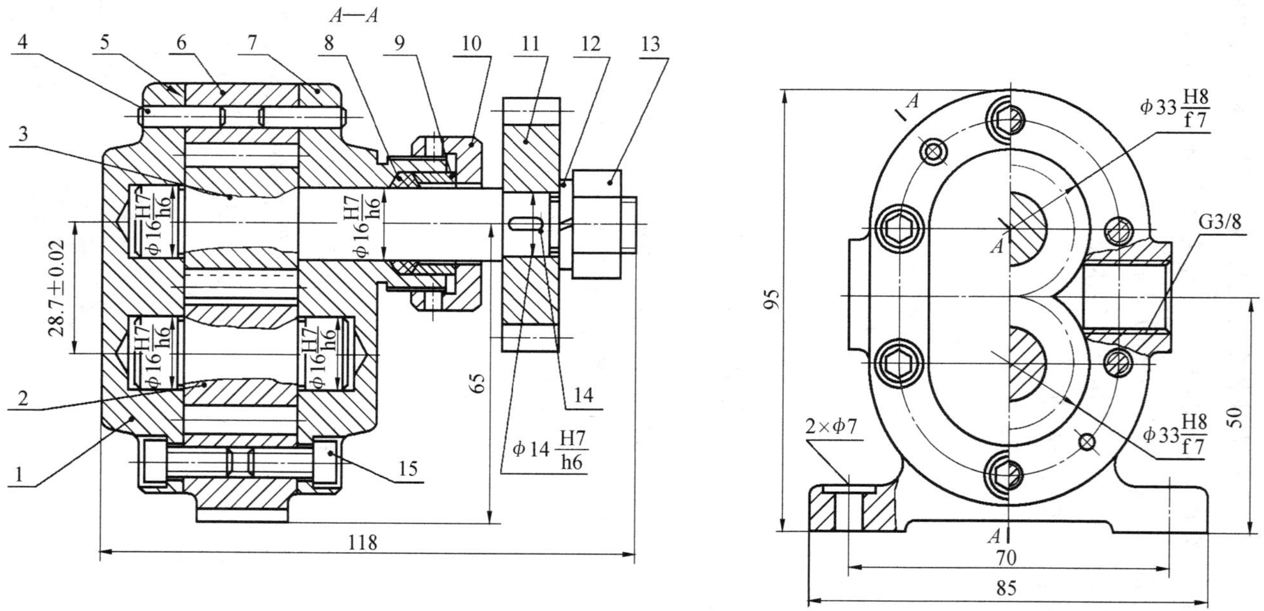

技术要求

1. 齿轮安装后，应转动灵活
2. 两齿轮轮齿的啮合面点占占齿高的 3/4 以上

序号	名称	数量	材料	备注
15	螺钉 M6×16	12	35	GB/T70.1
14	键 4×10	1	45	GB/T1096
13	螺母 M12×15	1	35	GB/T6170
12	垫圈	1	65Mn	GB/T93
11	传动齿轮	1	45	
10	压盖螺母	1	35	
9	压盖	1	ZCuSn5-5-5	
8	密封圈	1	毛毡	
7	右端盖	1	HT200	
6	泵体	1	HT200	
5	垫片	2	纸	t=1
4	销 5m6×18	4	45	GB/T119.1
3	传动齿轮轴	1	45	m=3, z=3
2	齿轮轴	1	45	m=3, z=3
1	左端盖	1	HT200	

制图			比例		齿轮油泵
审核			共 张 第 张		

图 8.14 齿轮油泵装配图

相关知识

装配体中常见的工艺结构(表 8.4)

表 8.4　装配体中常见的工艺结构

<table>
<tr><th></th><th colspan="3">图　例</th><th>说　明</th></tr>
<tr><td rowspan="4">接触面</td><td>方向</td><td>合理</td><td>不合理</td><td rowspan="4">两零件应避免在同一方向上同时有两对表面接触;孔或轴上带有倒角或退刀槽、越程槽,可保证装配时有良好的接触</td></tr>
<tr><td>长度方向</td><td>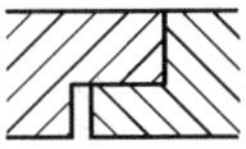</td><td>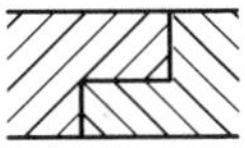</td></tr>
<tr><td>轴线方向</td><td>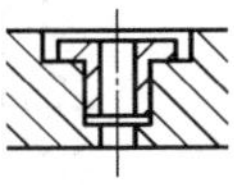</td><td>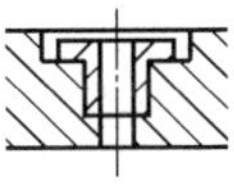</td></tr>
<tr><td>半径方向</td><td>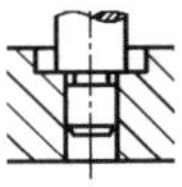</td><td>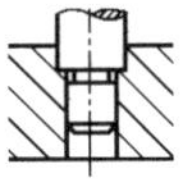</td></tr>
<tr><td>密封装置</td><td colspan="3">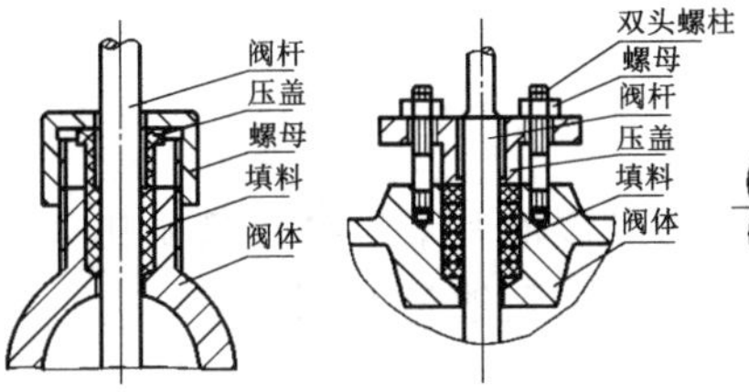

填料密封
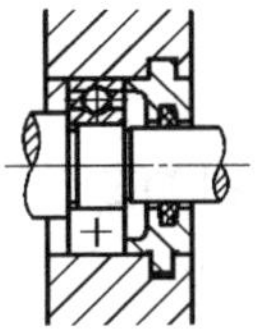
毡圈密封</td><td>为防止内部的液体或气体向外渗漏,同时也防止外面的灰尘等异物进入机器,常采用封闭装置</td></tr>
<tr><td>防松装置</td><td colspan="3">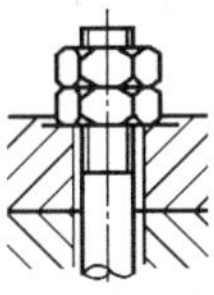
双螺母防松
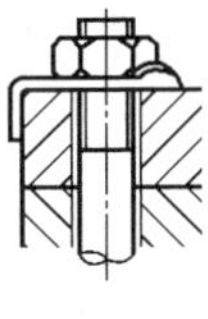
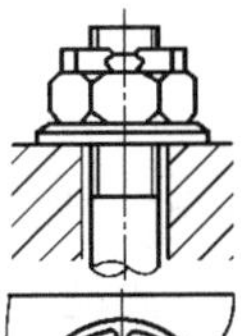
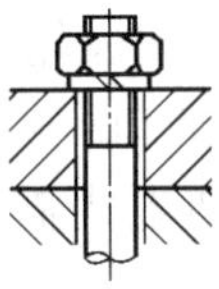
弹簧垫圈防松
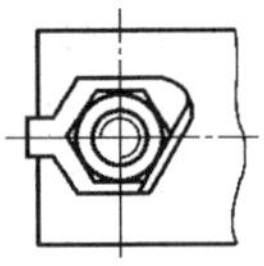
止退垫圈防松
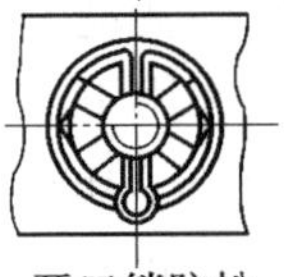
开口销防松</td><td>为避免紧固件由于机器工作时的振动而变松,需采用防松装置</td></tr>
<tr><td>定位销的安装</td><td colspan="3">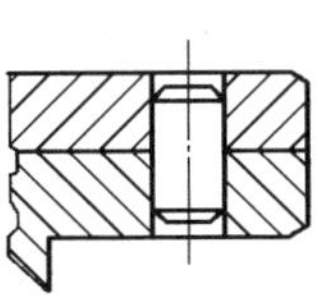 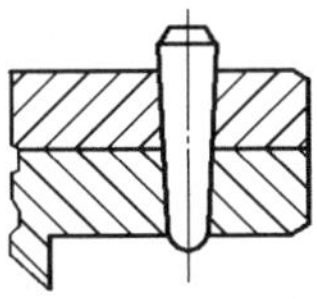</td><td>为使两零件在拆装时易于定位,并保证一定的装配精度,常采用销钉定位</td></tr>
</table>

续表 8.4

	图例		说明
	合理	不合理	
便于拆卸	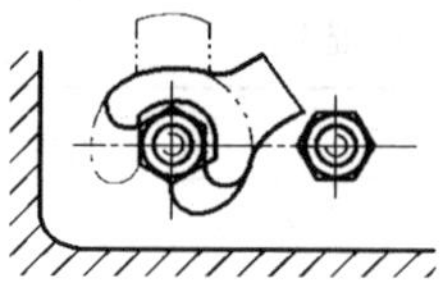 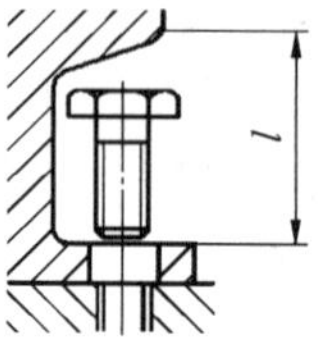	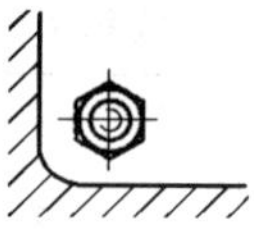 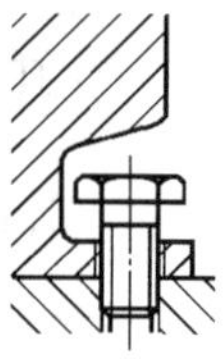	为便于拆卸，必须留出装拆螺纹紧固件的空间与扳手等工具活动的空间

任务实施

1. 概括了解

从齿轮油泵装配图（图 8.14）的明细栏可以看出，齿轮油泵是由 15 种零件组成的，其中件 4、12、13、14、15 是标准件，其他是专用件。

微课
齿轮油泵
装配图读图
任务实施

2. 分析表达方案

齿轮油泵装配图用两个视图表达。主视图表达了各零件之间的装配关系。左视图采用半剖、局部剖等，未剖的部分表达外形，剖切部分沿左端盖与泵体的结合面剖切，并局部剖出油孔，表示了部件吸、压油的工作原理及其外部特征。

3. 分析工作原理和装配关系

左视图反映了部件的工作原理。如图 8.15 所示，当主动轮逆时针方向转动时，带动从动轮顺时针方向转动，两轮啮合区内右边的油被齿轮带走，压力降低形成负压，油池内的油在大气压力作用下进入油泵低压区内的吸油口，随着齿轮的转动，齿槽中的油不断沿箭头方向被带至左边的压油口把油压出，送至机器中需要润滑的部分。

泵体的内腔容纳一对齿轮。将齿轮轴 2、传动齿轮轴 3 装入泵体后，由左端盖 1 与右端盖 7 支承这一对齿轮轴的旋转运动。销 4 将左、右端盖与泵体定位后，再用螺钉 15 连接。

为防止泵体与端盖结合面及齿轮轴伸出端漏油，分别用垫片 5、密封圈 8、压盖 9 及压盖螺母 10 密封。

4. 分析主要零件

分析零件的关键是将零件从装配图中分离出来，根据同一零件的剖面线在各个视图中方向相同、间隔一致的规定，结合方位关系将零件在各个视图上的投影范围及轮廓搞清楚，进而综合起来想象零件的形状。如图 8.16 所示是从装配图主视图及左视图中分离出

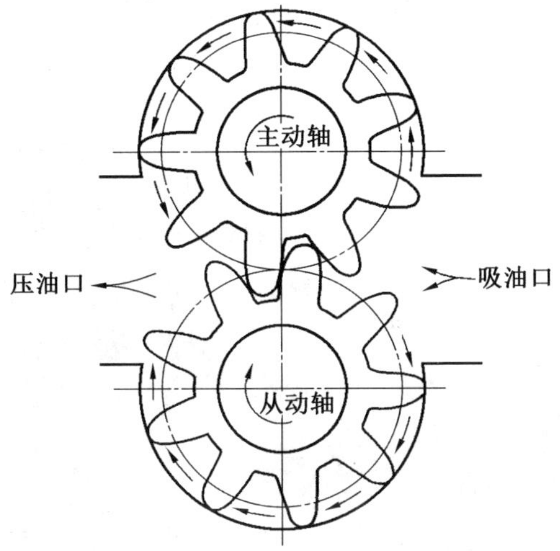

图 8.15 齿轮油泵的工作原理图

来的左端盖的投影轮廓,将不完整的主视图中的缺线补齐,再根据零件的基本对称性(销孔根据装配图左视图判断共有两个,且呈中心对称分布),不难想象出它的形状为:左侧有一个腰圆形凸台的腰圆形板,右侧中部有两个大孔,四周有六个沉孔及两个销孔。

当某些零件的结构形状在装配图上表达不够完整时,可先分析相邻零件的结构形状,根据它和周围零件的关系及其作用,再来确定该零件的结构形状就比较容易了。如齿轮油泵中的右端盖,根据剖面线方向特征,可从装配图主视图中将其投影轮廓分离出来,如图 8.17 所示。由于装配图左视图中无对应投影(全部被遮挡),故只能根据它与相连接的零件及其在装配图中的作用来推断它的形状:外轮廓与左端盖基本相同(从装配图主视图中可以看出),只是在右侧多了一段空心圆柱,在外圆柱表面上有螺纹。

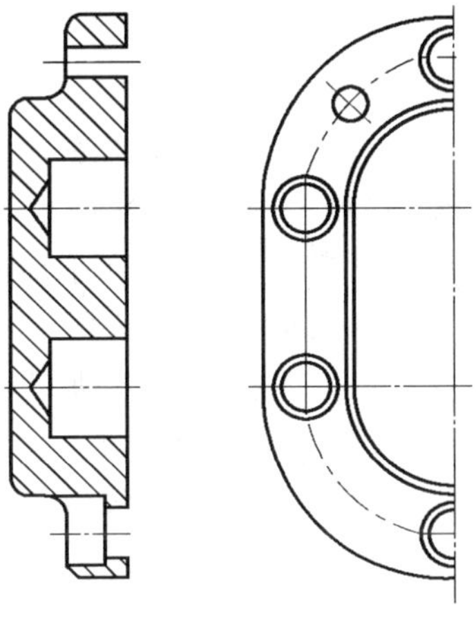

图 8.16 分离出来的左端盖投影轮廓

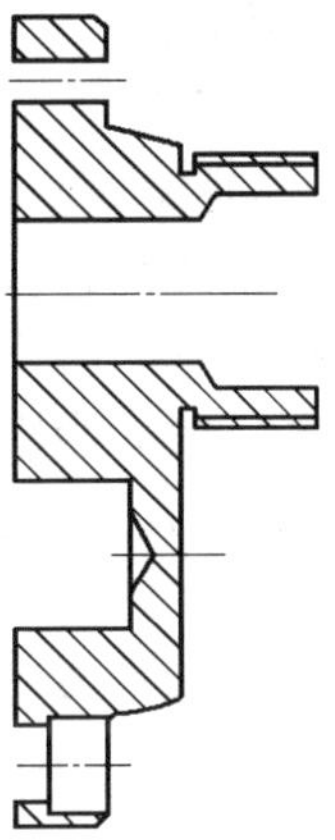

图 8.17 分离出来的右端盖投影轮廓

5. 分析尺寸和技术要求

从装配图上可以找到,啮合齿轮的齿顶圆与泵体空腔内壁的配合尺寸为 ϕ33H8/f7,齿轮轴和传动齿轮齿轮轴与左、右端盖内孔的配合尺寸为 ϕ16H7/h6,传动齿轮与传动齿

轮轴的配合尺寸为 ϕ14H7/h6。啮合齿轮的中心距为 28.7±0.02,油孔中心高为 50,传动齿轮轴中心高为 65(均属于相对位置尺寸),进、出油口的管螺纹尺寸为 G3/8。齿轮油泵轴测图如图 8.18 所示。

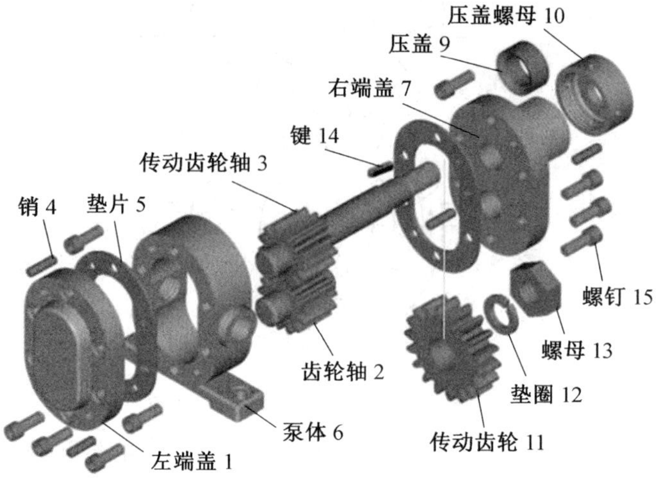

图 8.18　齿轮油泵轴测图

归纳总结

读齿轮油泵装配图时,根据明细栏与零件序号,在装配图中逐一对照各零件的投影轮廓进行分析,其中标准件和常用件都有规定画法。左、右端盖和泵体是重点和难点,垫片、密封圈和压盖螺母等零件形状比较简单。

活学活用

党的二十大报告指出,建设现代化产业体系。坚持把发展经济的着力点放在实体经济上,推进新型工业化,加快建设制造强国、质量强国、航天强国、交通强国、网络强国、数字中国。发展实体经济,提高产品竞争力的关键在于提高质量,核心在于确保零件加工精度,包括单个零件精度和零件相互配合精度。提升产品质量是我国从制造大国走向制造强国的必由之路。我们要发扬工匠精神,苦练技能,提升产品质量,尽快完成我们国家的先进技术从跟跑、并跑到领跑的过程。另外,过高的质量要求必然带来加工难度的增加,从而增加成本,降低产品竞争力。在保证产品质量的前提下,也要有适当的成本意识。通过技术革新、改进工艺等手段降低生产成本。

任务三　齿轮油泵泵体零件图的拆画

在设计新产品时,通常是根据使用要求先画出装配图,确定实现其工作性能的主要结构,然后根据装配图画出零件图。

任务描述

由装配图拆画零件图简称拆图，应在读懂装配图的基础上进行。通常对装配图中各零件在不同视图中的对应投影进行分析，以基本弄清了一些主要零件的结构形状。然后利用前面所学过的机件的表达方法将其合理表达，标上尺寸，填写技术要求和标题栏，即完成零件图的拆画。在完成任务二，在读懂齿轮油泵装配图 8.14 的基础上，拆画泵体 6 的零件图。

相关知识

由装配图拆画零件工作图与根据零件测绘零件图的方法不尽相同，一般应注意以下几个问题：

微课
装配图拆画

1. 确定零件的形状

在拆画零件图前，必须弄清零件图的全部形状和结构，对在装配图中未能确切表达出来的形状应根据零件结构设计和工艺知识合理地确定。某些标准和工艺结构（如倒角、圆角、退刀槽等）必须采用正确的表达方法全部画出来。

2. 确定表达方案

在拆画零件图时，零件的表达方案应根据零件的结构特点来考虑，而不应简单地照搬装配图。

一般情况下，壳体、箱体类零件主视图所选的位置可以与装配图一致，这样便于与装配图对照。轴承、套类零件，按加工位置选取主视图。

3. 零件图上的尺寸

(1) 在装配图中已注明的尺寸，必须如实地标在零件图上。对于配合尺寸、相对尺寸，要注出偏差数值。

(2) 零件上某些有运算关系的尺寸，应根据已定的基本参数计算确定，如齿轮尺寸、带轮尺寸。

(3) 两邻接零件的相关尺寸及配合面的配合尺寸要注意协调一致。

(4) 零件上与标准件连接或配合的相关尺寸，要从相应标准中查取，如螺纹、销孔、键槽等尺寸。

(5) 对于标准结构或工艺结构尺寸如倒角、沉孔等尺寸，均应从有关标准查出。

(6) 对于装配图中未标注的尺寸，可以从装配图上量取，并圆整后确定。

4. 零件图中的技术要求

零件图中应注写表面粗糙度的代号和技术要求。配合表面要注写尺寸偏差或公差带代号。对有些零件还要注写形位公差、试验、热处理和表面修饰等要求。

图 8.19 所示为气门研磨器装配图。结构主要由柱塞、气缸、本体、气管接头和节气阀等组成。气门研磨器装配实体及其组成零件库见表 8.5。图 8.20 所示为从气门研磨器装配图中拆画的气缸零件图。气缸立体图如图 8.21 所示。具体识读与拆画读者可自行分析。

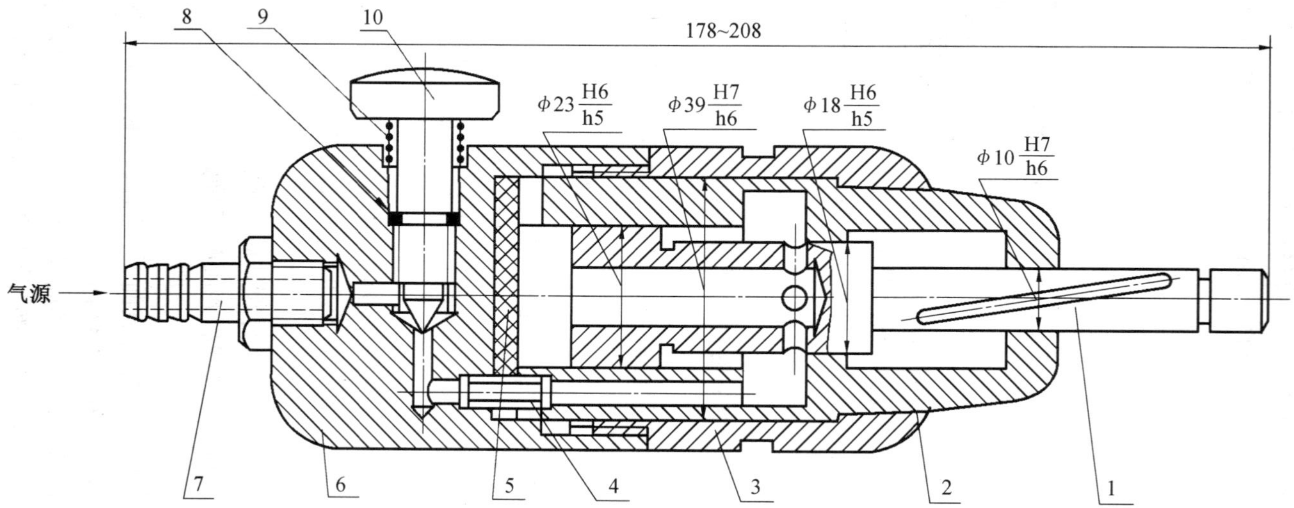

技术要求

1. 使用前，从气管接头注入锭子油或发动机油数滴，用完后，为了防锈，从气管接头再次注入数滴油，轻轻空转 2~3 s 后存放

2. 使用气压一般为 60~80 MPa

3. 使用时，气管接头接气源胶管，柱塞下端接橡皮碗（根据气门大小选用适当的橡皮碗），然后将节气阀打开，使用柱塞开始上下运动，根据气门大小选用合适转速

10	节气阀	1	45	发黑处理
9	弹簧	1	65Mn	
8	O 形密封圈	1	橡胶 1—1	
7	气管接头	1	35	
6	本体	1	ZG35	
5	缓冲密封垫	1	耐油橡胶	
4	定位接管	1	铝管	
3	压盖	1	35	外表装饰镀铬
2	气缸	1	40Cr	
1	柱塞	1	40Cr	
序号	名称	数量	材料	备注

气门研磨器（风动）			比例		（图号）
			件数		
班级		（学号）	共 张	第 张	成绩
制图		（日期）	（校名）		
审核		（日期）			

图 8.19 气门研磨器装配图

表 **8.5** 气门研磨器装配实体及其组成零件库

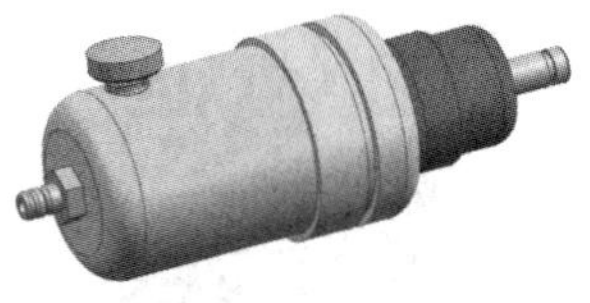		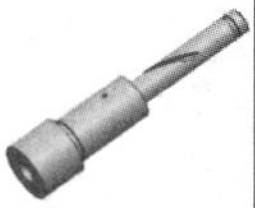			
气门研磨器装配实体		1. 柱塞	2. 气缸	3. 压盖	4. 定位接管
	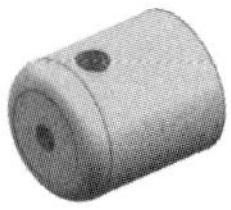			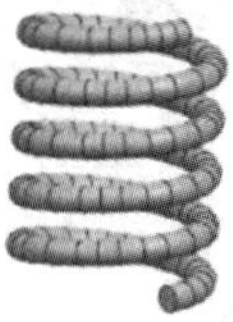	
5. 缓冲密封垫	6. 本体	7. 气管接头	8. O 形密封圈	9. 弹簧	10. 节气阀

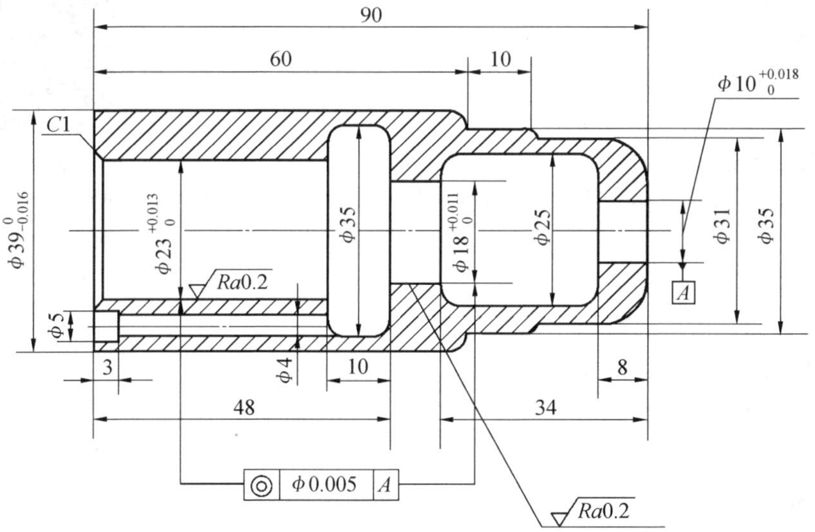

技术要求
1. 热处理 48~52HRC
2. 外表面发蓝处理

Ra1.6 (√)

气缸			比例	数量	材料	图号
制图	(姓名)	(日期)	1:1	1	40Cr	
审核			(校名)			

图 8.20 气门研磨器气缸零件图

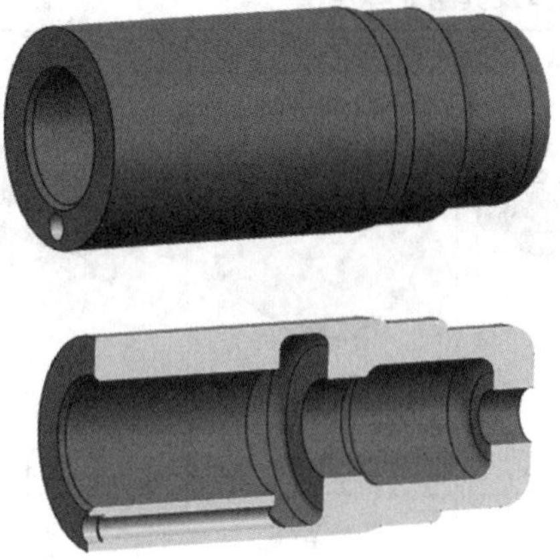

图 8.21　气缸立体图

AR:气门研磨器气缸

AR:气门研磨器

任务实施

1. 分解零件

根据方向、间隔相同的剖面线将泵体从装配图中分离出来，如图 8.22(a)所示，由于在装配图中泵体的可见轮廓线可能被其他零件遮挡，所以分离出来的图形可能不完整，必须补全，将主、左视图对照分析，想象出泵体的整体形状，如图 8.22(b)所示。

微课
油泵泵体
零件图拆画
任务实施

2. 确定零件的表达方案

零件的视图表达应根据零件的结构形状确定，而不是从装配图中照抄。

(1) 主视图的选择。

零件的主视图的选择一般应符合以下两个原则。

①零件的安放状态应符合零件的加工位置或工作位置。

轴、套、轮、盘等回转类零件，加工时大部分工序是在车床或磨床上进行的，因此，这类零件的主视图应将其轴线水平放置，也就是符合零件的加工位置，以便加工时看图。

各类箱体、叉架等非回转类零件一般比较复杂，需要在不同的机床上加工，加工位置不固定，主视图安放状态应尽可能符合工作位置。

②零件的主视方向应是最能反映零件特征的方向。

根据以上两条原则，在图 8.22(a)中，由于泵体的左视图反映了容纳一对齿轮的长圆形空腔及与空腔相通的进、出油孔，同时也反映了销孔与螺纹孔的分布以及底座上沉孔的形状，因此，画零件图时将其作为主视图比较合适，如图 8.23 所示。

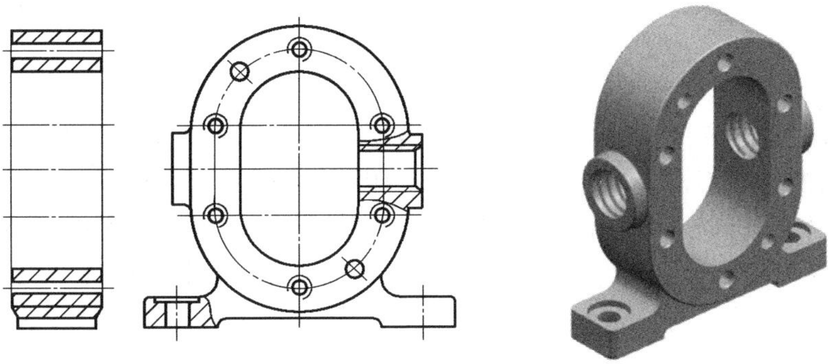

AR:泵体

(a) (b)

图 8.22 拆画泵体

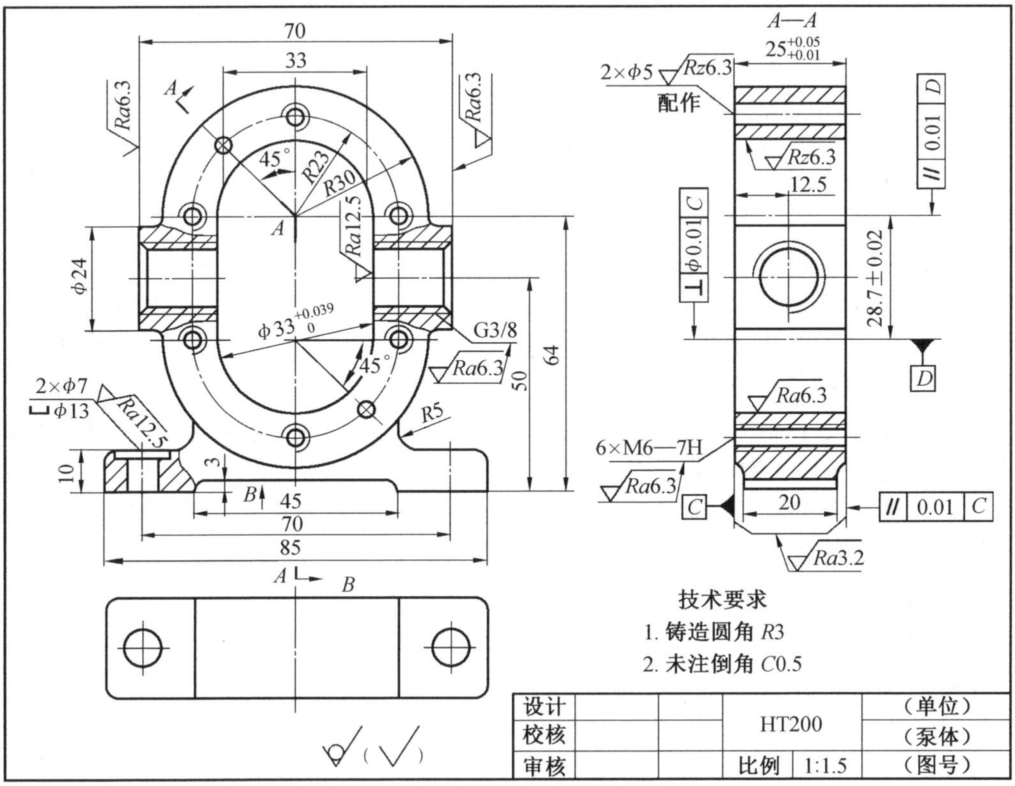

图 8.23 泵体零件图

(2)其他视图的选择。

主视图确定之后,凡其上未能表达清楚的零件的某些部位要通过其他视图来表达。在确定零件的表达方案时,应尽量减少视图数量,并且力求画图、读图方便。

泵体零件主视图确定之后,还应配以左视图。为表达泵体的厚度、其四周销孔和螺孔的深度以及底板的厚度,左视图应采用剖视的表达方法并用两个相交的剖切平面剖切,如图 8.23 所示。

至此,底板的形状和其上孔的位置还不是很清楚,故需要再增加一处局部视图,如图 8.23 所示。

3. 补全工艺结构

画装配图时,为画图方便,零件上的工艺结构允许省略。因此,在拆画零件图时,凡是省略了的工艺结构应按照标准结构要素补全,如图 8.23 所示。

泵体是铸件,其上有铸造圆角,主视图和俯视图中的铸造圆角可从装配图中直接抄画,*B* 向局部视图中底板的圆角需要补画。零件上的锐边倒角可在技术要求中统一说明,如图 8.23 所示。

4. 标注尺寸

如图 8.23 所示泵体,应选择底面为高度方向的设计基准,由底面出发,注出进、出油孔的中心高 50、传动齿轮轴的孔的高度定位尺寸 64、底板厚度 10。为使泵体左右对称,应选择泵体左右对称面为长度方向的设计基准,注出长度方向的对称尺寸 85、70、45、33、70。由于泵体的厚度尺寸精度要求较高,且前后两个面都是结合面,故可选其中之一,如后侧面为宽度方向的设计基准,标注进、出油孔定位尺寸 12.5 及泵体厚度 25。

在标注尺寸时,最好使设计基准与工艺基准重合,以减少尺寸误差的累积,既满足设计要求,又保证工艺要求。如图 8.23 所示泵体,对于进、出油孔及传动齿轮轴 3 的孔,加工时是以底面为基准的,故底面既是设计基准,又是工艺基准。而对于齿轮轴 2 的孔,为保证两齿轮装配后能正确啮合,加工时应以传动齿轮轴 3 的孔的轴线为基准,才能满足两孔中心距尺寸 28.7±0.02 的要求。这样,在高度方向上就存在不止一个基准,根据基准作用的重要性,可分为主要基准和辅助基准。对泵体来说,两孔中心距尺寸 28.7±0.02 为重要尺寸,因此传动齿轮轴 3 的孔的轴线为主要基准。

根据零件的尺寸标注要求,合理标注尺寸。对装配图中已经标注出的尺寸进行抄画,没有标注的尺寸根据比例从装配图中量取。

此外,还应说明的是,装配图中已经注出的尺寸,应在相关零件图上直接注出。如啮合齿轮的齿顶圆与泵体空腔内壁的配合尺寸 ϕ33H8/f7,啮合齿轮的中心距 28.7±0.02,进出油口的管螺纹尺寸 G3/8,油孔中心高 50 等可直接抄注在零件图上。其中的配合尺寸应标注公差带代号或查表注出上、下偏差数值。装配图中未注的尺寸,可按比例从装配图中量取并加以圆整。某些标准结构,如键槽、倒角、退刀槽等,应查阅有关标准注出。

5. 注写表面结构代号、形位公差等技术要求

零件的表面结构代号、形位公差等技术要求,应根据该零件在装配体中的功能以及与其他零件的关系来确定。零件的其他技术要求可用文字注写在标题栏附近。

归纳总结

由装配图拆画零件图,应在了解装配件工作原理、读懂装配图的基础上进行。装配图表达装配件的工作原理、各零件间的装配关系,而零件图应全面地表达零件的结构形状、尺寸要求等信息。因此,零件图的表达方案应根据零件的结构特点重新选择,不可从装配图中照搬。

活学活用

机器整体作用的发挥依赖于每个零件作用的发挥。人民群众是历史的创造者。2022年10月,中国共产党第二十次全国代表大会胜利召开。这是一次团结的大会,胜利的大会。全面建设社会主义现代化国家,必须充分发挥亿万人民的创造伟力。全党要坚持全心全意为人民服务的根本宗旨,树牢群众观点,贯彻群众路线,尊重人民首创精神,坚持一切为了人民、一切依靠人民,从群众中来、到群众中去,始终保持同人民群众的血肉联系,始终接受人民批评和监督,始终同人民同呼吸、共命运、心连心,不断巩固全国各族人民大团结,加强海内外中华儿女大团结,形成同心共圆中国梦的强大合力。

附　　表

附表 1　普通螺纹的直径与螺距（GB/T 193—2003，GB/T 196—2003）　　mm

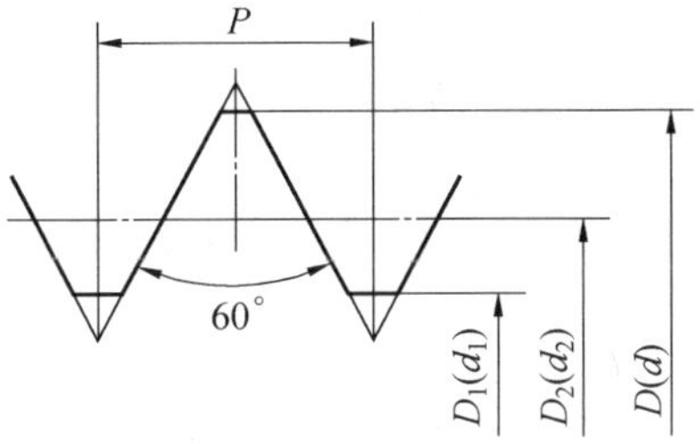

D—内螺纹大径

d—外螺纹大径

D_2—内螺纹中径

d_2—外螺纹中径

D_1—内螺纹小径

d_1—外螺纹小径

P—螺距

标记示例：

公称直径 24 mm、螺距为 3 mm 的粗牙右旋普通螺纹：M24

公称直径 24 mm、螺距为 1.5 mm 的细牙左旋普通螺纹：M24×1.5 LH

公称直径 D、d		螺距 P		粗牙小径 D_1、d_1	公称直径		螺距 P		粗牙小径 D_1、d_1
第一系列	第二系列	粗牙	细牙		第一系列	第二系列	粗牙	细牙	
3		0.5	0.35	2.459		22	2.5	2、1.5、1、(0.75)	19.294
	3.5	(0.6)		2.850	24		3	2、1.5、1、(0.75)	20.752
4		0.7	0.5	3.242		27	3	2、1.5、1、(0.75)	23.752
	4.5	(0.75)		3.688					
5		0.8		4.134	30		3.5	(3)、2、1.5、1、(0.75)	26.211
6		1	0.75、(0.5)	4.917		33	3.5	(3)、2、1.5、(1)	29.211
8		1.25	1、0.75、(0.5)	6.647	36		4	3、2、1.5、(1)	31.670
10		1.5	1.25、1、0.75、(0.5)	8.376		39	4		34.670
12		1.75	1.5、1.25、1、(0.75)	10.106	42		4.5	(4)、3、2、1.5、(1)	37.129
	14	2	1.5、(1.25)、1、(0.75)	11.835		45	4.5		40.129
16		2	1.5、1、(0.75)、(0.5)	13.835	48		5		42.587
	18	2.5	2、1.5、1、(0.75)、(0.5)	15.294		52	5		46.587
20		2.5		17.294	56		5.5	4、3、2、1.5、(1)	50.046

注：1. 优先选用第一系列，括号内尺寸尽可能不用。第三系列未列入。

2. M14×1.25 仅用于火花塞，M35×1.5 仅用于滚动轴承锁紧螺母。

附表 2 六角头螺栓 mm

六角头螺栓 C 级(GB/T 5780—2016)

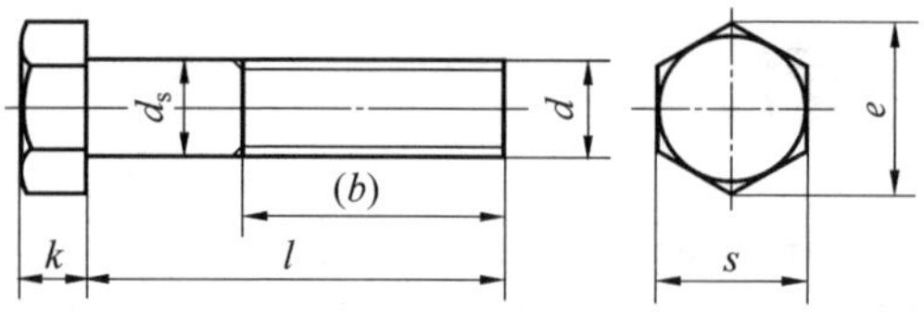

六角头螺栓—全螺纹 C 级(GB/T 5781—2016)

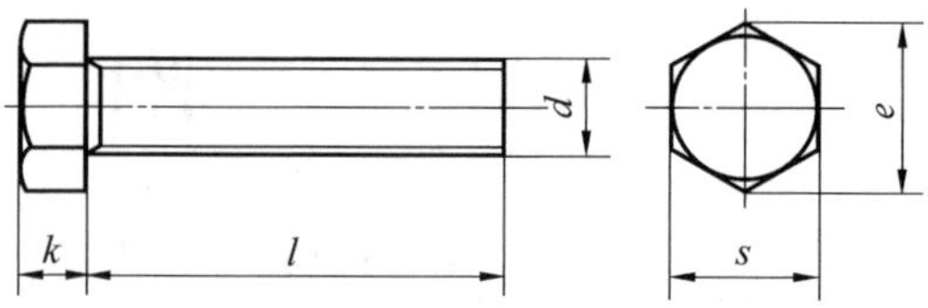

标记示例:

螺纹规格 d=M12、公称长度 l=80 mm、性能等级为 8.8 级、表面氧化、产品等级为 C 级的六角头螺栓:螺栓 GB/T 5780 M12×80

螺纹规格 d=M12、公称长度 l=80 mm、性能等级为 8.8 级、表面氧化、全螺纹、产品等级为 C 级的六角头螺栓:螺栓 GB/T 5781 M12×80

螺纹规格	d	M4	M5	M6	M8	M10	M12	M16	M20	M24	M30	M36	M42	M48
b 参考	$l\leqslant$ 125	14	16	18	22	26	30	38	46	54	66	78	–	–
	125< $l\leqslant$ 200	–	–	–	28	32	36	44	52	60	72	84	96	108
	$l\leqslant$ 200	–	–	–	–	–	–	57	65	73	85	97	109	121
k		2.8	3.5	4	5.3	6.4	7.5	10	12.5	15	18.7	22.5	26	30
d_{smax}		4	5	6	8	10	12	16	20	24	30	36	42	48
s_{max}		7	8	10	13	16	18	24	30	36	46	55	65	75
e_{min}	A	7.66	8.79	11.05	14.38	17.77	20.03	26.75	33.53	39.98	–	–	–	–
	B	–	8.63	10.89	14.2	17.59	19.85	26.17	32.95	39.55	50.85	60.79	72.02	82.6
l 范围	GB/T 5780	25~40	25~50	30~60	35~80	40~100	45~120	55~160	65~200	80~240	90~300	110~360	130~500	140~400
	GB/T 5781	8~40	10~50	12~60	16~80	20~100	25~100	35~100	40~100				80~500	100~500
l 系列		8、10、12、16、18、20 ~ 50(5 进位)、(55)、60、(65)、70 ~ 160(10 进位)、180 ~ 500(20 进位)												

注:尽可能不采用括号内的规格。C 级为产品等级。

附表 3　双头螺柱

mm

$b_m = 1d$（GB 897—1988）　　$b_m = 1.25d$（GB 898—1988）

$b_m = 1.5d$（GB 899—1988）　　$b_m = 2d$（GB 900—1988）

A 型

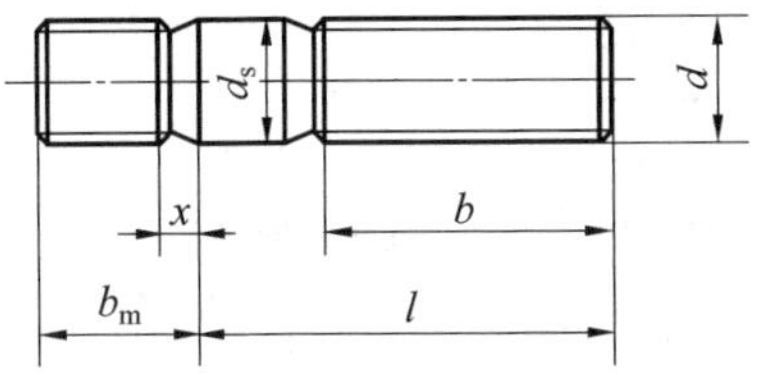

B 型

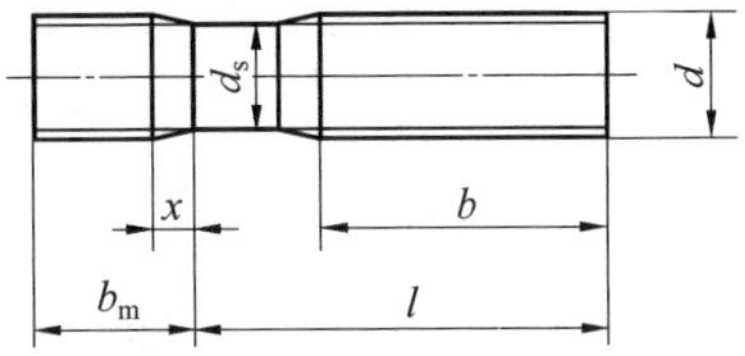

标记示例：

两端均为粗牙普通螺纹、$d=10$ mm、$l=50$ mm、性能等级为 4.8 级、B 型、$b_m=1d$ 的双头螺柱：螺柱 GB 897 M10×50

旋入一端为粗牙普通螺纹、旋螺母一端为螺距 $P=1$ mm 的细牙普通螺纹、$d=10$ mm、$l=50$ mm、性能等级为 4.8 级、A 型、$b_m=1d$ 的双头螺柱：螺柱 GB 897 AM10—M10×1×50

旋入一端为过渡配合的第一种配合、旋螺母一端为粗牙普通螺纹、$d=10$ mm、$l=50$ mm、性能等级为 8.8 级、B 型、$b_m=1d$ 的双头螺柱：螺柱 GB 897 BM10—M10×50-8.8

螺纹规格 d		M4	M5	M6	M8	M10	M12	M16	M20	M24	M30	M36	M42	M48
b_m	GB 897	–	5	6	8	10	12	16	20	24	30	36	42	48
	GB 898	–	6	8	10	12	15	20	25	30	38	45	52	60
	GB 899	6	8	10	12	15	18	24	30	36	45	54	65	72
	GB 900	8	10	12	16	20	24	32	40	48	60	72	84	96
b_s		A 型 d_s = 螺纹大径，B 型 $d_s \approx$ 螺纹中径												
x		$1.5P$												
$\frac{l}{b}$		16~22	16~22	20~22	20~22	25~28	25~30	30~38	35~40	45~50	60~65	65~75	70~80	80~90
		8	10	10	12	14	16	20	25	30	40	45	50	60
		25~40	25~50	25~30	25~30	30~38	32~40	40~55	45~65	55~75	70~90	80~110	85~110	95~110
		14	16	14	16	16	20	30	35	45	50	60	70	80
				32~75/18	32~90/22	40~120/26	45~120/30	60~120/38	70~120/46	80~120/54	95~120/60	120/78	120/90	120/102
						130/32	130~180/36	130~200/44	130~200/52	130~200/60	130~200/72	130~200/84	130~200/96	130~200/108
											210~250/85	210~300/97	210~300/109	210~300/121
l 系列		16、(18)、20、(22)、25、(28)、30、(32)、35、(38)、40、45、50、(55)、60、(65)、70、(75)、80、(85)、90、(95)、100、110、120、130、140、150、160、170、180、190、200、210、220、230、240、250、260、280、300												

注：1. 括号内的规格尽可能不用。

2. P 为螺距。

附表 4 螺钉

mm

开槽圆柱头螺钉 (GB/T 65—2016)

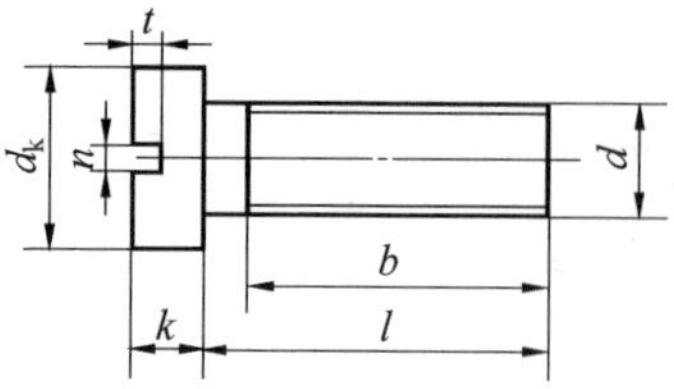

开槽盘头螺钉 (GB/T 67—2016)

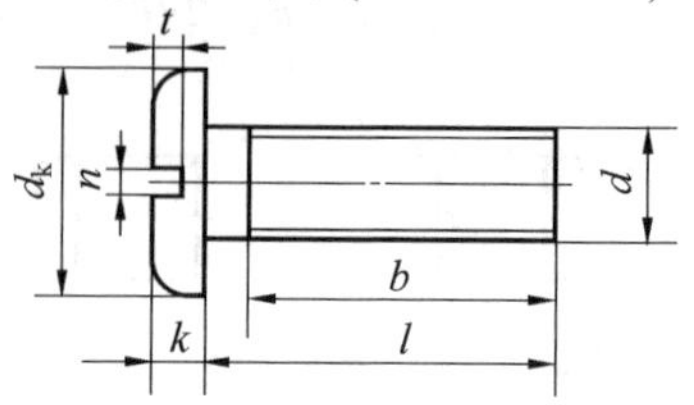

开槽沉头螺钉 (GB/T 68—2016)

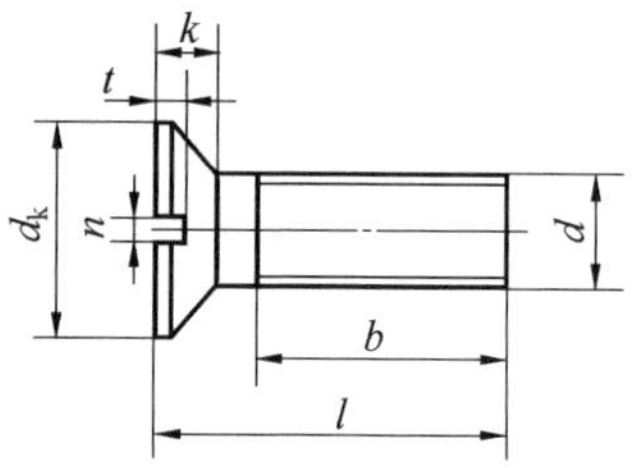

开槽半沉头螺钉 (GB/T 69—2016)

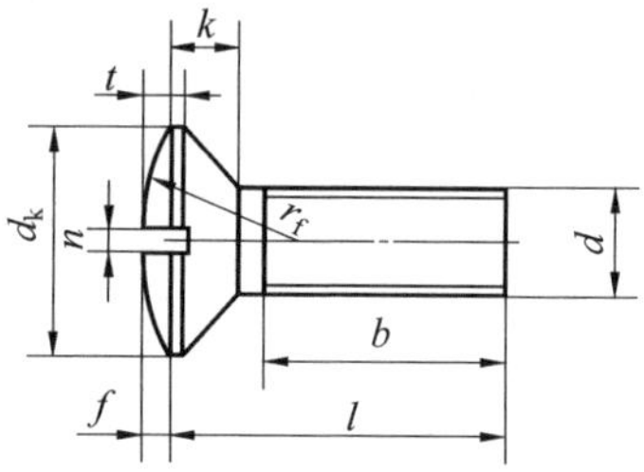

无螺纹部分杆径≈中径或=螺纹大径

开槽半沉头螺钉(GB/T 69—2016)

标记示例

螺纹规格 d=M5、公称长度 l=20 mm、性能等级为 4.8 级、不经表面处理的 A 级开槽圆柱头螺钉：

螺钉 GB/T 65 M5×20

螺纹规格 d	P	b_{min}	$n_{公称}$	f	r_f	k_{max}			d_{kmax}			t_{min}				l 范围
				GB/T 69	GB/T 69	GB/T 65	GB/T 67	GB/T 68 GB/T 69	GB/T 65	GB/T 67	GB/T 68 GB/T 69	GB/T 65	GB/T 67	GB/T 68	GB/T 69	
M3	0.5	25	0.8	0.7	6	1.8	1.8	1.65	5.6	5.6	5.5	0.7	0.7	0.6	1.2	4～30
M4	0.7	38	1.2	1	9.5	2.6	2.4	2.7	7	8	8.4	1.1	1	1	1.6	5～40
M5	0.8	38	1.2	1.2	9.5	3.3	3.0	2.7	8.5	9.5	9.3	1.3	1.2	1.1	2	6～50
M6	1	38	1.6	1.4	12	3.9	3.6	3.3	10	12	11.3	1.6	1.4	1.2	2.4	8～60
M8	1.25	38	2	2	16.5	5	4.8	4.65	13	16	15.8	2	1.9	1.8	3.2	10～80
M10	1.5	38	2.5	2.3	19.5	6	6	5	16	20	18.3	2.4	2.4	2	3.8	12～80
l 系列	4、5、6、8、10、12、(14)、16、20、25、30、35、40、50、(55)、60、(65)、70、(75)、80															

注：1. 括号内的规格尽可能不用。

2. M1.6 ～ M3 的螺钉，公称长度在 30 mm 以内的制出全螺纹；M4 ～ M10 的螺钉，公称长度在 40 mm以内的制出全螺纹；螺钉 GB/T 68—2016 在 M4 ～ M10 内、公称长度在 45 mm 以内的制出全螺纹。

附表 5　内六角圆柱头螺钉(GB/T 70.1—2015)　　mm

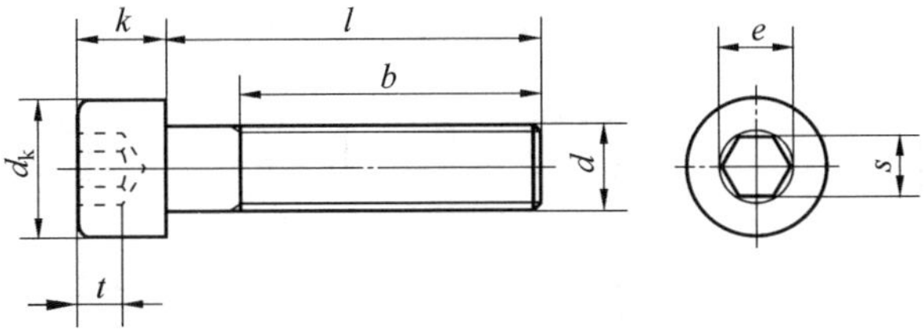

标记示例:

螺纹规格 d=M5、公称长度 l=20 mm、性能等级为 8.8 级、表面氧化的内六角圆柱头螺钉,其标记为:螺钉 GB/T 70.1 M5×20

无螺纹部分杆径≈中径或 =螺纹大径

螺纹规格 d	M3	M4	M5	M6	M8	M10	M12	M(14)	M16	M20
P(螺距)	0.5	0.7	0.8	1	1.25	1.5	1.75	2	2	2.5
b 参考	18	20	22	24	28	32	36	40	44	52
d_k	5.5	7	8.5	10	13	16	18	21	24	30
k	3	4	5	6	8	10	12	14	16	20
t	1.3	2	2.5	3	4	5	6	7	8	10
s	2.5	3	4	5	6	8	10	12	14	17
e	2.87	3.44	4.58	5.72	6.86	9.15	11.43	13.72	16	19.44
公称长度 l	5~30	6~40	8~50	10~60	12~80	16~100	20~120	25~140	25~160	30~200
l≤表中数值时,制出全螺纹	20	25	25	30	35	40	45	55	60	65
l 系列	2,5,3,4,5,6,8,10,12,16,25,30,35,40,45,50,55,60,65,70,80,90,100,110,120,130,140,150,160,180,200,220,240,260,280,300									

注:括号内的规格尽可能不用。

附表 6 紧定螺钉

mm

开槽锥端紧定螺钉
(GB/T 71—2018)

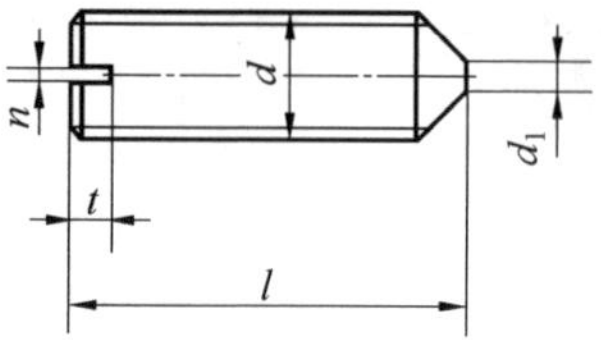

开槽平端紧定螺钉
(GB/T 73—2008)

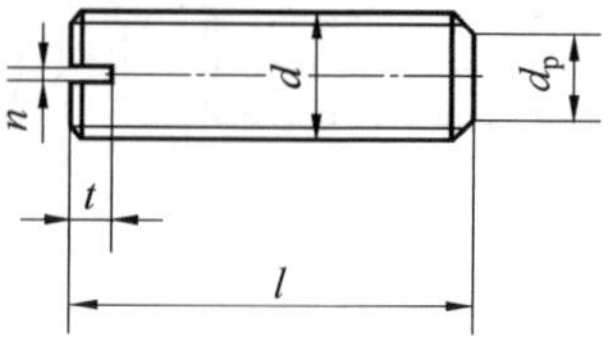

开槽长圆柱端紧定螺钉
(GB/T 75—2008)

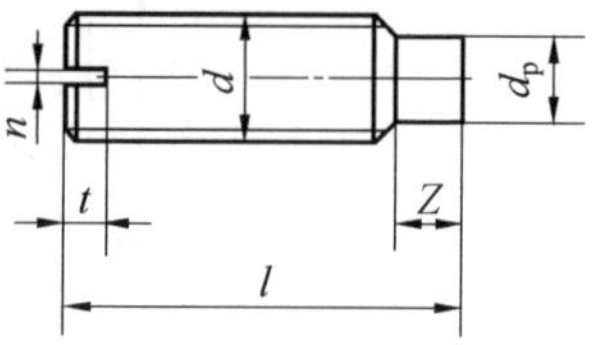

标记示例:

螺纹规格 d=M10、公称长度 l=20 mm、性能等级为 14H 级、表面氧化的开槽锥端紧定螺钉:螺钉 GB/T 71 M10×20

螺纹规格 d	P	n 公称	d_1	d_{pmax}	Z	t		l 范围	
						min	max	GB/T 71, GB/T 75	GB/T 73
M3	0.5	0.4	0.3	2	1.75	0.8	1.05	4 ~ 16	3 ~ 16
M4	0.7	0.6	0.4	2.5	2.25	1.12	1.42	6 ~ 20	4 ~ 20
M5	0.8	0.8	0.5	3.5	2.75	1.28	1.63	8 ~ 25	5 ~ 25
M6	1	1	1.5	4	3.25	1.6	2	8 ~ 30	6 ~ 30
M8	1.25	1.2	2	5.5	4.3	2	2.5	10 ~ 40	8 ~ 40
M10	1.5	1.6	2.5	7	5.3	2.4	3	12 ~ 50	10 ~ 50
M12	1.75	2	3	8.5	6.3	2.8	3.6	14 ~ 60	12 ~ 60
l 系列	4、5、6、8、10、12、(14)、16、20、25、30、40、45、50、(55)、60								

注:括号内规格尽可能不采用。

附表7　螺母

mm

1 型六角螺母—A 和 B 级(GB/T 6170—2015)允许制造的形式　　六角螺母—C 级(GB/T 41—2016)

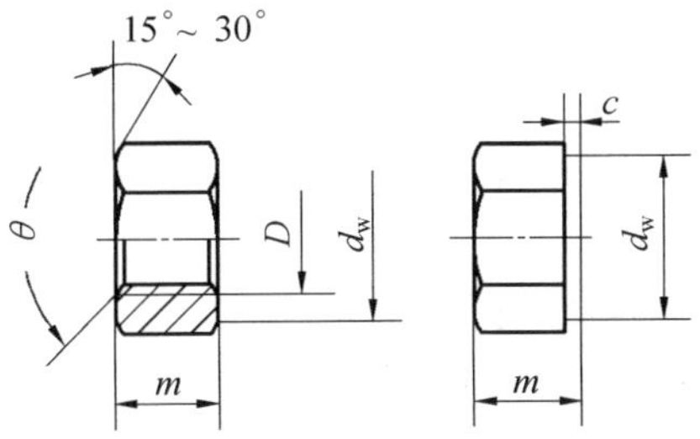

A 和 B 级

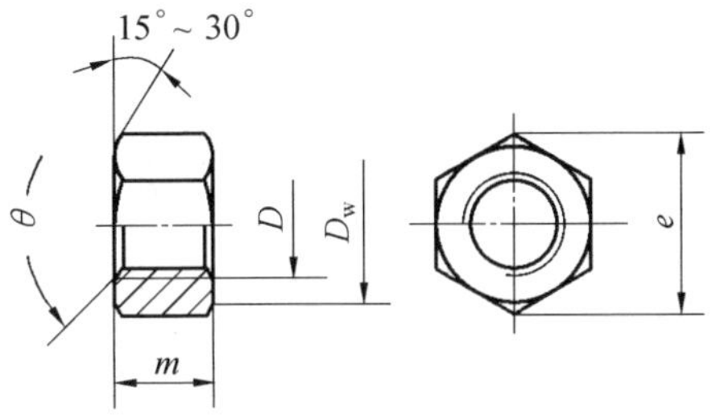

C 级

标记示例:

螺纹规格 d=M12、性能等级为 10 级、不经表面处理、产品等级为 A 级的 1 型六角螺母:

螺母 GB/T 6170 M12

螺纹规格 d=M12、性能等级为 5 级、不经表面理处理、产品等级为 C 级的六角螺母:

螺母 GB/T 41 M12

螺纹规格 d		M4	M5	M6	M8	M10	M12	M16	M20	M24	M30	M36	M42	M48
c		0.4	0.5		0.6			0.8					1	
s_{max}		7	8	10	13	16	18	24	30	36	46	55	65	75
e_{min}	A、B 级	7.66	8.79	11.05	14.38	17.77	20.03	26.75	32.95	39.55	50.85	60.79	72.02	82.6
	C 级	–	8.63	10.89	14.2	17.59	19.85	26.17	32.95	39.55	50.85	60.79	72.02	82.6
m_{max}	A、B 级	3.2	4.7	5.2	6.8	8.4	10.8	14.8	18	21.5	25.6	31	34	38
	C 级	–	5.6	6.1	7.9	9.5	12.2	15.9	18.7	22.3	26.4	31.5	34.9	38.9
d_{wmin}	A、B 级	5.9	6.9	8.9	11.6	14.6	16.6	22.5	27.7	33.2	42.7	51.1	60.6	69.4
	C 级	–	6.9	8.7	11.5	14.5	16.5	22	27.7	33.2	42.7	51.1	60.6	69.4

注:1. A 级用于 $d\leqslant 16$ 的螺母,B 级用于 $d>16$ 的螺母,C 级用于 $d\geqslant 5$ 的螺母。

2. 螺纹公差:A、B 级为 6H,C 级为 7H。机械性能等级:A、B 级为 6、8、10 级,C 级为 4、5 级。

3. 对于 GB/T 41 允许内倒角,GB/T 6170,$\theta=90°\sim 120°$。

附表 8 平垫圈

mm

平垫圈—A 级(GB/T 97.1—2017) 平垫圈 倒角型—A 级(GB/T 97.2—2017)

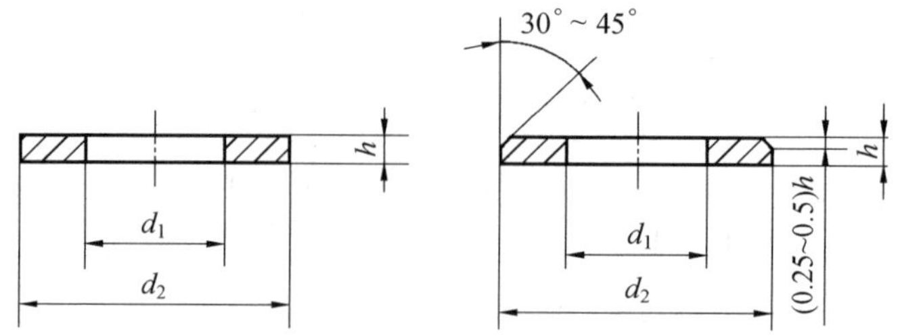

标记示例:
标准系列、公称尺寸 d=80 mm、硬度等级为 200HV 级、不经表面处理的平垫圈:
垫圈 GB/T 97.1 8

公称尺寸(螺纹规格)d	3	4	5	6	8	10	12	14	16	20	24	30	36
内径 d_1	3.2	4.3	5.3	6.4	8.4	10.5	13	15	17	21	25	31	37
外径 d_2	7	9	10	12	16	20	24	28	30	37	44	56	66
厚度 h	0.5	0.8	1	1.6	1.6	2	2.5	2.5	3	3	4	4	5

附表 9 标准型弹簧垫圈(GB/T 93—2017)

mm

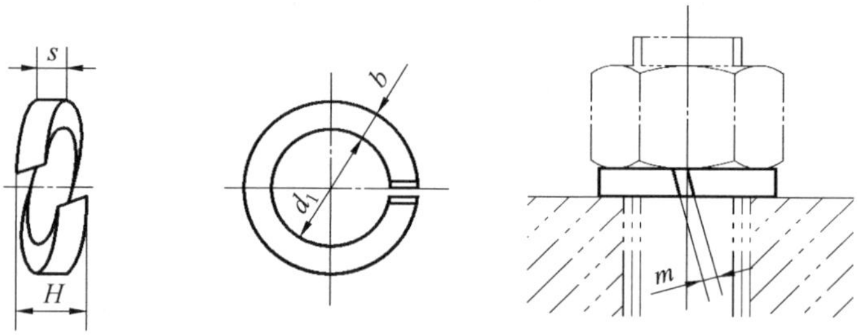

标记示例:
规格 16 mm、材料为 65 Mn、表面氧化的标准型弹簧垫圈:垫圈 GB/T 93 16

规格(螺纹大径)	4	5	6	8	10	12	16	20	24	30	36	42	48
$d_{1\min}$	4.1	5.1	6.1	8.1	10.2	12.2	16.2	20.2	24.5	30.5	36.5	42.5	48.5
$s=b$ 公称	1.1	1.3	1.6	2.1	2.6	3.1	4.1	5	6	7.5	9	10.5	12
$m\leqslant$	0.55	0.65	0.8	1.05	1.3	1.55	2.05	2.5	3	3.75	4.5	5.25	6
$H_{\max}$	2.75	3.25	4	5.25	6.5	7.75	10.25	12.5	15	18.75	22.5	26.25	30

附表 10 普通平键断面尺寸及公差

mm

GB/T 1095—2003 平键及键槽的剖面尺寸

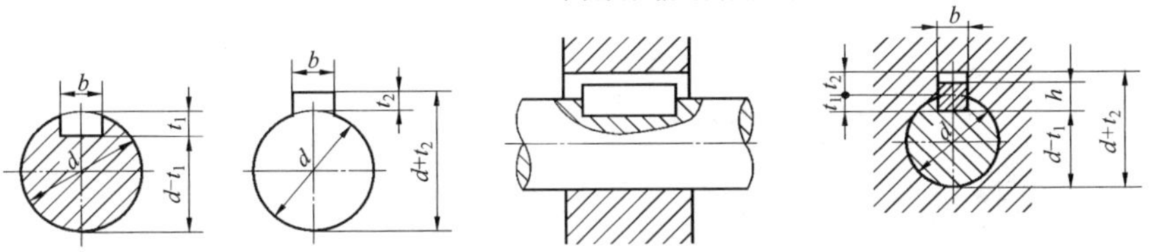

GB/T 1096—2003 普通型平键尺寸

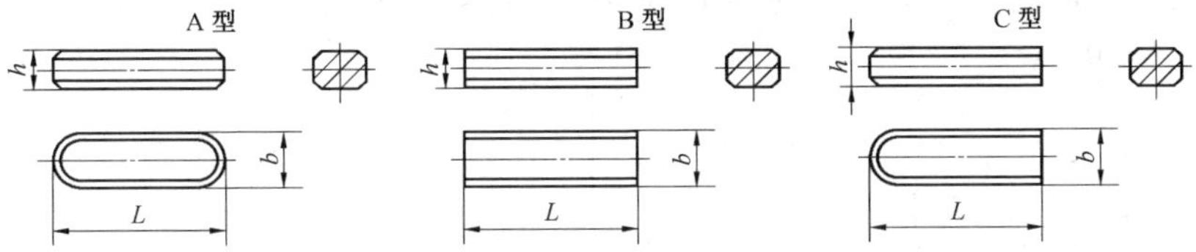

标记示例：

平头普通平键、B 型、b=16 mm、h=10 mm、L=100 mm：键 B16×100 GB/T 1096

轴径 d	键的公称尺寸			键槽											
				宽度 b						深度				半径 r	
				b	偏差					轴		毂			
					较松键连接		一般键连接		较紧键连接						
	b	h	L		轴 H9	毂 D10	轴 N9	毂 JS9	轴和毂 P9	t_1	偏差	t_2	偏差	最小	最大
6～8	2	2	6～20	2	+0.025 0	+0.060 +0.029	-0.004 -0.029	±0.012 5	-0.006 -0.031	1.2	+0.1 0	1	+0.1 0	0.08	0.16
>8～10	3	3	6～36	3						1.8		1.4			
>10～12	4	4	8～45	4	+0.030 0	+0.078 +0.030	0 -0.030	±0.015	-0.012 -0.042	2.5		1.8			
>12～17	5	5	10～56	5						3.0		2.3		0.16	0.25
>17～22	6	6	14～70	6						3.5		2.8			
>22～30	8	7	18～90	8	+0.036 0	+0.098 +0.040	0 -0.036	±0.018	-0.015 -0.051	4.0	+0.2 0	3.3	+0.2 0		
>30～38	10	8	22～110	10						5.0		3.3		0.25	0.40
>38～44	12	8	28～140	12	+0.043 0	+0.120 +0.050	0 -0.043	±0.021 5	-0.018 -0.061	5.0		3.3			
>44～50	14	9	36～160	14						5.5		3.8			
>50～58	16	10	45～180	16						6.0		4.3			
>58～65	18	11	50～200	18						7.0		4.4			
>65～75	20	12	56～200	20	+0.052 0	+0.149 +0.065	0 -0.052	±0.026	-0.022 -0.074					0.4	0.6
>75～85	22	14	63～250	22											
>85～95	25	14	70～280	25											
>95～110	28	16	80～320	28											
l 系列	6、8、10、12、14、16、18、20、22、25、28、32、36、40、45、50、56、63、70、80、90、100、110、125、140、160、180、200、220、250、320、400、450、500														

注：($d-t_1$)和($d+t_2$)的偏差按相应的 t_1 和 t_2 的偏差选取，但($d-t_1$)的偏差值应取负号。

附表 11 圆柱销(GB/T 119.1—2016)

mm

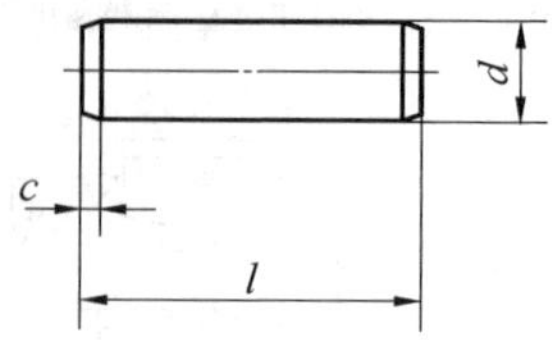

标记示例:

公称直径 d=8 mm、公差为 m6、公称长度 l=30 mm、材料为钢、不经淬火、不经表面处理的圆柱销:销 GB/T 119.1 8 m6×30

d m6/h8	2	2.5	3	4	5	6	8	10	12	16	20
$c\approx$	0.35	0.40	0.50	0.63	0.80	1.2	1.6	2.0	2.5	3.0	3.5
l(商品范围)	6~20	6~24	8~30	8~30	10~50	12~60	14~80	16~95	22~140	26~180	35~200
l 系列	6、8、10、12、14、16、18、20、22、24、26、28、30、32、35、40、45、50、55、60、65、70、75、80、85、90、95、100、120、140、160、180、200(公称长度大于 200 mm,按 20 mm 递增)										

注:1. 销的材料为不淬火硬钢和奥氏体不锈钢。

2. 表面粗糙度:公差为 m6 时,$Ra \leqslant 0.8$ μm;公差为 h8 时,$Ra \leqslant 1.6$ μm。

附表 12 圆锥销(GB/T 117—2016)

mm

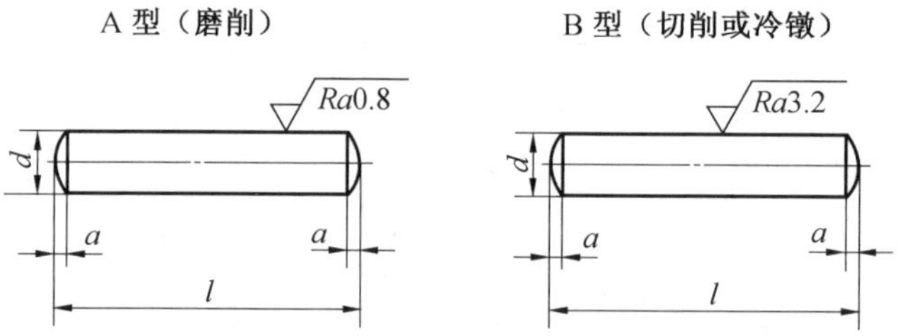

标记示例:

公称直径 d=10 mm、公称长度 l=60 mm、材料 35 钢、热处理硬度 28 ~ 38HRC、表面氧化处理的 A 型圆锥销:

销 GB/T 117 A10×60

d 公称	2	2.5	3	4	5	6	8	10	12	16	20
$a\approx$	0.25	0.3	0.4	0.5	0.63	0.8	1	1.2	1.6	2	2.5
l(商品范围)	10~35		12~45	14~65	18~60	22~90	22~120	26~160	32~180	40~200	45~200
l 系列	10、12、14、16、18、20、22、24、26、28、30、32、35、40、45、50、55、60、65、70、75、80、85、90、95、100、120、140、160、180、200										

附表 13　深沟球轴承（GB/T 276—2013）

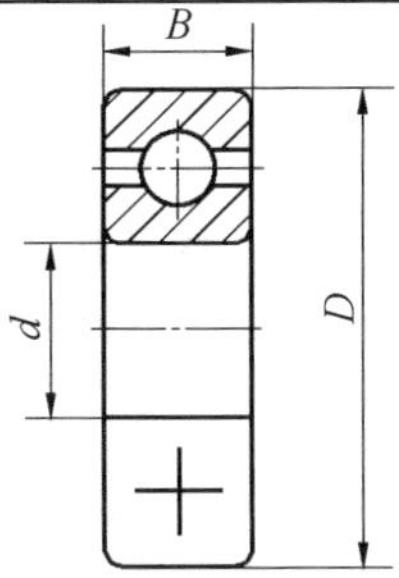

类型代号 6

标记示例：

尺寸系列代号为 02、内径代号为 06 的深沟球轴承：

滚动轴承 6206 GB/T 276—2013

轴承代号		外形尺寸/mm			轴承代号		外形尺寸/mm		
		d	*D*	*B*			*d*	*D*	*B*
10 系列	6004	20	42	12	03 系列	6304	20	52	15
	6005	25	47	12		6305	25	62	17
	6006	30	55	13		6306	30	72	19
	6007	35	62	14		6307	35	80	21
	6008	40	68	15		6308	40	90	23
	6009	45	75	16		6309	45	100	25
	6010	50	80	16		6310	50	110	27
	6011	55	90	18		6311	55	120	29
	6012	60	95	18		6312	60	130	31
	6013	65	100	18		6313	65	140	33
	6014	70	110	20		6314	70	150	35
	6015	75	115	20		6315	75	160	37
	6016	80	125	22		6316	80	170	39
	6017	85	130	22		6317	85	180	41
	6018	90	140	24		6318	90	190	43
	6019	95	145	24		6319	95	200	45
	6020	100	150	24		6320	100	215	47
02 系列	6204	20	47	14	04 系列	6404	20	72	19
	6205	25	52	15		6405	25	80	21
	6206	30	62	16		6406	30	90	23
	6207	35	72	17		6407	35	100	25
	6208	40	80	18		6408	40	110	27
	6209	45	85	19		6409	45	120	29
	6210	50	90	20		6410	50	130	31
	6211	55	100	21		6411	55	140	33
	6212	60	110	22		6412	60	150	35
	6213	65	120	23		6413	65	160	37
	6214	70	125	24		6414	70	180	42
	6215	75	130	25		6415	75	190	45
	6216	80	140	26		6416	80	200	48
	6217	85	150	28		6417	85	210	52
	6218	90	160	30		6418	90	225	54
	6219	95	170	32		6419	95	240	55
	6220	100	180	34		6420	100	250	58

附表 14　圆锥滚子轴承(GB/T 297—2015)

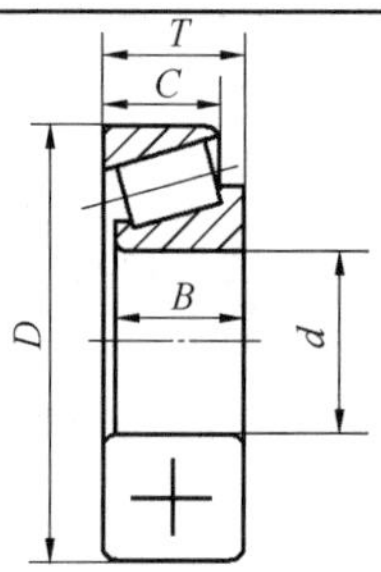

类型代号 3

标记示例：

尺寸系列代号为 03、内径代号为 12 的圆锥滚子轴承：

滚动轴承 30312　GB/T 297—2015

轴承代号		外形尺寸/mm					轴承代号		外形尺寸/mm				
		d	*D*	*T*	*B*	*C*			*d*	*D*	*T*	*B*	*C*
	30204	20	47	15.25	14	12		32204	20	47	19.25	18	15
	30205	25	52	16.25	15	13		32205	25	52	19.25	18	16
	30206	30	62	17.25	16	14		32206	30	62	21.25	20	17
	30207	35	72	18.25	17	15		32207	35	72	24.25	23	19
	30208	40	80	19.25	18	16		32208	40	80	24.75	23	19
	30209	45	85	20.75	19	16		32209	45	85	24.75	23	19
	30210	50	90	21.75	20	17		32210	50	90	24.75	23	19
	30211	55	100	22.75	21	18		32211	55	100	26.75	25	21
02 系列	30212	60	110	23.75	22	19	22 系列	32212	60	110	29.75	28	24
	30213	65	120	24.75	23	20		32213	65	120	32.75	31	27
	30214	70	125	26.25	24	21		32214	70	125	33.25	31	27
	30215	75	130	27.25	25	22		32215	75	130	33.25	31	27
	30216	80	140	28.25	26	22		32216	80	140	35.25	33	28
	30217	85	150	30.50	28	24		32217	85	150	38.50	36	30
	30218	90	160	32.50	30	26		32218	90	160	42.50	40	34
	30219	95	170	34.50	32	27		32219	95	170	45.50	43	37
	30220	100	180	37	34	29		32220	100	180	49	46	39
	30304	20	52	16.25	15	13		32304	20	52	22.25	21	18
	30305	25	62	18.25	17	15		32305	25	62	25.25	24	20
	30306	30	72	20.75	19	16		32306	30	72	28.75	27	23
	30307	35	80	22.75	21	18		32307	35	80	32.75	31	25
	30308	40	90	25.25	23	20		32308	40	90	35.25	33	27
	30309	45	100	27.25	25	22		32309	45	100	38.25	36	30
	30310	50	110	29.25	27	23		32310	50	110	42.25	40	33
	30311	55	120	31.50	29	25		32311	55	120	45.50	43	35
03 系列	30312	60	130	33.50	31	26	23 系列	32312	60	130	48.50	46	37
	30313	65	140	36	33	28		32313	65	140	51	48	39
	30314	70	150	38	35	30		32314	70	150	45	51	42
	30315	75	160	40	37	31		32315	75	160	58	55	45
	30316	80	170	42.50	39	33		32316	80	170	61.50	58	48
	30317	85	180	44.50	41	34		32317	85	180	63.50	60	49
	30318	90	190	46.50	43	36		32318	90	190	67.50	64	53
	30319	95	200	49.50	45	38		32319	95	200	71.50	67	55
	30320	100	215	51.50	47	39		32320	100	215	77.50	73	60

附表 15　推力球轴承（GB/T 301—2015）

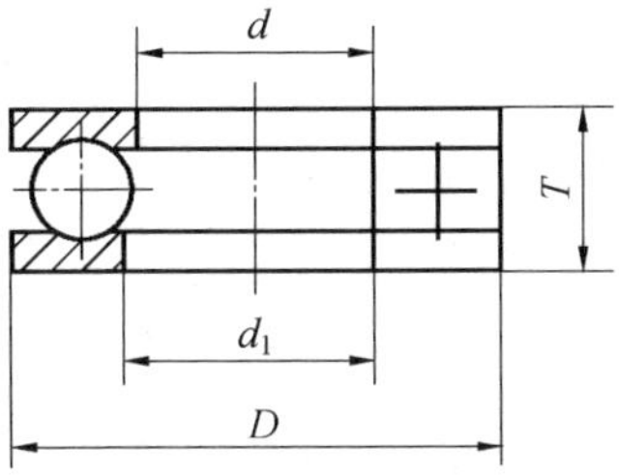

类型代号 5

标记示例：

尺寸系列代号为 13、内径代号为 10 的推力球轴承：

滚动轴承 51310　GB/T 301—2015

轴承代号		外形尺寸/mm				轴承代号		外形尺寸/mm			
		d	D	T	$d_{1\min}$			d	D	T	$d_{1\min}$
11 系列	51104	20	35	10	21	13 系列	51304	20	47	18	22
	51105	25	42	11	26		51305	25	52	18	27
	51106	30	47	11	32		51306	30	60	21	32
	51107	35	52	12	37		51307	35	68	24	37
	51108	40	60	13	42		51308	40	78	26	42
	51109	45	65	14	47		51309	45	85	28	47
	51110	50	70	14	52		51310	50	95	31	52
	51111	55	78	16	57		51311	55	105	35	57
	51112	60	85	17	62		51312	60	110	35	62
	51113	65	90	18	67		51313	65	115	36	67
	51114	70	95	18	72		51314	70	125	40	72
	51115	75	100	19	77		51315	75	135	44	77
	51116	80	105	19	82		51316	80	140	44	82
	51117	85	110	19	87		51317	85	150	49	88
	51118	90	120	22	92		51318	90	155	50	93
	51120	100	135	25	102		51320	100	170	55	103
12 系列	51204	20	40	14	22	14 系列	51404	20	60	24	27
	51205	25	47	15	27		51405	25	70	28	32
	51206	30	52	16	32		51406	30	80	32	37
	51207	35	62	18	37		51407	35	90	36	42
	51208	40	68	19	42		51408	40	100	39	47
	51209	45	73	20	47		51409	45	110	43	52
	51210	50	78	22	52		51410	50	120	48	57
	51211	55	90	25	57		51411	55	130	51	62
	51212	60	95	26	62		51412	60	140	56	68
	51213	65	100	27	67		51413	65	150	60	73
	51214	70	105	27	72		51414	70	160	65	78
	51215	75	110	27	77		51415	75	170	68	83
	51216	80	115	28	82		51416	80	180	72	88
	51217	85	125	31	88		51417	85	190	77	93
	51218	90	135	35	93		51418	90	210	85	103
	51220	100	150	38	103		51420	100	230	95	113

附表 16 优先及常用配合中轴

代号		a	b	c	d	e	f	g	h					
公称尺寸/mm		公差												
大于	至	11	11	*11	*9	8	*7	*6	5	*6	*7	8	*9	10
-	3	-270 -330	-140 -200	-60 -120	-20 -45	-14 -28	-6 -16	-2 -8	0 -4	0 -6	0 -10	0 -14	0 -25	0 -40
3	6	-270 -345	-140 -215	-70 -145	-30 -60	-20 -38	-10 -22	-4 -12	0 -5	0 -8	0 -12	0 -18	0 -30	0 -48
6	10	-280 -338	-150 -240	-80 -170	-40 -76	-25 -47	-13 -28	-5 -14	0 -6	0 -9	0 -15	0 -22	0 -36	0 -58
10	14	-290 -400	-150 -260	-90 -205	-50 -93	-32 -59	-16 -34	-6 -17	0 -8	0 -11	0 -18	0 -27	0 -43	0 -70
14	18													
18	24	-300 -430	-160 -290	-110 -240	-65 -117	-40 -73	-20 -41	-7 -20	0 -9	0 -13	0 -21	0 -33	0 -52	0 -84
24	30													
30	40	-310 -470	-170 -330	-120 -280	-80 -142	-50 -89	-25 -50	-9 -25	0 -11	0 -16	0 -25	0 -39	0 -62	0 -100
40	50	-320 -480	-180 -340	-130 -290										
50	65	-340 -530	-190 -380	-140 -330	-100 -174	-60 -106	-30 -60	-10 -29	0 -13	0 -19	0 -30	0 -46	0 -74	0 -120
65	80	-360 -550	-200 -390	-150 -340										
80	100	-380 -600	-220 -440	-170 -390	-120 -207	-72 -126	-36 -71	-12 -34	0 -15	0 -22	0 -35	0 -54	0 -87	0 -140
100	120	-410 -630	-240 -460	-18 -400										
120	140	-460 -710	-260 -510	-200 -450	-145 -245	-85 -148	-43 -83	-14 -39	0 -18	0 -25	0 -40	0 -63	0 -100	0 -160
140	160	-520 -770	-280 -530	-210 -460										
160	180	-580 -830	-310 -560	-230 -480										
180	200	-660 -950	-340 -630	-240 -530	-170 -285	-100 -172	-50 -96	-15 -44	0 -20	0 -29	0 -46	0 -72	0 -115	0 -185
200	225	-740 -1 030	-380 -670	-260 -550										
225	250	-820 -1 110	-420 -710	-280 -570										
250	280	-920 -1 240	-480 -800	-300 -620	-190 -320	-110 -191	-56 -108	-17 -49	0 -23	0 -32	0 -52	0 -81	0 -130	0 -210
280	315	-1 050 -1 370	-540 -860	-330 -650										
315	355	-1 200 -1 560	-600 -960	-360 -720	-210 -350	-125 -214	-62 -119	-18 -54	0 -25	0 -36	0 -57	0 -89	0 -140	0 -230
355	400	-1 350 -1 710	-680 -1 040	-400 -760										
400	450	-1 500 -1 900	-760 -1 160	-440 -840	-230 -385	-135 -232	-68 -131	-20 -60	0 -27	0 -40	0 -63	0 -97	0 -155	0 -250
450	500	-1 650 -2 050	-840 -1 240	-480 -880										

的极限偏差 μm

		js	k	m	n	p	r	s	t	u	v	x	y	z
等级														
*11	12	6	*6	6	*6	*6	6	*6	6	*6	6	6	6	6
0 −60	0 −100	±3	+6 0	+8 +2	+10 +4	+12 +6	+16 +10	+20 +14	—	+24 +18	—	+26 +20	—	+32 +26
0 −75	0 −120	±4	+9 +1	+12 +4	+16 +8	+20 +12	+23 +15	+27 +19	—	+31 +23	—	+36 +28	—	+43 +35
0 −90	0 −150	±4.5	+10 +1	+15 +6	+19 +10	+24 +15	+28 +19	+32 +23	—	+37 +28	—	+43 +34	—	+51 +42
0 −110	0 −180	±5.5	+12 +1	+18 +7	+23 +12	+29 +18	+34 +23	+39 +28	—	+44 +33	—	+51 +40	—	+61 +50
											+50 +39	+56 +45	—	+71 +60
0 −130	0 −210	±6.5	+15 +2	+21 +8	+28 +15	+35 +22	+41 +28	+48 +35	—	+54 +41	+60 +47	+67 +54	+76 +63	+86 +73
									+54 +41	+61 +48	+68 +55	+77 +64	+88 +75	+101 +88
0 −160	0 −250	±8	+18 +2	+25 +9	+33 +17	+42 +26	+50 +34	+59 +43	+64 +48	+76 +60	+84 +68	+96 +80	+110 +94	+128 +112
									+70 +54	+86 +70	+97 +81	+113 +97	+130 +114	+152 +136
0 −190	0 −300	±9.5	+21 +2	+30 +11	+39 +20	+51 +32	+60 +41	+72 +53	+85 +66	+106 +87	+121 +102	+141 +122	+163 +144	+191 +172
							+62 +43	+78 +59	+94 +75	+121 +102	+139 +120	+165 +146	+193 +174	+229 +210
0 −220	0 −350	±11	+25 +3	+35 +13	+45 +23	+59 +37	+73 +51	+93 +71	+113 +91	+146 +124	+168 +146	+200 +178	+236 +214	+280 +258
							+76 +54	+101 +79	+126 +104	+166 +144	+194 +172	+232 +210	+276 +254	+332 +310
0 −250	0 −400	±12.5	+28 +3	+40 +15	+52 +27	+68 +43	+88 +63	+117 +92	+147 +122	+195 +170	+227 +202	+273 +248	+325 +300	+390 +365
							+90 +65	+125 +100	+159 +134	+215 +190	+253 +228	+305 +280	+365 +340	+440 +415
							+93 +68	+133 +108	+171 +146	+235 +210	+277 +252	+335 +310	+405 +380	+490 +465
0 −290	0 −460	±14.5	+33 +4	+46 +17	+60 +31	+79 +50	+106 +77	+151 +122	+195 +166	+265 +236	+313 +284	+379 +350	+454 +425	+549 +520
							+109 +80	+159 +130	+209 +180	+287 +258	+339 +310	+414 +385	+499 +470	+604 +575
							+113 +84	+169 +140	+225 +196	+313 +284	+369 +340	+454 +425	+549 +520	+669 +640
0 −320	0 −520	±16	+36 +4	+52 +20	+66 +34	+88 +56	+126 +94	+190 +158	+250 +218	+347 +315	+417 +385	+507 +475	+612 +580	+742 +710
							+130 +98	+202 +170	+272 +240	+382 +350	+457 +425	+557 +525	+682 +650	+822 +790
0 −360	0 −570	±18	+40 +4	+57 +21	+73 +37	+98 +62	+144 +108	+226 +190	+304 +268	+426 +390	+511 +475	+626 +590	+766 +730	+936 +900
							+150 +114	+244 +208	+330 +294	+471 +435	+566 +530	+696 +660	+856 +820	+1 036 +1 000
0 −400	0 −630	±20	+45 +5	+63 +23	+80 +40	+108 +68	+166 +126	+272 +232	+370 +330	+530 +490	+635 +595	+780 +740	+960 +920	+1 140 +1 100
							+172 +132	+292 +252	+400 +360	+580 +540	+700 +660	+860 +820	+1 040 +1 000	+1 290 +1 250

附表 17　优先及常用配合中孔

代号		A	B	C	D	E	F	G	H						
公称尺寸/mm		公差													
大于	至	11	11	*11	*9	8	*8	*7	6	*7	*8	*9	10	*11
—	3	+330 +270	+200 +140	+120 +60	+45 +20	+28 +14	+20 +6	+12 +2	+6 0	+10 0	+14 0	+25 0	+40 0	+60 0
3	6	+345 +270	+215 +140	+145 +70	+60 +30	+38 +20	+28 +10	+16 +4	+8 0	+12 0	+18 0	+30 0	+48 0	+75 0
6	10	+370 +280	+240 +150	+170 +80	+76 +40	+47 +25	+35 +13	+20 +5	+9 0	+15 0	+22 0	+36 0	+58 0	+90 0
10	14	+400 +290	+260 +150	+205 +95	+93 +50	+59 +32	+43 +16	+24 +6	+11 0	+18 0	+27 0	+43 0	+70 0	+110 0
14	18													
18	24	+430 +300	+290 +160	+240 +110	+117 +65	+73 +40	+53 +20	+28 +7	+13 0	+21 0	+33 0	+52 0	+84 0	+130 0
24	30													
30	40	+470 +310	+330 +170	+280 +120	+142 +80	+89 +50	+64 +25	+34 +9	+16 0	+25 0	+39 0	+62 0	+100 0	+160 0
40	50	+480 +320	+340 +180	+290 +130										
50	65	+530 +340	+380 +190	+330 +140	+174 +100	+106 +60	+76 +30	+40 +10	+19 0	+30 0	+46 0	+74 0	+120 0	+190 0
65	80	+550 +360	+390 +200	+340 +150										
80	100	+600 +380	+440 +220	+390 +170	+207 +120	+125 +72	+90 +36	+47 +12	+22 0	+35 0	+54 0	+87 0	+140 0	+220 0
100	120	+630 +410	+460 +240	+400 +180										
120	140	+710 +460	+510 +260	+450 +200	+245 +145	+148 +85	+106 +43	+54 +14	+25 0	+40 0	+63 0	+100 0	+160 0	+250 0
140	160	+770 +520	+530 +280	+460 +210										
160	180	+830 +580	+560 +310	+480 +230										
180	200	+950 +660	+630 +340	+530 +240	+285 +170	+172 +100	+122 +50	+61 +15	+29 0	+46 0	+72 0	+115 0	+185 0	+290 0
200	225	+1 030 +740	+670 +380	+550 +260										
225	250	+1 110 +820	+710 +420	+570 +280										
250	280	+1 240 +920	+800 +480	+620 +300	+320 +190	+191 +110	+137 +56	+69 +17	+32 0	+52 0	+81 0	+130 0	+210 0	+320 0
280	315	+1 370 +1 050	+860 +540	+650 +330										
315	355	+1 560 +1 200	+960 +600	+720 +360	+350 +210	+214 +125	+151 +62	+75 +18	+36 0	+57 0	+89 0	+140 0	+230 0	+360 0
355	400	+1 710 +1 350	+1 040 +680	+760 +400										
400	450	+1 900 +1 500	+1 160 +760	+840 +440	+385 +230	+232 +135	+165 +68	+83 +20	+40 0	+63 0	+97 0	+155 0	+250 0	+400 0
450	500	+2 050 +1 650	+1 240 +840	+880 +480										

的极限偏差

μm

	JS		K			M	N		P		R	S	T	U
等级														
12	6	7	6	*7	8	7	6	*7	6	*7	7	*7	7	*7
+100 0	±3	±5	0 −6	0 −10	0 −14	−2 −12	−4 −10	−4 −14	−6 −12	−6 −16	−10 −20	−14 −24	—	−18 −28
+120 0	±4	±6	+2 −6	+3 −9	+5 −13	0 −12	−5 −13	−4 −16	−9 −17	−8 −20	−11 −23	−15 −27	—	−19 −31
+150 0	±4.5	±7	+2 −7	+5 −10	+6 −16	0 −15	−7 −16	−4 −19	−12 −21	−9 −24	−13 −28	−17 −32	—	−22 −37
+180 0	±5.5	±9	+2 −9	+6 −12	+8 −19	0 −18	−9 −20	−5 −23	−15 −26	−11 −29	−16 −34	−21 −39	—	−26 −44
+210 0	±6.5	±10	+2 −11	+6 −15	+10 −23	0 −21	−11 −24	−7 −28	−18 −31	−14 −35	−20 −41	−27 −48	—	−33 −54
													−33 −54	−40 −61
+250 0	±8	±12	+3 −13	+7 −18	+12 −27	0 −25	−12 −28	−8 −33	−21 −37	−17 −42	−25 −50	−34 −59	−39 −64	−51 −76
													−45 −70	−61 −86
+300 0	±9.5	±15	+4 −15	+9 −21	+14 −32	0 −30	−14 −33	−9 −39	−26 −45	−21 −51	−30 −60	−42 −72	−55 −85	−76 −106
											−32 −62	−48 −78	−64 −94	−91 −121
+350 0	±11	±17	+4 −18	+10 −25	+16 −38	0 −35	−16 −38	−10 −45	−30 −52	−24 −59	−38 −73	−58 −93	−78 −113	−111 −146
											−41 −76	−66 −101	−91 −126	−131 −166
+400 0	±12.5	±20	+4 −21	+12 −28	+20 −43	0 −40	−20 −45	−12 −52	−36 −61	−28 −68	−48 −88	−77 −117	−107 −147	−155 −195
											−50 −90	−85 −125	−119 −159	−175 −215
											−53 −93	−93 −133	−131 −171	−195 −235
+460 0	±14.5	±23	+5 −24	+13 −33	+22 −50	0 −46	−22 −51	−14 −60	−41 −70	−33 −79	−60 −106	−105 −151	−149 −195	−219 −265
											−63 −109	−113 −159	−163 −209	−241 −287
											−67 −113	−123 −169	−179 −225	−267 −313
+520 0	±16	±26	+5 −27	+16 −36	+25 −56	0 −52	−25 −37	−14 −66	−47 −79	−36 −88	−74 −126	−138 −190	−198 −250	−295 −347
											−78 −130	−150 −202	−220 −272	−330 −382
+570 0	±18	±28	+7 −29	+17 −40	+28 −61	0 −57	−26 −62	−16 −73	−51 −87	−41 −98	−87 −144	−169 −226	−247 −304	−369 −426
											−93 −150	−187 −244	−273 −330	−414 −471
+630 0	±20	±31	+8 −32	+18 −45	+29 −68	0 −63	−27 −67	−17 −80	−55 −95	−45 −108	−103 −166	−209 −272	−307 −370	−467 −530
											−109 −172	−229 −292	−337 −400	−517 −580

附表 **18** 标准公差数值

公称尺寸/mm		公差							
		IT1	IT2	IT3	IT4	IT5	IT6	IT7	IT8
大于	至	μm							
—	3	0.8	1.2	2	3	4	6	10	14
3	6	1	1.5	2.5	4	5	8	12	18
6	10	1	1.5	2.5	4	6	9	15	22
10	18	1.2	2	3	5	8	11	18	27
18	30	1.5	2.5	4	6	9	13	21	33
30	50	1.5	2.5	4	7	11	16	25	39
50	80	2	3	5	8	13	19	30	46
80	120	2.5	4	6	10	15	22	35	54
120	180	3.5	5	8	12	18	25	40	63
180	250	4.5	7	10	14	20	29	46	72
250	315	6	8	12	16	23	32	52	81
315	400	7	9	13	18	25	36	57	89
400	500	8	10	15	20	27	40	63	97
500	630	9	11	16	22	32	44	70	110
630	800	10	13	18	25	36	50	80	125
500	1 000	11	15	21	28	40	56	90	140
1 000	1 250	13	18	24	33	47	66	105	165
1 250	1 600	15	21	29	39	55	78	125	195
1 600	2 000	18	25	35	46	65	92	150	230
2 000	2 500	22	30	41	55	78	110	175	280
2 500	3 150	26	36	50	68	96	135	210	330

注:公称尺寸小于或等于 1 mm 时,无 IT14 至 IT8。

（摘自 GB/T **1800. 2—2020**）　　μm

等级									
IT9	IT10	IT11	IT12	IT13	IT14	IT15	IT16	IT17	IT18
			mm						
25	40	60	0. 1	3. 14	0. 25	0. 4	0. 6	1	1. 4
30	48	75	0. 12	3. 18	0. 3	0. 48	3. 75	1. 2	1. 8
36	58	90	0. 15	0. 22	0. 36	0. 58	0. 9	1. 5	2. 2
43	70	110	0. 18	0. 27	0. 43	0. 7	1. 1	1. 8	2. 7
52	84	130	0. 21	0. 33	0. 52	0. 84	1. 3	2. 1	3. 3
62	100	160	0. 25	0. 39	0. 62	1	1. 6	2. 5	3. 9
74	120	190	0. 3	0. 46	0. 74	1. 2	1. 9	3	4. 6
87	140	220	0. 35	0. 54	0. 87	1. 4	2. 2	3. 5	5. 4
100	160	250	0. 4	0. 63	1	1. 6	2. 5	4	6. 3
115	185	290	0. 46	0. 72	1. 15	1. 85	2. 9	4. 6	7. 2
130	210	320	0. 52	0. 81	1. 3	2. 1	3. 2	5. 2	8. 1
140	230	360	0. 57	0. 89	1. 4	2. 3	3. 6	5. 7	8. 9
155	250	400	0. 63	0. 97	1. 55	2. 5	4	6. 3	9. 7
175	280	440	0. 7	1. 1	1. 75	2. 8	4. 4	7	11
200	320	500	0. 8	1. 25	2	3. 2	5	8	12. 5
230	360	560	0. 9	1. 4	2. 3	3. 6	5. 6	9	14
260	420	660	1. 05	1. 65	2. 6	4. 2	6. 6	10. 5	16. 5
310	500	780	1. 25	1. 95	3. 1	5	7. 8	12. 5	19. 5
370	600	920	1. 5	2. 3	3. 7	6	9. 2	15	23
440	700	1 100	1. 75	2. 8	4. 4	7	11	17. 5	28
540	860	1 350	2. 1	3. 3	5. 4	8. 6	13. 5	21	33

附表 19　倒角与倒圆（GB/T 6403.4—2023）

mm

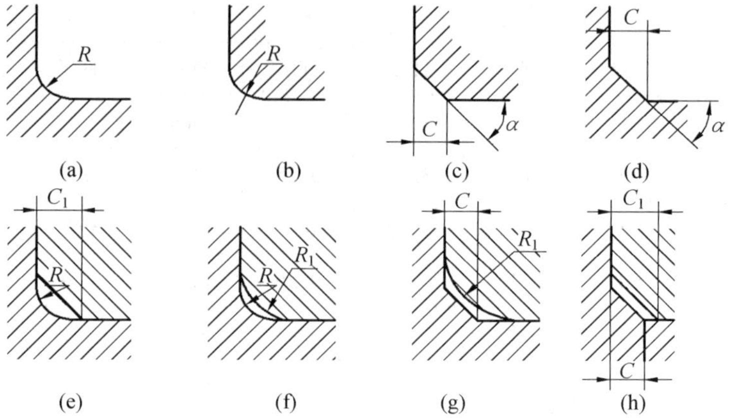

直径 D		~3		>3~6		>6~10		>10~18	>18~30	>30~50		>50~80
C、R	R_1	0.1	0.2	0.3	0.4	0.5	0.6	0.8	1.0	1.2	1.6	2.0
C_{max} ($C<0.58R_1$)		—	0.1	0.1	0.2	0.2	0.3	0.4	0.5	0.6	0.8	1.0
直径 D		>80~120	>120~180	>180~250	>250~320	>320~400	>400~500	>500~630	>630~800	>800~1 000	>1 000~1 250	>1 250~1 600
C、R	R_1	2.5	3.0	4.0	5.0	6.0	8.0	10	12	16	20	25
C_{max} ($C<0.58R_1$)		1.2	1.6	2.0	2.5	3.0	4.0	5.0	6.0	8.0	10	12

附表 20　普通螺纹退刀槽（GB/T 3—2019）

mm

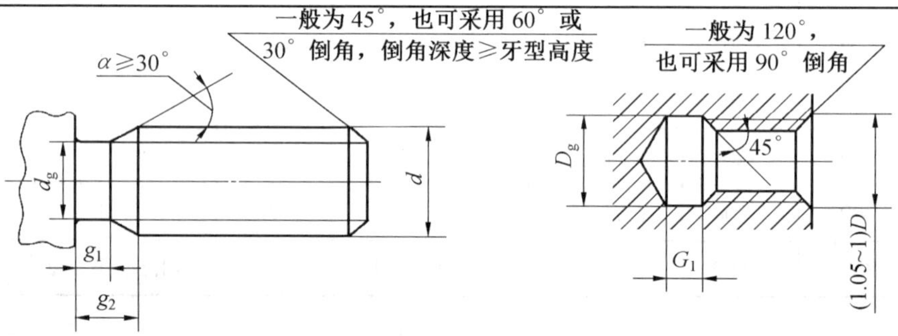

螺距	外螺纹			内螺纹	
	g_{2max}	g_{1min}	d_s	G_1	D_g
0.5	1.5	0.8	d− 0.8	2	D+ 0.3
0.7	2.1	1.1	d− 1.1	2.8	
0.8	2.4	1.3	d− 1.3	3.2	

续附表 20

螺距	外螺纹			内螺纹	
	g_{2max}	g_{1min}	d_s	G_1	D_g
1	3	1.6	d- 1.6	6	D+ 0.5
1.25	3.75	2	d- 2	5	
1.5	4.5	2.5	d- 2.3	6	
1.75	5.25	3	d- 2.6	7	D+ 0.5
2	6	3.4	d- 3	8	
2.5	7.5	4.4	d- 3.6	10	
3	9	5.2	d- 4.4	12	
3.5	10.5	6.2	d- 5	14	
4	12	7	d- 5.7	16	

附表 21　砂轮越程槽(GB/T 6403.5—2023)　mm

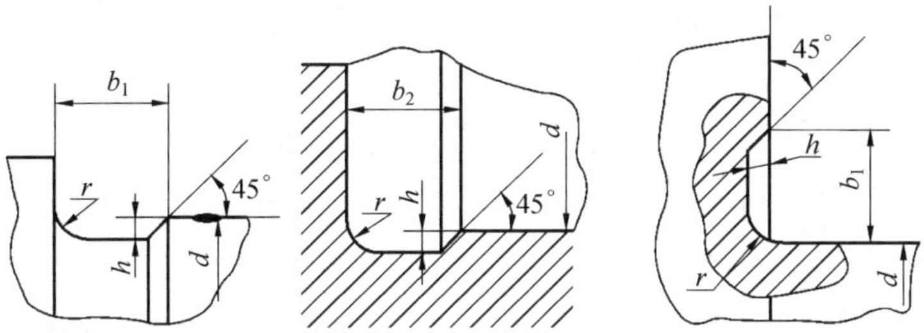

(a) 磨外圆　(b) 磨内圆　(c) 磨外端面

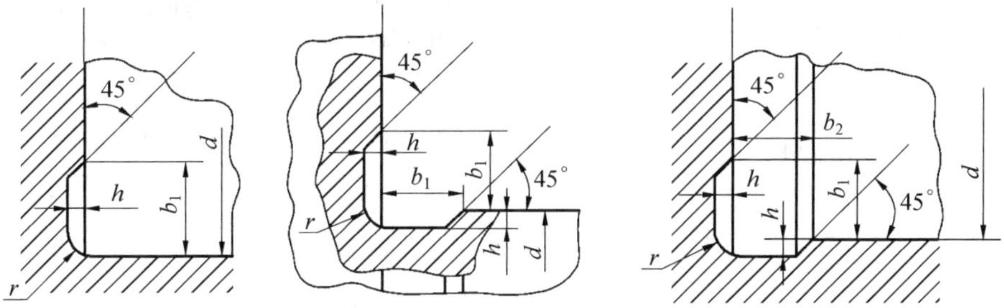

(d) 磨内端面　(e) 磨外圆及端面　(f) 磨内圆及端面

d、D	~10			>10 ~ 50		>50 ~ 100		>100	
b_1	0.6	1.0	1.6	2.0	3.0	4.0	5.0	8.0	10
b_2	2.0	3.0		4.0		5.0		8.0	10
h	0.1	0.2		0.3	0.4		0.6	0.8	1.2
r	0.2	0.5		0.8	1.0		1.6	2.0	3.0

附表 22 常用的黑色金属材料

<table>
<tr><th>名称</th><th>牌号</th><th>说明</th><th>应用举例</th></tr>
<tr><td rowspan="3">灰铸铁
GB/T 9439—2010</td><td>HT100</td><td rowspan="3">HT—“灰铁”代号
150—抗拉强度(MPa)</td><td>属低强度铸铁,用于盖、手把、手轮等不重要零件</td></tr>
<tr><td>HT150</td><td>属中等强度铸铁,用于一般铸件,如机床座、端盖、带轮、工作台等</td></tr>
<tr><td>HT200</td><td>属高强度铸铁,用于较重要铸件,如气缸、齿轮、凸轮、机座、床身、飞轮、带轮、齿轮箱、阀壳、联轴器、衬筒、轴承座等</td></tr>
<tr><td rowspan="3">球墨铸铁
GB/T 1438—2019</td><td>QT 450-10</td><td rowspan="3">QT—“球铁”代号
450—抗拉强度(MPa)
10—伸长率(%)</td><td rowspan="3">具有较高的强度和塑性,广泛用于机械制造业中受磨损和受冲击的零件,如曲轴、气缸套、活塞环、摩擦片、中低压阀门、千斤顶座等</td></tr>
<tr><td>QT 500-7</td></tr>
<tr><td>QT 600-3</td></tr>
<tr><td rowspan="3">铸铜
GB/T 11352—2017</td><td>ZG 200-400</td><td rowspan="3">ZG—“铸铜”代号
200—屈服强度(MPa)
400—抗拉强度(MPa)</td><td>用于各种形状的零件,如机座、变速箱壳等</td></tr>
<tr><td>ZG 270-500</td><td>用于各种形状的零件,如飞轮、机架、水压机工作缸、横梁等</td></tr>
<tr><td>ZG 310-570</td><td>用于各种形状的零件,如联轴器、气缸、齿轮及重负荷的机架等</td></tr>
<tr><td rowspan="3">碳素结构钢
GB/T 700—2006</td><td>Q215A</td><td rowspan="3">Q—“屈”字代号
215—屈服点数值(MPa)
A—质量等级</td><td>塑性大、抗拉强度低、易焊接、用于炉撑、铆钉、垫圈、开口销等</td></tr>
<tr><td>Q235A</td><td rowspan="2">有较高的强度和硬度,延伸率也相当大,可以焊接,用途很广,是一般机械上的主要材料。用于低速轻载齿轮、键、拉杆、钩子、螺栓、套圈等</td></tr>
<tr><td>Q275</td></tr>
<tr><td rowspan="5">优质碳素结构钢
GB/T 699—2015</td><td>15、15F</td><td rowspan="3">15—平均含碳量(万分之几)
F—沸腾钢</td><td>塑性、韧性、焊接性能和冷冲性能均极好,但强度低。用于螺钉、螺母、法兰盘、渗碳零件等</td></tr>
<tr><td>35</td><td>不经热处理可用于中等载荷的零件,如拉杆、轴、套筒、钩子等;经调质处理后适用于强度及韧性要求较高的零件,如传动轴等</td></tr>
<tr><td>45</td><td>用于强度要求较高的零件,如齿轮、机床主轴、花键轴等</td></tr>
<tr><td>15Mn</td><td rowspan="2">15—平均含碳量(万分之几)
Mn—含锰量较高</td><td>其性能与 15 号钢相似,渗碳后淬透性、强度比 15 号钢高</td></tr>
<tr><td>45Mn</td><td>用于受磨损的零件,如转轴、芯轴、齿轮、花键轴等</td></tr>
</table>

附表 23　常用的金属材料与非金属材料

名称		牌号	说明	应用举例
有色金属	普通黄铜 GB/T 5231—2022	H62	H—“黄”铜的代号 96— 基体元素铜的含量	用于热轧、热压零件，如套管、螺母等
		H68		用于复杂的冷冲零件和深冲零件，如弹壳、垫座等
		H96		用于散热器和冷凝器管子等
	铸造青铜 GB/T 1176—2013	ZCuSn5Zn5Pb5	Z—“铸”造代号 Cu— 基体金属铜元素符号 Sn10— 锡元素符号及名义含量(%)	用于轴瓦、衬套、缸套、油塞、离合器、蜗轮等中等滑动速度下工作的耐磨、耐腐蚀零件
		ZCuSn10Zn2		用于中等及较高负荷、小滑动速度下工作的重要管配件，以及阀、旋塞、泵体、齿轮、叶轮、蜗轮等
		ZCuAl9Fe4 Ni4Mn2		用于船舶螺旋桨、耐磨和 400 ℃以下工作的零件，如轴承、齿轮、蜗轮、螺母、阀体、法兰等
		ZCuAl10Fe3		用于强度高、耐磨、耐蚀的零件，如蜗轮、轴承、衬套、耐热管配件等
	铸造铝合金 GB/T 1173—2013	ZAlSi5Cu1Mg	Z—“铸”造代号 Al— 基体元素铝元素符号 Si5— 硅元素符号及名义含量(%)	用于风冷发动机的气缸头、机闸、油泵体等 225 ℃以下工作的零件
		ZAlCu4		用于中等载荷、形状较简单的 200 ℃以下工作的小零件
非金属	尼龙 GB/T 16609—2018	尼龙 6	6、66—顺序号，66 比 6 的机械性能和线膨胀系数高	机械性能高、韧性好，耐磨、耐水、耐油，用于一般机械零件、传动件及减磨耐磨件，如齿轮、蜗轮、轴承、丝杠、螺母、凸轮、风扇叶轮、螺钉、垫圈等。其特点是运转时噪声小
		尼龙 66		
	耐油橡胶板 GB/T 5574—2014	3707	37、38— 顺序号 07— 扯断强度（kPa）	用于在一定温度的机油、变压器油、汽油等介质中工作的零件，冲制各种形状的垫圈
		3807		
		3709		
		3809		
	软钢纸板 QB/T 2200—2018		规格： 920×650 650×490 650×400 400×300	用于密封连接处垫片
	工业用平面毛毡 FZ/T 25001—2012	T112-32 ~ 44 T122-30 ~ 38 T132-32 ~ 36	T112— 细毛 T122— 半粗毛 T132— 粗毛 后两位数是密度（g/cm^3）的百分数（如 0.32 ~0.44 g/cm^3）	用作密封，减震缓冲衬垫

附表 24　热处理方法及应用

名称	处理方法	应用
退火	将钢件加热到临界温度以上，保温一段时间，然后缓慢地冷却下来(例如在炉中冷却)	用来消除铸、锻、焊零件的内应力，降低硬度，改善加工性能，增加塑性和韧性，细化金属晶粒，使组织均匀。适用于含碳量在 0.83% 以下的铸、锻、焊零件
正火	将钢件加热到临界温度以上，保温一段时间，然后在空气中冷却下来，冷却速度比退火快	用来处理低碳和中碳结构钢件及渗碳零件，使其晶粒细化，增加强度与韧性，改善切削加工性能
淬火	将钢件加热到临界温度以上，保温一段时间，然后在水、盐水或油中急速冷却下来	用来提高钢的硬度、强度和耐磨性。淬火会引起内应力及脆性，因此淬火后的钢件必须回火
回火	将淬火后的钢，加热到临界温度以下的某一温度，保温一段时间，然后在空气或油中冷却下来	用来消除淬火产生的脆性和内应力，以提高钢件的韧性和强度
调质	淬火后进行高温回火(450 ~ 650 ℃)	可以完全消除内应力，并获得较高的综合力学性能。一些重要零件淬火后都要经过调质处理
表面淬火	用火焰或高频电流将零件表面迅速加热至临界温度以上，急速冷却	使零件表层有较高的硬度和耐磨性，而内部保持一定的韧性，使零件既耐磨又能承受冲击，如重要的齿轮、曲轴、活塞销等
渗碳	将低、中碳(<0.4%)钢件，在渗碳剂中加热到 900 ~ 950 ℃，停留一段时间，使零件表面增碳 0.4 ~ 0.6 mm，然后淬火	增加零件表面硬度、耐磨性、抗拉强度及疲劳极限。适用于低碳、中碳结构钢的中小型零件及大型重负荷、受冲击、耐磨的零件
液体碳氮共渗	使零件表面增加碳与氮，其扩散层深度较浅(0.2 ~ 0.5 mm)。在 0.2 ~ 0.4 mm 层具有 66 ~ 70HRC 的高硬度	增加结构钢、工具钢零件的表面硬度、耐磨性及疲劳极限，提高刀具切削性能和使用寿命。适用于要求硬度高、耐磨的中、小型及薄片的零件和刀具
渗氮	使零件表面增氮，氮化层为 0.25 ~ 0.8 mm。氮化层硬度极高(达 1 200HV)	增加零件的表面硬度、耐磨性、疲劳极限及抗蚀能力。适用于含铝、铬、钼、锰等合金钢，如要求耐磨的主轴、量规、样板、水泵轴、排气门等零件
冰冷处理	将淬火钢件继续冷却至室温以下的处理方法	进一步提高零件的硬度，使零件尺寸趋于稳定，如用于滚动轴承的钢球
发蓝发黑	用加热办法使零件工作表面形成一层氧化铁组成的保护性薄膜	防腐蚀、美观，用于一般紧固件
时效处理	天然时效：在空气中存放半年到一年以上 人工时效：加热到 200 ℃左右，保温 10 ~ 20 h 或更长时间	使铸件或淬火后的钢件慢慢消除其内应力，稳定其形状和尺寸

参考文献

[1] 杨小刚,柴彬堂,曹静. 汽车机械制图 [M]. 北京:机械工业出版社,2019.
[2] 张立新,孙永华. 工程制图 [M]. 济南:山东大学出版社,2013.
[3] 刘海兰,李小平. 机械识图与制图. 上册 [M]. 北京:清华大学出版社,2010.
[4] 果连成. 机械制图 [M]. 北京:中国劳动社会保障出版社,2019.
[5] 霍振生. 汽车机械制图 [M]. 2 版. 北京:高等教育出版社,2010.
[6] 胡胜,向应军,李精明. 汽车机械制图 [M]. 北京:机械工业出版社,2019.
[7] 王来华,王进军. 汽车机械制图 [M]. 济南:山东科学技术出版社,2017.